DAS GARTENBUCH

Phaidon Verlag
Große Hamburger Straße 32
D-10115 Berlin

Deutsche Erstausgabe 2002
Neuauflage in Broschur 2003,
3. Auflage 2007
© 2002 Phaidon Press Limited

ISBN 978 0 7148 9383 9

Übersetzt aus dem Englischen von:
Waltraud Horbas, Dagmar und
Terence Oldani, Manuela Schomann
Satz und Redaktion:
bookwise medienproduktion gmbH

Gedruckt in Hongkong

Anmerkungen

Die Gärten sind in alphabetischer
Reihenfolge nach dem Namen des
Architekten, Bauherrn oder Designers angeordnet. Bei landestypischen
und traditionellen Gartenbauformen
haben wir den Namen des Stammes
oder Volkes verwendet. Die Baudaten
der Gärten beziehen sich auf das Jahr
ihrer Errichtung, auf einen längeren
Entstehungs-zeitraum oder auf verschiedene Bauphasen.

Dieses Buch wurde für eine internationale Leserschaft konzipiert und
ursprünglich in englischer Sprache
verfasst. Die Reihenfolge der Einträge
wird daher von der zugrunde liegenden englischen Schreibweise bestimmt. Dies hat zur Folge, dass in
einigen Fällen die Namen von Perso-
nen oder Gruppen in internationali-
sierter Schreibweise erscheinen:

Chosrau II. unter *Khosrow II. Parviz*
Karl-Theodor unter *Carl-Theodor*
Katharina II. unter *Catherine II.*
Kyros der Große unter *Cyrus der Große*
Maurische Herrscher unter
Moorish (Maurische Herrscher)
Mohammed V. unter *Muhammad V.*
Schah Jahan unter *Shah Jahan*
Raffael unter *Raphael*
Sanherib unter *Sennacherib*

LISTE DER LÄNDER-
ABKÜRZUNGEN

A	Österreich
ADN	Jemen
AFG	Afghanistan
AUS	Australien
B	Belgien
BDS	Barbados
BH	Belize
BR	Brasilien
C	Kuba
CAM	Kamerun
CDN	Kanada
CH	Schweiz
CL	Sri Lanka
CO	Kolumbien
CZ	Tschechien
D	Deutschland
DK	Dänemark
DY	Benin
E	Spanien
EAK	Kenia
EAT	Tansania
EST	Estland
ET	Ägypten
F	Frankreich
FJI	Fidschi
GB	Großbritannien
GR	Griechenland
H	Ungarn
HR	Kroatien
I	Italien
IL	Israel
IND	Indien
IR	Iran (früher Persien)
IRL	Irland
IRQ	Irak
IS	Island
J	Japan
JA	Jamaica
KAS	Kasachstan
KIR	Kirgistan
L	Luxemburg
MA	Marokko
MAL	Malaysia
MC	Monaco
MEX	Mexiko
MNG	Mongolei
N	Norwegen
NL	Niederlande
NZ	Neuseeland
P	Portugal
PE	Peru
PL	Polen
PNG	Papua-Neuguinea
RA	Argentinien
RCH	Chile
RI	Indonesien
RIM	Mauretanien
RMN	Mali
RO	Rumänien
RUS	Russland
RWA	Ruanda
S	Schweden
SA	Saudi-Arabien
SCN	Saint Kitts und Nevis
SF	Finnland
SGP	Singapur
SLO	Slowenien
SYR	Syrien
TJ	China
TM	Turkmenistan
TR	Türkei
USA	Vereinigte Staaten von Amerika
VN	Vietnam
WAN	Nigeria
WS	Samoa
YV	Venezuela
YU	Jugoslawien
ZA	Südafrika

DAS GARTENBUCH stellt in einem umfassenden illustrierten Überblick 500 der einflussreichsten Gartengestalter – Designer, Förderer und Besitzer – und ihre Gärten vor. Der Leser erhält eine unübertroffene Auswahl, die Landschaften und Gärten in aller Welt vom Altertum bis zum heutigen Tag umfasst. Landschaftsgestaltung ist eine sehr umfangreiche, zeitaufwändige Kunstgattung mit relativ wenigen Berühmtheiten, zu denen Capability Brown, Kobori Enshu, Gertrude Jekyll und André Le Nôtre zählen. **DAS GARTENBUCH** widmet sich jedoch auch weniger bekannten, aber höchst verdienstvollen Gartengestaltern. Diese Übersicht reicht über Jahrhunderte und Kontinente hinweg; sie reflektiert Zeiten und Orte, an denen innovative Gartengestaltung und schöpferische Kraft ihre Höhepunkte erlebten: Altchina und Japan; das Italien der Renaissance; Frankreich und Holland im 17. Jahrhundert; England im 18. Jahrhundert; die Vereinigten Staaten im 20. Jahrhundert. In alphabetischer Reihenfolge werden die Gestalter mit einem prächtigen Garten vorgestellt. Jede Abbildung wird von einem Kommentar begleitet, der den Garten und seinen Schöpfer in einen stilistischen und historischen Kontext einordnet. **DAS GARTENBUCH** ermöglicht die Wiederentdeckung des künstlerischen Erbes dieser sich laufend verändernden Kunstform.

Aalto Alvar

Villa Mairea

Eine schlichte Waldlichtung umgibt das Schwimmbecken, dessen asymmetrische Form an die Konturen eines Sees erinnert. Die hölzernen Wände der Veranda wiederholen den Rhythmus der Baumstämme im nahen Wald. Das interessante Design – organisch und modern zugleich, setzt sich im Inneren der Villa fort, z. B. im unregelmäßigen Verlauf der Treppenbalustrade, welche die Silhouette des Waldes widerspiegelt. Die Gestaltung von Villa und Garten gründet auf dem metaphorischen Gegensatzpaar von künstlichen und natürlichen Formen. Die Villa Mairea, die seit ihrer Fertig-

stellung 1941 viel Bewunderung erfuhr, stellt ein Bindeglied zwischen der nationalen romantischen Tradition Finnlands und der rational konstruktivistischen Bewegung des frühen 20. Jahrhunderts dar, welcher der Architekt und Designer Alvar Aalto verpflichtet war. Neben zahlreichen Möbeldesigns schuf Aalto 200 Bauwerke, womit er nach Frank Lloyd Wright als der produktivste Architekt des 20. Jahrhunderts gelten kann.

☞ **Asplund, Church, Scarpa, F. L. Wright**

Alvar Aalto. Geb. Kuortane (SF), 1898. **Gest.** Helsinki (SF), 1976. **Villa Mairea,** Noormarkku (SF), 1938 – 1941.

Abd al-Rahman III. Kalif von Córdoba   Madînat al-Zahrâ

Die Anlage der hoch über Cordoba thronenden Palaststadt Madînat al-Zahrâ wurde von zwei wichtigen Einflüssen geprägt: von der Omaijadentradition Córdobas mit ihren Gartenlandsitzen sowie von den kunstvollen Gartenpalästen der aus Sâmarrâ (Irak) stammenden Abbasidendynastie. Madînat erstreckte sich über mehrere Ebenen, wobei heute nur noch drei Gärten zu erkennen sind: der Garten des Fürsten, der Hohe und der Tiefe Garten. Wasserkanäle, in vier Teile untergliederte *parterres* und gepflasterte Wege sowie axial ausgerichtete, rechteckige Bassins kennzeichnen die symmetrische Gestaltung und die zurückhaltende Intimität der hier verwirklichten islamischen Gartentradition. Madînat al-Zahrâ diente allen späteren islamischen Königspalästen und Hauptstädten in Spanien, besonders in Andalusien (Südspanien), als Vorbild. Alle wichtigen Gartenpaläste dieser Gegend, darunter auch die Alhambra, wurden auf Anhöhen errichtet. Von dort aus konnte man die Aussicht über bewässerte Felder und bewirtschaftetes Land genießen.

☛**Allah, Moorish, Muhammad V., Nasriden**

Abd al-Rahman III. (Kalif von Córdoba). Tätig Anfang des 10. Jahrhunderts.
Madînat al-Zahrâ (Medina Azahara), Córdoba (E), um 936.

Aberconway 2. Baron   Bodnant

Die Pin Mill wurde um 1740 als Gartenhaus errichtet und 1938 von Woodchester, Gloucestershire, auf die Canal Terrace verlegt. Dies war die letzte Veränderung, die Henry Duncan McClaren, der spätere 2. Baron Aberconway, vornahm. Zwischen 1904 und 1914 ließ er fünf Terrassen im italienischen Stil vor dem Gebäude anlegen – Zeugen des großen Einflusses der italienischen Renaissance auf die Englischen Gärten zur Zeit Eduards VII. Bodnant war der ideale Ort für die Anlage. Von den Terrassen bietet sich ein spektakulärer Blick über den Fluss Conway bis hin zum fernen Snowdon.

1875 wurden die Gärten von dem Parlamentsmitglied Henry Porchin mit Unterstützung des Designers Edward Milner entworfen. Einer ihrer größten Triumphe war The Dell, ein wilder Garten in einem Tal, durch das sich der Fluss Hiraethlyn in Kaskaden ergießt. Auch in anderer Hinsicht ist der Garten von Bedeutung: Pflanzensammler wie Ernest Wilson, Frank Kingdon-Ward und George Forrest brachten ihre ersten Exemplare für Testpflanzungen hierher.

☛ **Barry, Colchester, Rochford, Savill, Sitwell**

Henry Duncan McClaren, 2. Baron Aberconway. Geb. Denbigh (GB), 1879. **Gest.** (GB), 1953.
Bodnant, Gwynedd (GB), 1875 (erweitert 1904–1914).

Acton Arthur

La Pietra

Eine herausragende Sammlung antiker Statuen belebt die Anordnung von Balustraden, Terrassen, schattigen Hainen, Springbrunnen und Bassins dieser raffinierten Gartenanlage. La Pietra ist ein barocker Garten, obwohl er erst zwischen 1908 und 1910 von Henri Duchêne für Arthur Acton angelegt wurde. Acton war einer der führenden Männer unter den gebildeten und reichen Engländern, die sich Ende des 19. Jahrhunderts an den Hügeln um Florenz und im toskanischen Umland niederließen. Actons Studien und seine tiefe Liebe zur italienischen Ästhetik inspirierten ihn zu diesem idealen Garten. Er orientierte sich dabei an Originalplänen aus dem 17. Jahrhundert, die Cardinal Capponi für die Gärten La Pietras entworfen hatte. Bedauerlicherweise war diese Anlage der Modewelle der Landschaftsgärten zum Opfer gefallen, die im 19. Jahrhundert über Europa hereinbrach. So wurde ein großes Unrecht, das im Namen des Englischen Gartens begangen worden war, durch die Anstrengungen eines Engländers wieder gesühnt.

☛ **Capponi, Harrild, Peto, Sitwell**

Arthur Acton. Tätig (I), Ende des 19. und Anfang des 20. Jahrhunderts. **La Pietra,** Florenz, Toskana (I), 1908–1910.

Aislabie John

Studley Royal

Der Wassergarten auf Studley Royal aus dem frühen 18. Jahrhundert gilt als Gartenkomposition von abstrakter Schönheit. Er besteht aus einem See, einem Kanal und einer Folge von Teichen, die kunstvoll auf den steilen Abhängen des Skell Valley in Yorkshire angelegt wurden. Kleine Gebäude wie das Festhaus von Colen Campbell schmücken die Seiten des Tals und sorgen für vielfältige Aussichten. Im Gegensatz zu anderen frühen Landschaftsgärten behielt hier die natürliche Topografie Vorrang vor den Plänen des Landschaftsarchitekten und wurde so zum Vorläufer für die spätere pittoreske Bewe-gung. Das erhöhte Herzstück des Gartens erreicht man über einen Weg, der an einer Talseite entlangführt: Von Anne Boleyn's Seat aus eröffnet sich eine überraschende Aussicht auf die Ruinen der mittelalterlichen Fountains Abbey. Kürzlich durch den National Trust restauriert, kommt die Vielzahl der episodischen Effekte erneut zur Geltung. Diese hatte John Aislabie einst entworfen, um die Stimmung des Besuchers zu lenken.

☛ W. Aislabie, Bridgeman, Cane, Jencks, Kent

John Aislabie. Geb. bei York (GB), 1670. **Gest.** (GB), 1741. **Studley Royal,** North Yorkshire (GB), 1693–1741.

Aislabie William

Hackfall

Der romantische Turm von Mowbray Castle späht über die Baumwipfel des bewaldeten Landschaftsgartens auf Hackfall. Dieser wurde Mitte des 18. Jahrhunderts von dem ansässigen Parlamentsmitglied William Aislabie gestaltet, der bereits seinem Vater beim Entwurf des Wassergartens für das in der Nähe gelegene Studley Royal zur Hand gegangen war. Die bewaldete Schlucht, die steil zum Fluss Ure abfällt, wurde ursprünglich wegen ihres landwirtschaftlichen Potenzials erworben, doch Aislabie verwandelte sie schließlich in einen Landschaftsgarten mit ungefähr 40 Bauten. Schmale Pfade führen zu Sitzgelegenheiten und Anlagen wie dem Fisher's Pavilion – benannt nach Aislabies leitendem Gärtner – mit einer dramatischen Aussicht auf den Fluss. Einen wunderbaren Rundblick bietet Mowbray Point, ein Festhäuschen mit Terrasse. Ende des 18. Jahrhunderts wurde Hackfall Wood ein beliebtes Ziel für Künstler der Romantik wie W. Wordsworth und W. Turner. Heute sind viele der Gartengebäude leider in baufälligem Zustand.

☛ **J. Aislabie, Gilpin, Knight, Wordsworth**

William Aislabie. Geb. (GB), 1700. **Gest.** (GB), 1781. **Hackfall,** North Yorkshire (GB), 1749–1767.

Akbar Großmogul

Fatehpur Sikri

Der Haupthof und das riesige, in vier Becken unterteilte Bassin im Palast des Großmoguls Akbar in Fatehpur Sikri (bei Agra) wurden 1571 vom Herrscher selbst entworfen. Tausende von Steinmetzen und Arbeitern aus dem ganzen Reich waren hier beschäftigt. Das Ergebnis verbindet den üppigen indischen Hindustil mit großartigen Architekturelementen, die sich an die persische Tradition anlehnen. Einige der fortschrittlichsten Wassersysteme der Mogulnzeit wurden hier angelegt. Man integrierte die Aquädukte geschickt in Mauern und Wege. Die Anlage gilt als Rezeption des klassischen *chahar-bagh* und gleichzeitig als erste Form des Inselgartens. Die Palastgebäude werden durch eine Reihe von Terrassen und Pavillons miteinander verbunden. Mehrere Wasserbecken sind über das Gelände verteilt, sodass sich vielfältige Ausblicke auf den Palastkomplex eröffnen. Die Anlage bildet durch ihre Luftigkeit, Eleganz und Großzügigkeit einen deutlichen Gegensatz zur Intimität und Abgeschlossenheit eines ummauerten persischen Hofgartens.

☛ Ilneni, Jahangir, Musgrave, Sangram Singh, Sennacherib

Großmogul Akbar. Regierte (IND) 1556–1605. **Fatehpur Sikri,** bei Agra (IND), 1571.

Albert Erzherzog & Isabella Erzherzogin

Im Lauf der Jahrhunderte durchlief der Garten von Mariemont viele Wandlungen. Auf diesem Gemälde von Jan Bruegel ist die Anlage gerade zum zweiten Mal umgestaltet worden. Erzherzog Albert und seine Frau Isabella, die Tochter Philipps II. von Spanien, übernahmen 1598 die Regierung in den Niederlanden. Ihnen ist folglich auch der spanische Einfluss zu verdanken. Sie kümmerten sich bis 1633 um den Garten, als Isabella starb. Ursprünglich war Mariemont nach Maria von Ungarn benannt, der verwitweten Schwester Kaiser Karls V. Mitte des 16. Jahrhunderts ließ diese Dame ausgedehnte terrassierte Gärten im italienischen Stil anlegen und mit französischen Rosen bepflanzen. Nach Marias Tod blieb der Garten verwaist, bis sich Albert und Isabella seiner annahmen. 1668 eignete sich Ludwig XIV. von Frankreich den herrenlosen Landsitz an. 1756 rekonstruierte Karl von Lothringen das Schloss und gestaltete die Gärten im klassisch französischen Stil. Keine dieser Varianten überlebte jedoch die Französische Revolution.

☛ **Arenberg, Balat, Joséphine, Ligne, Philipp II.**

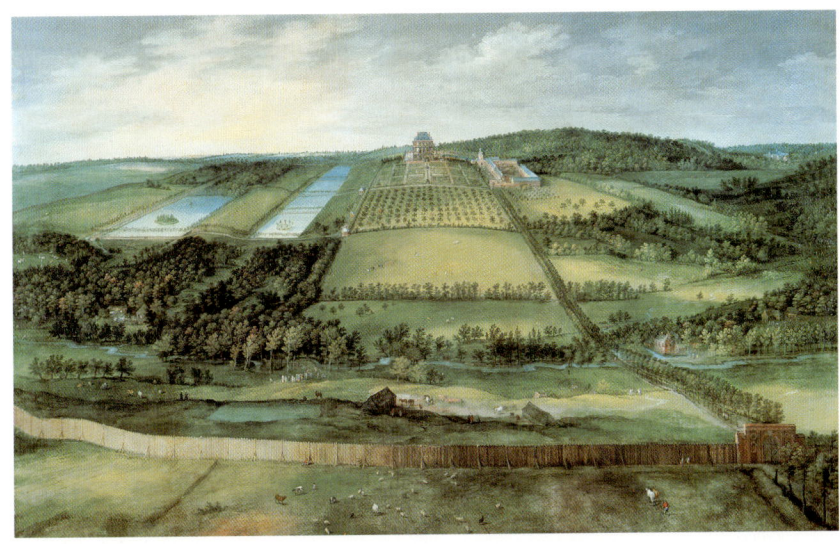

Erzherzog Albert & Erzherzogin Isabella. Regierungszeit (NL), 1598–1621.
Mariemont, Hainaut (B), Gemälde von Jan Bruegel, um 1608.

Aldington Peter

Turn End

Bei seinem Haus in Turn End schuf Peter Aldington einen gelungenen Übergangsbereich zwischen Wohngebäude und Garten: einen geschlossenen Hof mit Bassin und einer verwitterten *Robinia pseudoacacia*. Die Tatsache, dass die drei Gebäude mitsamt ihrer Gärten auf Turn End von ein und demselben Architekten als Gesamtheit gestaltet wurden und dass die Anlage in den 1960er-Jahren als revolutionär galt, ist symptomatisch für die klassische Trennung von Landschaft und Architektur. Aldington bildet eine Ausnahme. Er ist ein erfolgreicher, fantasievoller Gärtner und zugleich ein Architekt der Moderne. Die Anlage weist eine Fülle von Anspielungen auf und verfügt über viele unterschiedliche Bereiche, z. B. einen Margeritengarten und einen Buchsbaumhof mit einjährigen Gewächsen in unterschiedlichen Farbtönen. Das Spektrum an Sträuchern und Bäumen bildet eine ideale Umgebung für Skulpturen. Ein kiesbedeckter Bereich namens No-Mans ist dicht mit Staudenrabatten, Gräsern und Trögen mit Alpenpflanzen besetzt.

☛ **Crowe, Jellicoe, Nordfjell, Tunnard**

Peter Aldington. Geb. Preston, Lancashire (GB), 1933. **Turn End,** Haddenham, Buckinghamshire (GB), 1964.

Allah

Beschreibung des Paradieses im Koran

Die hier umgesetzte Vorstellung vom Paradies als ein in vier Abschnitte unterteilter Garten (*chahar-bagh*) diente als Vorlage für fast alle islamischen Gärten. Die „himmlische" Funktion und Form des islamischen Gartens leitet sich von der antiken persischen Gartentradition ab und beruht auf dem Bild, das man sich von der einstigen Belohnung der Gläubigen machte. Andere Elemente erinnern an den Mythos vom Garten Eden, so z. B. das ummauerte Gelände (Altpersisch: *pairi-daeza*) mit einem Lebensbrunnen, die Früchte tragenden Bäume als Symbol des Lebensbaums, die Blumen und die vier Flüsse. All diese Begriffe sind mit der Bilderwelt des antiken Mesopotamiens verknüpft. Mit der Zeit fanden die Versatzstücke des Paradieses Eingang in die Bildsprache der semitischen Mythologie. Die Beschreibung des Gartens Allahs im Koran bezieht sich auf mehrere eingefasste grüne Bereiche mit Dattelpalmen sowie Obstbäumen und -sträuchern. Durch den Garten, in dessen Mitte sich ein Springbrunnen befindet, fließen Milch, Honig und Wein.

☛ **Almohaden, Jüdisch-Christlicher Gott, Muhammad V.**

Allah. Beschreibung des Paradieses im Koran, dargestellt in *Eine Vision des Paradieses und der Taten Alis und seiner Begleiter,* Persien, Miniaturmalerei, 1686.

Allason Thomas & Abraham Robert　　　Alton Towers

Nadelbäume begleiten die Kieswege, die in deutlichem Kontrast zum gepflegten Rasen und den prunkenden Blumenbeeten stehen. Das romantische Tal wurde 1814 mit unterschiedlichsten Merkmalen angelegt: einem Megalithen, einem dreigeschossigen gusseisernen Aussichtsturm sowie einem Schweizer Chalet für einen blinden Harfenspieler. So wurde Alton Towers der zweifelhafte Ruhm zuteil, der unharmonischste Garten des 19. Jahrhunderts zu sein. Abraham fügte eine Reihe exotischer Wintergärten hinzu. In den späten 1820er-Jahren bemerkte der führende Gartenkritiker John Claudius Loudon, dass der Garten „das Werk einer morbiden Vorstellungskraft, kombiniert mit unbegrenztem Reichtum" sei. Allasons größter Verdienst bestand vielleicht darin, dass frühe viktorianische Gartengestalter die Notwendigkeit von Harmonie erkannten. In den 1840er-Jahren pflanzte der Gärtner Alexander Forsyth Nadelbäume sowie Rhododendren und erreichte durch diese Verwischung scharfer Kontraste einen Hauch von Harmonie.

☛ Barron, Barry, Lainé, Loudon, Tyers

Thomas Allason. Geb. (GB), 1790. **Gest.** (GB), 1852. **Robert Abraham. Geb.** (GB), 1773. **Gest.** (GB), 1850.
Alton Towers, Staffordshire (GB), 1814.

Allen Ralph

Prior Park

Das Gebäude entwarf John Wood der Ältere 1735 für Ralph Allen – der Blick vom Haus über die Brücke im palladianischen Stil hinweg und zum See hinunter gilt jedoch als Hauptattraktion im Prior Park. Die ländliche Schlichtheit – gewellter Rasen mit grasendem Vieh – ruft den Eindruck eines Idylls im Stile Vergils hervor, das wunderbar mit dem klassischen Bauwerk harmoniert. Allen hielt sich mit schmückenden Bauwerken zurück und setzte auf den dramatischen Ausblick: Sein Miniatur-Elysium bildet einen starken Gegensatz zum Panoramablick über Bath. Er legte einen schlichten Rundweg an, der an der Terrasse des Hauses beginnt und am See entlangführt. In der Nähe des Hauses besteht ein Bereich mit Wildnis. Dieser entstand wahrscheinlich unter direkter Anleitung von Alexander Pope. In ihm befinden sich eine Rokoko-Scheinbrücke und Mrs. Allens Grotte. Man vermutet, dass Allen von Capability Brown (1716–1783) beraten wurde, als er den ursprünglichen Park in die edle englische Landschaft umwandelte, wie wir sie heute sehen.

☞ **Brown, Grenville-Temple, Kent, Monet, Pope**

Ralph Allen. Geb. Bath (GB), um 1694. **Gest.** Prior Park, Bath (GB), 1764. **Prior Park,** Bath (GB), 1734–1764.

Almohaden-Reich

Menara-Gärten

Die Menara-Gärten und Pavillons erinnern in ihrer zauberhaften Wirkung an die erlesenen Gartenpaläste der Alhambra und des Generalife in Granada. Im Laufe des 12. und 13. Jahrhunderts breiteten sich unter der Herrschaft der Almohaden die islamischen Künste und die andalusische Kultur bis in die Städte Nordafrikas aus. Außerhalb von Marrakesch errichtet, mit Blick auf das ferne Atlasgebirge, stellte Menara ein *agdal*, ein großes Landgut für die Oberschicht, dar. Derartige Gärten wurden hauptsächlich zur Entspannung angelegt, doch auch Gemüse und Blumen fanden hier ihren Platz,

um den königlichen Haushalt zu versorgen. Die ausgedehnten Obstgärten, vor allem mit Dattelpalmen und Oliven, bildeten ein zusätzliches Einkommen. Der rosarote Pavillon mit Blick über einen weiten, künstlich angelegten See oder Wassertank galt als Ort der Erholung für die Dynastie der Saaditen. Der See lieferte Wasser für die Felder; zudem diente er den Mitgliedern des Hofes aber auch zum Schwimmen und Bootfahren.

☛ **Asaf Khan IV., Majorelle, Nasriden, Sangram Singh**

Ando Tadao

Garten der schönen Künste

Am Ende eines langen Beckens schimmern Monets *Seerosen* im seichten Wasser. Die Linien der Betonmauern, der großen Glasscheiben und der bewegten Wasserflächen durchschneiden den Himmel und definieren so den Raum. Es sind noch weitere Meisterwerke der Kunstgeschichte zu entdecken (u. a. Leonardos *Letztes Abendmahl*, Seurats *La Grande Jatte*), die dieser dramatischen Freiluftkonstruktion aus Beton und Wasser Farbe und Struktur verleihen. Die lebensgroßen Reproduktionen sind Fotoaufnahmen, die auf Keramikfliesen gebrannt wurden. Tadao Ando zählt zu den einflussreichsten Architekten des späten 20. Jahrhunderts. In diesem Garten hat er die Architekturvorstellungen umgesetzt, die in seinen Kirchen und Tempeln zum Ausdruck kommen. Ando ist ein weitgereister Autodidakt mit eigenen Ansichten zur Architektur. Zen-Philosophie und traditionelle japanische Architektur inspirieren ihn bei seiner Arbeit mit der Landschaft und den Elementen. So gelingt es ihm, der Leere und Stille eine Form zu geben.

☛ **Barragán, Halprin, Libeskind, Suzuki, F. L. Wright**

André Edouard

La Roseraie du Val-de-Marne

Bei den Kletterrosen, die sich hier das Spalier hochranken, handelt es sich um eine von 3000 Arten, die in diesem Garten in der französischen Stadt L'Haÿ-les-Roses zu finden sind. Die Stadt selbst benannte sich 1910 nach dieser Gartenanlage. 1892 beauftragte Jules Gravereaux den Landschaftsarchitekten Edouard André, die 1,7 Hektar mit Beeten, Spalieren, Mauern, Lauben und unterirdischen Wegen anzulegen, um einen Garten mit wilden und seltenen Rosen zu gestalten, z. B. auch mit ganz besonderen Exemplaren aus den Rosengärten der Kaiserin Joséphine auf Malmaison. André wurde außerdem durch Entwürfe anderer Gärten auf der ganzen Welt (darunter Sefton Park in Liverpool) sowie für die Rekonstruktion der Gärten der Villa Borghese in Rom bekannt. Zudem war André Gelehrter; er verfasste *L'Art des jardins: Traité générale de la composition des parcs et jardins* (1879) – ein Werk über die Klassifikation und die Grundregeln der Gartengestaltung.

☛ **Barillet-Deschamps, Forestier, Joséphine, G. S. Thomas**

Edouard André. Geb. Bourges (F), 1840. **Gest.** 1911. **La Roseraie du Val-de-Marne,** L'Haÿ-les-Roses, bei Paris (F), 1892.

Anhalt-Dessau Leopold Friedrich Franz von   Schloss Wörlitz

Dieser klassische Ausblick von der Wolfsbrücke in Wörlitz auf den Venustempel (erbaut 1794) war vor der deutschen Wiedervereinigung völlig von *Rhododendron ponticum* überwachsen. Wörlitz gilt als der wichtigste Landschaftsgarten in Mitteleuropa – er ist von atemberaubender Schönheit sowie voller Überraschungen. Prinz Franz unternahm zahlreiche Reisen nach England, teilweise in Begleitung von bis zu drei Gärtnern. Er orientierte sich an Vorbildern wie Stourhead, Stowe und Claremont. Dieser Tempel stellt eine Nachbildung von Colen Campbells Venustempel in Hall Barn dar. Das An-liegen des Prinzen war sowohl die Verschönerung der Landschaft als auch die Verbesserung seiner Landsitze. Wörlitz erstreckt sich über eine Fläche von 120 Hektar, wobei Seen und bewirtschaftete Flächen, die in das Parkgelände integriert wurden, etwa 80 Hektar einnehmen. Das Fürstentum (Länge ca. 40 km) wurde somit als durchgehende Landschaft gestaltet, deren Schönheit auch 200 Jahre später noch sichtbar ist.

☛ Bridgeman, Grenville-Temple, Hoare, Pückler-Muskau

Arakawa & Gins

Ort der umkehrbaren Schicksale

Den Besucher erwartet eine Welt kleiner Hügel, bizarrer Konstruktionen und unsicherer Pfade auf unebenem Boden. Der Ort der umkehrbaren Schicksale soll die eigene Wahrnehmung infrage stellen und physisch sowie begrifflich destabilisieren – um letztendlich einen neuen Horizont zu öffnen. Hier erschließt sich hinter jeder Biegung ein neuer Blick, wie in einem traditionellen japanischen Wandelgarten: Reihen von halb versenkten Küchenteilen, die mit umgedrehten Sofas kollidieren, flache Treppen oder ziegelgedeckte Dächer am Boden. Der in Japan geborene Konzeptkünstler Shusaku

Arakawa lebt mit seiner amerikanischen Partnerin, der Schriftstellerin und Künstlerin Madeline Gins, in New York. Ihm wurde die Möglichkeit gegeben, das Konzept der Dekonstruktion auf eine neue Ebene zu stellen. Er verwendet das traditionelle Potenzial des Gartens als Labyrinth für eine Serie physischer Begegnungen. Jeder Besucher erhält am Eingang einen Handzettel mit Anweisungen zur Benutzung der Gartenanlage.

☛ **Chand Saini, Hamilton Finlay, Hideyoshi, Miró, Tschumi**

Arakawa & Gins. Shushaku Arakawa. Geb. Nagoya (J), 1936. **Madeline Gins. Geb.** New York, New York (USA), 1941. **Ort der umkehrbaren Schicksale,** Kioto (J), 1995.

Arenberg Antoine d'

Château d'Enghien

Charles d'Arenberg erwarb Enghien im Jahre 1606 von Heinrich IV. von Frankreich. Antoine, der sechste seiner zwölf Söhne, wurde ein Kapuzinermönch und trug den Titel Père Charles. Er war es, der mit der Anlage eines ausgedehnten Parks mit komplexen Untergliederungen auf Enghien begann. Der Garten wurde hauptsächlich von Père Charles und seinem Neffen Philippe-François, dem 1. Herzog von Arenberg, gestaltet. Mademoiselle de Montpensier bezeichnete Enghien 1650 als den schönsten Garten der Welt. Gravierungen von Romeyn de Hooghe zeigen ein *parterre* mit Blumen und Orangenbäumen, ein Labyrinth und ein Amphitheater. Der Triumphbogen ist noch heute zu sehen. Der chinesische Pavillon und der Pavillon aux Toiles wurden neu restauriert. Ein Kanal und zwei Seen sind ebenfalls noch erhalten, bewacht von Statuen, die über die Wasserfläche blicken. Im Waldgebiet befindet sich der Pavillon des Sept Étoiles im Zentrum von sieben strahlenförmig verlaufenden Wegen, die jeweils von einer anderen Baumart gesäumt sind.

☛ Bingley, Cockerell, Le Nôtre

Antoine d'Arenberg (Père Charles). Geb. Brüssel (B), 1593. Gest. 1669.
Château d'Enghien, Enghien (B), Mitte des 17. Jahrhundert

Armstrong Lord

Cragside

Der Blick wandert den Fluss hinauf durch eine malerische Waldung, die eine dramatische Szenerie für das von Norman Shaw entworfene Gebäude bietet. Lord Armstrong, der Schöpfer des Gartens, ließ sich von den *Himalayan Journals* inspirieren, einem Buch, das von Sir Joseph Hooker 1852 veröffentlicht wurde und romantische Beschreibungen der wilden, zerklüfteten Landschaft im Königreich Sikkim enthält. In der ohnehin dramatischen Hügellandschaft begann Armstrong mit der partiellen Nachschöpfung eines Himalaja-Tals; in den 1890er-Jahren hatte er bereits „einige hunderttausend" Rhododendren gepflanzt. Diese Nachahmung der Natur war Teil der spätviktorianischen Bewegung, die sich von schematisierten Beeten und überladenen Terrassen befreien wollte. Man strebte eine naturnahe Gartengestaltung an, die oft als „wildes Gärtnern" bezeichnet wurde. Dieser von William Robinson geförderte Stil machte sich die robusten exotischen Pflanzen zunutze, die nun aus aller Welt von Pflanzenkundlern importiert wurden.

☞ Cook, Rhodes, Robinson, Savill

Lord William George Armstrong. Geb. Newcastle (GB), 1810. **Gest.** (GB), 1900.
Cragside, Northumberland (GB), in den 1890er-Jahren.

Asaf Khan IV.

Nishat Bagh

Dieser „Garten der Freude" macht seinem Namen alle Ehre: Er ist der verspielteste und fantasiereichste unter den indischen Mogulgärten. Nishat Bagh entstand in der wunderschönen Landschaft am Fuße der blauen Berge zwischen Shalimar und der Stadt Srinagar am Ufer des Dal-Sees. Er gehört nicht zu den königlichen Gärten, sondern wurde von Jahangirs Schwager erbaut. Ursprünglich bestand er aus zwölf Terrassen, von denen jede ein Tierkreiszeichen symbolisierte. Die Kaskaden werden von einem breiten Kanal gespeist, der den ganzen Garten durchzieht. Da das Gelände wesentlich steiler als in anderen Mogulgärten ist, wirken auch die einzelnen Elemente dramatischer und eindrucksvoller: Das Wasser sprudelt schneller über die Kaskaden und die Rampen sind größer. Dieser Garten besitzt eine visuelle Ausdrucksstärke, die in starkem Kontrast zu der zurückhaltenden und ruhigen Atmosphäre der meisten anderen Mogulgärten steht. Die Lage dieser Perle Kaschmirs ist von unübertroffener Schönheit.

☞ **Akbar, Almohaden, Jahangir, Nasriden, Sangram Singh**

Asaf Khan IV. Tätig Anfang des 17. Jahrhunderts. **Gest.** (IND), 1641. **Nishat Bagh,** Kaschmir (IND), 1625.

Ashikaga Takauji

Tenryu-ji

Eingerahmt von der Veranda, wirkt diese stille, herbstliche Lichtung wie ein chinesisches Landschaftsgemälde aus der Sung-Ära. Teich, Inseln, Brücke und Wasserfall stellen sich wiederholende Horizontalen dar, die bewusst gestaltet wurden, um die räumliche Tiefe einer gemalten Landschaft im Sung-Stil zu erzeugen. Tatsächlich ist Tenryu-jis Ähnlichkeit mit den chinesischen bildenden Künsten so groß, dass einige Gelehrte annahmen, es stamme womöglich von chinesischer Hand. Tenryu-ji wurde von Takau-ji, dem ersten Ashikaga-Shogun, in Auftrag gegeben, der den Kaiser Gosaga ins Exil geschickt hatte. Takau-ji ließ sich von dem Priester und Zen-Meister Muso Kokushi inspirieren, der die Errichtung eines Zen-Tempels im Garten des Kaiserpalastes als einzigen Weg beschrieb, um die Seele des alten, im Exil verstorbenen Kaisers zu besänftigen. Als Abt im nahen Saiho-ji, dessen Gärten er selbst entworfen hatte, wird Muso Kokushi als Meister von Tenryu-ji angesehen, obwohl es unwahrscheinlich ist, dass er mit der Gestaltung beauftragt war.

☛ **Ashikaga Yoshimasa, Ashikaga Yoshimitsu, Kokushi**

Takau-ji Ashikaga. Geb. (J) 1305. Gest. (J) 1358. **Tenryu-ji,** Kioto (J), 1249–1388.

Ashikaga Yoshimasa

Ginkaku-ji (Der Silberne Pavillon)

Es ist nicht bekannt, ob der Name dieses prachtvollen Gebäudes einen Wunschtraum reflektiert, der nie realisiert wurde, oder ob der Pavillon wirklich einmal versilbert war. Nach dem Tode Yoshimasas wurde er zu einem Zen-Kloster umgebaut. Nach dem Vorbild des alten Saiho-ji-Gartens gestaltet, wurde die Anlage in einen moosbewachsenen Hügelgarten und in eine tiefer gelegene Teichanlage unterteilt. Der kleine See weist eine detailreiche Uferlinie und etliche Inseln auf. Zu den Hauptmerkmalen des Hügelgartens zählt ein drei Meter hoher Wasserfall namens „Quelle, in der sich der Mond

wäscht". Wie sein Großvater Yoshimitsu, der Erbauer des Goldenen Pavillons, zog sich Yoshimasa – der achte Ashikaga-Shogun – früh aus den Regierungsgeschäften zurück, um sich ganz und gar den Künsten zu widmen, die er liebte: Literatur, Gartengestaltung und Teezeremonie, zu deren frühem Verfechter er wurde. Während der Bürgerkriegsjahre musste er sich damit abfinden, dass der Bau des Silbernen Pavillons nur langsam vorankam.

☛ **Ashikaga Takau-ji, Ashikaga Yoshimitsu, Kokushi, Soami**

Yoshimasa Ashikaga. Geb. (J), 1435. Gest. (J), 1490. **Ginkaku-ji (Der Silberne Pavillon)**, Kioto (J), 1473.

25

Ashikaga Yoshimitsu

Kinkaku-ji (Goldener Pavillon)

In einen goldenen Schleier gehüllt, erhebt sich der Pavillon über einem ruhigen See, der durch eine Halbinsel gegliedert wird. Im näher gelegenen Teil liegt eine Inselgruppe, die aus riesigen unverwechselbaren Felsbrocken besteht. Großteils sind sie persönliche Geschenke von Vasallen – ein Brauch, der Ende des 14. Jahrhunderts üblich war. Der hintere Teil des Sees wirkt nahezu leer und vermittelt ein Gefühl von Raum und Ferne. Er wurde mit Booten befahren, damit der Garten vom Wasser aus betrachtet werden konnte. Yoshimitsu, der dritte Ashikaga-Shogun, war ein ernsthafter Anhänger der

damals neuen Religion des Zen-Buddhismus. Früh gab er die Bürde der Regierung ab und zog sich 1394 auf sein neues Landgut zurück. Im Jahre 1408 lud er Kaiser Gokomatsu zu einem Besuch im Goldenen Pavillon ein – die Pracht dieser Begebenheit ist zur Legende geworden. Nach dem Tode Yoshimitsus verwandelte man das Gebäude in einen buddhistischen Tempel, was es bis zum heutigen Tage geblieben ist.

☛ Ashikaga Takau-ji, Ashikaga Yoshimasa

Yoshimitsu Ashikaga. Geb. (J), 1358. Gest. (J), 1408. **Kinkaku-ji (Goldener Pavillon),** Kioto (J), um 1394–1408.

Asplund Gunnar

Waldfriedhof

Versteckt in einem dichten Wald liegt eine bescheidene Trauerkapelle. Die hohen Fichten spiegeln sich in den zwölf schlichten Betonsäulen des Vorraums wider. Geht man weiter, so eröffnet sich ein dramatischer Blick auf eine weite Grasfläche, bis hin zu einem künstlichen Hügel, dem Standplatz eines monumentalen Kreuzes. Die bewusst biblisch gestaltete Landschaft wird durch einen modernen, tempelartigen Saal sowie die Kapellen des Glaubens, der Hoffnung und der Nächstenliebe vervollständigt. Asplunds friedliche Landschaft auf dem Stockholmer Friedhof zeigt sein feines Gespür für Ausgewogenheit. Unauffällig fügt sich die geometrische Gebäudestruktur der Moderne in die Landschaft. Asplund wird weltweit als einer der wenigen Architekten des frühen 20. Jahrhunderts angesehen, dem diese Synthese gelang. Sein Werk stammt aus einer Zeit, in der Gartengestalter und die ersten Ökologen die moderne Architektur ablehnten, während moderne Architekten die Vorbilder traditioneller Häuser und Gärten mieden.

☞ **Aalto, Brongniart, Le Corbusier, Scarpa, F. L. Wright**

Gunnar Asplund. Geb. Stockholm (S), 1885. **Gest.** Stockholm (S), 1940.
Waldfriedhof, Enskede, Stockholm (S), 1935–1940.

Assurbanipal König

Palast von Ninive

In diesem Relief wurde König Assurbanipal beim höfischen Zeitvertreib in seinem Garten in Ninive verewigt. Dattelpalmen, Pinien und Granatäpfelbäume säumen die Terrasse. Darüber ranken sich mit Trauben behangene Weinreben. Dies ist unverkennbar ein Palastsaal im Freien. Hier feiern die königlichen Liebenden einen Sieg. Ihr Festmahl wird in mit Juwelen besetzten Gefäßen serviert: ein farbenprächtiges, irdisches Paradies. Die Musikanten sorgen für Unterhaltung, die Vögel und das saftige Grün erfreuen das Auge. In dieser Zeit entstanden zwei Gartentraditionen: Neben dem ummauer-

ten Terrassengarten innerhalb einer Palastanlage gab es weitläufige, ummauerte Parks, die vor allem als Jagdgehege dienten. Typisch für die altorientalischen Gärten waren Wasserläufe und Kanäle, welche den Garten in vier Abschnitte unterteilten, sowie reich verzierte, offene Pavillons. Das Relief zeigt eindrucksvoll die Nutzung dieser Anlagen. Aber auch die perfekte Gestaltung dieser der Erholung geweihten Räume wird hier deutlich.

☛ **Allah, Babur, Ineni, Khosrow II., Sennacherib**

König Assurbanipal. Geb. Persien (IR). Herrscher Assyriens von 669 bis 633 v. Chr. **Gest.** Persien (IR) 626 v. Chr. **Palast von Ninive,** Ninive, Persien (IR), dargestellt in *Bankett unter dem Baum,* Friese auf Palastwänden, um das 7. Jahrhundert v. Chr.

Atabak Qaracheh Gouverneur von Schiras

Dieser spektakuläre persische Garten schmiegt sich an den Hang des Baba-Kuhi-Berges. Er wurde für Qaracheh, den Gouverneur von Schiras, nordwestlich der Stadt errichtet und diente vermutlich als Landsitz. Eine Festungsmauer umgibt den Garten und verleiht ihm eine Atmosphäre von Macht und Strenge. Sieben bepflanzte Terrassen ziehen sich den felsigen Hang hinunter. Während die oberste Terrasse vom Palast gekrönt wird, nimmt ein künstlicher See, auf dem auch Boote fuhren, die gesamte untere Terrasse ein. Der Garten verfügt über eine natürliche Quelle, deren Druck ausreichte, um Fontänen sowie ausgeklügelte Wasserläufe und Wasserbecken auf allen Terrassen zu versorgen. Diese seichten, von Steinen eingefassten Bassins und Becken bilden auf den Terrassen kunstvoll verwobene Muster, wie z. B. Oktagone, Sternformen und Lotosblüten. Symmetrie und Detailgenauigkeit dieser Gartenelemente sind überwältigend. Im 20. Jahrhundert war die Anlage bereits verfallen und wurde schließlich für Wohnhäuser genutzt.

☛ Babur, Fath Ali Schah, Jahangir, Shah Jahan

Atabak Qaracheh, Gouverneur von Schiras. Regierte im 11. Jahrhundert (IR).
Bagh-e Takht bei Shiraz (IR), 11. Jahrhundert.

August d. Starke Kurfürst von Sachsen Schloss Groß-Sedlitz

Hier zu sehen ist nur einen Teil der enormen Barockanlagen, die das Schloss umgeben. Folgt man den Wegen, so gelangt man zu Aussichtspunkten mit weitem Blick auf das Elbtal und das Elbsandsteingebirge. Der Großteil der Gärten wurde von August dem Starken (König von Polen) angelegt, nachdem das Anwesen 1723 in seinen Besitz übergegangen war. Obwohl vielleicht am meisten dafür bekannt, dass er 365 uneheliche Kinder zeugte, war August auch ein leidenschaftlicher Verehrer der Gartenkultur. Er gründete die Gärten in Pillnitz an der Elbe und erweiterte die bekannten Anlagen bei Dresden und die Moritzburg. Seine Arbeit auf Groß-Sedlitz umfasste alles, was hier zu sehen ist: die Untere Orangerie, das Bassin und das großartige halbkreisförmige *parterre*. Letzteres wurde als „Stille Musik" bekannt – ein Name, den es durch die Statuen der musizierenden Cherubim auf jeder Seite der im Vordergrund zu sehenden Treppe erhielt. Die Engel stammen von dem berühmten deutschen Rokoko-Architekten M. D. Pöppelmann (1662–1736).

☛ **Bouché, Esterházy, Rinaldi, Tessin**

Kurfürst August der Starke von Sachsen. Geb. Dresden (D), 1670. **Gest.** (PL), 1733. **Schloss Groß-Sedlitz,** Dresden (D), 1723.

Babur Kaiser Mohammed

Ram Bagh

Eine Reihe von Springbrunnen säumt den Ram Bagh (ursprünglich Aram Bagh oder Garten der Ruhe), der von Kaiser Mohammed Babur, dem Begründer der Moguldynastie, angelegt wurde. Es handelt sich um den ältesten, in nahezu ursprünglicher Form erhaltenen Mogulgarten. Die Gestaltung dieser Anlage beeinflusste alle späteren Gärten Nordindiens und Kaschmirs. Babur orientierte sich an zentralasiatischen und persischen Traditionen und führte den vierteiligen Garten (*chahar-bagh*) in Indien ein. Das Gelände wurde nach seinen Vorstellungen gleichmäßig und symmetrisch angelegt.

Die Wasserläufe mit ihren gepflasterten Wegen und die Aussichtspavillons auf den erhöhten Plattformen dominieren das Gesamtbild. Der Garten war ein Palast im Freien, in dem Babur Audienzen abhielt, Musik komponierte, Gedichte und seine Memoiren schrieb. Hier empfing er zudem Freunde und plante Feldzüge. Im Großen und Ganzen führte Babur sowohl sein öffentliches als auch sein privates Leben innerhalb des Gartens.

☛ **Jahangir, Nasriden, Sangram Singh, Shah Jahan**

Bac Ferdinand

Les Colombières

Intensive Farben verstärken die Wirkung von Les Colombières, Ferdinand Bacs Meisterwerk auf einem steilen, bewaldeten Hang außerhalb von Menton. Als Maler, Landschaftsgestalter und Autor von *Villas et jardins méditerranéens* und *Les Colombières, ses jardins et ses décors* entwarf Bac eine Reihe bemerkenswerter Gärten an der französischen Riviera, darunter die Villa Croisset bei Grasse und die Villa Fiorentina bei St.-Jean-Cap-Ferrat. Er arbeitete mit der mediterranen Flora – Rosmarin, Lavendel, Pinien und blauem *Echium* – kombiniert mit Naturstein aus der Umgebung. Auch verwendete er Keramik in leuchtenden Farben. Einige der Tempel, Balustraden und Aussichtspunkte leuchten in intensiver Terrakottafarbe, die wirkungsvoll mit dem dunklen Grün der Zypressen kontrastiert. Les Colombières ist ein Ort für Entdecker: Der Besucher wird immer wieder von *Trompe-l'œil*-Effekten, etwa einem wunderbar umrahmten Blick auf das Mittelmeer oder klassischen Winkeln wie der Philosophentreppe oder Homers Garten, überrascht.

☞ **Gildemeister, Hanbury, Johnston, B. Rothschild**

Ferdinand Bac. Geb. Stuttgart (D), 1859. **Gest.** Compiègne (F), 1952. **Les Colombières,** Menton (F), um 1925.

Bacciocchi Elisa

Villa Reale

Komplett ausgestattet mit Rampenlicht, Sitzplätzen und Schauspielern aus Terrakotta bestimmt das grüne Theater der Villa Reale aus dem Jahre 1652 den Ton dieses barocken Gartens – es ist der Mittelpunkt einer Reihe von Außenanlagen, die allesamt eine Überraschung bergen: ein Wassertheater in einer halbkreisförmigen, mit Muscheln besetzten Grotte, ein wundervolles Bassin, das von Zitronenbäumen und Schwänen geziert wird, sowie eine Grotte des Pan. Dieses Ensemble aus dem späten 17. Jahrhundert ist der Kern eines riesigen Parks, der von Napoleons Schwester Elisa Bacciocchi gestaltet wurde. Elisa sah sich am Ziel ihrer Wünsche, als ihr Bruder sich selbst zum König von Italien krönte und sie zur Prinzessin von Lucca und Piombino machte. Sie zwang die Familie Orsetti, ihr die Villa bei Marlia zu verkaufen, annektierte das angrenzende Land und entwarf einen gigantischen Park. Sie plante, den ursprünglichen Garten aus dem 17. Jahrhundert zu beseitigen, woran sie nur durch den Sturz Napoleons gehindert wurde.

☛ **Borghese, Capponi, Fontana, Walska**

Elisa Bacciocchi, geborene Bonaparte. **Geb.** Ajaccio (F), 1777. **Gest.** bei Triest (I), 1820.
Villa Reale, Lucca (I), errichtet 1651, erweitert Ende des 18. Jahrhunderts.

Baden-Durlach Carl Wilhelm von

Karlsruhe

Nichts veranschaulicht die Selbstverherrlichung der deutschen Prinzen aus dem 18. Jahrhundert mehr als diese Vogelperspektive der neuen Stadt Karlsruhe, erbaut von dem protestantischen Markgrafen Karl Wilhelm von Baden-Durlach im Jahre 1715. Die Gärten nehmen ein Drittel des Raumes ein; ihre neun Alleen repräsentieren die neun Musen. Der Waldgarten hinter dem Palast und die Stadt jenseits der runden Abgrenzungen des Gartens zeugen von Ruhm und Ehre ihres Gründers, des Prinzen. In der Mitte von nicht weniger als 27 strahlenförmig verlaufenden Alleen

befindet sich das Schloss Karl Wilhelms. Wie auch die Stadt wurde das Schloss nach einem streng geometrischen Entwurf sternförmig errichtet. Sinn der Anlage war es, Palast und Garten von Karl Wilhelms Cousin in Mannheim zu übertrumpfen. Vor allem aber war dieser Ort eine Stätte, an der der Markgraf entspannte Stunden in Gesellschaft zahlreicher Geliebter genießen konnte – wie schon der Name der Stadt sagt: „Karls Ruhe".

☞ Bingley, Bowes-Lyon, Le Nôtre, Switzer

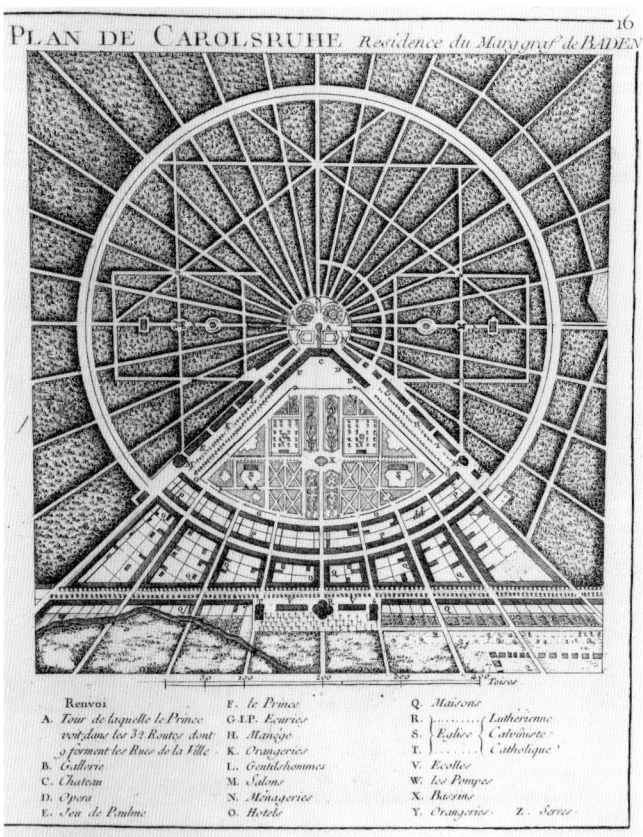

Karl Wilhelm von Baden-Durlach. Geb. Durlach (D), 1679. **Gest.** Karlsruhe (D), 1738. **Karlsruhe,** Karlsruhe (D), 1715.

Bai Jodh

In dem am See gelegenen Palast lebte die Radschputen-Prinzessin Jodh Bai. Sie war eine der Frauen von Akbar, dem dritten Mogulherrscher. Im Garten wurde das Wasser vom unterhalb gelegenen See durch zwölf Pumpen auf die oberste der drei Ebenen befördert. Das Wasser sprudelte dann über dekorative Nischen und Kanäle nach unten. Auf der höchsten Terrasse befindet sich ein Garten im *Chahar-bagh*-Stil. Dieser wird von einem breiten Kanal und einem umpflanzten, achteckigen Wasserbecken unterteilt. Das Bassin gleicht dem Becken in Baburs Lotosgarten und ist typisch für den Mogulstil. Neu waren jedoch die komplizierten geometrischen Sternenmuster und Hexagramme, die auch in der hinduistischen Ikonografie häufig zu finden sind. Der Seegarten ist eine hinduistische Adaption des Mogulstils, eine Verschmelzung der indo-islamischen Gartenkunst. Wie der Blick vom Palast aus zeigt, waren die steinernen Unterteilungen ursprünglich vermutlich mit Blumen bepflanzt, um für eine farbenprächtige Aussicht auf den dreistufigen Gartenteppich zu sorgen.

☞ **Akbar, Babur, Borromeo, Sangram Singh, Suraj Mal**

Jodh Bai. Gattin von Akbar, tätig (IND), 17. Jahrhundert.
Seegarten des Palastes von Amber, Jaipur (IND), 17. Jahrhundert.

Baillie Scott M. Hugh

48 Storey's Way

Beschnittene Eiben, dekorative Wege und ein schlichter Zaun mit einem Tor – das Anwesen wirkt wie ein englisches Cottage auf dem Lande, während das spitz zulaufende Ziegeldach und die weißen Wände des Hauses eher zu den Merkmalen eines Arts-and-Crafts-Cottage zählen, einer Architektur, der Baillie Scott Anfang des 20. Jahrhunderts anhing. Zu jener Zeit arbeitete er als unabhängiger Architekt am Hampstead-Garden-Suburb-Projekt. Scott war der Meinung, dass Haus und Garten als eine Einheit geplant werden sollten, wie er 1906 in *Houses and Gardens* ausführte: „Es geht nicht darum, erst das Haus zu entwerfen und dann dessen unmittelbare Umgebung zu gestalten, die irgendwie in Beziehung zum Gebäude steht, da hier Haus und Garten das Resultat einer einzigen, ursprünglichen Idee sind, die sich als Ganzes versteht." In seinen Betrachtungen über Gartengestaltung würdigt er den großen Einfluss von Gertrude Jekyll, deren Garten in Munstead Wood nur einige Jahre vor dem von Lutyens entworfenen Haus entstanden war.

☛ **Barnsley, Greene & Greene, Jekyll, Lutyens, Parsons**

M. Hugh Baillie Scott. **Geb.** Ramsgate, Kent (GB), 1865. **Gest.** Broughton, Sussex (GB), 1945.
48 Storey's Way, Cambridge (GB), 1912 – 1913.

Balat Auguste

Serres de Laeken

Der runde Wintergarten wurde 1876 von Auguste Balat entworfen. Er ist das erlesenste der Treibhäuser auf Serres de Laeken beim Königlichen Palast außerhalb von Brüssel. Die dreistöckige Kuppel mit einem Durchmesser von 57 Metern ist – wie auch die anderen Häuser – eine Glas-Eisen-Konstruktion. Diese schmücken fließende Elemente aus Linien, Kurven und Kreisen, die in einem zarten Grün gehalten sind. Die einzelnen Häuser mit ihren Sammlungen von Palmen, Farnen, Kamelien, Orchideen und Medinillas in emaillierten Töpfen sind durch gläserne Korridore miteinander verbunden – Gänge, die über einen Kilometer lang und von rankenden Geranien und Fuchsien gesäumt sind. Es gab auf Laeken eine Orangerie und ein rundes Treibhaus, das eine wertvolle *Victoria amazonica* enthielt, bevor Leopold II. 1865 den belgischen Thron bestieg. Dank Leopolds Begeisterung für tropische Pflanzen und des Vermögens, das er mit Investitionen im Kongo machte, konnten die königlichen Gewächshäuser in diesem Umfang entstehen.

☛ **Burton & Turner, Dupont, Fowler, Paxton**

Auguste Balat. Geb. Gochenée (B), 1818. Gest. Axeller, Brüssel (B), 1895. **Serres de Laeken,** Brüssel (B), 1876.

Bannochie Iris

Andromeda Gardens

Die Andromeda-Gärten auf Barbados beherbergen die größte Sammlung indischer und exotischer Pflanzen der Westindischen Inseln, der Heimat von unzähligen Palmen, Farnen, Hibisken, Bougainvilleen, Begonien, Kakteen und Orchideen. Andromeda, eine Göttin aus der griechischen Sagenwelt, wurde an einen Fels geschmiedet – so wie diese Gärten, die sich förmlich an die Klippen von Barbados' Ostküste „klammern". Iris Bannochie, eine Gartenkünstlerin, deren Familie das Land seit 200 Jahren besitzt, begann mit der Bepflanzung des felsigen Geländes 1954. Sie nutzte die natürlichen Gegebenheiten des Terrains, vor allem den Fluss, der eine Reihe von Bassins mit Wasser versorgt. Als sich Bannochie 1964 endgültig hier niederließ, begann sie, Pflanzen auf den nahe gelegenen Inseln zu sammeln. Sie bat Botaniker aus aller Welt um Unterstützung. Bannochie machte ihren Garten der Öffentlichkeit zugänglich und vermachte ihr geliebtes Andromeda dem Barbados National Trust, in dessen Besitz es nach ihrem Tod 1988 überging.

☞ **Raffles, Sanchez & Maddux, Thwaites**

Iris Bannochie. Tätig (BDS), Mitte des 20. Jahrhunderts. **Gest.** (BDS), 1988.
Andromeda Gardens, St. Joseph (BDS), 1954–1988.

Barillet-Deschamps Jean-Pierre Parc de Buttes-Chaumont

Dieser Felsenhügel befindet sich im öffentlichen Park von Buttes-Chaumont – einer der aufregendsten Anlagen in Paris. Er wurde in einem Steinbruch angelegt, der lange Zeit als Müllhalde gedient hatte und zwischen 1864 und 1869 sogar Schauplatz öffentlicher Hinrichtungen war. Die Wirkung eines dieser Hügel wurde durch das Anlegen eines Sees und eine Replik des Tempels der Sibylle auf der Hügelspitze dramatisch verstärkt. Ein weiterer Hügel wurde in eine Insel verwandelt und ist über eine Brücke zu erreichen. Aus einer Höhe von 30 Metern stürzt ein Wasserfall in eine Höhle; ge-wundene Pfade führen den Besucher um den See, bieten Ausblicke auf den Park und von den Hügeln eine weite Sicht auf Paris. Die romantischen Anklänge sind typisch für die Arbeiten von Jean-Pierre Barillet-Deschamps, der als leitender Gärtner ab 1860 zusammen mit Baron Haussmann (1809–1891) und J.-C.-A. Alphand (1817–1891) daran arbeitete, Teile des Zentrums von Paris umzugestalten. Alle drei waren an der Schöpfung von Buttes-Chaumond beteiligt.

☛ André, Brongniart, Clément & Provost, Paxton

Jean-Pierre Barillet-Deschamps. Geb. Indre-et-Loire (F), 1824. Gest. (F), 1875.
Parc de Buttes-Chaumont, Paris (F), in den 1870er-Jahren.

Barlow Pamela

Rustenberg Farm Gardens

In einem kleinen Tal am Fuße der Simonsberge liegt der atemberaubend schöne Landsitz Rustenberg: eine Meierei und Obstfarm, die noch in Betrieb ist und außerdem über einen produktiven Weingarten verfügt. Der Garten ist überaus malerisch angelegt: lang gestreckte Rasenflächen, grüne Rabatten, in denen viele einheimische Pflanzen gedeihen, Baumgruppen sowie statuenhafte Zypressen, die die Konturen der Landschaft unterstreichen. Der Landschaftsarchitektin und Gartendesignerin Pamela Barlow gelang die Verschmelzung von natürlicher Umgebung und kultivierten Pflanzstilen, die der klassischen englischen Landschaft verpflichtet sind; sie schuf eine erfrischende neue Variante des südafrikanischen Farmgartens. Die Kombination von einheimischen Pflanzen mit traditionellen britischen Gartenschemata ist ein typisches Merkmal bester südafrikanischer Gartenbautradition.

☛ **Bannochie, Lady Phillips, Rhodes, Tyrwhitt, Walling**

Pamela Barlow. Tätig (SA), 20. Jahrhundert. **Rustenberg Farm Gardens,** Stellenbosch (ZA), 20. Jahrhundert.

Barnsley Ernest

Rodmarton Manor

Im Frühjahr verknüpfen die gelben Narzissen die Serie von Außenflächen miteinander, die den Garten auf Rodmarton Manor mit dem dahinter liegenden Farmland bilden. Der Architekt Ernest Barnsley entwarf Haus und Garten im Jahre 1909, starb jedoch vor deren Vollendung. Für die Anlage verwendete er natürliche Materialien auf traditionelle Art und beauftragte ortsansässige Handwerker. Diese Haltung spiegelte das Ethos der Arts-and-Crafts-Bewegung wider, die sich in den Cotswolds ausdrückte. Diesen Stil erlernte Barnsley während seiner Ausbildung bei John Dando Sedding (1838–1891). Er wurde Mitglied einer Cotswolds-Gemeinde von Handwerkern, Gärtnern, Schriftstellern und Künstlern, die traditionelle Werte respektierten – zu ihr gehörten auch Johnston und Morris. Der Garten ist auch ein Tribut an Sedding und seine Vorstellung von Gartendesign, die im Wesentlichen „Old English" war: große Eibenhecken, Formsträucher, Verzierungen wie Sonnenuhren und üppige Beete mit traditionellen mehrjährigen Pflanzen.

☛ **Baillie Scott, Blomfield, Johnston, Mawson, Morris**

Baron Ash Graham

Packwood House

Dem Mythos zufolge stellt diese Sammlung von beschnittenen Eibenhecken die Bergpredigt dar: Christus an der Spitze des spiralförmig angelegten Hügels, die Apostel auf den Terrassen, und unterhalb – repräsentiert durch eine Vielfalt an Formen und Größen – die Massen. Der Formschnitt galt als beliebte Gestaltungsart im 16. und 17. Jahrhundert. Packwood könnte eines der wenigen noch existierenden Beispiele eines englischen Renaissancegartens sein, vollständig ausgestattet mit Hügel, Terrassen, Obstgarten und Hof. Allerdings ist das wahre Alter der beschnittenen Eiben zweifelhaft.

Wahrscheinlich stammen sie aus den 1850er-Jahren. Im 19. Jahrhundert wurden viele „Verbesserungen" vorgenommen; hierzu gehörten etwa neue Blumenrabatten und immergrüne Pflanzen. Als Baron Ash den Besitz erbte und in den 1930er-Jahren das Haus erweiterte, restaurierte er auch den Garten. Er ließ jedoch die Eiben stehen und bekräftigte so die Sage über deren Bedeutung. Der Garten wurde 1941 dem National Trust gestiftet.

☞ **Barnsley, Boy, Franco, Pinsent**

Graham Baron Ash. Tätig Anfang des 20. Jahrhunderts. **Packwood House,** Warwickshire (GB), um 1930.

Barragán Luis

San Cristobal

Unter der glühenden Sonne Mexikos verbinden sich lebhafte Rot-, Rosa- und Ockertöne mit dem tiefen Blau von Wasser und Himmel. Die Gestaltung der San-Cristobal-Ranch erzeugt einen heiteren und erhabenen geistigen Raum. Luis Barragán, einer der einflussreichsten Architekten des 20. Jahrhunderts, bezeichnete sich selbst in erster Linie als Landschaftsarchitekten. Als spiritueller Mensch blieb er seinen mexikanischen Wurzeln immer treu: Die meiste Zeit seines Lebens verbrachte er in der Heimat. Die Grundlage seiner Arbeit bildete die traditionelle mexikanische Archi-

tektur. Sein Werk wurde aber auch von Ferdinand Bac und Le Corbusier inspiriert. Zahlreiche Ideen beruhten jedoch auf zufälligen Erfahrungen, wie z. B. einem besonderen Erlebnis in Granada: „Nach einem Spaziergang durch die dunkle Alhambra trat ich in den heiteren, ruhigen und stillen Myrten-Patio hinaus. Ich hatte den Eindruck, dass er alles enthielt, was zu einem perfekten Garten gehörte – also nicht weniger als das gesamte Universum."

☞ Bac, Burle Marx, Le Corbusier, Muhammad V., Yturbe

Luis Barragán. Geb. Guadalajara (MEX), 1902. **Gest.** Mexiko-Stadt (MEX), 1988.
San Cristobal, Egerstrom Residence und Stallungen, Los Clubes, Mexiko-Stadt (MEX), 1968.

43

Barron William

Elvaston Castle

E. Adveno Brooke malte 1856 *Mon Plaisir*, Barrons Rekonstruktion eines Gartenplans aus dem 17. Jahrhundert von dem französischen Gestalter Daniel Marot. Innerhalb der alles umschließenden Eibenhecke winden sich verborgene Pfade; „Fenster" wurden in die Heckenwände geschnitten. Das zentrale Merkmal des Gartens war eine große Araukarie – eine Wiedereinführung aus Chile von William Lobb. Rundherum waren Nischen aus geschnittenen Eibenbüschen symmetrisch angeordnet, mit Pfaden, die zu den Eingängen führten. Die Gestaltung begann 1830, als sich der Graf von Harrington, der entgegen der Konventionen öffentlich mit seiner Geliebten zusammengelebt hatte, nach Elvaston zurückzog, um dort als Einsiedler mit seiner neuen Frau zu wohnen. Barron verbrachte fünf Jahre mit der Restaurierung des Gartens und dem Versuch, riesige Bäume auf große Entfernungen zu verpflanzen. Er entwarf die Gärten mit einer Reihe von Unterteilungen, die auch den maurisch inspirierten „Alhambra"-Garten mit einschlossen.

☛ **Blandy, Johnston, Lennox-Boyd, Sackville-West, Verey**

William Barron. Geb. (GB), 1800. **Gest.** (GB), 1891. **Elvaston Castle,** Derbyshire (GB), 1830–1835, Illustration aus *The Gardens of England* von E. Adveno Brooke, 1857.

Barry Sir Charles

Harewood House

Diese Ansicht zeigt eines der gelungensten Beispiele früher viktorianischer Gärten. Der Betrachter steht auf den Stufen von Harewood House und überblickt Sir Charles Barrys Garten in Richtung des Sees von Capability Brown (1716–1783) und die dahinter liegende Landschaft. Mitte des 19. Jahrhunderts galt es als modern, einen formalen Garten zwischen dem Haus und der „natürlichen" Landschaft des letzten Jahrhunderts zu integrieren. Die terrassierten Gärten wurden nach italienischem Vorbild angelegt – allerdings eher italianisierend als italienisch – und üppig mit farbenfrohen Beeten bepflanzt. Barry galt als einer der führenden Vertreter dieses Richtungswechsels, obwohl er als Schöpfer der im gotischen Stil errichteten Houses of Parliament in Westminster die größte Bekanntheit erlangte. Viele der formalen Gärten verwaisten ab der Mitte des 20. Jahrhunderts, doch Harewood wurde in den 1990er-Jahren restauriert. Die Konturen der Beete entsprechen exakt Barrys Entwurf – nur die Statue in der Mitte des Bassins ist modern.

☛ **Barron, Lainé, Nesfield, Sitwell**

Sir Charles Barry. Geb. London (GB), 1795. **Gest.** London (GB), 1860.
Harewood House, bei Leeds, West Yorkshire (GB), 1844.

Bartram John

Bartram's Garden

Die Beete hinter Bartrams Haus stellen den „gewöhnlichen Blumengarten" dar, eine Reihe von Beeten mit medizinischen Pflanzen, Gemüse und Kräutern. Diese Pflanzen sind aber nur ein kleiner Teil aus Bartrams riesiger Sammlung, die sein 10,8 Hektar großer Garten beherbergte. Bartram, ein Quäker und Bauer, begann mit dem Garten 1728. Er war der Erste, der eine vollständige Sammlung einheimischer nordamerikanischer Pflanzen zusammenstellte. Der Garten wurde jedoch auch durch viele Spezies erweitert, die Pflanzenkundler aus anderen Kolonien und den Westindischen Inseln mitbrachten. 1729 errichtete Bartram eine eigene Gärtnerei, aus der er George Washington und Thomas Jefferson mit Pflanzen versorgte. 1736 bis 1766 unternahm er einige Expeditionen, um neue Arten der nordamerikanischen Flora zu sammeln. Ihm wird die Einführung von ca. 200 Spezies zugeschrieben, von denen er viele nach England sandte. Ab 1765 war er Königlicher Botaniker mit einem jährlichen Gehalt von 50 Pfund.

☛ JJefferson, Shurcliff, van Riebeeck, Washington

John Bartram. Geb. Philadelphia, Pennsylvania (USA), 1699. **Gest.** Philadelphia, Pennsylvania (USA), 1777.
Bartram's Garden, Philadelphia, Pennsylvania (USA), 1728.

Bateman James & Cooke Edward Biddulph Grange

Farbenfrohes Blattwerk, gerahmt von einem der vielen Gebäude, die diesen Garten zieren, und ein weiterer Torweg im Hintergrund fordern den Besucher zum Eintreten auf. Als der Gartendesigner Cooke 1849 Bateman besuchte, entstand daraus eine Arbeitsgemeinschaft. Innerhalb der folgenden zehn Jahre wurde der Garten in eine Reihe von Außenräumen umgestaltet, von denen jeder eine andere Pflanzensammlung enthielt. Eine Kiefernpflanzung und ein Arboretum zeugen vom Einfluss Chatsworths und Elvastons. Die Gartenräume sind von Aspekten der Geschichte der Landschaftsgärten in-

spiriert – wovon Namen wie „China", „Cheshire Cottage" und „Ägyptischer Hof" zeugen. Stilisierte Gartenbauten unterstreichen die Wirkung der Bereiche. Eines der schönsten Merkmale von Biddulph ist die Verknüpfung der unterschiedlichen Außenräume: Hier wurde viel Wert auf immer neue Effekte gelegt. Neben Elvaston gilt Biddulph als gelungenes Beispiel dafür, dass Gartenarchitektur auch ohne Fernblick große Wirkung haben kann.

☞ Barron, Cockerell, Paxton, Vanbrugh

James Bateman. Geb. Redivals, bei Bury, Lancashire (GB), 1811. Gest. Worthing, Sussex (GB), 1897.   47
Edward Cooke. Geb. London (GB), 1811. Gest. (GB), 1880. Biddulph Grange, Staffordshire (GB), 1842–1871.

Bawa Geoffrey

Lunuganga

Dieses Idyll gehört zu einem Garten, den Geoffrey Bawa ab 1950 um sein Landhaus gestaltete. Der Architekt verwendete eine Palette exotischer Pflanzen, um grüne Landschaftsepisoden zu entwerfen. Das Haus ist gekennzeichnet durch das Spiel zwischen Innen- und Außenräumen. Bawa, der viele Bauwerke in Indonesien und Sri Lanka entworfen hat, einschließlich des Parlamentsgebäudes in der Nähe von Colombo (1977–1980), erläuterte seine Philosophie so: „Ein Gebäude kann nur verstanden werden, indem man sich um das Bauwerk herum bewegt, indem man die Modulationen und die Räume erfährt – vom Außenraum auf die Veranda, dann die Zimmer, die Durchgänge und Höfe – der Blick wandert von Räumen in andere Räume und in die dahinter liegende Landschaft – von außerhalb des Gebäudes zurück in die Räume und Höfe. Ebenso wichtig ist das Spiel des Lichts in Garten und Innenraum – von einem schattigen Zimmer zu einem Fest des Lichts auf dem Hof. Das Gefühl von Freude zu erreichen, ist dabei eine absolute Notwendigkeit."

☛ **Barlow, Rhodes, Tyrwhitt**

Geoffrey Bawa. Geb. Colombo (CL), 1919. **Gest.** Colombo (CL), 2003. **Lunuganga,** bei Bentota (CL), 1950.

Beaumont Guillaume

Levens Hall

Das *parterre* von Levens Hall wird für seine großartige Sammlung von Eibenbüschen gerühmt, die in vielen unterschiedlichen Formen beschnitten wurden. Park und Garten sind von der französischen Tradition beeinflusst. Sie wurden von Beaumont zwischen 1689 und 1712 für Oberst Graham angelegt, der für die Privatschatulle und die königlichen Jagdhunde von James II. verantwortlich war, ehe der König 1688 aus dem Lande floh. Beaumont pflanzte große Buchen- und Eibenhecken, um den Garten in fünf Abschnitte zu unterteilen. Diese waren: der Obstgarten, ein Bowlingrasen, warme Beete mit beheizten Umrandungen sowie die von Buchsbaum gesäumten *parterres* mit ihren Beeten und Formsträuchern. Es ist nicht bekannt, ob das Design auf das Beispiel anderer Gärten zurückgeht oder ob es sich hierbei um Erfindungen von Alexander Forbes handelt, der von 1810 bis 1862 leitender Gärtner auf Levens Hall war. Forbes restaurierte nicht nur den Garten, sondern fügte auch die im Formschnitt gestutzten Eibenbüsche hinzu.

☞ **Barron, Le Nôtre, Monasterio de San Lorenzo, Wirtz**

Guillaume Beaumont. Geb. (F), 1650. **Gest.** Cumbria (GB), 1729. **Levens Hall,** Cumbria (GB), 1689–1712.

Beck Marion & Walter & Collins Lester

Innisfree

In der außerordentlichen Landschaft von Innisfree fließt ein Bach sanft den sorgfältig bepflanzten Hang hinunter, einzelne Felsen ragen aus den Teichen hervor. Für das 80 Hektar umfassende Innisfree entwarf Walter Beck ursprünglich eine Reihe von Landschaften, die von seinen eigenen chinesischen Malereien und seinen Kenntnissen über Wang Wei, einen Maler, Designer und Poeten des 18. Jahrhunderts, inspiriert waren. Er bemerkte, dass auf diesen Bildrollen die Landschaft in eine schalenförmige Umgebung integriert war und nutzte die natürlichen Elemente der Landschaft,

um jede seiner „Schalen" zu umrahmen. Er und seine Frau Marion arbeiteten 30 Jahre an der Vervollkommnung ihres Gartens. Als sie den Designer Lester Collins trafen, baten sie ihn, die unterschiedlichen „Schalen"-Elemente zu einem perfekten Ganzen zusammenzufügen. Unter Verwendung eines alten japanischen Handbuches entwarf Collins eine Welt, in welcher der Betrachter von einer vollkommenen Komposition in die nächste schlendert.

☛ Hosogawa, Jencks, Sørensen, Wilkie

Marion Beck. Geb. Saginaw, MI, 1876. Gest. Millbrook, NY, 1960. Walter Beck. Geb. Dayton, OH, 1864. Gest. Millbrook, NY, 1954. Lester Collins. Geb. Moorestown, NJ, 1914. Gest. Millbrook, NY, 1993. Innisfree, Millbrook, NY, 1930. (alle USA)

Beckford William

Beckford's Ride

Als William Beckford den großartigen gotischen Palast bei Fonthill verkaufte, zog er in die Außenbezirke von Bath und beauftragte Henry Goodridge, Lansdown Tower im italienisch-romanischen Stil zu errichten. Nach Beckfords Tod wurde das Anwesen in eine Friedhofskapelle umgewandelt – eine Funktion, für die es beinahe ideal schien –, obwohl es ursprünglich den Gipfel eines steilen Aufstiegs von Beckfords Haus im mondänen Lansdown Crescent darstellte. Beckford verwandelte die Gärten und Wälder in eine einzigartige Landschaft aus Grotten und „urwüchsigen" Ausbli-

cken, die unter dem Namen Beckford's Ride bekannt wurde. Beckford selbst übte entscheidenden Einfluss auf die Entwicklung des gotischen Stils in der Architektur und den schönen Künsten aus. In jungen Jahren wurde er ins Exil nach Lissabon gezwungen, wo er nachhaltig von der Architektur portugiesischer Klöster beeinflusst wurde. Sein erstes neogotisches Haus mit Garten bei Montserrat bildete das Modell für seine Fantasie-Abtei bei Fonthill.

☞ Bigelow, Brongniart, Eaton, Gilpin, Walpole

Bélanger F.-J. & Blaikie Thomas — Parc de Bagatelle

Der Parc de Bagatelle ist eine aufwändig gestaltete pittoreske Landschaft mit Seen, Wasserfällen, Brücken im palladianischen oder chinesischen Stil und vielen verspielten Details. Er ist einer der beliebtesten Parks in Paris, der vor allem durch seinen Rosengarten Berühmtheit erlangte.

Die erste Version des Parks entstand 1777 aufgrund einer berühmten Wette zwischen Marie-Antoinette und ihrem Schwager, dem Fürsten von Artois: Er sollte in nur zwei Monaten einen Garten entwerfen. Der Architekt François-Joseph Bélanger nahm die Herausforderung an, doch sobald die Wette gewonnen war, wurde dem jungen Schotten Thomas Blaikie die Aufgabe übertragen, daraus eine englische Landschaft zu gestalten. Blaikie war ein erfolgreicher Designer und arbeitete den Großteil seines Lebens in Frankreich. Ursprünglich kam Blaikie auf den Kontinent, um Pflanzen in den Alpen zu sammeln – doch sobald ihn die französische Aristokratie entdeckt hatte, wurde er zum kreativen Gestalter der *jardins anglais*.

☛ **Carmontelle, Chambers, Forestier, Laborde, Robert**

François-Joseph Bélanger. Geb. (F), 1744. **Gest.** (F), 1818. **Thomas Blaikie. Geb.** (GB), 1758. **Gest.** Paris (F), 1838. **Parc de Bagatelle,** Paris (F), 1777.

De Belder Familie

Kalmthout

Charles van Geert gründete seine Gärtnerei bei Kalmthout im Jahre 1856. Antoine Kort erweiterte die Anlage, als er sie nach van Geerts Tod erwarb, war jedoch gezwungen, die Gärtnerei nach dem Ersten Weltkrieg zu schließen. Erst 1952 nahmen sich Georges und Robert de Belder des vernachlässigten Geländes wieder an. 1954 kam Roberts Frau Jelena Kovacic, eine Landwirtschaftsexpertin, hinzu, und gemeinsam verwandelte das Trio die verlassene Gärtnerei in ein Arboretum. Van Geert hatte viele edle Nadelbäume gepflanzt, darunter eine Allee, die noch immer das Rückgrat des Gartens bildet. Das Arboretum selbst wurde nicht entworfen, sondern entwickelte sich langsam. Formlose Beete sind durch weite gemähte Graspfade voneinander getrennt. Jedes Beet besteht aus einer raffinierten Gruppierung aus Bäumen, Sträuchern und mehrjährigen Pflanzen, die in Farbe und Form kontrastieren. Auch gibt es eine Sammlung blühender Kirschbäume, Magnolien, Rhododendren und, im Spätsommer, farbenfrohen Japanischen Ahorn.

☞ **Cabot, Holford, Mackenzie, Thwaites, Vilmorin**

Georges de Belder. Robert de Belder. Jelena Kovacic de Belder. Tätig in Kalmthout (B), Mitte des 20. Jahrhunderts. **Kalmthout,** bei Antwerpen (B), 1952.

Bigelow Jacob

Mount-Auburn-Friedhof

Der Mount-Auburn-Friedhof hinterlässt einen so nachhaltigen Eindruck, dass junge Menschen hierher gebracht wurden, um den richtigen Ehrgeiz zu entwickeln und von den beispielhaften Lebensläufen der hier begrabenen Edelmänner zu lernen. Laut der amerikanischen *Cyclopaedia of Useful Knowledge* (1835) wurde der 29 Hektar große Friedhof im Jahre 1831 vier Meilen westlich von Boston angelegt und als „der interessanteste seiner Art" gefeiert. Er war die erste in großem Maßstab geplante Landschaft, die in Amerika der Öffentlichkeit zugänglich gemacht wurde, und sollte zur Inspirationsquelle für zahlreiche Parks und Vororte des 19. Jahrhunderts werden. Jacob Bigelow, ein talentierter Arzt und Botaniker aus Boston, förderte das Konzept eines „ländlichen Friedhofs", eines Ortes vor den Toren der Stadt, „zusammengesetzt aus Familiengräbern, unterteilt von einzelnen Bäumen, Sträuchern und Blumen in einem Wald oder einem Landschaftsgarten". Der Mount-Auburn-Friedhof ist – heute wie damals – die gelungene Umsetzung einer Vision.

☞ Asplund, Beckford, Brongniart, Downing & Vaux, Eaton

Jacob Bigelow. Geb. Sudbury, Massachusetts (USA), 1786. Gest. Boston, Massachusetts (USA), 1879.
Mount-Auburn-Friedhof, Boston, Massachusetts (USA), 1831.

Bijhouwer Jan

Kröller-Müller-Skulpturenpark

Als würde sie mit ihrem eigenen Spiegelbild tanzen, schwebt die weiße Skulptur der ungarischen Künstlerin Marta Pan auf dem Teich. Sie wurde 1960 von der Künstlerin als ein „Treffpunkt zwischen Himmel und Wasser" entworfen und bezieht auch den umgebenden Rasen, die Bäume und Pfade mit ein. Dutzende anderer Skulpturen wurden mit der gleichen Sorgfalt im Otterlo-Park des Kröller-Müller-Museums platziert. Die Idee, moderne Skulpturen im Freien aufzustellen, war von Anfang an ein Hauptgedanke dieses Konzepts, als das reiche Unternehmerpaar Kröller-Müller seit den 1930er-Jahren sein Museum plante. Als der Otterlo-Park 1961 der Öffentlichkeit zugänglich gemacht wurde, war er einer der ersten Skulpturenparks überhaupt. F. D. Hammacher, Direktor des Museums, beauftragte den bekannten Landschaftsarchitekten Jan Bijhouwer, eine Anlage mit freien Flächen und abgeschiedenen Orten, Rasen und Wasserflächen zu entwerfen. 1970 kam eine Waldung hinzu, in der Künstler ihre Werke ausstellen konnten.

☞ Brancusi, Hepworth, Jellicoe, Miró, Moore, Saint-Phalle

Bingley Lord

Bramham Park

Der gotische Tempel in Bramham Park ist ein erlesenes Gebäude, das vollkommen in seine Umgebung integriert zu sein scheint. Der Garten wurde von Robert Benson im französischen Stil Le Nôtres entworfen: Alleen aus hohen Buchenhecken, eine Reihe formaler Bassins, die durch eine Kaskade verbunden sind, sowie ein T-förmiger Kanal. Später wurde die Anlage von Bensons Nachfahren weiter verschönert. Den gotischen Tempel ließ Lord Bingleys Tochter Harriet Benson 1750 errichten – der Entwurf basiert auf einem Musterbuch aus Batty Langleys *Gothic Architecture* (1742).

Bramham Park ist ein erfrischender Garten mit weiten, offenen Flächen und langen, schmalen Ausblicken, geschmückt mit Obelisken, Teichen und einer Vielfalt an Tempeln: eine Vereinigung von französischen und englischen Landschaftsmerkmalen, die vielleicht sogar von der italienischen Renaissance beeinflusst ist. Der Park ist ein Beispiel für die Eleganz und das Selbstvertrauen der englischen Gartengestalter des frühen 18. Jahrhunderts.

☛ **Allen, Bowes Lyon, Le Nôtre, Vanbrugh**

Robert Benson (1. Lord Bingley). **Geb.** Wrenthorpe, Yorkshire (GB), 1676. **Gest.** 1731.
Bramham Park, Yorkshire (GB), 1699–1731.

Blanc Patrick

Mur Végétal

Eine dekorative Gruppe von Pflanzen gedeiht an einer vertikal errichteten Mauer – auf den ersten Blick scheint die Mur Végétal ein Mysterium zu sein. Sie ist schön wie eine natürliche Klippe, die von Blumen und anderer Vegetation überwuchert wird. Darunter liegt ein kleines Bassin mit Goldfischen, welches das kontinuierlich tropfende Wasser auffängt. Die Mauer besteht aus einem feinen Drahtnetz, das auf eine Metallstruktur gespannt ist. Diese wiederum ist von einer dicken Filzschicht umgeben. Hier wurde keine Erde verwendet: Die Vegetation ist in die Taschen des Filzes „gepflanzt". Sie

wächst und gedeiht nur aufgrund des Wassers. Neben dem reizvollen Anblick ist der Entwurf auch ein bedeutendes wissenschaftliches Experiment, das der französische Agronom Patrick Blanc beim jährlichen Gartenfestival von Chaumont-sur-Loire 1994 unternahm. Danach wurde es dort zu einer festen Installation, deren Technik immer weiter perfektioniert wird und praktische Anwendung in zahlreichen französischen Städten findet.

☞ Carvallo, La Quintinie, Latz, Vogue

Patrick Blanc. Geb. Paris (F), 1956. **Mur Végétal**, Chaumont-sur-Loire (F), 1994.

Blandy Familie

Quinta do Palheiro Ferreiro

Vereinzelt wurden kleinere Gärten innerhalb des großen Gartens von Quinta do Palheiro Ferreiro auf Madeira angelegt. Die Landschaft wuchs seit 1885 mit den Generationen der Familie Blandy. Vor allem aber ist der Garten ein Ausdruck des *wild style*, den William Robinson einführte – der Versuch, einen Garten Eden zu kreieren, indem die Bandbreite der Pflanzenarten so groß wie möglich gehalten wurde, sodass der Betrachter glaubt, es handele sich hier um natürliche Vegetation. Die scheinbare Spontaneität und Zwanglosigkeit dieses Gartentyps ist allerdings nur durch sorgfältige Planung zu erreichen. Der besondere Charakter dieses Gartens entsteht durch die große Anzahl von Pflanzen aus der südlichen Hemisphäre. Über Jahrhunderte hinweg galt Madeira, das auf der alten Handelsroute zwischen Europa, Asien, Afrika und Amerika lag, als Lagerplatz für exotische Pflanzen, die von Seeleuten, Missionaren und Botanikern importiert wurden.

☛ **Barron, Jekyll, Robinson, Rochford, Thijsse, Verey**

Familie Blandy. Tätig auf Madeira (P), ab 1885. **Quinta do Palheiro Ferreiro**, Madeira (P), 1885.

Blomfield Sir Reginald   Mellerstain

Dieser Blick auf die Gärten zeugt von der Beeinflussung Blomfields, seines Zeichens Architekt und Autor des Werkes *The Formal Garden*, durch die englische Renaissance. Auch die Arbeit Le Nôtres bei Versailles ist für Mellerstain von Bedeutung. Der Entwurf wurde nicht vollständig umgesetzt, doch die architektonische Form des Gartens, seine Struktur und die verwendeten Materialien sind kennzeichnend für Blomfield. Er sah den Garten als rein dekorative Einfassung des Gebäudes, womit dieser in die Zuständigkeit des Architekten fiel. Dadurch kam er mit William Robinson in Konflikt, der die Gärtner für die Gartengestaltung verantwortlich wissen wollte. Diese gegensätzlichen Ansichten zweier wortgewaltiger Männer entzündeten im 19. Jahrhundert die „Schlacht der Stile", ausgetragen zwischen Formalisten und Naturalisten – ein Kampf, der die Richtung des zukünftigen Gartendesigns festlegen sollte. Ergebnis des Streits war der neue englische Arts-and-Crafts-Garten, eine Schöpfung Gertrude Jekylls und Sir Edwin Lutyens.

☛ **Barnsley, Jekyll, Le Nôtre, Lutyens, Robinson**

Sir Reginald Blomfield. Geb. Bow, Devon (GB), 1856. **Gest.** London (GB), 1944.
Mellerstain, bei Gordon, Berwickshire (GB), 1910.

Bomarzo Herzog von

Sacro Bosco, Bomarzo

Aus der Tiefe des Waldes klafft der gähnende Mund eines steinernen Gesichts – ein Anblick, beängstigend und verlockend zugleich. Der heilige Hain von Bomarzo besteht aus einem ganzen Aufgebot surrealer geheimnisvoller Figuren und bizarrer Architektur, die aus dem Felsen gehauen wurden. Er zählt zu den faszinierendsten Gärten Italiens, spiegelt die Persönlichkeit seines Schöpfers, des Prinzen „Vicino" Orsini, wider, der sich vom römischen Hof zurückzog und 1557 in Bomarzo niederließ. Er versuchte nicht, die Wildnis zu zähmen, sondern nutzte sie, um ein symbolisches und metaphy-

sisches Programm zu entwerfen. Damit kehrte er nicht nur der zeitgenössischen Gartenphilosophie den Rücken, er wandte sich auch gegen die Verfeinerung einer Villa Lante und die Arroganz einer Villa d'Este. Nach Orsinins Tod verwaiste der Sacro Bosco drei Jahrhunderte lang. Erst 1949 wurde es von einem anderen exzentrischen Charakter wieder entdeckt, dem surrealistischen Künstler Salvador Dalí. Er rückte den Park wieder ins Licht der Öffentlichkeit.

☛ Borromeo, Goldsworthy, Monteiro & Manini

Prinz Pier Francesco „Vicino" Orsini (Herzog von Bomarzo). Geb. (I), 1513. **Gest.** Bomarzo (I), 1585. **Sacro Bosco, Bomarzo** (I), 1557–1587.

Borghese Kardinal Scipione Villa Borghese

Scipione Borghese war der Neffe von Papst Paul V., der die Bauten am Petersdom in Rom zu Ende führte. Der einflussreiche, vermögende Mann begann 1605, Land auf dem Monte Pincio zu erwerben, um einen Garten anzulegen. Girolamo Rainaldi entwarf die Gärten und Bernini fügte viele der Skulpturen hinzu. John Evelyn bemerkte 1644, dass der Garten „überquoll von köstlichen Früchten und exotischen Reizen: Springbrunnen, Obstgärten und kleine Bäche". Beinahe alles davon verschwand, als der modebewusste schottische Landschaftsmaler Jacob Moore 1787 angestellt wurde, um die Anlage „auf das Doppelte ihrer Größe zu erweitern und (..) Baumgruppen in pittoreskem Stil anzulegen, die einen ungewohnten Anblick boten, wie z. B. Trauerweiden". Heute ist der große Park öffentlich zugänglich und bietet jede nur vorstellbare Attraktion – Roms Zoo und die jährliche internationale Pferdeschau eingeschlossen.

☞ **Fontana, Mansi, Mozzoni, Palladio, Raphael**

Borromeo Graf Carlo III.   Isola Bella

Vom Wasser aus bietet die Isola Bella – eine extravagante, barocke Anlage inmitten des Lago Maggiore – einen dramatischen Anblick. Graf Carlo Borromeo III. beauftragte 1632 Angelo Crivelli mit der Errichtung eines Sommerpalastes auf der einst unfruchtbaren Insel. Sein Sohn Vitaliano IV. setzte seine Arbeit fort, indem er den Architekten Carlo Fontana engagierte und die Anlage in den 1690er-Jahren fertig stellte. Das Zentrum des Gartens besteht aus fünf Terrassen mit steinernen Obelisken und Statuen – dadurch wirkt die Insel aus der Ferne in gewisser Weise wie ein fantastisches Schiff. Auf jeder Terrasse wurden Obstbäume und Blumen gepflanzt; die unterste Terrasse ist ein *parterre* aus Buchsbaum und leuchtenden Blumen. Hinter den Terrassen befindet sich ein zentraler Hof mit einem Wassertheater, das von einem springenden Einhorn gekrönt und mit dekorativen Nischen ausgestaltet ist.Immergrüne Pflanzen – in der Hauptsache geschnittener Buchsbaum – bilden die Grundlage der Pflanzung.

☛ **Bai, Fontana, Garzoni, Rochford**

Graf Carlo Borromeo III. Geb. (I), Anfang des 17. Jahrhunderts. **Gest.** (I), um 1680.
Isola Bella, Lago Maggiore (I), um 1630–1670.

Bosworth William Welles

Kykuit

Neoklassizistische Säulenreihen, Springbrunnen und Pflanzungen bestimmen den Ton dieses Gartens auf dem amerikanischen Landgut Kykuit im Hudson Valley. Als Vorbild für die Gestaltung dienten europäische Renaissance-Anlagen; die Umsetzung des Stils wurde schließlich als amerikanische Renaissance bezeichnet. Der Springbrunnen sowie die gigantischen Allegorien von Nil, Euphrat und Ganges wurden umgestaltet, um den nahe gelegenen Hudson mit einzubeziehen. Die hier zelebrierte Renaissance verdanken die USA mächtigen Industriellen und Philanthropen wie dem Besitzer von Kykuit, John D. Rockefeller. Der Landschaftsarchitekt W.W. Bosworth, ein Protegé von Frederick Law Olmsted, wurde 1913 in das Projekt einbezogen, um diese weiträumigen Gärten zu entwerfen. Später sollte er noch Landschaften für die Stanford-Universität, das MIT sowie Arlington gestalten. Nach dem Zweiten Weltkrieg ließ sich Bosworth bei Paris nieder, um eine Reihe historischer Restaurierungen zu überwachen, die von Rockefeller gesponsert waren.

☛ **Hearst, Hosack, Johnson, Ligorio, Olmsted, Vanderbilt**

William Welles Bosworth. Geb. Marietta, Ohio (USA), 1868. **Gest.** Vaucresson (F), 1966.
Kykuit, Pocantico Hills, New York (USA), 1913.

Bouché Karl

Pillnitz

Der farbenfrohe Garten von Schloss Pillnitz wurde in den 1870er-Jahren von Karl Bouché erschaffen. Im Hochsommer sind die *parterres* dicht mit Rosen und Beetpflanzen bewachsen. Im Laufe der Jahre haben viele Gartenarchitekten zur Entwicklung des Gartens in der Sommerresidenz der sächsischen Könige beigetragen. Am berühmtesten ist wohl Matthäus Daniel Pöppelmann (1662–1736), der in den 1720er-Jahren den ersten formalen Garten anlegte. Dieser liegt zwischen dem ältesten noch vorhandenen Teil, dem Wasserpalais im chinesischen Barockstil, und der Elbe, auf der der König per Schiff aus Dresden anreiste. Bei dem abgebildeten Schloss handelt es sich um das Neue Palais: Es entstand 1826, um Wasserpalais und Bergpalais miteinander zu verbinden. Im Garten finden sich noch eine Kiefernplanzung aus dem 19. Jahrhundert, eine Kastanienallee, die berühmten Heckengärten oder Lustgärten, ein englischer Pavillon im „Englischen Garten", ein Palmenhaus und, am höchsten Punkt des Gartens, ein chinesischer Pavillon.

☛ **Baden-Durlach, Carl Theodor, Wilhelm, Wilhelmine**

Karl Bouché. **Geb.** 1850. Tätig (D), Ende des 19. Jahrhunderts. **Gest.** 1933. **Pillnitz,** bei Dresden (D), um 1870.

Bowes-Lyon Sir David St Paul's Waldenbury

Die klassizistische Statue bildet einen Fokus am Ende der von Buchenhecken gesäumten Allee – einer von drei Punkten, die in einem spitzen Winkel vor der Nordfassade des Hauses zusammenlaufen, um eine *patte d'oie* zu bilden, eine Form, die an einen Gänsefuß erinnert. Der Garten, den Sir David Bowes-Lyon im Jahre 1932 restaurierte, wurde 1725 unter Aufsicht von Edward Gilbert begonnen, als der zeitgenössische Geschmack die strengen Begrenzungen aufgelockert sehen wollte. Gilbert setzte sich über die neue Mode des so genannten „Landskip"-Gärtnerns hinweg und füllte die Flächen zwischen den Alleen mit Waldungen, die von Pfaden und Attraktionen wie Springbrunnen und Statuen durchzogen waren. So schuf er den wahrscheinlich besterhaltenen englischen Garten, der im frühen 18. Jahrhundert im Stil Le Nôtres – des Mannes, der den Garten von Versailles entwarf – gestaltet wurde. St. Paul's Waldenbury war der Geburtsort von Elizabeth Bowes-Lyon, der Königinmutter.

☞ **Bingley, Jellicoe, Le Nôtre, Manning**

Sir David Bowes-Lyon. Geb. (GB), 1902. **Gest.** Birkhall (GB), 1961.

St. Paul's Waldenbury, Hertfordshire (GB), 1725 (restauriert 1932).

Bowles Edward Augustus   Myddelton House

Diese Pergola – kennzeichnend für die Zeit König Eduards – ist auf Bodenhöhe mit einem Teil der riesigen Sammlung von Gewächsen bepflanzt, die E. A. Bowles in seinem zwei Hektar großen Garten seit 1895 angesammelt hatte. Bowles galt als führender Gärtner des späten 19. und frühen 20. Jahrhunderts; er trieb die Wissenschaft des Gartenbaus voran und schrieb seine Erfahrungen nieder. Sein höchst individueller Garten war reich an Gartenräumen, die auf leicht zusammenhanglose Weise miteinander verknüpft waren, jedoch viele unterschiedliche Pflanzenarten zur Schau stellten. Die Wiese mit Alpenpflanzen wird durch den berühmten Felsengarten gekrönt, und weite Reihen von Schwertlilien bedecken das Ufer auf einer Seite des Flusses. Im Steingarten kann man einen versteinerten Baum bewundern – und in so genannten „Irrenhaus" eine Sammlung botanischer Seltsamkeiten. Am bekanntesten wurde Bowles wahrscheinlich durch seine Buchtrilogie von 1914: *My Garden in Summer*, *My Garden in Autumn* und *My Garden in Winter*.

☛ **Crisp, Fish, Johnston, Verey**

Edward Augustus Bowles. Geb. (GB), 1865. Gest. (GB), 1954. **Myddelton House,** Enfield, Middlesex (GB), 1895.

Boy Adolf

Wilanów

Die oberste Terrasse auf Wilanów ist ein streng geordneter Bereich mit kegelförmigen Eiben, von Buchsbaumhecken gesäumten Beeten und Tulpen. Der erste Garten wurde im späten 17. Jahrhundert von Adolf Boy rund um den Palast gestaltet. Die obere Terrasse – beeinflusst durch zeitgenössische italienische Gärten – bestand aus Buchsbaum-*parterres*, vergoldeten Statuen, steinernen Vasen, Springbrunnen und Gartenhäusern sowie einem symmetrisch bepflanzten Obstgarten. Im späten 18. Jahrhundert erweiterte Szymon Bogumil Zug die Gärten und wahrscheinlich war er es auch, der den Landschaftspark mit seinen gewundenen Wegen und einer Kaskade plante. Zu den romantischen Zufügungen aus dem frühen 19. Jahrhundert zählen das chinesische Gartenhaus, eine römische Brücke, ein Sarkophag und ein verfallener Triumphbogen. Der Garten wurde während des Zweiten Weltkriegs vernachlässigt und später von Gerard Ciolek restauriert, der die ursprüngliche Anlage und ihre späteren Veränderungen wieder zum Vorschein brachte.

☛ **Barron, Pinsent, I. Thomas, Zug**

Boyceau Jacques

Jardin du Luxembourg

Diese berühmte Perspektive des Jardin du Luxembourg von Perelle zeigt die Anlage so, wie sie in den 1640er-Jahren aussah – ein Anblick, der auch den Essayisten John Evelyn nachhaltig beeindruckte: „Das *parterre* besteht aus Buchsbaum, der so einzigartig entworfen und sorgfältig gepflegt ist, dass die *broderie* eine überwältigende Wirkung auf das Gebäude ausübt." Der Garten wurde für die aus Italien stammende Königin Maria (de' Medici) angelegt, die Witwe Heinrichs IV. von Frankreich und Stellvertreterin ihres Sohnes Ludwig XIII. Der Gestalter des Gartens war höchstwahrscheinlich Boyceau.

Sein *Traité du jardinage* (1638 nach seinem Tode veröffentlicht) war eines der ersten französischen Bücher zum Thema Gartengestaltung. Der Jardin du Luxembourg liegt abgesenkt und war ursprünglich von Blumentöpfen und Statuen umgeben. Am hinteren Ende des quadratischen Gartens befindet sich eine halbkreisförmige Apsis, um einen Blickpunkt zu schaffen. Die *parterres de broderie*, die Evelyn so bewunderte, gehörten zu den ersten in Frankreich.

☛ **S. Caus, Du Cerceau, Gallard, Le Bas, Le Blond, Ligne**

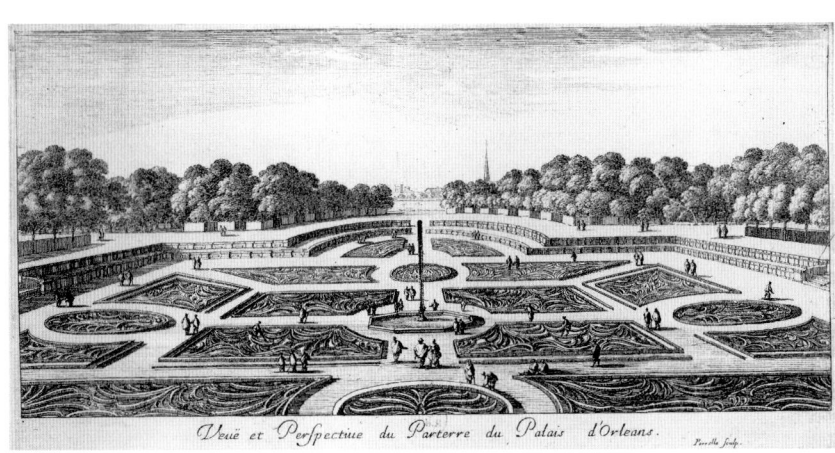

Veüe et Perspectiue du Parterre du Palais d'Orleans.

Perelle sculp.

Jacques Boyceau (Jacques de la Barauderie Boyceau). Geb. Saintonge (F), um 1562. **Gest.** Paris (F), um 1633. **Jardin du Luxembourg,** Paris (F), 1612. Kupferstich von Gabriel Perelle.

Bradley-Hole Christopher   Chelsea-Blumenschau-Garten

Dieser Garten besteht aus gepflegten Mauern, rostfreiem Stahl, Glastäfelungen, zeitgenössischem Mobiliar – und einer gewagten Achse, die die gesamte Länge des Grundstücks durchmisst. Zitate finden sich auf Steintafeln gemeißelt, ein Kunstgriff, der von Ian Hamilton Finlays Little Sparta stammt. Londons jährlich stattfindende Chelsea-Blumenschau ist nicht gerade für ihr innovatives Design bekannt, doch Christopher Bradley-Holes Garten, der 1997 den 1. Preis gewann, galt als stilistischer Wendepunkt – weg von der jahrzehntelangen Imitation des Arts-and-Crafts-Stils.

Bradley-Hole ist ein kompromissloser Vertreter der Moderne. Die Bepflanzung besteht aus einer reduzierten, sehr wirkungsvollen Palette verblüffender Exemplare: große Schwertlilien und *Allium*-Gewächse sorgen für dramatische lilafarbene Akzente über einer Bepflanzung aus Gras. Bradley-Holes Werk führte schließlich zu einer Vorliebe für zeitgenössische, klassizistische Schaugärten in Chelsea.

☞ Hamilton Finlay, Le Corbusier, Mies van der Rohe, Ruys

Christopher Bradley-Hole. Geb. Sussex (GB), 1955. **Chelsea-Blumenschau-Garten**, London (GB), 1997.   69

Bramante Donato

Belvederehof

Bramantes revolutionärer Entwurf für Papst Julius II. verknüpfte den Vatikanischen Palast mit der alten Villa Belvedere durch die Gestaltung dreier Gärten mit monumentalen Treppen und einer zentralen Achse. Die Anlage wurde ca. 1505 begonnen und nach Bramantes Tod fertig gestellt. Sie erfüllte in vollendeter Form ihren Zweck, Palast und Villa zu verknüpfen. Die Gärten hatten die weitere Funktion, der päpstlichen Sammlung antiker Skulpturen als passendes Ambiente zu dienen. Bramante unterwanderte die geschlossene Tradition der spätmittelalterlichen Gärten und arbeitete mit dramatischen Perspektiven. Sein Entwurf, in dem die Außenanlagen wie ein architektonischer Raum behandelt werden, zeugte von einem völlig neuen Umgang mit Gartenlandschaften – und sollte die europäische Tradition für mehr als zwei Jahrhunderte prägen. Leider existiert dieser Garten nicht mehr: 1585 wurde ein neuer Flügel der Bibliothek darüber errichtet, später kam noch eine Erweiterung des Museums hinzu.

☞ **Palladio, Raphael, Sulla**

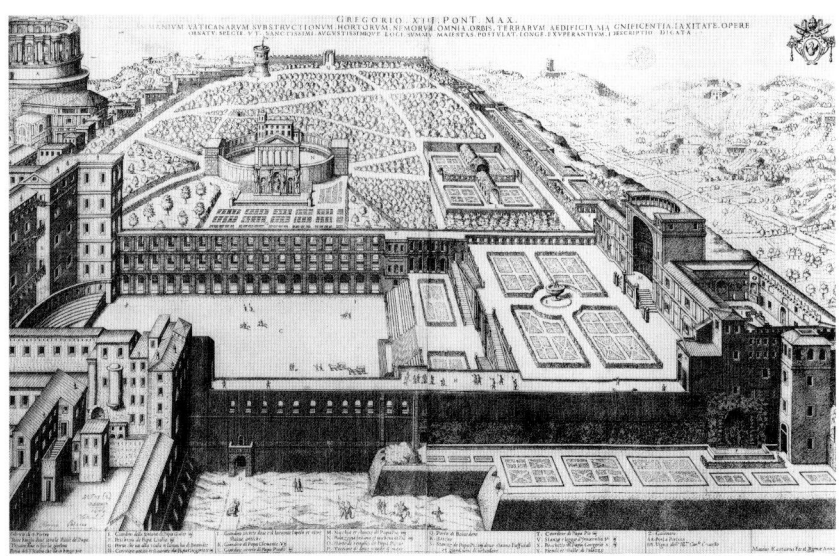

Donato Bramante. Geb. Monte Andruvaldo, bei Urbino (I), 1444. **Gest.** Rom (I), 1514.
Belvederehof, Vatikan, Rom (I), um 1505.

Brancusi Constantin

Tirgu-Jiu-Skulpturenpark

In einem weiten, bewaldeten Park, der zur Meditation wie geschaffen scheint, befindet sich „Der Tisch der Stille", eine zeitlose, kreisförmige Kalksteintafel mit zwölf Sitzplätzen. Weiter unten auf der zentralen Allee vervollständigen „Das Tor des Kusses" und „Die Unendliche Säule" das bemerkenswerte Ensemble. Constantin Brancusi gestaltete sowohl den Park als auch die Skulpturen. Er schuf eine spirituelle, beinahe religiöse Umgebung, die an Steingruppierungen aus alter Zeit erinnert. Brancusi war ein Pionier der Abstraktion und einer der ersten modernen Bildhauer, die sich für die Beziehung zwischen Kunstwerken und ihrer Umgebung interessierten. Er beschäftigte sich mit der Idee eines Werkes, das sich je nach Perspektive des Betrachters veränderte. Tirgu Jiu wurde 1938 vom rumänischen Staat in Auftrag gegeben. Es liegt nahe bei Brancusis Geburtshaus in Rumänien, wo er allerdings seit 1903 nicht mehr lebte. In jenem Jahr brach er auf, um Europa zu Fuß zu durchqueren und nach Paris zu gelangen.

☞ **Hamilton Finlay, Hepworth, Heron, Miró, Moore**

Constantin Brancusi. Geb. Pesistani, Gorj (RO), 1876. **Gest.** Paris (F), 1957.
Tirgu-Jiu-Skulpturenpark, bei Hobitza (RO), 1938.

71

Brandt G. N.

Tivoli-Gärten

Die Tivoli-Gärten im Zentrum Kopenhagens verkörpern die Idee des städtischen Freizeitvergnügens. Die Bepflanzung war überwiegend informal und stand im Einklang mit der romantischen Gestaltung der Landschaft und der überraschenden Wirkung des im Zickzack verlaufenden Hauptwegs. Die natürlich gestalteten Staudenrabatten in der weitläufigen Landschaft sind typisch für das Werk G. N. Brandts. Er schuf den Parterregarten in Tivoli, der aus elliptischen Beeten mit Springbrunnen in Holzschalen (eine Sparmaßnahme während des Krieges) besteht. Brandt griff auf Lutyens und Jekylls Ideen zurück – die Milderung der formalen Architektur durch raffinierte Pflanzmuster – und erweiterte sie mit Wildblumen und ungemähten Grasstreifen zwischen formalen Elementen. Er war ein führender Kopf der ökologischen Bewegung in der Gartenkultur und bezeichnete sich stets als Gärtner und nicht als Designer. Brandt vereinte formale und informale Elemente, wie z. B. im Juni-Garten, wo sich Blumenbeete mit Bäumen abwechseln.

☛ **Jekyll, Loudon, Lutyens, Sangram Singh, Tyers**

G. N. Brandt. Geb. 1878. Tätig (DK), Anfang des 20. Jahrhunderts. Gest. 1945. **Tivoli-Gärten**, Kopenhagen (DK), 1943.

Bridgeman Charles

Claremont-Landschaftsgarten

Eine Libanonzeder wirft ihren Schatten über Bridgemans großartiges Amphitheater aus Torf, das – ganz nach klassischem Vorbild – aus acht kreisförmigen Terrassen besteht. Es wurde um 1725 in das Gelände oberhalb des Sees geschnitten, der zu jenem Zeitpunkt ein formaler Teich war. Die Anlage sollte vor allem die Dramatik der Landschaft erhöhen. Der Architekt Sir John Vanbrugh war der ursprüngliche Besitzer des Claremont-Landschaftsgartens, der die Geschichte des englischen Landschaftsgartens nacherzählt. William Kent lockerte die von Bridgeman gestaltete Landschaft auf: Er fügte eine Kaskade hinzu und verwandelte den Teich wieder in einen natürlich wirkenden See. Capability Brown baute ein neues Haus und verbarg das Amphitheater unter Bäumen. Später pflanzte man Rhododendren und exotische Gewächse. Königin Viktoria verbrachte hier ihre Mußestunden. Bridgeman wurde von Georg II. und Königin Caroline zum Gärtner ernannt.

☞ **Goethe, Grenville-Temple, Hoare, Kent, Piper**

Charles Bridgeman. Gest. London (GB), 1738. **Claremont-Landschaftsgarten**, Esher, Surrey (GB), 1715.

Brongniart Alexandre Théodore

So romantisch dieser Friedhof auch wirken mag, Père-Lachaise ist kein ruhiger Begräbnisort. Ein konstanter Strom von Besuchern zieht sich durch die Landschaft auf der Suche nach ihren Helden, von Chopin bis Jim Morrison, von Proust bis Oscar Wilde. Im Jahre 1804 wurde Alexandre Brongniart, Schöpfer der Pariser Börse, mit der Planung eines neuen Friedhofs für die Hauptstadt beauftragt. Er gestaltete die Landschaft auf dem Gipfel der Anhöhe, von der man ganz Paris überblicken kann. Brongniart legte eine zentrale, von Zypressen gesäumte Allee an, von der zahllose Pfade abzweigen. Es war eine vollkommen neue Art der Begräbnisanlage, doch schon bald wurde sie zum Bezugspunkt für ähnliche Projekte in ganz Europa. Um das Interesse an diesem Friedhof weiter zu fördern, wurden die sterblichen Überreste von Berühmtheiten wie Molar und Beaumarchais hierher verbracht und rasch entwickelte sich Père-Lachaise zu einer gefragten Ruhestätte – trotz der immer weiter steigenden Preise.

☛ **Asplund, Bigelow, Eaton, Scarpa**

Alexandre Théodore Brongniart. Geb. Paris (F), 1739. **Gest.** Paris (F), 1813. **Père-Lachaise,** Paris (F), 1804.

Brookes John

Denmans

Dies ist das Zuhause des Gartendesigners John Brookes, dessen Buch *Room Outside* (1969) das heute weit verbreitete Konzept des Lebens unter freiem Himmel und das „Patio-Gärtnern" erst bekannt machte. Der 14 Hektar große Garten bei Denmans nahe der englischen Südküste ist steinig. Joyce Robinson begann den Garten 1946 und legte schließlich einen „trockenen Fluss" aus Kies an, der sich kurvenreich einen sanften, mit Weißbirken und mediterraner Vegetation bepflanzten Hang hinunterwindet. Robinsons völlig neuartiger Kiesgarten war von einem ihrer Besuche auf der griechischen Insel Delos in den 1960er-Jahren inspiriert. Als John Brookes 1980 den Garten übernahm, verfolgte er das Grundthema – Pflanzen in einer steinigen Landschaft – weiter und fügte einen duftenden Kräutergarten innerhalb des einst ummauerten Küchengartens hinzu. Mit seinen ausgewachsenen Pflanzen macht der Garten heute einen entspannten, behaglichen Eindruck. Die Pflanzen dürfen ihre Samen mit erfreulicher Zwanglosigkeit verbreiten.

☛ **Aldington, Chatto, Gildemeister, Pearson, Toll**

John Brookes. Geb. (GB), 1933. Denmans, West Sussex (GB), 1980.

Brown Capability

Blenheim Palace

Die auf den ersten Blick natürlich wirkenden Elemente auf Blenheim – der See, gewellte Rasenflächen und Gruppen von Bäumen – stammen alle von Menschenhand. Es ist ein Entwurf Capability Browns, der von Mitte bis Ende des 18. Jahrhunderts in der englischen Landschaftsgestaltung tonangebend war. Browns Genius bestand zum einen darin, dass er sich eine erfolgreiche Formel zu Eigen machte, die auf einer romantischen Idee des Schäferidylls basierte. Zum anderen hatte er das Selbstbewusstsein, diese Formel zu variieren, damit sie auf unterschiedliche Orte und Auftraggeber anwendbar war. Brown schätzte die *capabilities*, also die Fähigkeiten jeder Landschaft ab, was ihm seinen Spitznamen einbrachte. Zwar trug Brown viele Gärten ab, um Weideland anzulegen, doch behielt er auch formale Elemente bei, wenn sie ihm passend erschienen. Dennoch interessierte er sich nicht für die symbolischen und literarischen Vorlieben seiner Vorgänger und so gibt es keinerlei verborgene Bedeutungen in seinen Werken.

☞ **Emes, Grenville-Temple, Kent, Repton, Vanbrugh**

Capability Brown (Lancelot „Capability" Brown). Geb. Northumberland (GB), 1716. **Gest.** London (GB), 1783.
Blenheim Palace, Woodstock (GB), 1764–1774.

Bullant Jean

Bullant wird meist für seine Gärten auf Chantilly gerühmt, die hier auf einem Gemälde aus dem 17. Jahrhundert abgebildet sind. Tatsächlich existiert heute nichts mehr von seinen Werken – mit Ausnahme des Schlosses, das er in den 1550er-Jahren für Herzog Anne de Montmorency errichtete. Das Schloss befand sich auf einer Insel, die vom Wasser eines mittelalterlichen Burggrabens umgeben war. Es besaß eine Loggia, die sich zu einem kleinen *parterre* hin öffnete. Der Garten, wie wir ihn heute sehen, ist das geniale Werk des Königlichen Gärtners André Le Nôtre, der sich am Konzept

Bullants orientierte. Die Anlage wurde für den Prinzen de Condé in den 1660er-Jahren unter Mitarbeit des Ingenieurs Jacques de Manse gestaltet, der für die Wasserspiele zuständig war, sowie von etlichen anderen Architekten, Bildhauern, Botanikern und Gartengestaltern. Die Wasserarbeiten beeindruckten die Zeitgenossen des Prinzen am meisten: Der Lauf eines Flusses wurde umgeleitet, um reflektierende Terrassen von spektakulärem Umfang zu schaffen.

☞ J. Aislabie, Dashwood, Le Nôtre, Philipp II.

Buontalenti Bernardo

Villa Pratolino

Über einen Teich mit Lotosblüten gebeugt, steht der Herkules des manieristischen Bildhauers Giambologna in dem heute zerstörten Park der Villa Pratolino, die einst als die bemerkenswerteste der Medici-Villen gerühmt wurde. Der Bühnenbildner und Architekt Buontalenti entwarf um 1569 labyrinthische Pfade auf dem bewaldeten Hügel. Diese waren durch Kaskaden, Springbrunnen, Grotten und Denkmäler akzentuiert, welche die bekanntesten Künstler und Architekten zur Zeit des Erzherzogs Francesco I. de' Medici entworfen hatten. Obgleich der Garten nun restauriert wird, erzählt er die traurige Geschichte einer Zerstörung. Es ist schwierig, den Schaden wieder gutzumachen, der zuerst im 18. Jahrhundert angerichtet wurde, als man den Garten zum Jagdgebiet erklärte; dann kamen die Verwüstungen in napoleonischer Zeit und schließlich das 19. Jahrhundert, als die Überreste in einen „englischen" Park verwandelt wurden. Auf wundersame Weise entfaltet Pratolino trotz weniger verbliebener Elemente noch immer seine volle Wirkung.

☛ **Bomarzo, I. Caus, Garzoni, Mardel, Orsini, Vignola**

Bernardo Buontalenti. Geb. Florenz (I), 1536. Gest. Florenz (I), 1608.
Villa Pratolino, jetzt Park Demidoff, bei Florenz (I), um 1569–1581.

Burle Marx Roberto

Fernandez Residence

Üppige Streifen aus Taglilien und Buntnesseln wachsen in der Nähe des Seeufers, während der Rhododendron in leuchtendem Rosa den Blick auf die außerordentliche Berglandschaft lenkt. Mit seinem Gespür für Ausgewogenheit und gewagte, kurvenreiche Anpflanzungen verwandelte Burle Marx dieses schöne Tal in den Orgãos-Bergen Brasiliens in eine Landschaft voll Ruhe und Frieden. Burle Marx, der lange als der „wahre Erfinder des modernen Gartens" gepriesen wurde, ist in der Tat für einige Neuerungen verantwortlich: Nach dem Studium in Deutschland kehrte er nach Brasilien zurück und kombinierte Pflanzgruppen in geschwungenen biomorphen Rabatten mit den geometrischen Mustern moderner Architektur. Bei seiner Arbeit mit der brasilianischen Flora erwies er sich als wahrer Künstler. Er gilt als Meister des reinen Designs, wie seine wellenartigen Mosaikwege an der Copacabana bezeugen. Burle Marx blieb seinen brasilianischen Wurzeln immer treu. Seine wichtigsten Werke schuf er gemeinsam mit Le Corbusier und Niemeyer.

☛ Barragán, Bye, Le Corbusier, Pepper, Silva

Roberto Burle Marx. Geb. São Paulo (BR), 1909. **Gest.** bei Rio de Janeiro (BR), 1994.
Fernandez Residence, Correias (BR), 1948, restauriert 1988

Burley Griffin Walter

Australian Botanical Garden

Der amerikanische Architekt und Landschaftsgestalter Walter Burley Griffin gewann 1912 den Wettbewerb um die Gestaltung der neuen Bundeshauptstadt Canberra. In seinem Entwurf sollte Australiens ursprüngliche Flora ein wichtiges Merkmal der Stadt werden. Obwohl es 50 Jahre dauerte, bis der Garten schließlich 1970 offiziell eröffnet wurde, stellten alleine die Dimensionen der Anlage sicher, dass in den dazwischenliegenden Jahren kein Politiker die Pläne verwerfen konnte. Die ursprüngliche Idee – der Bau eines kontinentalen Arboretums mit Musterexemplaren aus ähnlichen Klima-zonen der Welt – wurde zugunsten der einheimischen Flora fallen gelassen. Mit Hilfe von schaltuhrgesteuerten Sprinkleranlagen gelang es ihm, eine aride Zone in einen Regenwald zu verwandeln. Der Versuch, bedrohte Pflanzenarten zu erhalten, geht weiter: Etwa die Hälfte der 90 Hektar großen Fläche wartet noch auf ihre Bearbeitung. Die Gärten beherbergen momentan 90 000 Pflanzen, die 5 000 Spezies repräsentieren.

☛ Dow, Raven, Thays, Wilton & Cockayne, F. L. Wright

Walter Burley Griffin. Geb. Maywood, Illinois (USA), 1876. **Gest.** Lucknow (IND), 1937.
Australian Botanical Garden, Canberra, Australian Capital Territory (AUS), geplant 1912, eröffnet 1970.

Burlington Lord

Chiswick House

Auf John Rocques Kupferstich von 1736 sind die gewundenen Pfade, die akzentuierten Achsen und die naturnah gestalteten Bereiche im Entwurf Burlingtons gut erkennbar. Im Gegensatz zum barocken Formalismus früherer Gärten wurde das nach dem Modell einer palladianischen Rotonda entworfene Chiswick House in einer von Charles Bridgeman und William Kent gestalteten Landschaft angesiedelt. Die Anlage umfasst einen Fluss, eine Kaskade in einer Grotte, eine von Hecken gesäumte Exedra mit Statuen (angeblich aus Hadrians Villa), ein Festhaus und ein Bassin mit einem Obelisken.

Einiges davon ist auf den Skizzen des Plans erkennbar. Die *patte d'oie* mit ihren geschnittenen Hecken dominiert und jede der drei Perspektiven mündet in ein klassisches Gartengebäude. Burlingtons Ideen über den natürlichen Stil eines Gartens wurden in Alexander Popes Gedicht *Epistle to Lord Burlington* (1734) verewigt, das seine Pionierarbeit rühmt und Gartengestaltern nahe legt, sich durch „den Genius dieses Ortes inspirieren zu lassen".

☛ **Hadrian, Kent, Palladio, Pope, Switzer, Vanbrugh**

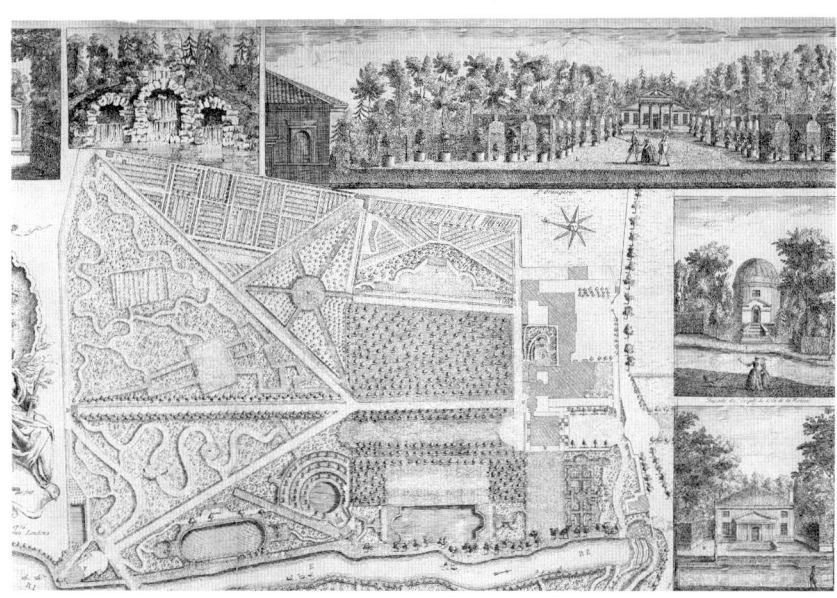

Richard Boyle (3. Herzog von Burlington). Geb. London (GB), 1695. **Gest.** London (GB), 1753.
Chiswick House, London (GB), 1725, Kupferstich von John Roque, 1736.

81

Burnett Frances Hodgson   The Secret Garden (Great Maytham Hall)

Frances Hodgson Burnett verzauberte mit ihrem 1911 erschienenen Roman *The Secret Garden (Der geheime Garten)* Generationen von Kinder. Nur wenige wissen, dass das fiktive Misselthwaite Manor sein Vorbild in der Great Maytham Hall in Kent hat, wo sich Burnett im vergangenen Jahrhundert einmietete. 1910 wurde das Anwesen von Sir Edwin Lutyens restauriert, der ummauerte Garten war zu dieser Zeit völlig verwildert und regte Burnett an, diese Geschichte zu schreiben. Der Besucher fragt sich: „Werde ich den Garten in der Gestalt vorfinden, in die Mary und Dickon ihn heimlich verwandelt

haben, ohne Wissen von Marys einsiedlerischem Onkel Archibald Craven?" All dies ist Teil der Vorfreude, und vielleicht stößt der Besucher sogar auf einen Nachfahren des berühmten Rotkehlchens, das noch immer im Baum am Rande des Secret Garden singt. Burnett, die 1866 auch *Der kleine Lord* schrieb, emigrierte am Ende des amerikanischen Bürgerkriegs in die Vereinigten Staaten.

☞ Lutyens, Potter

Frances Eliza Hodgson Burnett. Geb. Manchester (GB), 1849. **Gest.** Washington, DC (USA), 1924.
Great Maytham Hall, Kent (GB), 18. Jahrhundert.

Burton Decimus & Turner Richard

Das spektakuläre Palmenhaus ist 120 Meter lang, 30 Meter breit und 20 Meter hoch. Es wurde vom ersten amtlichen Direktor von Kew, Sir William Hooker, in Auftrag gegeben und zwischen 1844 und 1848 für die vielen Palmen erbaut, die aus allen Teilen des Empires eintrafen. Anfangs wurden die Pflanzen in Töpfen auf Regalen zur Schau gestellt und erst in den 1860er-Jahren übernahm man das System der Beete. Die Originalpläne des Palmenhauses wurden von dem Ingenieur und Eisengießer William Turner eingereicht und von Burton überarbeitet, der Turners gotische Pläne „entschmückte". Die Kombination aus Turners technischen Fertigkeiten und Burtons Vereinfachung führte zu der gerundeten Struktur des Gebäudes. Mit ihren Kuppeln, der halbkreisförmigen Apsis und den tonnengewölbten Galerien erfüllte die Struktur nicht nur einen funktionalen Zweck, sie bot auch einen wunderbaren Anblick. Der Stil fand Nachahmung in vielen neuen Gärten. Doch Gusseisen rostet, was 1985 eine fünf Millionen Pfund teure Restaurierung notwendig machte.

☛ Balat, Dupont, Fowler, Grimshaw, Paxton

Decimus Burton. Geb. London (GB), 1800. **Gest.** London (GB), 1881. **Richard Turner. Geb.** Dublin (IRL), um 1798. **Gest.** 1881. **Kew Palm House,** Kew, London (GB), 1844–1848.

Bushell Thomas

Enstone

Trat man durch einen Vorhang aus Wasser, so erreichte man eine unterirdische Stalaktitenhöhle und geriet mitten in die fantastischen Wassereffekte, die Thomas Bushell inszeniert hatte. Begleitet wurde man von künstlichem Donner, Blitz, Regen, Hagel, Trommeln, Vogelgesang, von Regenbogen und den Geräuschen der wiederauferstehenden Toten. Bushell, Sekretär des Philosophen und Staatsmanns Sir Francis Bacon, kam in den 1620er-Jahren nach Enstone. Er lebte in einem kleinen Haus, in dem er sein Arbeitszimmer schwarz verhüllte und so eine melancholische Einsiedlerzelle schuf. In seinem höher gelegenen Garten gab es Wege, Wäldchen, Blumengärten und Wasserspiele, die nach seinem Tod hinzugefügt wurden. Kurz wurde der Garten von Ruhm gestreift, als er zweimal von Charles I. besucht wurde – doch verließ dieser Enstone, als der Bürgerkrieg begann. Die „Wunder von Enstone" schaffen Bezüge bis zurück ins Alexandria des 1. Jahrhunderts v. Chr. und zu den Wasserspielen der europäischen Gärten.

☛ I. Caus, S. Caus, Ligorio, Robins

Thomas Bushell. Geb. Worcestershire (GB), 1594. **Gest.** London (GB), 1674. **Enstone,** Oxfordshire (GB), 1620er-Jahre.

Bye A. E.

Leitzsch Residence

In einem Wäldchen nahe Ridgefield, Connecticut, arbeitete A. E. Bye an seinen magischen, ineinander verschlungenen Schöpfungen. Balkone und Vorsprünge des Hauses erstrecken sich in die Landschaft, um mit ihr zu verschmelzen. Blickpunkte wurden in den Wald geschnitten, die das Auge in die Ferne schweifen und den Garten in einem umfassenderen Kontext sehen lassen. Bye liebte es, Natur und Menschliches nebeneinander zu stellen. Die Wälder reichen bis zu den Fenstern des Hauses. Bye dachte nicht daran, exotische Pflanzenarten einzuführen, da sie die natürliche Ökologie der Landschaft nur stören und Probleme bei der Erhaltung und Kultivierung mit sich bringen würden. Ihm machte der Gedanke Sorgen, dass der natürliche Charakter der Umgebung verloren gehen könnte, wenn einheimische Pflanzen durch Gewächse aus anderen Teilen der Erde ersetzt werden. Bye ist auch bekannt für seine *fieldscapes*, grasbewachsene Hügel, die an altertümliche Schanzen erinnern.

☛ **Gildemeister, Hall, Manrique, Pearson, Rothschild**

Arthur Edwin Bye. Geb. Pennsylvania (USA), 1919. **Gest.** Pennsylvania (USA), 2001.
Leitzsch Residence, Western Connecticut (USA), Mitte bis Ende 1970er-Jahre.

Cabot Frank

Les Quatre Vents (Die vier Winde)

Die chinesische Mondbrücke, eine Nachbildung der Brücke im Seven Star Park in Kweilin, China, formt mit ihrem Spiegelbild einen Kreis. Der Originalgarten wurde ursprünglich mit einer starken Achse geplant, die nach Westen orientiert ist. Von den Terrassen des Hauses aus ist der Blick entlang des *tapis vert* zu den Laurentian Mountains gerichtet. Die Anlage wurde im frühen 19. Jahrhundert für die Familie Cabot entworfen und vom gegenwärtigen Besitzer Frank Cabot erweitert. Der elegante Garten verrät die Leidenschaft der Bewohner für Pflanzen. Es gibt 30 unterschiedliche Bereiche,

von denen jeder über eine eigene Note verfügt, ohne sich über den Gesamteindruck hinwegzusetzen. Beschnittene Zedern in samtenem Grün verknüpfen die einzelnen Bereiche miteinander. Einheimische nordamerikanische Bodendecker wie *Cornus canadensis, Maianthemum canadense* sowie die schöne gelbe *Clintonia borealis* blühen neben Farnen in den Wäldern, während großblättrige *Gunnera, Petasites* und *Rheum* am Wasser gedeihen.

☞ **Holford, Thwaites, van Geert, Veitch, Vilmorin**

Frank Cabot. Gest. New York, New York (USA), 1925. **Les Quatre Vents,** Quebec (CDN), errichtet Anfang des 19. Jahrhunderts.

Caetani Familie

Ninfa

Die verfallenen Gebäude und Steinbrücken Ninfas sind eine traumhafte Umgebung für einen Garten. Die mittelalterliche Stadt in der Nähe von Rom lag 600 Jahren lang verwaist, bis sich drei Generationen der Familie Caetani ihrer annahmen und einen magischen Garten inmitten der Ruinen schufen. Im Jahre 1922 pflanzte die englischstämmige Herzogin von Sermoneta die Rosen, die noch immer Bäume und Ruinen überwuchern. Ihr Sohn Prinz Gelasio pflanzte *Ilex*, Zypressen, schwarze Walnussbäume sowie *Magnolia grandiflora*, die nun, da sie ausgewachsen sind, dem Garten einen Hauch von Zeitlosigkeit verleihen. Nach dem Tod des Prinzen lebten sein Bruder Roffredo und dessen amerikanische Frau Marguerite 25 Jahre lang in Ninfa und fügten eine Reihe von Bäumen sowie weitere Bäche hinzu, die den Garten durchkreuzen. Ihnen folgte die Künstlerin Lelia Caetani und ihr Mann Hubert Howard, die weitere Magnolien pflanzten und mit einem Arboretum außerhalb der Mauern begannen. Heute nimmt sich eine Stiftung des Gartens an.

☞ **W. Aislabie, Gilpin, Knight, Messel**

Familie Caetani. Tätig (I), 20. Jahrhundert. **Ninfa,** bei Latina (I), 1922–1977.

Cameron Charles

Pavlovsk

Der Tempel der Freundschaft – ein fensterloser Kuppelbau mit dorischen Säulen und einer einzigen Eichentür – war das erste Gebäude, das in Pavlovsk von dem schottischen Architekten Charles Cameron für Erzherzog Paul (später Paul I.) und dessen Frau Maris Fedorovna entworfen wurde. Cameron plante auch den Palast, die Gärten und andere Gebäude im Park. Seine Bauwerke sind klassizistisch, doch gehören zu der Anlage auch eine Meierei und eine Köhlerhütte, die scheinbar rustikale Züge tragen, jedoch über elegante Innenräume verfügen. Camerons Landschaft ist englischen Stils, doch auf einem ebenen Stück Land, das unter dem Namen „Die Weißen Birken" bekannt ist, entwarf der Bühnenbildner Pietro Gonzago eine idealisierte nordrussische Landschaft aus Wiesen und Wäldern. Kaiserin Maris Fedorovna, eine leidenschaftliche Gärtnerin und Pflanzenkundlerin, trug ebenfalls ihren Teil zur Entwicklung der Anlage bei. Der Tempel wurde zum Vorläufer vieler ähnlicher Bauwerke in russischen Parks.

☞ Catherine II., Guerniero, Palladio, Peter I.

Charles Cameron. Geb. London (GB), um 1743. **Gest.** St. Petersburg (RUS), 1811.
Pavlovsk, St. Petersburg (RUS), Mitte des 18. Jahrhunderts.

Cane Percy

Dartington Hall

Terrassenförmig angelegter Rasen, eine breite Steintreppe und beschnittene Eibenhecken – Dartington Hall ist ein gelungenes poetisches Zusammenspiel unterschiedlicher Elemente. Von Licht und Schatten umrissene geometrische Formen kontrastieren wirkungsvoll mit den umgebenden Bäumen. Es ist eine der typischsten Landschaften überhaupt, angesiedelt in einem magischen englischen Garten. Die Anlage wirkt nicht nur erhaben, mit ihren Waldwegen, einsamen Wiesen und einem rustikalen Cottage vermittelt sie auch eine gewisse Vertrautheit. Dartington Hall wurde im 14. Jahrhundert für John Holand, den Halbbruder Richards II., errichtet. Der gegenwärtige Garten ist hauptsächlich das Verdienst von Percy Cane, eines produktiven Gestalters, der auch für Haile Selassie arbeitete. Cane wurde von Dorothy und William Elmhirst beauftragt, die das Anwesen 1925 erwarben. Er arbeitete mit zwei anderen Beratern zusammen, die die Elmhirsts engagiert hatten: die Amerikanerin Beatrix Farrand sowie Harry Avray Tipping.

☞ **Farrand, Hall, Jencks, Sørensen, Wilkie**

Percy Cane. Geb. Bocking Mill, Essex (GB), 1881. Tätig (GB), Anfang des 20. Jahrhunderts. **Gest.** 1976.
Dartington Hall, bei Totnes, Devon (GB), seit 1945.

Cao Andy

Glass Garden

In Andy Caos Glasgarten im Echo Park (Los Angeles) verbinden sich impressionistische Farbstreifen auf raffinierte Weise miteinander. Die weißen, halb in einem blau eingefassten Pool versunkenen Hügel erinnern an die neben den Straßen aufgehäuften Salzberge, die Cao aus seiner Kindheit in Vietnam kennt. Andere Gartenelemente, wie die Büschel aus *Stipa renuissima* (eine Grasart, die wie Zitronengras duftet) sind ebenfalls Reminiszenzen an seine Heimat. Cao verwendete 1994 erstmals Glas in seiner Arbeit; er hatte sich Glasscherben aus einem örtlichen Recyclinglager geholt und entdeckte bei seinen Experimenten mit dem Material dessen vielfältige Einsatzmöglichkeiten im Gartendesign. Das Glas, auf dem man ohne Gefahr barfuß laufen kann, dient auch als Mulch gegen Unkraut und Wasserverdunstung. Cao schuf Installationen für mehrere Hotels in Los Angeles und Las Vegas und erhält weiterhin Aufträge für Glasgärten. Seit 1999 entdecken auch britische Gartenarchitekten zunehmend Glas als Material.

☛ I. Greene, Schwartz, Shigemori, Sitta, Smyth

Andy Cao. Geb. Tay-Ninh (VN), 1965. **Glass Garden,** Los Angeles, Kalifornien (USA), 1998.

Capponi Familie

Villa Gamberaia

Die Treppen und Mauern dieses verwunschenen Gartens sind mit rustikaler Steinarbeit verziert und von Mosaiken überzogen. Büsten, Obelisken und Terrakotta-Urnen schmücken die Balustrade, die zu den höher gelegenen Terrassen führt. Von hier aus eröffnet sich ein grandioser Ausblick über einen Zitronengarten und einen *bosco*. Dies sind die einzigen Bereiche, die seit dem 17. Jahrhundert unverändert geblieben sind, nachdem zwei Generationen der Familie Capponi La Gamberaia neu entwarfen. Auf den unteren Terrassen befindet sich das berühmteste Merkmal des Gartens, ein makelloses *par-*

terre, von Eiben und schmalen Pfaden gesäumt, das zu einer dramatisch gewölbten Wand aus Zypressen führt. Bassins und Springbrunnen haben die traditionellen Pflanzungen der Renaissance wie Heilkräuter und Rosen ersetzt. Die moderne Wiederbepflanzung des vorderen Gartenbereichs wurde Anfang des 20. Jahrhunderts von der bulgarischen Prinzessin Ghycka begonnen, der damaligen Besitzerin von Gamberaia.

☞ **Borromeo, Buontalenti, Cicogmi, Michelozzi, Mozzoni**

Familie Capponi. Tätig (I), 18. Jahrhundert. **Villa Gamberaia,** Florenz (I), seit 1717.

Cardasis Dean

Plastic Garden

Farbige Plexiglastafeln sorgen für eine außergewöhnliche, formale Trennung in diesem weithin bekannten Gartenentwurf, der heute allerdings nicht mehr existiert. Die Idee eines Plastikgartens entsprang Cardasis' Sichtweise von einem neuen Stil des Vororthauses: ein Gebäude mit PVC-Wänden, das wirkte wie ein in die Landschaft gestelltes Plastikspielzeug. Rote und gelbe Plastiktafeln bilden die Grenze zu einem gekiesten Außenraum, und blaue Tafeln überdachen den Bereich nahe des Hauses. Durch die Bepflanzung mit einheimischen Bäumen an den Ecken des Gartens entsteht der Eindruck eines Geheges. Es wurde angelegt, um langsam mit dem dahinter liegenden Wald zu verwachsen. Die Gestaltung des Gartens war verhältnismäßig kostengünstig, im Vordergrundund stand neben der einfachen Pflege der Anlage ihre Eignung als Kinderspielplatz, der Sicherheit und Kreativität gewährleisten konnte. Dean Cardasis ist Professor für Garten- und Landschaftsarchitektur an der Universität von Massachusetts sowie praktizierender Designer.

☛ **Cao, Cooper, Delaney, Guevrékian, Mallet-Stevens**

Dean Cardasis. Geb. 1949. Plastic Garden, Northampton, Massachusetts (USA), 1995.

Carl Theodor Kurfürst   Schloss Schwetzingen

Es gibt keinen Ort, der den Übergang vom Barock zu den verschiedenen Stilen der Landschaftsgestaltung stärker verdeutlicht als Schwetzingen, die Sommerresidenz des Kurfürsten Carl Theodor, der diesen Garten in über 40 Jahren gestaltete. Die ersten Bauten waren barock, entworfen von dem französischen Architekten Nicolas de Pigage: ein kreisrundes *parterre*, umgeben von gewölbten Pergolen. Darauf folgten der Tempel des Apoll, das Badehaus, der Springbrunnen der Vögel und die chinesische Brücke. Von Sckell gestaltete die Außenbereiche 1776 schließlich im englischen Stil, das

rechteckige Bassin nahm die unregelmäßige Form eines natürlichen Sees an. Doch kehrte die Pigage 1785 zurück, um den Tempel Merkurs und die türkische Moschee zu entwerfen. Schwetzingen ist heute so verlockend wie einst, ein Ort von außergewöhnlicher Schönheit. Kaiser Joseph II. reiste inkognito aus Österreich an, um die Gärten zu bewundern, und Voltaire erklärte, sein letzter Wunsch sei es, dieses „Paradies auf Erden" nochmals zu sehen.

☞ Baden-Durlach, Friedrich I., Friedrich II., Wilhelm

Carmontelle Louis Carrogis de

Die Pyramide ist eines von vielen architektonischen Elementen im Parc Monceau, die entworfen wurden, um „alle Zeiten und Orte" einer natürlichen Landschaft darzustellen. Gräber, verfallene Säulen, ein Obelisk und ein antiker Säulengang wurden 1769 von Carmontelle für den Herzog von Chartres angelegt, den späteren Herzog von Orléans (bekannt als Philippe-Egalité). Louis Carrogis de Carmontelle war Dramaturg, Illustrator und Gartengestalter. In seinem veröffentlichten Folio *Views of the Jardin de Monceau* bemerkte er: „Wir sollten in unsere Gärten die ständig wechselnden Szenen der Oper einführen." Er wollte einen pittoresken Garten in eine illusionistische Landschaft verwandeln. Das Ergebnis, von vielen Kommentatoren geschmäht, wirkt heute ziemlich anziehend, obwohl sich das pittoreske Landschaftselement kaum wahrnehmen lässt. Ein ebenfalls höchst interessanter Wasserfall und eine Grotte wurden nach 1860 von Alphand, Barillet-Deschamps und Davioud als Teil der Neugestaltungen in Paris hinzugefügt.

☛ **Barillet-Deschamps, Chambers, Pückler-Muskau**

Louis Carrogis de Carmontelle. **Geb.** Paris (F), 1717. **Gest.** Paris (F), 1806. **Parc Monceau,** Paris (F), 1773.

Carter George

Silverstone Farm

Ein Tor aus Gartenwerkzeugen bildet den krönenden Abschluss für die Umrahmung dieses Feuerstein-Obelisken – eine perfekte Komposition, bedeutungsschwer und leicht surreal, und trotzdem nur eines von vielen Tableaus in George Carters 0,8 Hektar großem Garten in Norfolk. Carter verknüpfte geschickt historische Züge, um einen kompromisslos gestalteten Garten zu schaffen, aber gleichzeitig durch Stimmung, Einteilung und die Wahl der Materialien einen modernen Eindruck zu vermitteln. Auch eine gewölbte Wand aus Hainbuche ist vorhanden sowie eine Auswahl an Obelisken und Skulpturen in gedämpften Farben, die mit dem grünen Hintergrund verschmelzen. Silverstone ist kein Blumengarten. Die meisten Pflanzen sind gestutzt oder wachsen am Spalier. Carter hat Übung im „Entwerfen eines *mis-en-scène* aus dem Nichts". Kugeln und Obelisken sind aus Beton gegossen, die Statuen aus Sperrholz geschnitten. Die Elemente werden ständig verändert, als wären sie Teil eines Bühnenbildes, und nachts eindrucksvoll beleuchtet.

☛ **Johnston, Lennox-Boyd, Shenstone, Strong & Oman**

Caruncho Fernando

Weizengarten

Eingebettet in die spanische Landschaft, orientiert sich dieser Garten an den netzartig angelegten Orangenwäldern und folgt dem Verlauf der Pflugspuren. Obwohl die Anlage niemals versucht, antike Muster nachzuahmen, hat man den Eindruck, sie könnte seit Menschengedenken als Teil einer unentdeckten Zivilisation existieren. Caruncho ist zweifellos Erbe der spanischen Gartentradition, die ihre Wurzeln im maurischen Stil und der Alhambra in Granada hat. Er ist auch ein Bewunderer von Gärten wie Vaux-le-Vicomte bei Paris oder jenen der Boboli in Florenz, doch seine besondere

Hinwendung zum Formalen geht tief; sie ist nicht nur simples Element seines Designs, sondern Ausdruck eines Glaubens, den er durch seine philosophischen Studien, vor allem des antiken Hellas, erwarb. Das Gespür für Ordnung, Dauerhaftigkeit und Geschichte erreichte Caruncho, indem er sein eigenes ästhetisches Erbe mit der Geschichte der Landschaft vereinte. Sein Interesse gilt den Bewässerungstechniken und antiken landwirtschaftlichen Modellen.

☞ Hall, Le Nôtre, Muhammad V., Tribolo, Wirtz

Fernando Caruncho (Fernando Caruncho Torga). Geb. (E), um 1962. **Weizengarten,** Palma de Mallorca (E), um 1990.

Carvallo Dr. Joachim

Château de Villandry

In der Anlage von Villandry ist ein französischer Küchengarten in Vollendung zu finden, der im frühen 20. Jahrhundert von Joachim Carvallo gestaltet wurde. Als er das Loireschloss aus dem 16. Jahrhundert erwarb, beschloss Dr. Carvallo den *jardin anglaise* aus dem 18. Jahrhundert in eine Reihe von Parterreterrassen zu verwandeln. Das Grundstück fällt sanft nach Norden hin ab, und am niedrigsten Punkt entwarf Dr. Carvallo das Herzstück des Gartens: den *potager*, der noch immer vollständig erhalten ist. Neun unterschiedlich gemusterte, von Buchsbaumhecken gesäumte Quadrate bieten eine reiche Vielfalt an Gemüsesorten, die sowohl wegen ihrer Farben als auch wegen ihres Geschmacks gezüchtet werden. Villandry ging der Begeisterung für Ziergemüse – vor allem lila und grüner Kohl, rubinroter Mangold und bunter Salat –, die in den 1980er- sowie 1990er-Jahren ihren Höhepunkt fand, eine ganze Zeit voraus. Tatsächlich ist der lila Zierkohl, womöglich mit einer romantischen Frostschicht überzogen, zu einer Ikone geworden.

☛ Blanc, Duchêne, B. Rothschild, Shurcliff, Vogue

Dr. Joachim Carvallo. Geb. Don Benito (E), 1869. **Gest.** Paris (F), 1936.
Château de Villandry, bei Tours, Indre-et-Loire (F), 1906 – 1924.

Catherine II. Zarin von Russland

Katharinenpark

Die Brücke im palladianischen Stil ist eines von vielen Details dieses Parks, bei deren Gestaltung sich die Zarin von den Bauten im englischen Stowe inspirieren ließ. John Bush wurde überredet, seine Gärtnerei in London zu verlassen und große Teile der Palastumgebung für Katharina nach der englischen Mode neu zu entwerfen, in Anlehnung an die von Rastrelli gestalteten Gärten Königin Elizabeths. Unter den Gestaltern der zahlreichen Bauwerke des Parks, die in vielen unterschiedlichen, exotischen Stilrichtungen gehalten sind, befand sich auch der schottische Architekt Charles Cameron.

Ihm wird das chinesische Dorf sowie das pyramidenartige Mausoleum für die italienischen Windhunde der Zarin zugeschrieben. Mit einem türkischen Pavillon, der türkischen Kaskade und dem später angelegten türkischen Bad wurde dem Sieg über die Türken gehuldigt. Der Schlittenhügel, auf den eine der ersten „Bergbahnen" der Welt hinaufführte, fiel in Ungnade und wurde demontiert, als Katharina nur um Haaresbreite einem schweren Unfall entging.

☛ Allen, Brown, Cameron, Grenville-Temple, Peter I.

Catherine II. (Katharina die Große), Zarin von Russland. Geb. Stettin (PL), 1729. Gest. St. Petersburg (RUS), 1796. Katharinenpark in Tsarskoye Selo (heute Puschkin), St. Petersburg (RUS), um 1765–1796.

Caus Isaac de

Woburn Abbey

Diese kunstvoll dekorierte Grotte ist einziges Überbleibsel von Isaac de Caus' eigentümlichem Lebenswerk. Sie wurde im Kellerbereich der Abtei für Lucy Harrington angelegt, der Frau des 3. Herzogs von Bedford. Isaac war, wie auch sein Verwandter Salomon, ein französischer Ingenieur für Wasserspiele, Architekt, Gartengestalter und Automatenkonstrukteur. Er stand unter dem Einfluss der italienischen Renaissancegärten. Mit ihren von Korallenimitationen geschmückten Wänden und künstlichen Felsen, der gewölbten, mit Muscheln verzierten Decke und den klassischen Bilddarstellungen des Frieses – Meeresgötter in Muschelwägen und Putti, die auf Delfinen reiten – ist die Grotte von Woburn das Zeugnis der verzauberten Welt des Manierismus der Spätrenaissance. Sie zeigt auch, wie weit die Auswirkungen der Renaissance empfunden wurden. Ihre Erhaltung gibt eine Vorstellung davon, wie prunkvoll die Grotte bei Wilton (bei der Isaac beratend tätig war) gewesen sein mag.

☞ **Buontalenti, S. Caus, Francini, Isham, Lane, Pulham**

Caus Salomon de

Hortus Palatinus

Das Gemälde von J. Fouquières zeigt alle komplizierten Details von Salomon de Caus' erlesenstem Garten. Elizabeth Stuart, Tochter von James I. von England und Frau des Kurfürsten Friederich V., bestellte de Caus 1613 nach Heidelberg, und fünf Jahre später war der Garten fertig. De Caus, ein französischer Ingenieur und Gartengestalter, der drei Jahre in Italien verbracht hatte, schuf einen Garten, der stark von den dortigen Renaissanceanlagen geprägt war. Die Landschaft war aus fünf übereinander gelagerten, schmalen Terrassen komponiert, jede davon durch Hecken und Per-golen unterteilt. Der Garten enthielt typische Merkmale der Renaissance wie Labyrinthe, Statuen, ein Türmchen, Formsträucher, *parterres* und – am wichtigsten von allem – Grotten, Wasserspiele und Musikautomaten, für die De Caus auch die Musik komponierte. Alles, was heute noch von seiner Gartenanlage existiert, sind die unpassend platzierten Terrassen sowie eine einsame Statue von Vater Rhein – und selbst diese ist eine Kopie.

☛ **Buontalenti, Bushell, I. Caus, Francini, Ligorio, Robins**

Salomon de Caus. Geb. (F), 1576. **Gest.** Paris (F), 1626.
Hortus Palatinus, Heidelberg (D), 1613–1618, Gemälde von J. Fouquières, 1620.

Chambers William

Kew Gardens

Gerahmt von zwei Tempeln erhebt sich William Chambers zehngeschossige Pagode 49 Meter in den Himmel – ein Zeugnis für seine Annäherung an den chinesischen Stil zu einer Zeit, da Chinoiserien dem europäischen Geschmack entsprachen. 1757 beauftragte Prinzessin Augusta Chambers mit der Gestaltung ihres Gartens bei Kew, der zuvor als Landschaftsgarten von Capability Brown angelegt worden war. Chambers empfand Browns glatte Rasenflächen und Seen als nichts sagend und zog abwechslungsreiche Gärten vor – „das Freundliche, das Schreckliche und das Überraschende". Er errichtete mehr als 20 Tempel, ein Vogelhaus, eine Menagerie, eine Moschee, eine palladianische Brücke und das größte Treibhaus seiner Zeit: The Great Stove (Der große Ofen), der in *Plans of the Gardens and Buildings at Kew* aus dem Jahre 1763 dargestellt ist. Auch ein kleiner botanischer Garten wurde entworfen, der zu den Royal Botanic Gardens erweitert wurde. Chambers' Pagode blieb als Zeuge seiner früheren Geschichte erhalten.

☛ **Friedrich II., Hardtmuth, Hoare, Qian Long**

Chand Saini Nek

Steingarten, Chandigarh

Die Lichtungen, Wasserfälle und Tempel des Steingartens von Chandigarh werden von zahlreichen Statuen und ganzen Tierherden bevölkert, deren starres, stählernes Gerüst dick mit Stoff verkleidet ist. Bei dem Garten handelt es sich um einen der spektakulärsten visionären Orte der Erde. Ebenso bemerkenswert ist die Entstehungsgeschichte: In den 1950er-Jahren war Nek Chand Saini als Beamter auf einer riesigen Baustelle beschäftigt – der von Le Corbusier entworfenen, zukünftigen Stadt Chandigarh. Chand hatte einen Traum. Er sammelte Steine und Abfallmaterial aus dem Schutt der

20 Dörfer, die der neuen Stadt hatten weichen müssen. Damit begann er heimlich auf einer Lichtung hinter seinem Haus sein Traum-Königreich zu erschaffen. Die Unterstützung für Chand wurde bald so groß, dass die Behörden sich genötigt sahen, Arbeiter und Material für die Vollendung des Traums zur Verfügung zu stellen. Heute umfasst dieser Garten 20 Hektar und wird täglich von mehr als 5 000 Besuchern bewundert.

☛ Arakawa & Gins, Cheval, Le Corbusier, Saint-Phalle

Nek Chand Saini. Geb. (IND), 1924. **Steingarten,** Chandigarh (IND), seit 1950.

Chatto Beth

Gravel Garden

Selbst wenn der Pflanzuntergrund nur aus 60 Zentimetern Kies und Sand auf einem Tonboden besteht, ist es doch möglich, ein außergewöhnliches Pflanzenarrangement zu gestalten. Der Kiesgarten, der ursprünglich der Parkplatz vor Beth Chattos Garten war, entstand im Jahre 1991. Die Idee für den Garten hatte Chatto beim Anblick eines ausgetrockneten Flussbetts in Neuseeland, das dicht bewachsen war. Der Garten geht über das Konzept der Arbeit mit der Natur noch hinaus. Da Beth Chatto beschlossen hatte, die Pflanzen nie zu gießen oder zu düngen, sondern sie ihrem Schicksal zu über-

lassen, musste sie den traurigen Tod ungeeigneter Pflanzen zur Kenntnis nehmen, konnte sich aber umso mehr über das Gedeihen anderer Gewächse freuen. Doch „das Überleben des Stärkeren" stellt nur die eine Hälfte des Experiments dar. Dazu kam noch die sorgfältige Auswahl der Pflanzengruppen. So schuf sie ein Arrangement aus Blüten, Strukturen und Blättern, das zu jeder Jahreszeit einen überwältigenden Anblick bietet und pflegeleicht ist.

☛ Brookes, Jarman, Kingsbury, Lloyd, Oudolf

Beth Chatto. Geb. (GB), 1923. **Gravel Garden,** bei Chelmsford, Essex (GB), 1991.

Cheval Joseph Ferdinand

Palais Idéal

Das Palais Idéal widersetzt sich mit seinen Kolonnaden und Balustraden, Treppen und Grotten, Springbrunnen und Skulpturen jeder Vorstellung von einheitlichem Design. Diese fantastische Anlage, die mythische Bestien mit weitreichenden religiösen Anspielungen kombiniert, wurde 1879–1912 von Joseph Ferdinand Cheval errichtet. Er war ein Postbote mit keinerlei Qualifikationen – besaß aber grenzenlose Vorstellungskraft und Energie. Cheval, der nicht nur von seiner Arbeit, sondern auch von seinem Schrebergarten gelangweilt war, begann eines Tages damit, auf seinen Wande-rungen seltsam geformte Steine zu sammeln. Beeindruckt von ihrer Schönheit, beschloss er: „Wenn die Natur so ein Bildhauer ist, kann ich auch ein Baumeister und Architekt sein." Er integrierte die Objekte in „Verschönerungen" auf seinem Grundstück – ein Springbrunnen hier, eine Grotte da – verwendete Zement und dann wieder ein neues Material, das ihn faszinierte. Chevals ursprüngliche Pflanzungen werden nun wiederhergestellt.

☛ Arakawa & Gins, Chand Saini, James, Saint-Phalle

Joseph Ferdinand Cheval (Facteur Cheval). **Geb.** Charmes (F), 1836. **Gest.** Hauterives (F), 1924.
Palais Idéal, Hauterives (F), 1879–1912.

Child Susan

Grande Isle Pathway

Der erhöhte Weg aus Holzplanken, der sich im Zickzack durch Buchen- und Birkenwälder bis zu einer Wiese zieht, endet so abrupt, wie er begonnen hat. Auf diesem riesigen, 32,3 Hektar großen Gelände am Champlain-See in Vermont (USA) lenken Treppen, Aussichtsplattformen, ein rustikaler Pavillon und mehrere erhöhte Wege die Aufmerksamkeit auf den besonderen Charakter dieser Landschaft. Susan Childs minimaler Eingriff wirkt sich nicht störend auf Seeufer, Wälder, Tiefland und Wiesen aus. Vielmehr ändert und schärft sich die Wahrnehmung des Besuchers, wenn er die Aussicht von einer Plattform aus genießt, schnell den Weg entlangwandert (und sich dabei vor dem giftigen Efeu in Acht nimmt) oder nachdenklich in einem der Pavillons sitzt. Von ihrem Sitz in Boston aus hat Child einige ihrer besten Werke in Neuengland erschaffen, was zweifellos auch der inspirierenden Landschaft zu verdanken ist. Am berühmtesten wurde sie jedoch durch die landschaftliche Gestaltung der South Cove in Manhattans Battery Park (1990er-Jahre).

☛ **Dow, Goldsworthy, Hall, Ruys, Schaal, Suzuki**

Susan Child. Geb. (USA), 1928. **Grande Isle Pathway,** Grande Isle, Vermont (USA), 1995.

Church Thomas

El Novillero

Der von Thomas Church entworfene Pool verdankt seine freie Form der Anregung durch die wundervoll geschwungenen Strände der Bucht und durch das Werk Alvar Aaltos. Der Pool wurde zu einer Ikone der Landschaftsgestaltung im 20. Jahrhundert; zu seiner Entstehungszeit war die biomorphe Form revolutionär. Church sollte damit in den folgenden 30 Jahren die Gestaltung von Swimmingpools in den gesamten Vereinigten Staaten beeinflussen. Er erhielt den Auftrag von den Donnells, die am nördlichen Ende der Bucht von San Francisco in den 1950er-Jahren ein Haus gebaut hatten. Ihr

Wunsch war ein Pool mit Terrassen, die im Schatten immergrüner Steineichen lagen. Das Anwesen befindet sich auch heute noch im Besitz der Familie Donnell. Mit seiner Arbeit und seinem Buch *Gardens are for People* ermunterte Church ein breiteres Publikum dazu, den Raum auf der Grundlage der modernen Ästhetik des 20. Jahrhunderts zu nutzen. Er war auch ein Meister in der Gestaltung von „Decks" (eine Art Veranda) für kleine Gärten.

☞ **Aalto, Eckbo, Halprin, Kiley, Moore, Rose**

Thomas Church. Geb. Boston, Massachusetts (USA), 1902. **Gest.** San Francisco, Kalifornien (USA), 1978.
El Novillero, Sonoma, Kalifornien (USA), um 1950.

Clément Gilles & Provost Alain

Parc André Citroën

Rechtwinklig geformte Rasenrampen von unterschiedlicher Breite verleihen diesem Blick auf den Park André Citroën in Paris einen Eindruck von schiefer Symmetrie. Zwanglos bepflanzte Gefäße im Versailles-Stil sind eine weitere, spielerische Verdrehung der klassischen Designtradition. Auf dem ehemaligen Standort der Citroën-Autowerke entwarfen die gefeierten Landschaftsgestalter Clément und Provost einen öffentlichen Park von großem Einfallsreichtum: Weiße und Blaue Gärten, Gärten des Sechsten Sinns und eine Plaza, auf der Kinder durch Wasserfontänen laufen können. Obwohl die Anlage bewusst mit dem Stil der anderen großen Pariser Parks spielt, appelliert sie eindeutig an den zeitgenössischen Geist und Körper – und fügt sich in die moderne Architektur der Umgebung. Provost ist der Schöpfer des Großen Rasens auf der rechten Seite des Bildes, während Clément – der Rasenflächen verabscheut – den Garten der Bewegung gestaltete: eine Wiese, in der sich die Pflanzen im Wind wiegen.

☞ **Gustafson, Lassus, Pepper, Tschumi, Walker**

Gilles Clément. Geb. (F), 1943. **Alain Provost.** Tätig Mitte des 20. Jahrhunderts.
Parc André Citroën, Paris (F), 1988–1992.

Clerk Sir John

Penicuik

Penicuik ist die Arbeit eines Amateurs, der die vorherrschende Mode als Leitfaden nahm, jedoch ein hohes Maß an Individualität einbrachte. Sir John galt als wichtige Figur in Politik und Kunst in Edinburgh Ende des 18. Jahrhunderts. Beide Facetten seines Lebens fließen in die Gestaltung Penicuiks ein. Von 1700 an verwendete er seine finanziellen Mittel für die Schöpfung einer poetischen Landschaft. Die frühen Arbeiten wurden nach einem Plan William Adairs aus den 1690er-Jahren ausgeführt. Schutzgürtel umgaben gleichmäßig geplante Felder und geschlossene Baumgruppen, Alleen wurden ange-

legt und bereits bestehende Bäche am Rand mit Bäumen bepflanzt, um Serpentinenwege zu schaffen. 30 Jahre lang experimentierte Sir John mit unterschiedlichen Stilrichtungen des Landschaftsdesigns. Vielleicht unter Einfluss der Schriften Stephen Switzers entstand eine *ferme ornée* mit Zierwegen, Terrassen, einem Gartenhaus und einer Grotte, die die Höhle der Sibylle von Cumae repräsentiert – mit all den dazugehörigen „Schreckens"-Bildern.

☛ J. Aislabie, Hamilton, Shenstone, Southcote, Switzer

Sir John Clerk. **Geb.** Edinburgh (GB), 1679. **Gest.** Penicuik, Midlothian (GB), 1755. **Penicuik,** Midlothian (GB), 1720er-Jahre.

Clusius Carolus

Botanischer Garten Leiden

Dieses kleine Bauwerk im Zentrum des restaurierten Botanischen Gartens in Leiden dient als Fokus für das Auge des Betrachters. In seinen späten Jahren war Charles de l'Écluse (der erste wissenschaftliche Botaniker Europas, bekannt unter dem Namen Clusius) für den Hortus Academicus der Universität Leiden verantwortlich. Der Garten aus dem 16. Jahrhundert ist heute nur ein kleiner Teil des ursprünglichen Hortus Botanicus. Kleine rechtwinklige Beete um den Pavillon sind von Ziegeln gerahmt und durch Pfade aus zerkleinerten weißen Muscheln getrennt. Altmodische Bienenstöcke befinden sich in einer Ecke. In den Beeten wachsen reihenweise jene frühen Tulpen, die Clusius in den Niederlanden einführte. Während seiner Zeit als Präfekt des Kaiserlichen Gartens in Wien hatte er Tulpenzwiebeln und Samen vom Botschafter des türkischen Hofes in Konstantinopel erworben. Seine Beschreibungen der vielfältigen Tulpensorten führte zu einer regelrechten „Tulpenmanie" und der Entwicklung der Tulpenindustrie im Lande.

☛ **Balat, Chambers, Moroni, Sloane, van Riebeeck**

Carolus Clusius (Charles de l'Ecluse). Geb. (NL), 1526. **Gest.** (NL), 1609.
Botanischer Garten Leiden, Leiden (NL), 1594.

Cockerell Samuel Pepys

Sezincote

In starker Anlehnung an die indische Architektur entwarf Samuel Pepys Cockerell 1805 die Haus- und Gartengebäude auf Sezincote für seinen Bruder Charles Cockerell. Sir Charles hatte viel Zeit in Indien verbracht und Samuel nahm die Skizzen von Thomas und William Daniells als Inspirationsquelle, die 1788 unter dem Namen *Select Views of India* veröffentlicht wurden. Humphry Repton (1752–1818) entwarf den Landschaftsgarten und beriet wahrscheinlich Samuel bei der Frage, welche der Skizzen sich für die Umsetzung eigneten. Sezincote ist ein Beispiel für die Anglisierung der indischen Architektur – eine einzigartige Mischung aus indischen und palladianischen Stilrichtungen. Auch der Garten zeugt von dieser Verschmelzung: die indische Dekoration (Brahma-Bullen, ein Hindutempel und Schlangen, die sich um einen Stab winden), eine Landschaft Reptons und, vor einem gewölbten Treibhaus, ein islamisches *chahar bagh*. Heute wird Sezincote auch wegen der Qualität und Vielseitigkeit seiner Pflanzungen geschätzt.

☛ **Bateman & Cooke, Chambers, Repton, G. S. Thomas**

Samuel Pepys Cockerell. Geb. Somerset (GB), 1753. **Gest.** London (GB), 1827. **Sezincote,** Gloucestershire (GB), 1805.

Colchester Manyard

Westbury Court

Eine Hecke bildet den Rahmen dieses Kanals, in dem sich das elegante Sommerhaus spiegelt, das dominierende Merkmal dieses zwischen 1696 und 1705 gestalteten Gartens. Die Architektur des Gebäudes und der Garten zeigen einen starken holländischen Einfluss. Die Hecken krönt „holländischer Formschnitt". Immergrüne Pflanzen wachsen durch die Oberfläche einer Eibenhecke und werden in geometrischen Formen zugeschnitten, in diesem Fall Kegel und Kugeln. Colchester säumte die Gartenmauern mit allen möglichen Arten von Obstbäumen und füllte das *parterre* mit tausenden aus Holland importierten Blumenzwiebeln – ein Stil, der seit 1689 äußerst populär war. In diesem Jahr bestiegen William und Mary den englischen Thron. Die Kriege mit Frankreich sorgten dafür, dass der grandiose französische Stil aus der Mode geriet. Maynard Colchesters gleichnamiger Neffe setzte die Gestaltung des Gartens zwischen 1715 und 1756 im gleichen Stil fort, obwohl dieser dem damals aktuellen englischen Gartenstil völlig zuwiderlief.

☛ **Huygens, London, Marot & Roman, van Campen, Wise**

Maynard Colchester. Tätig (GB), Ende des 17. und Anfang des 18. Jahrhunderts. **Gest.** 1715.
Westbury Court, Gloucestershire (GB), 1694–1705.

Colvin Brenda

Little Peacocks

Little Peacocks war Brenda Colvins Privatgarten, eine Anlage mit naturnaher, abwechslungsreicher Bepflanzung. Die Anordnung der Frühlingsblumen und das Laubwerk bilden einen perfekten Hintergrund für das reizvolle Cotswold House. Im Wechsel der Jahreszeiten verändert sich das Aussehen des Gartens, und die Wahl der Spezies sowie ihre Anordnung zeugen von Colvins umfangreichem Pflanzenwissen. Ihre Fähigkeiten zeigte sie auch in anderen großflächig angelegten Gartenprojekten, vor allem dem Riverside Garden, im Buscot Park sowie der Neubepflanzung von Sutton Courtenay, beide in Oxfordshire gelegen. Brenda Colvin war Gründungsmitglied des Landschaftsinstituts (1929 unter dem Namen British Association of Garden Architects entstanden) und Autorin eines der ersten maßgeblichen Texte über dieses neue Berufsbild: *Land and Landscape* (1947). Sie arbeitete als Landschaftsarchitektin an zahlreichen städtischen Gestaltungsprojekten, darunter die Militärstadt Aldershot, Hampshire, sowie Kraftwerke und Reservoirs.

☛ **Crowe, Fish, Gibberd, Jellicoe**

Brenda Colvin. Geb. Simla (IND), 1897. **Gest.** Filkins, Gloucestershire (GB), 1981.
Little Peacocks, Filkins, Gloucestershire (GB), 1955–1981.

Cook William Douglas

Rhododendrongarten Pukeiti

Vom Clubhaus aus sieht man Teile des Rasens, der eine Sammlung von 1 000 Rhododendron-Spezies und 300 Hybriden durchzieht. Cook galt als Vorreiter der Erhaltung und Gestaltung von Gärten auf Neuseeland. Sein „Projekt für die Nachwelt" begann um 1937 und bestand in der Bewahrung des mehrere hundert Hektar umfassenden, unberührten Naturwaldes auf seiner Farm auf der Nordinsel. Hier sollte eine umfassende Pflanzensammlung aus der nördlichen Hemisphäre als genetisches Mittel funktionieren, um gefährdete oder in der Wildnis bereits ausgestorbene Pflanzenfamilien wieder einzuführen. 1951 kaufte Cook Pukeiti und bahnte den Weg für einen kontrollierten Wiederaufbau der einheimischen Buschvegetation. Zugleich gestaltete er einen Garten für die Rhododendronsammlung, die zur bedeutendsten ihrer Art in der südlichen Hemisphäre geworden ist. Pukeiti wurde mit den Mitteln einer Stiftung entwickelt, die aus zahlenden Mitgliedern bestand – eine heute weit verbreitete Methode, um große Gärten erhalten zu können.

☞ **Armstrong, Middleton, Savill, Walska**

William Douglas Cook. Geb. New Plymouth (NZ), 1884. **Gest.** Gisborne (NZ), 1967.
Rhododendrongarten Pukeiti, New Plymouth, Taranaki (NZ), 1951.

Cooper Paul

Golders Green Garden

Eine Projektion von Roy Lichtensteins Pop-Art-Ikone *Wham!* belebt das nächtliche Ambiente eines kleinen Gartens im Norden von London. Da die Besitzer den Garten vor allem nachts nutzen wollten, integrierte Paul Cooper glatte, weiße Platten in sein Design, um ständig wechselnde Bildprojektionen zu ermöglichen. Architektur- und Textildesigns sind besonders wirkungsvolle Projektionen. Metallbalustraden trennen kleine Bereiche der überdachten Terrasse ab, und eine Sammlung von Sträuchern wurde wegen der Wirkung ihrer Blätter gepflanzt (*Hebe*-, Bambus-, *Euphorbia*-Arten). Eine ma-

kellose Kaskade aus Stahl – geschickt ausgeleuchtet – vervollständigt die dramatische Wirkung der nächtlichen Umgebung. Cooper ist eine ikonoklastische Figur im zeitgenössischen Gartendesign und bekannt für seine Aufsehen erregenden Ideen auf der Chelsea Flower Show. Einmal wurde er zensiert, da er erotische Zeichnungen in seinen Entwurf integriert hatte.

☛ **Cardasis, Delaney, Jellicoe, Le Corbusier, Schwartz**

Paul Cooper. Geb. Manchester (GB), 1949. **Golders Green Garden,** London (GB), 1998.

Copeland Pamela & Lighty Richard — Mount Cuba Residence

Der Wald filtert das Licht, das durch die Bäume auf die *Candelabra primula* und den einheimischen Phlox fällt. Mount Cubas Garten stellt eine der großen Fragen der zeitgenössischen Landschaftsgestaltung, die Frage nach der Beziehung zwischen Erhaltung und Bepflanzung. Pamela Copeland verschrieb sich der Erhaltung von Land für Wildblumen, als sie das Verschwinden der Wildnis Delawares wahrnahm. In den 1960er-Jahren erwarb sie eine Wiese und Wald, die an ihren Garten angrenzten, und entwickelte dieses Gebiet mit Hilfe von Dr. Richard Lighty. Die Bepflanzung beschränkt sich auf einheimische Pflanzen der Piedmont-Gebirgskette, die Delaware von Norden nach Süden durchzieht. Nur gelegentlich wurden exotische Pflanzen verwendet, um das Erscheinungsbild des Gartens aufzulockern. Annähernd 300 einheimische Spezies befinden sich in diesem Garten, der nicht nur der Erhaltung dient, sondern auch eine große ästhetische Wirkung hat, die sich jährlich durch die kontrollierte Fortpflanzung der Wildblumen verändert.

☛ Jensen, Oehme & van Sweden, Robinson, Toll, Walling

Pamela Copeland. Geb. 1906. **Dr. Richard Lighty. Geb.** 1933. Tätig (USA), 20. Jahrhundert.
Mount Cuba Residence, Delaware (USA), 1960er-Jahre.

115

Cox Madison

Show Case House

In diesem klassischen Stadtgarten über den Dächern von Manhattan wurden die Terrakottatöpfe mit Fingerhut spielerisch auf einem Kiesbett mit Schachbrettmuster angeordnet. Diese Struktur spiegelt das Raster der Stadt wider. Der Garten dient nicht dem Zweck der Nutzung; seine grafische Anlage soll optisch wirken – Cox verleiht seinen Gärten gerne klare Strukturen. Die strenge Organisation ist seiner Ansicht nach am besten dazu geeignet, eine friedliche Umgebung zu erschaffen. Obwohl er ein begeisterter Pflanzensammler ist, stehen Pflanzen nicht im Vordergrund. Er bevorzugt eine beschränkte Zahl an immergrünen Sträuchern, Kletterpflanzen und Bäumen, die seine strengen Strukturen mildern. Cox stammt ursprünglich aus New York, ließ sich aber nach seiner Ausbildung in Paris nieder, wo er elegante Stadtgärten und öffentliche Räume wie das Französisch-Amerikanische Museum gestaltete. Schließlich kehrte er in seine geschäftige Heimatstadt zurück, um Dachgarten-Oasen zu gestalten.

☛ **Delaney, Hancock, Herman, Hosack**

Madison Cox. Geb. Washington, DC (USA), 1958. **Show Case House,** New York, New York (USA), 1990er-Jahre.

Crisp Sir Frank

Friar Park

Diese Anlage mit ihrem viel gerühmten – oder auch berüchtigten – „Mini-Matterhorn" gilt als der komplexeste und wichtigste Steingarten des 19. Jahrhunderts. In den 1890er-Jahren gestaltete die Firma Blackhouse die Steinarbeiten für die alpine Landschaft; Pulham (Erfinder der populären viktorianischen *Trompe-l'œil*-Felsen „Pulhamite") entwarf den Wasserfall und die felsigen Ufer des Sees. Die Nachbildung des Matterhorns war das Werk von Sir Frank Crisps Gärtner Knowles. Crisp war Hochgebirgsexperte; zwischen den Felsen wuchsen annähernd 2 500 Spezies. William Robinson meinte, es wäre der beste „natürliche" Felsgarten, den er je gesehen hätte – vor allem gefielen ihm die leuchtenden Farben der alpinen Vegetation. Innerhalb des „Mini-Matterhorns" befand sich die „Eishöhle", eine Nachbildung der Höhle im Glacier du Géant bei Chamonix – allerdings fand man im Original zur richtigen Jahreszeit Stalaktiten aus blauem Eis vor.

☞ **I. Caus, S. Caus, Gildemeister, Isham, Lane, Pulham**

Crowe Dame Sylvia

Wexham Springs

Betonblöcke bilden die Textur dieser Wand – ein reizvoller Kontrast zu dem glatt gegossenen Boden, den Stufen und dem Wasserbassin. Diese Elemente vermischen sich mit dem natürlicher wirkenden Kopfstein und den Pflanzenelementen. Dame Sylvia war hauptsächlich mit großen Aufträgen beschäftigt, wie der Anlage neuer Städte, Kernkraftwerke, Waldpflanzungen und Reservoirs. Ihre Landschaftsdesigns spiegeln ihre Loyalität zu Capability Brown und Humphry Repton wider, doch sie verlor niemals die Verbindung zwischen dem Garten und seiner Funktion aus dem Auge, wie sie in ihrem Hauptwerk *Garden Design* feststellt: „Menschen jeden Alters fühlten die Notwendigkeit, sich mit ihrer Umgebung auszusöhnen. Sie entwarfen Gärten, um ihre Ideale und Ideen umzusetzen." Dieses Ethos ist in all ihren Gärten offensichtlich. Der hier abgebildete Garten hat einen sehr modernen Anstrich und entstand in einem urbanen Neubaugebiet. Andere Gärten, wie Sutton Courtenay, vermitteln mehr den Eindruck eines „Country Cottages".

☛ Colvin, Gibberd, Halprin, Jellicoe, Le Corbusier, Tunnard

Dame Sylvia Crowe. Geb. Banbury, Oxfordshire (GB), 1901. **Gest.** 1998. **Wexham Springs**, Wexham Springs (GB), 1969.

Cyrus der Große

Pasargadae-Palast

Nur Ruinen des altertümlichen Gartenpalastes auf Pasargadae sind heute noch zu sehen, trocken und leblos stehen sie in der Ebene von Mashhad-e Morghab im Iran. Mit einer Bergkette im Rücken überblickt die Ruine die Weite eines einst fruchtbaren Plateaus, das vom Fluss Pulvar bewässert worden war: der ideale Ort für einen Königshof. Hier ist das monumentale Torhaus abgebildet, das über eine Zypressenallee, inmitten von Granatäpfeln, Sauerkirschen und wohlriechenden Gräsern, zum Hauptpalast führte. Eine Brücke führte zum Empfangspalast, der von Loggien mit Aussicht auf die Gärten umgeben war. Eine weitere Allee führte zum Hauptpalast und zum königlichen Garten. Pasargadae war der erste monumentale Palast mit Garten, der in Persien aus Stein errichtet worden war. Zuvor verwendete man Lehmziegel und Holz. Vor allem die ausgefeilten Wasserspiele, typisches Merkmal eines persischen Gartens, wurden an dieser Stätte weiter entwickelt. Unter Cyrus dem Großen wurde das hydraulische System – das *quanat* – erfunden.

☞ **Assurbanipal, Darius der Große, Ineni, Thutmosis**

Cyrus der Große. Regierte Persien (IR), um 557–529 v. Chr. **Gest.** 529 v. Chr.
Pasargadae-Palast, Persien (IR), um 557–529 v. Chr.

119

Czartoryska Izabelle

Lancut

Diese Gloriette – ein Blickfang, dessen klassische, korinthische Säulen einen Halbkreis bilden – steht auf einer Anhöhe in einem Garten des frühen 19. Jahrhunderts. Er gehört zu jenen vier Parks, die von Herzogin Izabelle Czartoryska in Auftrag gegeben wurden. Lancut ist eine Kombination aus klassischen und historischen Elementen. Ursprünglich war das Schloss von einem befestigten Wassergraben umgeben, doch die Herzogin baute viele der Befestigungen – bis auf den Burggraben – ab. Dieser bildet eine Begrenzung mit einer Vielzahl von Perspektiven auf den Park: Baumgruppen und klassische Bauten dienen als Fokus. Inspiriert von einem Besuch in Rom, ließ sie die Wände des Treibhauses als *trompe l'œil* bemalen, das eine italienische Loggia mit sonnendurchfluteter Aussicht auf überwachsene Ruinen vortäuscht – der Zauber der Herzogin gegen den kalten polnischen Winter. Sie verfasste eines der Standardwerke über englische Landschaftsgärten, *Verschiedene Gedanken über die Kreation von Gärten*, das 1805 veröffentlicht wurde.

☞ **Brown, Palladio, Radziwill, Vanbrugh, Zug**

Izabelle Czartoryska. Geb. Warschau (PL), 1746. **Gest.** Wysoch, bei Jaroslaw (PL), 1835.
Lancut, Rzeszow (PL), Anfang des 19. Jahrhunderts.

Darius der Große

Apadana-Palast

In den Fußstapfen Cyrus' des Großen entwarf Darius den Gartenpalast bei Persepolis. Er verwandelte eine karge Landschaft in ein Wasserparadies *(pairi-daeza)*, das die persischen Vorstellungen des Garten Eden widerspiegelte, indem er verschiedene Stilrichtungen aus all jenen Nationen einband, die das Persische Reich erobert und absorbiert hatte – Indien, Ägypten und Libyen, Griechenland und im Süden bis Äthiopien. Hier in den königlichen Hallen, auf Säulen und Gartenmauern, sind Flachreliefs und Schnitzereien von Lotosblüten, geheiligten Pinien und andere Verzierungen zu sehen.

Vermutlich pflanzte Darius Reihen von Pinien auf der breiten Promenade am Fuße der unteren Terrasse – ein Echo auf die erlesenen Wandschnitzereien. Wie schon Pasargadae verfügte auch Apadana über Räume, die von riesigen Säulenhallen umgeben waren. Der Thronsaal blickte auf spiegelnde Wasserbecken, Bäume und ummauerte grüne Flächen. Die hier abgebildete Treppe führte zu der ersten von drei gewaltigen Terrassen.

☞ **Assurbanipal, Cyrus der Große, Ineni, Thutmosis**

Darius der Große. Regierte Persien (IR) 521–486 v. Chr., Persien (IR).
Apadana-Palast, Persepolis, Persien (IR), gegründet um 515 v. Chr.

Darwin Charles

Down House

Dieser Waldpfad, den Darwin seinen „Denkweg" nannte, führt vom Haus zu einem Obstgarten. Hier befinden sich das Laboratorium und die Gewächshäuser, in denen sich Darwin seinen Studien widmete – vor allem über Orchideen und fleischfressende Pflanzen. Die Anlage um Down House umfasst sieben Hektar. Darwin lebte hier von 1842 bis 1882 in einem Ambiente, in dem er sich entspannen, Zeit mit seiner Familie verbringen und sich von seinen psychosomatischen Krankheiten erholen konnte. Hier findet sich auch der Schlüssel zu seinen Forschungen. Ein weiteres Merkmal des Gartens ist der kleine Blumengarten neben dem Haus, der um eine Sonnenuhr herum angelegt wurde – ein Werk Emma Wedgewoods, Darwins Frau (und Cousine). Darwin hatte den exzentrischen Einfall, viele der Bäume auf einzelnen Erdhügeln zu pflanzen. Sein Vertrauter während der Vorbereitung von *On the Origin of Species* war Sir Joseph Hooker, Vizedirektor von Kew, ein Pflanzenkundler, der 28 neue Rhododendronarten aus dem Himalaja einführte.

☛ **Clusius, Manning, Moroni, Ruskin, Wordsworth**

Charles Darwin. Geb. Shrewsbury (GB), 1809. **Gest.** Downe, Kent (GB), 1882. **Down House,** Kent (GB), 1842–1882.

Dashwood Sir Francis   West Wycombe Park

Die klassischen dorischen Säulen von West Wycombes östlichem Portikus scheinen den illustren Lebenswandel ihres Schöpfers zu widerlegen: Dashwood war ein lebhafter, für seine Streiche berüchtigter 2. Baronet, Gelegenheitswissenschaftler, gescheiterter Schatzkanzler sowie Gründer des berüchtigten Hell-Fire-Clubs. Nach mehreren Reisen durch Europa und Kleinasien begann Dashwood um 1735 mit seiner Rokoko-Landschaft, indem er Tempel mit geraden Alleen und Serpentinenwegen verband. Der See ist den Formen eines Frauenkörpers nachgebildet. Hier stationierte er eine

kleine Flotte für spöttisch inszenierte Seeschlachten. Ein Venustempel, in suggestiver Weise auf einem Hügel platziert, wurde nach den Entwürfen des Architekten Quinlan Terry erbaut. Seit den 1770er-Jahren verwandelte ein Schüler von Capability Brown die Anlage in eine englische Landschaft. Eine Generation später entfernte Humphry Repton „einige unnütze und bedeutungslose Bauten", doch Park und Haus blieben als Dashwoods persönliche Kreation bestehen.

☛ **Burlington, Grenville-Temple, Medinacelli, Walpole**

Delaney Topher

Bank of America

Auf dem Dach dieses Firmengebäudes in San Francisco flattern bunte Luftsäcke wie riesige Pflanzen im Wind. In leuchtenden Farben bemalte Betonflächen und unbehauene Steinblöcke prägen diesen paradoxen und wunderlichen Garten. Topher Delaney, eine der innovativsten Designerinnen Amerikas, wurde von der zeitgenössischen Konzeptkunst und von anderen Landschaftsarchitekten der neuen formalistischen Tradition beeinflusst. Sie spricht oft von der „persönlichen Geschichte" eines jeden Menschen. Für einen Kunden in Kalifornien, der gerade eine Trennung hinter sich hatte,

entwarf sie einen „Scheidungsgarten": Das Hauptelement stellten die zertrümmerten Teile eines Steintisches dar, der ursprünglich ein Geschenk des ehemaligen Partners war. Mitte der 1990er-Jahre richtete Delaney ihre Aufmerksamkeit auf Krankenhausgärten, erforschte deren Heilkräfte und ihre Einsatzmöglichkeiten. Dabei folgte sie ihrer eigenen „persönlichen Geschichte", ihrem Kampf gegen den Krebs und der nachfolgenden Behandlung.

☛ **Barragán, Chand Saini, Cox, Hancock, Schwartz**

Topher Delaney. Geb. (USA), 1948. **Bank of America,** San Francisco, Kalifornien (USA), 1997.

Dow Herbert

The Dow Gardens

Die Holzbrücke mit chinesischem Einfluss zeichnet sich deutlich vom Schnee ab. Die 3,5 Hektar großen Dow Gardens liegen landeinwärts an der Küste der Saginaw Bay in Michigan. Herbert Dow, der Gründer der Dow Chemiewerke, war der Gestalter dieser auf einem flachen, sandigen Plateau gelegenen Gärten. Er hatte ein besonderes Interesse an Landwirtschaft und Architektur. Als er im Jahr 1899 die Gärten entwarf, folgte er seinem Grundsatz: „Offenbare niemals die ganze Schönheit eines Gartens auf den ersten Blick." Er entwarf einen Landschaftsgarten, der den Besucher einlädt, seine Geheimnisse und die Pflanzenvielfalt in einer Folge von Erlebnissen zu entdecken. Der Bau der chinesischen Brücke in diesem Teil des Waldes wurde inspiriert von zeitgenössischen amerikanischen Architekturdetails, die von Frank Lloyd Wright und der Chicago School eingeführt wurden. Die Gärten beherbergen heute auf einer 45 Hektar großen Fläche 1700 Arten von Bäumen, Sträuchern und Stauden, darunter eine stattliche Sammlung aller amerikanischer Rosenarten.

☞ **Beck & Collins, Forestier, Hornel, Shipman, F. L. Wright**

Herbert Dow. **Geb.** Belville, Ontario (CDN), 1866. **Gest.** Michigan (USA), 1930.
The Dow Gardens, Midland, Michigan (USA), 1899.

Downing Andrew Jackson & Vaux Calvert

Dieser Blick auf das Capitol in Washington, DC, zeigt eines der mächtigsten Symbole der US-Regierung. Andrew Jackson Downing und Calvert Vaux schufen diese geometrisch angelegte Landschaft zwischen dem Capitol und dem Capitolshügel. Vorbild war der Stadtplan von Versailles. Sie entwarfen auch die Smithsonian Institution und das Weiße Haus. Wäre Downing nicht tragischerweise relativ jung gestorben, hätte er möglicherweise zusammen mit Vaux den Central Park geschaffen; dies übernahm jedoch Frederick Law Olmsted. Downing hatte den englischen Architekten Vaux zu einem Besuch in den USA überredet. Nach Downings Tod wurde Vaux schließlich Olmsteds Partner. Downing hatte die letzten acht Jahre vor seinem Tod die Zeitschrift *The Horticulturist* herausgegeben: Er wollte die Anlage öffentlicher Gärten in Amerika fördern und die ländlichen Friedhöfe als Erholungsräume nutzen. Deshalb unterstützte er die „geschmackvolle und harmonische Verschönerung dieser Stätten durch Kunstwerke".

☞ **Bigelow, Eaton, Le Nôtre, Loudon, Olmsted**

Andrew Jackson Downing. Geb. Newburgh, New York (USA), 1815. **Gest.** bei Youleers, New York (USA), 1852.
Calvert Vaux. Geb. London (GB), 1824. **Gest.** Brooklyn, New York (USA), 1895. **Capitol,** Washington, DC (USA), 1851.

Dubsky Emanuel

Lysice

Im Jahre 1853 legte Emanuel Dubsky monumentale dorische Kolonnaden als überdachte Promenade um seinen Garten bei Lysice an. Modell für diese Gestaltung standen die von einem Peristyl oder von Kolonaden umgebenen Gärten des antiken Roms. Später führte ihn sein wachsendes Interesse am tschechischen Nationalgefühl zur Aufgabe des neoklassizistischen Stils, und er errichtete, in Anlehnung an die traditionellen tschechischen Holzstrukturen, eine Galerie auf der Kolonnade. Lysice kombiniert in einer außergewöhnlichen Mischung einen der wichtigsten neoklassizistischen Gärten im Herzen Europas mit einem bedeutenden Garten der tschechischen Arts-and-Crafts-Bewegung. Auch strotzt der Garten vor traditionellen Teppichbeeten, in denen Zwergblätterpflanzen und Sukkulenten in geometrischen Mustern angelegt sind. Während der Wachstumszeit werden die Gewächse beschnitten, um eine leicht teppichartige Wirkung zu erhalten.

☛ **Bosworth, Lutyens, Sitwell, Tibernitus**

Emanuel Dubsky. Geb. (CZ), 1806. Gest. (CZ), 1881. **Lysice,** nördlich von Brünn (CZ), 1833.

127

Du Cerceau Jacques Androuet

Verneuil-sur-Oise

Im Einklang mit der Architektur des Schlosses entwickelt sich dieser Garten in einer Abfolge von Quadraten und Rechtecken. Der untere Teil ist von einem Überrest des alten Burggrabens umgeben als Reminiszenz an das einstige mittelalterliche Schloss. Er erfüllt hier nur noch eine dekorative Funktion. Symmetrisch angelegte Obstgärten, formale Gemüsegärten und Weinberge waren ein wesentlicher Bestandteil der Anlage. Die prächtigen *parterres* sind mit niedrig geschnittenen Lavendel-, Thymian- oder Majoranbüschen bepflanzt. Du Cerceau arbeitete im Auftrag der Familie Boullainvillier ab 1570 an Garten und Schloss. Sein Sohn und sein Enkel, beide selbst renommierte Architekten, setzten sein Werk fort. Diese Radierung, die Du Cerceau selbst anfertigte, ist als Einziges vom Schlossgarten übrig geblieben. Zusammen mit 50 weiteren Radierungen ist sie im berühmten Buch *Les Plus Excellents Bastiments de France* (1576–1579) enthalten, das eine wertvolle Quelle für zerstörte Wahrzeichen der französischen Renaissance darstellt.

☞ **L'Orme, Mercogliano, Poitiers**

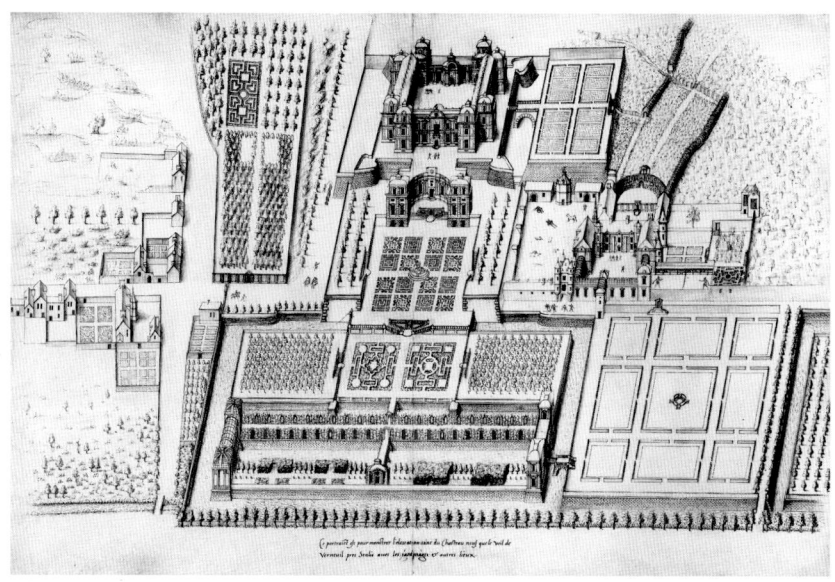

Jacques I. (oder François I.) Androuet du Cerceau. Gest. Paris (F), 1510. **Gest.** Annecy (F), 1585. **Verneuil-sur-Oise** (F), 1570.

Duchêne Achille

Blenheim Palace Parterre

Steinerne Bassins meißeln ein kompliziertes Muster in das Wasserparterre, das durch spiralförmig beschnittenen Buchsbaum, Steinkugeln und die vertikalen Fontänen der Springbrunnen weiter akzentuiert wird. Trotz seines barocken Erscheinungsbilds wurde die Anlage erst vom 9. Herzog von Marlborough in Auftrag gegeben und in den späten 1920er-Jahren von Achille Duchêne gestaltet. Der Herzog wollte etwas von dem Eindruck zurückgewinnen, der durch Capability Browns radikale Umgestaltung im Jahre 1764 verloren ging, und beauftragte Duchêne mit der Rekonstruktion des nördlichen Vorhofs sowie der Neubepflanzung der langen Ulmenallee. Obwohl Duchêne Henry Wises formalen Garten aus dem 16. Jahrhundert als Grundlage nahm, war sein Entwurf ein Original. Der talentierte Gestalter wurde vor allem durch seine Restaurierungen bei Courances und Vaux-le-Vicomte sowie durch seine untypische Begeisterung für die Moderne bekannt. Er erlernte das Handwerk von seinem Vater Henri, mit dem er bis 1902 zusammenarbeitete.

☞ **Brown, Gallard, Hardouin-Mansart, Legrain, Wise**

Achille Duchêne. Geb. (F), 1866. **Gest.** 1947. **Blenheim Palace Parterre,** Woodstock, Oxfordshire (GB), 1920er- Jahre.   129

Duncombe Thomas

Rievaulx Terrace

Der Blick von der Rievaulx Terrasse aus wechselt ständig, weshalb Arthur Young 1770 von „einer lebenden Variation" sprach. Duncombe legte die weitflächige Terrasse in den 1750er-Jahren beinahe auf dem Gipfel des steilen Hügels an. Hier windet sie sich einen Kilometer weit zwischen einem ionischen Kuppelbau und einem toskanischen Tempel hindurch. Spaziert man die Terrasse entlang, öffnen und schließen sich die Ausblicke, sodass bisweilen die gotischen Ruinen der Abtei weit unten wie vom Wald gerahmt erscheinen, um gleich darauf völlig verdeckt zu werden. Ist das Ende der Terrasse erreicht, hat sich die Wahrnehmung des Betrachters verändert. Duncombes Grundgedanke war es, den Kontrast zwischen der klassischen Landschaft und dem erhabenen Verfall der alten Abtei hervorzuheben. Die Terrasse stellt ein ganz bedeutendes Wahrzeichen in der Geschichte der englischen Landschaftsgestaltung dar, die das Aufkommen des Pittoresken ankündigte und das Interesse an mittelalterlicher Architektur wieder aufleben ließ.

☛ J. Aislabie, Gilpin, Kent, Knight

Thomas Duncombe. Tätig (GB) Mitte des 18. Jahrhunderts. **Gest.** (GB), 1799. **Rievaulx Terrace,** Yorkshire (GB), 1758.

Dunmore Lord

The Pineapple at Dunmore Park

Diese 15 Meter hohe Ananas wurde für Lord Dunmore im Jahre 1761 errichtet und diente als Blickfang in seinem ummauerten Garten. Die Ananasfrucht wurde in Schottland seit dem frühen 18. Jahrhundert angebaut, wahrscheinlich auch im Dunmore Park. Dies mag eine Erklärung für Lord Dunmores wunderlichen Auftrag sein. Unter der Ananas befindet sich ein Festsaal. Die Südseite bilden zwei Terrassen auf unterschiedlichem Niveau, auf denen sich ein alter Obstgarten mit Apfelbäumen befindet. In der ursprünglichen Ausführung wurde das folly von Treibhäusern und einem Gemüsegarten

gerahmt, die jedoch schon lange nicht mehr bestehen. Die Spitze der Ananas sitzt über einem runden Tambour mit sieben kielbogenförmigen Fenstern. Ihre Form entspricht der Tür auf der nördlichen Terrasse. Sowohl die Ananas als auch das umgebende Land gehören seit 1974 dem National Trust von Schottland und sind der Öffentlichkeit zugänglich.

☛ **Chambers, Lenné, Monville, Smit**

Lord Dunmore. Geb. 1730. Gest. Dunmore (GB), 1809. **The Pineapple at Dunmore Park,** Stirlingshire (GB), 1761.

Dupont Pierre S.

Longwood

Dieses Gewächshaus ist die Hauptattraktion von Longwood. Das 1,4 Hektar große Gebäude ist in Klimazonen unterteilt. In einer Zone wachsen Palmen bis zu einer Höhe von rund 18 Metern. Sie sind von subtropischen Pflanzen umgeben, die sich in Wasserbecken spiegeln. Der nächste Abschnitt umfasst einen Rasen, Bäume gemäßigter Klimazonen und Blumenbeete, deren Bepflanzung monatlich erneuert wird. Im Jahre 1906 kaufte Pierre S. Dupont die 400 Hektar des Pierce-Anwesens, das seit 1798 bestand. Die Gärten in Longwood wurden über einen Zeitraum von 30 Jahren angelegt.

Jedes zweite Jahr schuf man einen neuen Garten: einen Ausblick im Stil von Versailles, ein Freilufttheater mit 2 100 Plätzen, einen italienischen Wassergarten sowie einen Brunnengarten, dessen Fontänen beinahe so hoch waren, wie die von Le Nôtre entworfenen Springbrunnen in Versailles. Longwood beruht nicht auf einem Gesamtkonzept, ist aber dennoch sehenswert: Die Anlage ist der vielleicht meistbesuchte Garten Amerikas.

☛ **Balat, Burton & Turner, Fowler, Grimshaw, Paxton**

Pierre S. Dupont. Geb. Wilmington, Delaware (USA), 1870. **Gest.** Wilmington, Delaware (USA), 1954.
Longwood, Philadelphia, Pennsylvania (USA), 1907–1930er-Jahre.

Duquette Tony

Dawnridge

Als Ausstellungsort für *objets trouvés* schuf Tony Duquette, der Designer der Stars, sein eigenes orientalisches *Xanadu* – einen wahren Palast. Das in einer Schlucht gelegene Dawnridge ist mit zahlreichen indonesischen Schnitzereien, Pagoden und kleinen Pavillons bestanden. Rundherum wächst eine dschungelartige Vegetation mit riesigen Eukalyptusbäumen. Auf seinen Reisen durch Indochina, Thailand und Indonesien fand Duquette die Anregungen für diese kaleidoskopartige Mischung. Bei der Anlage orientierte er sich am Grundplan eines indonesischen Dorfes. Duquette begann seine Laufbahn als Schaufensterdekorateur und wurde bald ein legendärer Exzentriker unter den Designern. Er entwarf Filmsets, private Innenräume und Theaterkostüme. Zu seinen Kunden gehörten J. Paul Getty, die Herzogin von Windsor und David O. Selznick, für den er das Set zu *Ziegfeld Follies* gestaltete. Leider wurde der Garten durch ein Feuer zerstört, das dieses üppig-orientalische, barocke Wunderwerk völlig vernichtete.

☛ **Bawa, Hearst, James, Jungles, Mizner, Washington Smith**

Tony Duquette. Geb. 1914. Gest. Beverly Hills, Kalifornien (USA), 1999.
Dawnridge, Beverly Hills, Kalifornien (USA), seit 1950er-Jahre.

Eaton Dr. Hubert

Forest Lawn Memorial Park

Grabsteine und Flachgräber schaffen ein entspanntes Ambiente aus Rasenflächen, Baumgruppen, Pfaden und Fahrstraßen. Dr. Eaton, Gründer der Forest Lawn Friedhofsgesellschaft in Kalifornien, wurde durch die privaten „Gartenfriedhöfe" inspiriert, die Jackson Downing in den 1840er-Jahren in den USA ins Leben rief. Downing meinte, dass „die große Attraktion dieser Friedhöfe nicht auf ihrer Wirkung als Begräbnisstätten beruht – dies könnte man durch geweihten Boden mit geraden Reihen von Weiden und düsteren Reihen von immergrünen Pflanzen erreichen –, [sondern] in der natürlichen Schönheit der Stätten, im künstlerischen Anspruch: der geschmackvollen Verschönerung der Anlage." Downing wurde vermutlich von der Arbeit Dr. Jacob Bigelows und dessen Mount Auburn Cemetery (1820er-Jahre) angeregt. Eaton wollte den Friedhof „mit hochragenden Bäumen, weitschweifigen Rasenflächen, plätschernden Springbrunnen und singenden Vögeln" angefüllt wissen, um ihn zu einem Ort der Gemeinschaft zu machen.

☞ **Asplund, Bigelow, Brongniart, Downing & Vaux, Scarpa**

Dr. Hubert Eaton. Geb. 1881. Tätig (USA), Anfang des 20. Jahrhunderts. **Gest.** 1966.
Forest Lawn Memorial Park, Glendale, Kalifornien (USA), um 1910.

Eckbo Garrett

Alcoa Forecast Garden

Die Anordung vertikaler und horizontaler Felder aus getöntem Aluminium erzeugt einen reizvollen Übergang zwischen dem Haus und dem luxuriösen Garten, der mit subtropischen Pflanzen bewachsen ist. Das 1959 entstandene Aluminium Forecast House war ein Experiment der Firma Alcoa Aluminium, die die Einsatzmöglichkeiten ihrer Produkte im Gartendesign testen wollte. Eckbo setzte das Experiment in seinem eigenen Haus im Laurel Canyon (Los Angeles) um. Er übte großen Einfluss auf die Landschaftsarchitektur aus und beschäftigte sich mit gesellschaftlichen und technologischen Neuerungen. Eckbo studierte mit James Rose und Dan Kiley in Harvard. Beide waren, wie Eckbo selbst, von Walter Gropius beeinflusst. Eckbo beteiligte sich auch an gesellschaftlichen und landwirtschaftlichen Experimenten im Rahmen des New Deal. Seine Werke *Landscape for Living* und *The Landscape We See* spielten bei der Revolutionierung der modernen amerikanischen Landschaftsarchitektur eine maßgebliche Rolle.

☞ **Church, Kiley, Neutra, Rose, Steele**

Garrett Eckbo. Geb. Cooperstown, New York (USA), 1910. **Gest.** Oakland, Kalifornien (USA), 2000.
Alcoa Forecast Garden, Laurel Canyon, Los Angeles (Kalifornien), 1959.

135

Egerton 3. Baron

Tatton Park Japanese Garden

Außergewöhnliches herbstliches Blätterwerk umrahmt das strohgedeckte Teehaus im japanischen Garten. Er wurde 1910 von speziell zu diesem Zweck aus Japan geholten Gärtnern gestaltet und enthält Steinlaternen, Brücken, Seen und einen Berg Fuji. Die bis heute andauernden Veränderungen verbinden Tattons Vergangenheit mit der Umgestaltung durch Humphry Repton (1791) und Sir Joseph Paxton (1856). Es war die Öffnung Japans zum Westen und die Ankunft neuer, exotischer Pflanzen um 1860, die die wiederkehrende Mode japanischer Gärten entfachte. Etwa zeitgleich wurden Publikationen herausgegeben, die Japans Gärten beschrieben, und es fanden verschiedene internationale Ausstellungen statt. Der natürlich aussehende, jedoch künstlich arrangierte Stil der japanischen Gärten forderte förmlich heraus, den italienischen Stil und die auffälligen Blumenbeete zugunsten eines natürlichen Aussehens aufzugeben. Andere berühmte japanische Gärten wurden in Shipley Glen (1880), Gunnersbury Park (1900), Fanhams Hall (1901) und Cottered (1905–1926) gestaltet.

☛ **Bateman, Hornel, Paxton, Repton**

3. Baron Egerton. Geb. (GB), 1845. Gest. (GB), 1920. **Tatton Park Japanese Garden,** Knutsford, Cheshire (GB), 1910.

Egerton-Warburton R. E.

Ein Rasenpfad führt zu einer klassischen Sitzgruppe. Er ist von Staudenrabatten umgeben, die wiederum eine Eibenhecke begrenzt. Die reich bepflanzten Rabatten könnten für eine Schöpfung des späten 19. Jahrhunderts gehalten werden – doch tatsächlich stammen sie aus den 1840er-Jahren und gehören zu den frühesten Beispielen für „gemischte Staudenrabatten". Dem Zeitgeschmack entsprechend, bepflanzte Egerton-Warburton nicht nur die Umrandungen in einem anti-pittoresken Stil, der die Hand des Gärtners zeigt, er nahm auch historische Gärten als Inspirationsquelle – in diesem Fall den geschlossenen Kräutergarten aus dem 17. Jahrhundert von Parkinson, Culpeper und Gerard. Obwohl der Saum auf Arley ein frühes Beispiel seiner Art ist, zeigt er auch, dass die mehrjährigen Staudenrabatten nicht ausstarben, als die Manie für zarte einjährige Pflanzen um sich griff – und dass Gertrude Jekyll die Staudenrabatten nicht „erfand". Seit den 1850er-Jahren bekamen die „altmodischen" Bepflanzungen einen romantischen Anstrich.

☛ Barron, Farrand, Johnston, Jekyll

R. E. Egerton-Warburton. Geb. (GB), 1804. Gest. (GB), 1891. **Arley Hall,** Cheshire (GB), 1840er-Jahre.

Eldem Sedad

Kiraç Villa

Sedad Eldem kombinierte in seinen Gärten eine kompromisslose Moderne – wie sie in diesem von Pfeilern umgebenen Gartenbereich zu sehen ist – mit traditionellen türkischen Formen der Architektur und bildenden Kunst. Eldem ist der vielleicht größte türkische Architekt des 20. Jahrhunderts. Er gestaltete die Gärten oder die Umgebung vieler seiner Gebäude selbst, insbesondere bei den Villen, die er entlang der Häfen des Bosporus entwarf. Als Ziel verfolgte er die Schaffung eines spezifisch türkischen Stils in der Architektur und Gartengestaltung des 20. Jahrhunderts. Sein wahrscheinlich bedeutendster Beitrag besteht in dem Buch *Turk Bahçeleri* (1976), einer ausführlichen Untersuchung der Gärten des Osmanischen Reiches anhand einer Vielzahl von Bildern, Fotos und maßstabsgetreuer Zeichnungen. Es enthält die sorgfältige Analyse vieler Anlagen, die heute verschwunden sind, und gilt als wichtigste Quelle für das Studium der großen Gärten dieser Welt.

☞ Bosworth, Gibberd, Kiley, Pearson & Cheal

Sedad Eldem (Sedad Hakki Eldem). Geb. Istanbul (TR), 1908. Gest. Istanbul (TR), 1988. Kiraç Villa, Tarabya (TR), 1965/66.

Emes William

Erddig

Der ummauerte, von John Meller entworfene Garten an der Ostseite des Hauses existiert auch heute noch beinahe unverändert. Er wurde von 1718 bis 1733 gestaltet und ersetzte eine frühere Anlage. Heute akzentuieren Doppelalleen an jeder Seite der rechtwinkligen Rasenflächen das Gelände. Ganz im Stil der zeitgenössischen Mode wurde Mellers Garten entlang der Hauptachse des Gebäudes ausgerichtet. Ein breiter Kiesweg führt zu einem lang gestreckten, zentralen Kanal mit Ausblick über die Landschaft. Schmiedeeiserne Tore begrenzen den Park (ursprünglich nur beim Westeingang und 1971 hier wieder aufgestellt). 1767 „verbesserte" der Landschaftsgärtner William Emes den Park im Stil von Capability Brown. Sein Werk beinhaltete auch üppige Pflanzungen von Bäumen, Waldspazierwege und einen einzigartigen Wasserfall, der als „The Cup and Saucer" (Tasse mit Untertasse) bekannt ist. Allerdings galt Emes im Vergleich zu Brown nur als „zweite Wahl" in der Landschaftsgestaltung Mitte des 18. Jahrhunderts in England.

☞ Brown, Goethe, Repton

William Emes. Geb. 1730. Tätig (GB), Mitte des 18. Jahrhunderts. **Gest.** 1803.
Erddig, bei Wrexham, Nordwales (GB), 1767.

139

Emma Queen

Lawai Kai (Allerton Gardens)

Das rill mit der auffälligen wellenförmigen Einfassung gehört zu den europäisch anmutenden Elementen in dieser Anlage. Kaua'i gilt als die „Garteninsel" der hawaiischen Inselkette. Deshalb wählte Königin Emma diese wunderschöne Umgebung für ihren Gartenlandsitz. Sie nannte den Garten *Lawai Kai* („Garten am Meer") und führte vorsichtig Ziergewächse in die natürliche Landschaft ein. Die in Blütenkaskaden wachsende Bougainvillea und der Moreton-Bay-Feigenbaum zählen zu den auffälligsten Neupflanzungen. Zwischen 1938 und 1989 brachten Robert und John Gregg Allerton als

eifrige Pflanzensammler weitere Gewächse aus aller Welt mit. Sie fügten auch Designelemente hinzu, so z. B. Wasserkanäle, Kaskaden und Bassins sowie Wasserfälle, Gitterpavillons und moderne europäische Skulpturen. Der Gesamteindruck ist geprägt von eklektischem Design und prächtiger Pflanzenvielfalt. So entstanden mehrere fantasievolle Gärten, die die natürliche Landschaft dieses Paradieses im Pazifik ergänzen und mit Leben erfüllen.

☛ **Hancock, Nazarite, Rhodes, Vignola**

Königin Emma. **Geb.** Honolulu, Hawaii (USA), 1836. **Gest.** Honolulu, Hawaii (USA), 1885.
Lawai Kai **(Allerton Gardens)**, Kaua'i, Hawaii (USA), gegründet um 1875.

Enshu Kobori

Nanzen-ji

Der größte Teil des Gartens besteht aus einer leeren Fläche mit fein geharktem weißen Kies. An der östlichen Seite wird er durch ein sorgfältiges Arrangement großer Felsbrocken und Sträucher begrenzt, das den Eindruck der Weite akzentuiert. Eher aufgrund ihrer natürlichen Schönheit als ihrer abstrakten oder symbolischen Bedeutung wegen bilden diese Felsen und die getrimmten Azaleenhügel eine prachtvolle naturalistische Komposition, fast wie in den früheren Trockenlandschaftsgärten. Dieser bedeutende Zen-Tempelgarten, den Kobori Enshu im frühen 17. Jahrhundert gestaltete,

wird der Ryoan-ji-Tradition zugerechnet. Kobori, ein berühmter Teemeister und Gründer der Enshu-Schule von cha-no-yu, stammte ursprünglich aus der militärischen Klasse und war ein Freund des Prinzen Toshihito. Enshu gestaltete viele bedeutende Gärten während der Keicho-Ära. Sein Einfluß war immerhin so groß, dass ihm die meisten Gärten dieser Zeit zugeschrieben werden, darunter der berühmte Katsura-Garten und der Kaiserpalast in Kioto.

☞ **Hideyoshi, Mandokora, Pan En, Toshihito**

Kobori Enshu. Geb. Nagahami (J), 1579. **Gest.** Fushimi (J), 1647.
Nanzen-ji, Kioto (J), gegründet im frühen 17. Jahrhundert.

Esterházy Fürst Nikolaus   Esterháza

Springbrunnen und mit Schnörkeln verzierte *parterres* schmücken den geometrisch angelegten Vorhof von Esterháza, das um 1750 als Konkurrenz zu Versailles errichtet wurde. Die langen Auffahrten verlaufen in einer Kurve, sodass die Kutschen schnell vorfahren konnten. Fürst Nikolaus Esterházy verschönerte die Gärten von 1756 bis zu seinem Tode im Jahre 1790. Er gab verschiedene Ziergebäude, Tempel und Brunnen in Auftrag, u. a. einen chinesischen Pavillon und einen Feuerwerksplatz. In den Gärten veranstaltete er große Sommerfeste. Zeitgenössische Berichte bezeugen die Pracht der Anlage

mit ihren Alleen, über welche die Besucher in speziell angefertigten, übergroßen Kutschen gefahren wurden. Am östlichen Rand befand sich ein achteckiges Gebiet zur Wildschweinjagd. Doch nur 25 Jahre nach dem Tod des Fürsten waren Haus und Gärten vom Verfall bedroht, da sie nicht länger genutzt wurden. Auch der Zweite Weltkrieg verursachte beachtliche Schäden. Inzwischen hat man den Garten und die noch vorhandenen Gebäude wieder restauriert.

☞ Catherine II., Fischer von Erlach, Le Nôtre

Fürst Nikolaus Esterházy. Geb. Wien (A), 1714. Gest. Wien (A), 1790. Esterháza, Fertöd (H), 1756–1790.

Fairhaven Huttleston Broughton, 1. Baron

Der Tempelrasen – ein Kreis aus zehn korinthischen Säulen, die Berninis *David* umgeben und von einer Eibenhecke umschlossen sind – wurde in Gedenken an die Krönung Königin Elizabeths II. 1953 gestaltet. Das klassische Thema zeigt, dass die italienische Renaissance noch immer einen starken Einfluss auf die Gärten des 20. Jahrhunderts ausübte. Anglesey zählt zu den wenigen Anlagen, die in den Zwischenkriegsjahren entwickelt wurden, als steigende Steuern viele Landbesitzer schwächten. Der Garten wurde 1930 mit einer Reihe kleinerer, dicht bepflanzter Abschnitte in der Nähe des Hauses angelegt. Dahinter findet sich, in Anlehnung an die an Achsen ausgerichteten Gärten der Renaissance und an die Erhabenheit der gestalteten Landschaften aus dem 17. Jahrhundert, das bestechendste Merkmal der Anlage, die 17 Meter breite „Great Avenue", die 1937 im Andenken an die Krönung König Georgs VI. angelegt wurde. Der Garten wird heute für seine Pflanzungen gerühmt, vor allem für seine Schneeglöckchen und Dahlien.

☞ **Bingley, Gibberd, Hamilton Finlay, Jellicoe, Peto**

Huttleston Broughton (1. Baron Fairhaven). Geb. (GB), 1896. **Gest.** (GB), 1966.
Anglesey Abbey, Cambridgeshire (GB), seit 1926.

Farrand Beatrix

Dumbarton Oaks

Ein- und mehrjährige Pflanzen stehen in zwanglosen Gruppierungen, umgeben von einem Netz aus Pfaden und Eibenhecken. Eine einzelne Eibe bildet den stillen Schlusspunkt der Perspektive. Ein Gartenhäuschen späht aus dem benachbarten Cutting Garden hervor. Die Bepflanzung mag sich seit der Entstehung der Gärten verändert haben (1921–1947), doch Dumbarton Oaks bleibt einer der großen amerikanischen Gärten des 20. Jahrhunderts. Beatrix Farrand liebte die französischen und italienischen Renaissancegärten, bewunderte aber auch zeitgenössische englische Designer wie

Jekyll, Lutyens und Mawson. Ihre große Leistung besteht in der Kombination dieser Einflüsse mit einer kleinen Palette einheimischer Pflanzen. Sie schuf einen Garten mit den besten Elementen des europäischen Designs, der dennoch einen starken Bezug zu seiner Umgebung hat. Das 20 Hektar große Grundstück ist in Terrassen unterteilt, mit Loggien in der Nähe des Hauses, während der Stil immer zwangloser wird, je weiter man sich vom Gebäude entfernt.

☛ Cane, Jekyll, Johnston, Mawson

Beatrix Jones Farrand. **Geb.** New York, New York (USA), 1872. **Gest.** 1959.
Dumbarton Oaks, Georgetown, Washington, DC (USA), 1921–1947.

Fath Ali Shah

Golestan-Palast

Der innerhalb des Qasr-e Qajar im Königlichen Viertel Teherans gelegene Golestan-Garten ist ein typisches Beispiel für den Stil der Palastgärten der späten Qajarzeit gegen Ende des 19. Jahrhunderts. Eine breite Allee führt neben Kaskaden und Wasserläufen über drei Terrassen vom Palast hinab zum Hauptgarten und Pavillon. Spektakuläre Terrassenanlagen und Wasserelemente prägten den Qajarstil. Der Swimmingpool, genannt „Krone des Königreichs", des Golestan-Palasts lag in einem achteckigen Zierpavillon, von dem beidseitig Korridore mit Tonnengewölben abgingen. In einer Fontäne spru-

delte das Wasser im weißen Marmorpool, der für die Frauen aus dem Harem des Schahs angelegt worden war. Im oberen der beiden Stockwerke des Pavillons waren die Frauengemächer untergebracht. Über eine Marmorrutsche gelangten die Frauen ins Wasser. Der Schah soll seine Mittagsruhe in diesen oberen Gemächern verbracht haben, um die badenden Schönheiten zu bewundern. Die gesamte Anlage wird von ausgewogener Symmetrie bestimmt.

☞ **Atabek Qaracheh, Babur, Sangram Singh, Shah Jahan**

Fath Ali Schah. Regierte (IR), 1797–1843. **Golestan-Palast,** Teheran (IR), erbaut Anfang des 19. Jahrhunderts.

Fischer von Erlach Johann Bernhard

Dieses Gemälde von Bernardo Bellotto zeigt die Gestaltung eines königlich-österreichischen Gartens des 18. Jahrhunderts mit breiten Wegen und weiten Flächen, auf denen eine große Menge von Höflingen Platz finden konnte. Schönbrunn sollte das österreichische Äquivalent zu Versailles werden. Es zeigt eine ungewöhnliche Einheit des Entwurfs, da Palast, Park und Garten von nur einem Mann gestaltet wurden: Johann Bernhardt Fischer von Erlach. Er verlieh dem Garten eine erstaunliche Intimität, indem er Waldungen direkt vor dem Palast pflanzte. Diese Wäldchen sollten Schatten spenden und so auch in der Mittagshitze Spaziergänge ermöglichen. Das Zwielicht unter den Bäumen bildet einen starken Kontrast zu den lichtdurchfluteten *parterres*. Fischers Buch *Entwurf einer historischen Architektur* (1721) mit Illustrationen vieler exotischer Stilrichtungen hatte beträchtlichen Einfluss auf die Gartenarchitektur Europas.

☞ Gallard, Hardouin-Mansart, Le Nôtre, Tessin der Jüngere

Johann Bernhard Fischer von Erlach. Geb. Graz (A), 1656. **Gest.** Wien (A), 1723.
Schönbrunn, Wien (A), Gemälde von Bernardo Bellotto um 1758–1761.

Fish Margery

East Lambrook Manor

Die überschwängliche Zurschaustellung von Gartenblumen – ein idealer Hintergrund für das Herrenhaus – wirkt altmodisch, obwohl der Garten erst in den 1950er-Jahren gestaltet wurde. Margery Fishs Leidenschaft galt Staudenrabatten, die sie äußerst wirkungsvoll einzusetzen wusste. Ihr Stil war ungezwungen und schlicht, während die Beete mit einer Vielfalt gewöhnlicher und ungewöhnlicher Gewächse bepflanzt sind. Ihre Methode verkörperte den idealen Garten eines ländlichen Cottages in der Nachkriegszeit, ein Idyll, das für Hobbygärtner realisierbar war. Durch ihre Schriften brachte sie die Staudenrabatten wieder in Mode und inspirierte viele Hobbygärtner dazu, sie auf naturnahe Weise einzusetzen. Auch den Einsatz von dichten Bepflanzungen, die kein Unkraut aufkommen lassen, machte sie wieder populär – eine Möglichkeit, dem Gärtner viel Arbeit zu ersparen. Dennoch war sie immer bereit, ein Kraut *in situ* zu belassen, wenn es in das Pflanzmuster passte.

☞ **Bowles, Colvin, Jekyll, Lorimer, Roper, Sackville-West**

Margery Fish. Geb. 1892. Tätig (GB), Anfang des 20. Jahrhunderts. **Gest.** 1969.
East Lambrook Manor, Somerset (GB), 1937.

Fontana Carlo

Villa Cetinale

Nur wenige Merkmale eines barocken Gartens vermögen eine Landschaft so vollkommen zu dominieren wie die Hauptachse der Villa Cetinale. Diese Perspektive bietet sich dem Besucher, der die große Doppeltreppe vom *piano nobile* des Hauses hinunterschreitet – „ein ungewöhnlich weiter Blick", wie der Amerikaner Rose Nicholls meinte. Die Achse führt durch den von Statuen bewachten Torweg (bekrönt von Herrscherbüsten) und einen breiten, von italienischen Zypressen gesäumten Grasweg entlang. Dann wird der Blick durch ein weiteres Tor gelenkt, eine rohe Treppe hinauf, die aus dem Berg ge-

hauen wurde, bis zum Gipfel dieses Hügels. Der Aufstieg erfordert mindestens eine halbe Stunde. Von oben erkennt man, dass die Achse mitten durch das Haus verläuft, durch Gärten mit Zitronenbäumen in Töpfen und weiter hinab durch einen immergrünen Wald bis in das Tal in fünf Kilometer Entfernung. Der Garten auf Cetinale wurde für Kardinal Flavio Chigi entworfen und gilt als Fontanas Meisterstück. Er ist außerordentlich gut erhalten.

☛ **Bacciocchi, Beckford, Borghese, Dubsky, Mardel, Nasoni**

Carlo Fontana. Geb. bei Como (I), 1638. **Gest.** Rom (I), 1714. **Villa Cetinale,** Siena, Toskana (I), 1713.

Forestier J.C.N.

Rosengarten, Bagatelle

Im Bois de Boulogne westlich von Paris befindet sich ein so genannter *jardin anglais*, der von Thomas Blaikie und F. J. Bélanger im Jahre 1775 für den Grafen von Artois entworfen wurde. Der Garten besteht aus vielen Sektionen, der wohl bekannteste ist Forestiers Rosengarten. Ein kreisförmiger klassischer Pavillon steht dort auf einer kleinen Erhebung, während Stufen zum Rosengarten hinunterführen. Die Blumen wachsen in geometrisch angelegten Beeten, die von beschnittenen Buchsbaumhecken umgeben sind. In diesen Beeten wurden hauptsächlich alte französische Rosen ge-

pflanzt. Kegelförmige Eiben vervollständigen die Anlage und verleihen ihr mehr Höhe. Einige der Kletterrosen wachsen an Seilen oder Klettergerüsten empor. Unterhalb des Rosengartens liegt ein See, ein Fluss mit Kaskaden sowie ein ausgedehnter Gemüsegarten mit einer hohen Eibenhecke auf jeder Seite. In einem parkähnlichen Bereich mit weiten Rasenflächen finden gelegentlich Ausstellungen zeitgenössischer Bildhauerkunst statt.

☛ **André, Bélanger & Blaikie, Joséphine, Mallet-Stevens**

J. C. N. Forestier. Geb. 1861. Tätig (F), Ende des 19. Jahrhunderts. **Gest.** 1930.
Rosengarten, Bagatelle, Bois de Boulogne, Paris (F), 1905.

149

Foerster Karl

Foerstergarten

Karl Foerster, der Vater des modernen deutschen Garten-baus, setzte sich für die Verwendung von robusten mehrjäh-rigen Pflanzen, Ziergräsern und Farnen ein. Er plädierte für eine Anpflanzung in lockeren Arrangements und grenzte sich damit von den eher geometrisch angelegten Staudenra-batten des englischen Stils ab. Im Laufe seines langen Lebens führte Foerster unzählige Pflanzenvarietäten zur Kultivie-rung ein und verwendete sie bei seinen neuartigen Experi-menten. Er verfasste 27 Bücher und beschäftigte in seiner Gärtnerei viele nachfolgende Generationen deutscher Gar-tenarchitekten. Sein eigener Garten in Bornim bei Potsdam, den er zwischen 1912 und 1914 anlegte, umfasst den bemer-kenswerten Senkgarten, den Frühlingsweg, das Herbstbeet und einen Steingarten. Nach wie vor pilgern unzählige Gartenfreunde dorthin. Karl Foersters Erbe lässt sich in den naturnahen Anpflanzungen vieler öffentlicher Parks in Deutschland erkennen. Seine Tochter überwacht die Restau-rierung des Gartens.

☛ **Brandt, Chatto, Jensen, Oudolf, Robinson**

Karl Foerster. Geb. Berlin-Westend (D), 1874. **Gest.** Bornim, bei Potsdam (D), 1970.
Foerstergarten, Bornim, bei Potsdam (D), 1912.

Fowler Charles

Syon House

Eine spektakuläre Glaskuppel ragt in der Mitte des Großen Treibhauses in die Höhe, das in den 1820er-Jahren von Charles Fowler für die Pflanzensammlung des 3. Herzogs von Northumberland in Fortsetzung der botanischen Tradition der vorherigen Besitzer errichtet wurde. Der 20 Meter hohe Kuppelbau wird durch zwölf gusseiserne Säulen gestützt und von zwei Seitenflügeln flankiert. Eckpavillons umschließen halbkreisförmig eine Rasenfläche – ein Übergangsmerkmal von der barocken Orangerie zum Treibhaus des 19. Jahrhunderts. In einem Landschaftsgarten an der Themse gelegen und entworfen von Capability Brown, markierte das Große Treibhaus einen Einschnitt zeitgenössischer Technologie und wurde damit zum Vorbild für Paxtons *Great Stove* (Der große Ofen) bei Chatsworth House. Obwohl er zum Zeitpunkt des Auftrags noch ein junger Architekt war, hatte sich Fowler bereits durch Projekte wie z. B. den Covent Garden Market einen Namen gemacht. Außerdem war er Mitbegründer des Institute of British Architects.

☛ **Balat, Burton & Turner, Dupont, Paxton**

Charles Fowler. Geb. Devon (GB), 1792. **Gest.** Great Marlow, Buckinghamshire (GB), 1867.
Syon House, Syon Park, Brentford (GB), 1820er-Jahre.

Francini Tomasso & Alessandro

Saint-Germain-en-Laye

Zur Zeit Heinrichs IV. von Frankreich übertrumpfte der königliche Palast von Saint-Germain-en-Laye spielend den großartigsten italienischen Garten im Königreich. Die Anlage erstreckte sich über sechs Terrassen hinweg bis zur Seine. Sie wurde in den 1550er-Jahren von Philibert de l'Orme für Heinrich II. errichtet. In den Jahren um 1600 fügten die Gebrüder Francini, die im Dienste der Familie Medici standen, eine Reihe verborgener Grotten und automatischer Anlagen hinzu. Sir Roy Strong beschreibt ihre Errungenschaften: „Es gab Grotten des Neptun, des Orpheus sowie des Drachen

(alles mythologische Allegorien, die Heinrich IV. ehren sollten), doch am erstaunlichsten war die Grotte des Flambeaux. Hier wurde der Besucher Zeuge einer Reihe von Verwandlungsszenen (...) die Sonne ging auf, ein Sturm folgte und schließlich rückte der Palast mit der königlichen Familie davor ins Blickfeld. Dann erschien der Dauphin, der königliche Thronfolger: Er kam aus den Wolken in einem von Engeln getragenen Wagen herabgeschwebt."

☛ Bramante, I. Caus, S. Caus, Du Cerceau, L'Orme, Vignola

PORTRAIT DES CHASTEAVX ROYAVX DE SAINCT GERMAIN EN LAYE

Tomasso Francini. Geb. 1571. Tätig (F), Mitte des 17. Jahrhunderts. **Gest.** 1651. **Alessandro Francini. Geb.** unbekannt. Tätig (F), Mitte des 17. Jahrhunderts. **Gest.** 1648. **Saint-Germain-en-Laye,** Paris (F), in den 1550er-Jahren.

Franco Guerrero José Maria Azuel

Einige der kunstvollsten Formschnitte der Welt entstanden durch die Hand eines ungeschulten Genies in Tulcan, einer kleinen Stadt in Ecuador. In den frühen 1940er-Jahren begann Franco Guerrero auf dem Friedhof der Stadt, Hecken aus der Zypressenart *Cupressus arizonica* in einer Vielzahl geometrischer, anthropomorpher und zoomorpher Formen zurechtzuschneiden. Er legte sie in Alleen entlang der Spazierwege des Friedhofes an oder gestaltete Garten-„Räume" in Myriaden unterschiedlicher Formen: gestutzte Kegel, Pyramiden, Obelisken und Bögen sowie Basreliefs mit archi-

tektonischen, menschlichen und tierischen Formen. Ebenso sind Heldenporträts aus Südamerika sowie der Orientalischen und Ägyptischen Mythologie vorhanden. Die Inspira-tionsquelle für diese Form des Modellierens lässt sich bis zu den Steinritzereien der präkolumbianischen Kulturen in Ecuador zurückverfolgen. Die Kunst der Formschnitte hat im 20. Jahrhundert in dieser entlegenen südamerikanischen Stadt ihren Höhepunkt gefunden.

☛ **Baron Ash, Lennox-Boyd, Monasterio de San Lorenzo**

José Maria Azuel Franco Guerrero. Geb. Tulcan (EC), 1907. **Gest.** Tulcan (EC), 1985.
Tulcan-Gärten, Tulcan (EC), 1940er-Jahre.

153

Fraser James

Castle Coole

Ein Blick über den Lough Coole zeigt dem Betrachter, wie herrlich dieses neoklassizistische Landhaus gelegen ist, das James Wyatt für den 1. Herzog von Belmore erbaute. Der Park entstammt dem Entwurf William Kings aus den 1780er-Jahren und wurde ganz naturalistisch gestaltet. Drei Generationen später beriet sich der 3. Graf von Belmore mit dem irischen Landschaftsgärtner James Fraser, einem späteren Anhänger des pittoresken Stils, der von John Claudius Londdon als ein „hervorragender Botaniker und Gärtner – und ein Mann mit breitem Wissen" bezeichnet wurde. Fraser hatte drei bedeutende irische Adlige darin beraten, wie sie die malerische Wirkung auf ihrem Besitz erhöhen konnten, um der Landschaft einen dramatischeren Anstrich zu geben: den Herzog von Arran im County Wexford, den Herzog von Dunraven im County Limerick und den Herzog von Shannon im County Cork. Dennoch scheint es, als wäre Fraser von dem Park bei Castle Coole so beeindruckt gewesen, dass er sich auf die Gestaltung der Wälder beschränkte.

☛ **Allen, Brown, Emes, Hamilton, Loudon**

James Fraser. Geb. 1793. Tätig (IRL), 19. Jahrhundert. **Gest.** 1863.
Castle Coole, Fermanagh (IRL), Anfang des 19. Jahrhunderts.

Friedrich Heinrich Prinz   Honselaarsdijk

Die Eingangsallee zu Prinz Friedrich Heinrichs monumentalem Garten gipfelte in einer halbkreisförmigen Piazza, die
von Bäumen und Wasser umgeben war (auf der Radierung
unten abgebildet). Honselaarsdijk gehörte zu den ersten
klassischen Gärten in Holland, die auf mathematischen Prinzipien beruhten, reich dekoriert mit Statuen, Springbrunnen,
parterres und Spalierarbeiten. Er wurde in strenge Felder und
Untergruppierungen entlang einer alles beherrschenden
zentralen Achse aufgeteilt, die das von einem Wassergraben
umgebene Haus mit dem Garten verband. Prinz Friedrich

Heinrich von Oranien, der Großvater von William III., ließ
die Anlage in den 1630er-Jahren gestalten. Später wurden die
Gärten im Auftrag Wilhelms von Oranien in den 1670er-Jah-
ren weiter ausgeschmückt: Er erneuerte die Wasserspiele und
fügte Statuen und eine Orangerie mit einer Sammlung an
exotischen Pflanzen hinzu. Wilhelm wählte Honselaarsdijk,
um hier mit dem englischen Botschafter seine Heiratspläne
mit Mary Stuart zu erörtern.

☛ **Colchester, Marot & Roman, van Campen, William III.**

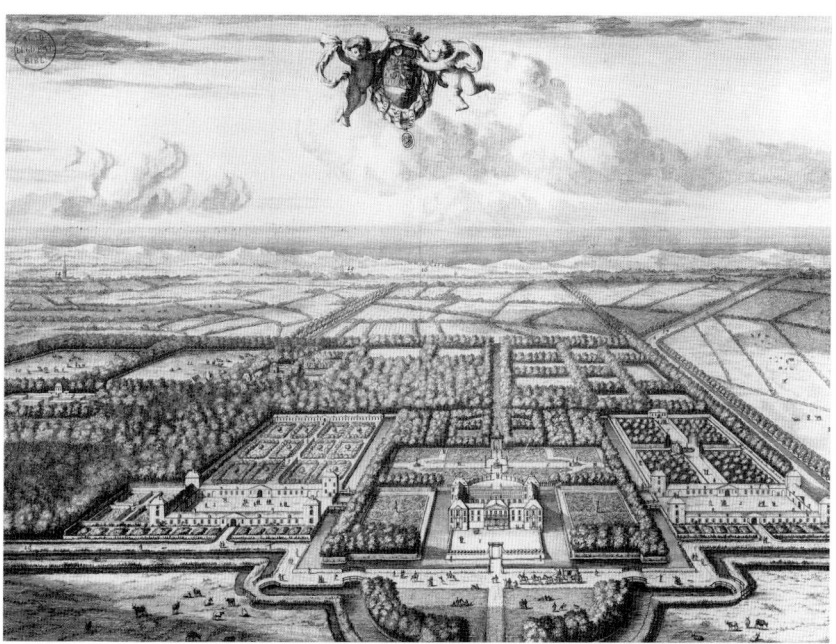

Friedrich Heinrich (Prinz von Oranien, Statthalter der holländischen Republik). Geb. Delft (NL), 1584. **Gest.** 1647.   155
Honselaarsdijk, Zuid-Holland (NL), 1630–1670.

Friedrich I. Großherzog von Baden

Das hier abgebildete Beet mit blühenden Zwiebelpflanzen bezeugt die hohe Qualität der Gartenkunst auf der Insel Mainau. Im Hintergrund ist das Arboretum auf den oberen Hängen zu erkennen. Die Gärten im italienischen Stil, die Großherzog Friedrich I. von Baden 1871 auf der Insel Mainau anlegte, sind der Inbegriff der nordeuropäischen Sehnsucht nach der Sonne und dem Licht Italiens. Terrassen umgeben das Barockschloss, das 1740 am östlichen Ende der Insel errichtet wurde und einen grandiosen Ausblick über den Bodensee bietet. Friedrich erbte die 45 Hektar große Insel im Jahre 1853 und legte eine nahezu unübertreffliche Sammlung prächtiger Koniferen an. Der Rosengarten ist an drei Seiten von einer Pergola mit Kletterrosen umgeben; auf der vierten Seite erstreckt sich der mit einer Balustrade geschmückte Schlossgarten. Mainau ist mit über zwei Millionen Besuchern der beliebteste Garten Europas: 80 Gärtner tragen mit ihrer harten Arbeit zum Erhalt dieses mediterranen Inselparadieses nördlich der Alpen bei.

☞ **Barry, Borromeo, Boy, Seinsheim**

Großherzog Friedrich I. von Baden. Geb. 1826. Tätig (D), 19. Jahrhundert. **Gest.** 1907.
Insel Mainau, Baden-Württemberg (D), 1871.

Friedrich II. **König von Preußen**

Das Chinesische Teehaus in Sanssouci ist mit keinem anderen Gartengebäude der Welt zu vergleichen: Die geschwungenen Linien des Daches und der vergoldete Schirm, der als Abschluss dient, wurden nicht von anderen, im 18. Jahrhundert so beliebten Chinoiserien beeinflusst. Trotzdem stellt dieses Teehaus eine wunderbare Mischung aus Ost und West dar – eine europäische Fantasievorstellung des kaiserlichen Pekings, wo lebensgroße Figuren mit asiatischen Merkmalen Musikinstrumente spielen, die auch im Schloss Sanssouci nicht fehl am Platze wären. Friedrich errichtete das Gebäude als Zufluchtsort vor den Sorgen dieser Welt; daher rührt auch der Name „Sanssouci". Die Gärten, mit deren Anlage er begonnen hatte, haben sich seitdem zu einem weitläufigen Komplex entwickelt, wobei Joseph Lenné sehr geschickt für eine einheitliche Landschaftsgestaltung sorgte. So steht das Chinesische Teehaus nicht in einem Barockgarten aus dem 18. Jahrhundert, sondern ist von einer romantischen Landschaft des 19. Jahrhunderts umgeben.

☛ **Chambers, Girard, Goethe, Lenné**

Friedrich II., König von Preußen (Friedrich der Große). Geb. Berlin (D), 1712. **Gest.** Sanssouci (D), 1786.
Sanssouci, Potsdam (D), 1744–1770.

157

Frigimelica **Girolamo**

Villa Pisani

Dieser Blick auf die Waldung der Villa Pisani enthüllt den gegenwärtigen Zustand eleganter Verwitterung des Gartens. Die einzige Spur von Girolamo Frigimelicas eindrucksvollem barockem Entwurf besteht im Schimmer des Wassers in der dahinter gelegenen Lichtung. Es ist die Achse eines Wasserparterres, das installiert wurde, als man im Jahre 1911 die weitflächigen *parterres de broderies* entfernte. Frigimelica war der Architekt einer Villa, deren Bau niemals ausgeführt wurde. Sein Auftraggeber Alvise Pisani wurde 1735 zum Dogen von Venedig gewählt, im gleichen Jahr, als Frigimelica die

Gärten im französischen Stil anlegte. Die *parterres* waren von einem geometrischen System aus Alleen umgeben, das den Blick entlang formaler Waldwege bis in das dahinter liegende Umland lenkte – ein neues Element der Gartengestaltung im Italien jener Tage. Auch die Waldung wurde vernachlässigt. Die Hecken, welche die Wege umschlossen, sind seit langem verschwunden, und willkürliche Pflanzungen haben viele Perspektiven unterbrochen.

☛ **Fontana, Fronteira, Mansi, Oliviera**

Girolamo Frigimelica. Geb. (I), 1653. Gest. (I), 1732. **Villa Pisani,** bei Padua (I), 1735 – 1756.

Fronteira Marquês de

Palácio dos Marquieses de Fronteira

Leuchtend blaue Fliesen säumen den oberen Teil der Königsgalerie, während dunkelblaue und weiße Fliesenarbeiten die lebhafte Geschichte der Ritter der Fronteira-Linie erzählen. Ursprünglich war die Anlage als Jagdpalast des 1. Marquês de Fronteira geplant. Garten und Palast, wie sie heute bestehen, wurden im Jahre 1712 vervollständigt. Dem 2. Marquês de Fronteira, Dom Fernao Mascarenhas, wird die Bepflanzung des Gartens zugeschrieben. Die Königsgalerie bildet den dramatischen Hintergrund für das reich verzierte Wasserbecken, ein charakteristisches Merkmal portugiesischer Gärten. Die Galerie ist von Nischen durchsetzt, die von kupferfarbenen, dreidimensionalen Kiefernzapfen und Eicheln umrandet sind und Büsten der Könige Portugals enthalten. Sie ist ein perfekter Aussichtspunkt. Im oberen Teil der Palastlandschaft befinden sich kleinere *parterres*, weitere Wasserbassins sowie der Kapellenweg. Farbenprächtige Pelar-gonien bilden den Höhepunkt der Beete, die mit den charakteristischen Fliesen verziert sind.

☞ **Mardel, Mozzoni, Nasoni, Oliveira & Robillon**

Marquês de Fronteira. Geb. 1655. Tätig (P), Ende des 17. Jahrhunderts. Gest. 1729.
Palácio dos Marqueses de Fronteira, Lissabon (P), 1712.

Gallard Claude

Château de Courances

Hinter einer Terrasse perfekt ausbalancierter *parterres* umgeben großartige alte Bäume ein stilles *miroir d'eau*. Der Schlosspark von Courances mit seiner überwältigenden Reinheit und Klarheit zählt zu den Höhepunkten des Goldenen Zeitalters französischer Gärten. Alleen und riesige steinumrandete Bassins führen zu den Kanälen, die weite Ausblicke eröffnen. Als Claude Gallard, Sekretär des Königs, die Anlage 1622 erwarb, rief er sofort Le Nôtre zu sich, um mit dessen Hilfe seine Vision zu verwirklichen. Gemeinsam arbeiteten sie diese perfekte Anlage aus und bewiesen, dass der französische Formalismus noch verführerischer sein kann, wenn er in kleinerem, „menschlicherem" Maßstab entwickelt wird. Im Laufe der Zeit wurde der Park vernachlässigt, bis der renommierte Gartengestalter Achille Duchêne (Spezialist für große Restaurationsarbeiten) 1912 von den neuen Eigentümern – der Familie Ganay – engagiert wurde, um dem Garten wieder seinen alten Glanz zu verleihen.

☛ Duchêne, Emes, Hardouin-Mansart, Le Nôtre, Ligne

Claude Gallard. Tätig (F), 17. Jahrhundert. **Château de Courances,** Essonne (F), 1622.

Garzoni Romano

Villa Garzoni

Drei monumentale Treppenfluchten bilden das Herzstück dieses hochdramatischen Barockgartens. Zu ihren Füßen befinden sich zum einen zwei große, runde Bassins, die von massiven Formsträuchern in Tiergestalt umgeben sind, zum anderen die breiten Bepflanzungen des *parterre*. Auf dem Weg den steilen Hügel hinan ist die Treppenbalustrade mit Mosaiken, Rocaillen (Muschelwerk), farbigen Ziegeln und Statuen geschmückt. Von der zweiten Ebene führt ein Pfad zu einem abgelegenen grünen Theater und weiter zu einem Labyrinth, das man über eine bizarr überdachte Brücke erreicht, die Villa und Gärten verbindet. In einer Grotte auf halbem Weg nach oben überraschten einst *giochi d'aqua* den unvorbereiteten Besucher, die mit automatischen Wasserdüsen funktionierten. Romano Garzoni vervollständigte diesen herausragenden Barockgarten 1756 mit Hilfe des örtlichen Architekten Ottavio Diodati. Er wollte den einst so strengen mittelalterlichen Landsitz seiner Vorfahren in einen Ort der Muse verwandeln, der unterhalten sollte.

☛ **Borghese, Borromeo, Frigimelica, Gaudí, Ligorio**

Romano Garzoni. Tätig (I), Mitte des 18. Jahrhunderts. **Gest.** Collodi, Toskana (I), 1787.
Villa Garzoni, Collodi, Toskana (I), 1756.

Gaudí Antoni

Parc Güell

Die scheinbar endlose Mosaikbank schlängelt sich durch Gaudís Parc Güell in Barcelona. Sie formt eine doppelte Grenzmauer um die große, flache Hauptterrasse im Zentrum des Parks. Gaudís Auftraggeber Eusebio Güell schwebte eine Gartenstadt aus Häusern und Schrebergärten auf dem 20 Hektar großen, unfruchtbaren Steilhang vor. Der Wohnkomplex erregte jedoch wenig Aufmerksamkeit, sodass sich Gaudí auf den Park konzentrierte. Beim Betreten dieser Anlage sieht man sich einer riesigen Treppe gegenüber, die zur Hauptterrasse hinaufführt. Man kommt an einer Säulenhalle vorbei, einem Wald aus hohlen, dorischen Säulen, auf denen die Hauptterrasse ruht. Gleichzeitig sind die Säulen auch Teil des genialen Bewässerungssystems. Die Verzierung erfolgte durch abstrakte Mosaiken, die aus zerbrochenen Fliesen und Fayencen bestehen. Gaudí schuf eine tropische Parklandschaft aus Pinienwäldern und Palmenalleen. Parc Güell blieb jedoch sein einziges großes Landschaftsprojekt.

☛ Goldsworthy, James, Jungles, Loudon, Morris, Paxton

Antonio Gaudí. Geb. Rens, bei Tarragona (E), 1852. Gest. Barcelona (E), 1926. Parc Güell, Barcelona (E), 1900–1914.

Gehry Frank O.

Schnabel House

Der Weg aus kalifornischem Sandstein führt von einer scheinbar wahllos zusammengestellten Gruppe metallischer Formen (Büro) zu mehreren Quadern (Wohnbereich). Frank O. Gehry zerlegt in seiner Studie zum vorstädtischen Dekonstruktivismus ein Haus in seine Bestandteile und erschafft daraus einen bewohnbaren Skulpturengarten. Das Haus entstand zwischen 1987 und 1989 in Kalifornien. Die Landschaftsgestaltung stammt von Nancy Goslee Power. Durch die Trennung der Lebensräume entstanden mehrere Außenbereiche, wodurch die tatsächliche Fläche von 2 320 Quadratmetern größer erscheint. Die weitgehend dürreresistenten Pflanzen wurden geschickt mit der Architektur verbunden. So bilden z. B. die sternförmig wachsenden Palmwedel und Phormien einen Kontrast zu den rechtwinkligen Gebäuden, während der Olivenhain dem modernen Umfeld eine ländliche Note verleiht. Gehry hat die Grenzen der Architektur immer wieder erweitert – das berühmteste Beispiel ist wohl das Guggenheim-Museum in Bilbao.

☛ **Greene, Libeskind, Martino, Smyth**

Geuze Adriaan

VSB Bank

Eine elegante Fußgängerbrücke überspannt die gesamte Weite dieses linear angelegten Gartens, in dem sich lange Blöcke niedriger Buchsbaumhecken mit Streifen aus rotem Schotter abwechseln. Auf einer Seite der bemalten Metallbrücke erstreckt sich eine Holzbank über die gesamte Länge, die zum stillen Betrachten des Gartens einlädt. Die Anlage wurde 1995 vom holländischen Designer Adriaan Geuze gestaltet, einem der führenden Köpfe der West-8-Landschaftsgruppe. Er beschreibt sich selbst als Funktionalisten und „Hyperrealisten". In unserer Zeit, so glaubt Geuze, ist die Schaffung idealisierter und angeblich beruhigender grüner Flächen nicht mehr angebracht. Vielmehr sollte die Gegenwart und ihre Wirklichkeit, wie erhöhte Geschwindigkeit oder Raumknappheit, berücksichtigt und Materialien verwendet werden, aus denen unsere Umwelt besteht: Stahl, Asphalt oder Beton. Diese positive Kultivierung der Umwelt entsteht aus der Konfrontation mit der stark von Menschenhand geprägten Landschaft Hollands.

☛ Allen, Child, Dow, Hornel, Monet

Adriaan Geuze. Geb. (NL), 1960. **VSB Bank,** Utrecht (NL), 1995.

Gibberd Sir Frederick

The Gibberd Garden

In diesem Garten voller Überraschungen ragen massive Säulen und Urnen aus einer wilden Bepflanzung aus *Acanthus* hervor. Gibberd zog 1956 hierher, als er das Anwesen erbte, das damals aus einer blühenden Zitronenallee, einem Türmchen und einem Wasserbecken bestand. Im Laufe der Jahre (und ohne einen formalen Plan) entwickelte er eine Reihe ummauerter Außenräume in der Nähe des Hauses, die er als intime Gartengehege für seine wachsende Sammlung meist moderner Skulpturen sowie als Spielflächen für seine Enkel nutzte. „Ich befragte den Geist dieses Ortes", meinte er, „und ließ dann ein wenig Intuition walten, ohne die kein Kunstwerk existiert." In seinem natürlichen englischen Garten von 2,8 Hektar Größe spielte Gibberd meisterlich mit dem architektonischen Raum und unterstrich die dramatische Wirkung der Skulpturen. Nach einigen Jahren der Vernachlässigung wird der Garten nun vom Gibberd Garden Trust restauriert.

☞ Acton, Anhalt-Dessau, Cameron, Hepworth

Sir Frederick Gibberd. Geb. Coventry (GB), 1908. **Gest.** Harlow (GB), 1984.
The Gibberd Garden, Harlow, Essex (GB), seit 1956.

Gildemeister Heidi

Garten auf Mallorca

In einer dramatischen und sehr kargen Felslandschaft schuf Heidi Gildemeister über einen Zeitraum von 20 Jahren einen erlesenen mediterranen Garten mit blühenden Pflanzen, wie Rosmarin, Olivenbäumen, *Helichrysum*, Salbei und anderen aromatischen Kräutern. Die Gewächse wurden so platziert, dass sie immer wieder für neue Perspektiven sorgen. Gildemeisters Technik ist ebenso bemerkenswert wie ihre Kunstfertigkeit, da sie in dieser lebensfeindlichen Umgebung etwas erreicht hat, das sie „wasserbewusstes Gärtnern" nennt. Sie sparte an dieser kostbaren Ressource, indem sie sich auf den winterlichen Regen konzentrierte und die Feuchtigkeit im Boden zu speichern versuchte. Gildemeister, die auch in Südamerika Gärten anlegte, rät außerdem zur Wahl von Pflanzen, die für das Klima geeignet sind, um den größtmöglichen Nutzen aus ihrem natürlichen Schutz gegen Wind und Sonne zu ziehen.

☛ **Blandy, Manrique, Page, Sventenius, Tyrwhitt, de Vesian**

Heidi Gildemeister. Tätig Ende des 20. bis Anfang des 21. Jahrhunderts. **Garten auf Mallorca,** Mallorca (E), 1980er-Jahre.

Gill Irving

Laughlin House

Während der ersten drei Jahrzehnte des 20. Jahrhunderts war Irving Gill in Südkalifornien einer der führenden Architekten, wenn es um die Gestaltung preisgünstiger, moderner Häuser ging. Dabei stand ungewöhnlicherweise die Bedeutung der Außenbereiche im Vordergrund. Bei Bauvorhaben in San Diego und Santa Monica schuf Gill Gruppen weißer Betonhäuser mit Flachdächern. Durch unterschiedlich weit von der Straße entfernte und seitlich verschobene Eingangsbereiche wirkt jedes Haus individuell – Gill war bewusst, dass er Wohnhäuser baute. Die Sträucher und Blumen seiner Skizzen wurden in die Realität umgesetzt, so etwa hier im Laughlin House (Los Angeles), wo er die Strenge der weißen Mauern mit Blumenkästen und Kübelpflanzen milderte. Gill hatte eine Vorliebe für Pergolen und Höfe, und so war auch der hintere Teil des Hauses mit weinüberrankten Pergolen geschmückt. Darin zeigt sich die Nähe zwischen den weißen Mauern der Moderne und den traditionellen Lehmziegelhäusern des hispanischen Baustils.

☛ **Church, Loos, Mizner, Washington Smith, F. L. Wright**

Irving Gill. Geb. Syracuse, New York (USA), 1870. **Gest.** Lakeside, Kalifornien (USA), 1936.
Laughlin House, Los Angeles, Kalifornien (USA), 1907/08.

Gilpin William Sawrey

Scotney Castle

Von der Terrasse aus wirkt der Blick über die herbstliche Landschaft bis zu den romantischen Ruinen des Schlosses atemberaubend natürlich. Und dennoch ist die Aussicht (bis auf das Schloss) durchweg „manipuliert". Es handelt sich um das letzte, ruhmreiche Essay der malerischen Gartengestaltung von W. S. Gilpin. 1836 fragte ihn der Besitzer Edward Hussey wegen der Situierung eines neuen Hauses um Rat (gestaltet von Anthony Salvin). Gilpin bewies, dass er das Auge eines Malers hatte. Der Neubau sollte hoch auf einer Bastion errichtet werden und die alten Ruinen in den Blick mit einbeziehen. Damit gehorchte er den Prinzipien der Landschaftskomposition mit Vordergrund, Mitte und Distanz. Gilpin begann erst spät, im Alter von 58 Jahren, mit der Landschaftsgestaltung, nachdem seine Karriere als Maler ins Stocken geraten war. Er half seinem berühmten Onkel, Reverend William Gilpin, mit Illustrationen für dessen Serie des Flusses Wye, die zu einer neuen Sensibilität für das Malerische in einer wilden Landschaft führte.

☛ **W. Aislabie, Armstrong, Johnes, Knight, Rochford**

William Sawrey Gilpin. Geb. 1762. **Gest.** Sedbergh, Yorkshire (GB), 1843.
Scotney Castle, Lamberhurst, Tunbridge Wells, Kent (GB), 1836.

Girard Dominique

Schloss Nymphenburg

Der erhabene Eingangsbereich des Nymphenburger Schlosses befindet sich am Ende eines langen, geraden Kanals, der ins Zentrum von München führt. Beide Seiten des Kanals sind von Baumalleen gesäumt. Blickt man von ihrem Ende aus zurück, so heben die Gärten den riesigen Palast noch mehr hervor. Das strenge Festhalten an der Geometrie schafft eine Einheit zwischen der Architektur, den Wasserspielen und den *parterres*. Kurfürst Maximilian-Emanuel von Bayern beauftragte Dominique Girard, einen Schüler Le Nôtres, im frühen 18. Jahrhundert mit der Gestaltung dieser Gärten. Die Ideen auf der hier abgebildeten, zeitgenössischen Perspektive werden in viel größerem Maßstab in den Hauptgärten des Schlosses wiederholt. Maximilian-Emanuel war ein großer Bewunderer der eindrucksvollen Gärten von Versailles. Das gleiche Verlangen nach Erhabenheit ist bei Ludwigsburg in Baden und Herrenhausen in Hannover feststellbar sowie in Maximilian-Emanuels Schloss bei Schleißheim, an dessen Gestaltung Girard ebenfalls beteiligt war.

☞ **Bullant, Le Nôtre, Sophie, Zuccalli**

Dominique Girard. Tätig (D), Anfang des 18. Jahrhunderts. **Gest.** München, Bayern (D), 1738.
Schloss Nymphenburg, München, Bayern (D), Anfang des 18. Jahrhunderts.

Girardin Marquis de

Ermenonville

Wie in einem sorgfältig komponierten Gemälde steht inmitten eines friedlichen Sees eine Gruppe von Pappeln um ein schlichtes Grab – die letzte Ruhestätte des Philosophen Jean-Jacques Rousseau, der 1762 während eines Besuchs beim Marquis de Girardin, einem seiner glühendsten Anhänger, starb. Rousseau glaubte, dass die Lehre von der Natur und dem einfachen Volk das einzige Gegenmittel gegen die Übel der Zivilisation seien. Girardin, ein wohlhabender und aufgeklärter Aristokrat, der auch Voltaire und Newton verehrte, war der Autor der Schrift *On the Composition of Landscape*. Dennoch lud er den berühmten Designer und Landschaftsmaler Hubert Robert ein, mit ihm gemeinsam auf Ermenonville zu arbeiten, wo er eine ideale und philosophische Landschaft schaffen wollte. Auf einer Reise nach England lernte er Shenstones Leasowes kennen und bewundern. Obwohl Ermenonville von einem sehr englischen Charakter geprägt ist, hat es doch nichts mit den geistlosen Imitationen der *jardins anglais* zu tun, die später folgten.

☛ **Pearson, Pückler-Muskau, Robert, Shenstone**

René-Louis Marquis de Girardin. **Geb.** Paris (F), 1735. **Gest.** Vernouillet (F), 1808. **Ermenonville,** bei Meaux (F), ab 1766.

Goethe Johann Wolfgang von

Park an der Ilm

Dieser Blick über den Park an der Ilm zeigt zwei der zahlreichen Interessen Goethes – den Gartenbau und die Landschaftsarchitektur. Bei dem Gebäude handelt es sich um sein berühmtes Gartenhaus, in dem er die ersten sechs Jahre seiner Zeit in Weimar verbrachte und das ihm später als Sommersitz diente. Der Garten ist mit alten Rosen und Staudenrabatten bepflanzt. Goethe war ein ernst zu nehmender Botaniker und entwickelte eine Evolutionstheorie, die auf der Idee der Urpflanze oder idealen Pflanze basierte. Rund um das Gartenhaus liegt der weitläufige Park an der Ilm, der als Goethes größtes Landschaftsarchitekturprojekt gilt. Bei der Anlage förderte und unterstützte ihn sein Auftraggeber Herzog Karl August von Sachsen-Weimar. Der 50 Hektar große Park, der das lange, flache Flusstal der Ilm einnimmt, wurde als arkadische Ideallandschaft 1777/78 von Goethe entworfen und angelegt. Auch mehr als 200 Jahre später verbreiten seine klassischen Anpflanzungen nach wie vor eine Atmosphäre der Ruhe und Schönheit.

☛ Hamilton Finlay, Pückler-Muskau, Repton, Wordsworth

Johann Wolfgang von Goethe. Geb. Frankfurt am Main (D), 1749. **Gest.** Weimar (D), 1832.
Park an der Ilm, Weimar (D), 1777/78.

Goldney Thomas

Grotte in Goldney Hall

Ein Flussgott blickt unversöhnlich in die Dunkelheit der Grotte, die sich auf Goldney Hall im Zentrum von Bristol befindet. Natürliches Licht fällt von oben herein und Wasser ergießt sich in kleinen Kaskaden aus dem Gefäß in das dunkle Bassin zu seinen Füßen. Thomas Goldney war ein Kaufmann mit Interessen an der Schifffahrt sowie einem Hang zum Wunderlichen. Von einem Turm in seinem bescheidenen Garten aus konnte er hinunter zum Hafen sehen, zu den Schiffen, die ihm Ladungen an Muscheln, Korallen und Mineralien brachten. Diese benutzte er, um seine Grotte zu de-

korieren. Der unterirdische Raum besteht aus einem großen Saal, der durch zwei Säulenreihen unterteilt ist. Die architektonischen Details wie Türen, Fenster und Bögen sind gotisch, doch der raue Stein verleiht dem Ganzen einen wilden Charakter. Die Wände sind mit großen Muscheln, Fossilien, Quarz („Diamanten aus Bristol") und anderen Mineralien überzogen. Das einzige Merkmal formaler Gestaltung ist das schöne, bunte Steinmosaik des Bodens.

☞ **S. Caus, Francini, Isham, Lane**

Thomas Goldney. Geb. Bristol (GB), 1696. **Gest.** 1768. **Grotte in Goldney Hall,** Bristol (GB), 1737–1764.

Goldsworthy Andy

„Taking a Wall for a Walk"

Diese Struktur, eine Serpentinenwand, schlängelt sich durch den Grizedale Forest. Es ist ein Werk von Andy Goldsworthy, seines Zeichens Künstler und Bildhauer, der durch zeitlich begrenzte oder permanente Strukturen im Freien bekannt wurde, die er z. B. aus Blättern, Ästen, Kieseln oder auch Schnee schuf. Bei Grizedale Forest, einem 17,5 Quadratkilometer großen, bewaldeten Freizeitpark in Englands Lake District, ließ er sich von den dort üblichen Trockensteinmauern inspirieren. Dieser Serpentinenbereich, von einem geschickten Team errichtet, windet sich ca. 137 Meter wie eine Klapperschlange durch die Lärchen und Tannen. Bäume wurden auf dem Pfad integriert und nicht aus dem Weg geräumt. Der Wald selbst enthält ein ganzes Netz alter Steinmauern, die aus der Zeit stammen, als das Gebiet noch offene Weidefläche war. Goldsworthy, dem die funktionale Natur von Steinmauern gefällt, verwandelte die traditionelle, geradlinige Mauer, „um eine veränderte Beziehung zwischen Mensch und Ort zum Ausdruck zu bringen".

☛ Child, I. Hicks, Latz, Smit

Andy Goldsworthy. Geb. (GB), 1956. **„Taking a Wall for a Walk",** Grizedale Forest, Cumbria (GB), 1990.

Gomizunoö Kaiser

Shugaku-in

Der Blick wird über das ruhige Wasser und die harmonische Silhouette der Vegetation zu den fernen Bergen hinter der Stadt Kioto gelenkt. Diese sorgfältig komponierte Ansicht vom Pavillon, der über dem weiten Landgut Shugaku-in in den Himmel ragt und den poetischen Namen „die Wolke berührt die Hütte" trägt, ist das großartigste Beispiel von *shakkei*, der japanischen Gartentechnik des „Ausborgens" eines bestimmten Teils der Landschaft. In früheren Gärten wurde *Shakkei* auf subtile und effektive Weise als Rahmen oder Hintergrund für Trockenlandschaftsgärten benutzt. Hier wird es, mit Sicherheit und Verwegenheit angewandt, zum Hauptcharakteristikum des Gartens. Der Kaiser Gomizunoö, der Schöpfer von Shugaku-in, war ein selbstsicherer Mann, was die Beziehungen zu den Shoguns erschwerte. Er trat schließlich vor seinem 40. Lebensjahr vom Regierungsamt zurück und verbrachte den Rest seines Lebens in Shugaku-in. Als Neffe des Prinzen Toshihito widmete er sich ebenfalls den Künsten und dem Zen-Buddhismus.

☛ **Gyokuen, Kokushi, Toshihito, Wang Xian Chen**

Kaiser Gomizunoö. Geb. Kioto (J), 1596. **Gest.** Kioto (J), 1680. **Shugaku-in,** bei Kioto (J), 1655–1659.

Greene & Greene

The Gamble House

Der Garten hinter dem „Glücksspiel-Haus" ist eines der weniger bekannten Meisterwerke der amerikanischen Arts-and-Crafts-Bewegung. Die Feinheiten der japanischen Gestaltung, die man im Inneren des Hauses mit so viel Kunstfertigkeit angewandt hat, erstrecken sich bis in den kleinen Terrassengarten hinein, der von den Greenes zur gleichen Zeit wie das Haus gestaltet wurde. Die Terrasse geht in das Esszimmer über und wird von dem geräumigen Schlafzimmerbalkon überdacht, der wie alle Balkone als gesundheitsfördernde Ruhezone gedacht war. Die Luftzirkulation war der Kernaspekt der Greene'schen Gestaltung. Da mehrere Familienmitglieder unter Asthma litten, wurde diese Tatsache sowohl bei der Innen- wie bei der Außengestaltung berücksichtigt. Wo sich jetzt ein efeubewachsener Hügel befindet, stand ursprünglich ein großer Baum, der Schatten spendete. Die Greenes bezogen Blumenkästen in ihre Balkongestaltung mit ein und setzten das japanische Thema im Garten fort, indem sie überall Kamelien pflanzten.

☛ Church, Greene, Hornel, Lutyens, Morris, Mawson, Rose

Charles Sumner Greene. **Geb.** Brighton (USA), 1868. **Gest.** Carmel (USA), 1957. **Henry Mather Greene. Geb.** Brighton (USA), 1870. **Gest.** Pasadena (USA), 1954. **The Gamble House,** Pasadena, Kalifornien (USA), 1908.

Greene Isabelle

The Valentine House

In diesem Garten, der sowohl von oben als auch von seiner eigenen Mitte aus betrachtet werden soll, unterbrechen Agaven, Gräser, Aloen und Yuccapalmen ein Muster aus niedrig wachsenden Sukkulenten. Isabelle Greene reagierte auf das moderne Pueblohaus, indem sie seine harten Kanten mit Bougainvilleen und Spalierfeigen verdeckte. Der Blick von der Terrasse im ersten Stock wurde durch Luftaufnahmen inspiriert. Die Bereiche mit den Sukkulenten (darunter grünes Acker-Hornkraut, blaues Kreuzkraut, rötlicher Mauerpfeffer und rosafarbene Kalanchoen) sollen an bewirtschaftete Felder erinnern. Die Terrassen bestehen aus terrakottafarbenem Beton, der in Zedernholzformen gegossen wurde. Blickt man von dem Ende des Gartens in Richtung Haus, erscheint die Distanz aufgrund der horizontalen Linien verkürzt – ein Effekt, der durchaus beabsichtigt ist. Isabelle Greene arbeitet seit den frühen 1960er-Jahren als Gartendesignerin in Kalifornien und führte dort auch den Großteil ihrer Aufträge aus.

☛ Gildemeister, Greene & Greene, Oehme & Van Sweden

Isabelle Greene. Geb. 1934. Tätig (USA), Mitte bis Ende des 20. Jahrhunderts.
The Valentine House, Santa Barbara, Kalifornien (USA), 1985.

Grenville-Temple Richard

Der korinthische Bogen der so genannten Great South Vista zieht den Blick über den See hinweg zum Horizont magisch an. Der 18 Meter hohe, bewohnte Bogen wurde 1765 von Richard Grenville-Temple (Graf Temple) entworfen und vervollständigt das Panorama, das sich vom Haus aus bietet: sorgfältig platzierte Baumgruppen und in einiger Entfernung die Rekonstruktion von Vanbrughs See-Pavillons. Während des gesamten 18. Jahrhunderts beauftragte die Familie Temple namhafte Designer wie Charles Bridgeman, William Kent und Capability Brown, um eine idealisierte klassische Landschaft mit 30 Tempeln und Denkmälern zu entwerfen. Ihr Stil spiegelt die zeitgenössische Leidenschaft für die Bauten Griechenlands und des antiken Roms wider. Drei Generationen der Familie – Viscount Cobham, Graf Temple sowie die Marquise von Buckingham – verwandelten die künstlich angelegten Terrassen aus dem 17. Jahrhundert in einen naturalistischen Garten, der zum Modell für den englischen Landschaftsgarten in aller Welt wurde.

☛ Bridgeman, Brown, Hoare, Kent, Vanbrugh

Richard Grenville-Temple (Graf Temple). Geb. Stowe (GB), 1711. **Gest.** Stowe (GB), 1779.
Stowe Landscape Gardens, Buckinghamshire (GB), um 1680.

177

Grimshaw Nicholas & Partners   Eden Project

Eigenständige Ökosysteme, Biome, sind die Hauptattraktion eines Projekts, das in einer stillgelegten Kaolingrube in Cornwall begonnen wurde. Die Tiefe des 14 Hektar großen beckenförmigen Geländes beträgt 60 Meter, wobei die nach Süden weisenden, steilen Wände die Sonne einfangen. Die Biome sind in riesigen Gewächshäusern untergebracht, die mit Hilfe neuester Technologien und Materialien errichtet werden. Dabei achtet man besonders auf eine effiziente Energieausnutzung. Innerhalb der Halbkugeln wurden zwei Klimazonen der Erde nachgebildet – die tropischen Regenzonen und die warmgemäßigten Zonen (Mittelmeer und Kalifornien). Die Biome sind dicht mit Pflanzen dieser Regionen bewachsen, sodass sich dauerhaft ein natürliches Ökosystem entwickeln kann. In einem weiteren, nicht überdachten Biom ist die gemäßigte Klimazone untergebracht: Hier findet sich die ganze Bandbreite der einheimischen britischen und der exotischen Pflanzen wieder, die im milden Klima Cornwalls gedeihen.

☛ **Balat, Burton & Turner, Dupont, Paxton, Smit**

Nicholas Grimshaw. Geb. Hove, Sussex (GB), 1939. **Eden Project,** Cornwall (GB), 2001.

Guangdong Gärtner von

Der chinesische Garten der Freundschaft ist eine Oase der Ruhe zwischen den Hochhäusern von Darling Harbour in Sydney. Er wurde von chinesischen Landschaftsarchitekten aus der Provinz Guangdong entworfen und ist der größte, kunstvoll ausgestaltete chinesische Garten außerhalb Chinas. Er wirkt größer, als er in Wirklichkeit ist, da viele Ebenen durch enge, steile Pfade miteinander verbunden sind, die zu Pavillons oder Aussichtspunkten führen, von denen man auf Wasserkaskaden blickt. Der zentrale „See der Heiterkeit" birgt symbolische Steine in Form von Drachen, Schildkröte, Phönix sowie Einhorn und scheint, wie der See bei Stourhead oder die Wasserstrecken Capability Browns, kein Ende zu nehmen. Trotz des großen Besucherandrangs strahlt der Garten mit seinen Pavillons und Galerien, dem Leseraum, Musikraum und einem wunderschönen Teehaus, den sprudelnden Wasserfällen sowie der reichen Sammlung chinesischer Pflanzen Ruhe und Harmonie aus.

☞ **Bateman & Cooke, Hoare, Song Zenhuang, Tien Mu**

Gärtner von Guangdong. Tätig (TJ), Ende des 20. Jahrhunderts.
Chinese Garden of Friendship, Darling Harbour, Sydney (AUS), 1988.

Guedes Manoel Pedro

Quinta da Aveleda

Der Brunnen der vier Schwestern oder der vier Jahreszeiten besteht aus einem zentralen Pfeiler, der mit den Gesichtern der Schwestern dekoriert ist, und vier muschelförmigen Schalen. Er ist im Sommer umgeben von einem Band zarter Beetpflanzen und leuchtender Blüten im Frühjahr. Der von Azaleen gesäumte Auffahrtsweg zum Haus der Familie Guedes gabelt sich vor dem Springbrunnen. Die Gärten, die Modellfarm und das Arts-and-Crafts-Gebäude sind das Werk von Manoel Pedro Guedes, einem Sprössling der Familie im späten 18. Jahrhundert. Vor allem durch die seltenen Bäume und die Azaleen, Kamelien und anderen blühenden Sträucher wurde der Garten bekannt. Unter den wunderlichen architektonischen Zügen der Anlage befindet sich auch ein strohgedecktes Entenhaus sowie rustikale Cottages, von denen manche ihren Ursprung den Bildern aus *Rustic Adornments for Homes of Taste* von Shirley Hibberd aus dem Jahre 1857 verdanken.

☛ **Blandy, Lainé, Lotti, Nesfield, Veitch**

Manoel Pedro Guedes. Tätig (P) im 19. Jahrhundert. **Quinta da Aveleda,** Penafiel (P), Ende des 19. Jahrhunderts.

Guerniero Gianfrancesco   Wilhelmshöhe

Die Gärten auf der Wilhelmshöhe haben eine enorme Wirkung auf den Betrachter: Als Blickfang fungiert eine Statue des Herkules auf der Spitze einer Pyramide – ein winziger Punkt am Horizont auf der rechten Seite dieses Gemäldes aus dem 19. Jahrhundert. Der Landschaftspark erstreckt sich über 1 000 Hektar, mit einem Höhenunterschied von 288 Metern zwischen den höchsten und den niedrigsten Punkten. Die Ursprünge des Gartens sind italienischer Natur: Es war der Architekt Gianfrancesco Guerniero, der 1699 von Landgraf Karl mit der Gestaltung beauftragt wurde. Heute ist nur wenig über Guerniero bekannt, doch zu seinen Aufgaben zählte die Umsetzung der Ideen, die der Landgraf von seiner großen Italienreise mitgebracht hatte (vor allem von seinen Besuchen der Villa Aldobrandini bei Frascati). Ein Wasserfall stürzt den steilen Berg hinter der Wilhelmshöhe hinab durch Wasserbecken und Grotten, die zwischen Felsen und erhabenen Fichten platziert wurden – all dies bewacht von Herkules, der damit zum Symbol der Stadt Kassel wurde.

☛ **Maderno, Vanbrugh**

Guevrékian Gabriel

Villa Noailles

Der kubistische Garten der Villa Noailles wurde von Vicomte und Vicomtesse de Noailles in Auftrag gegeben und ist der einzige noch bestehende Garten der französischen modernen Gartenbewegung der 1920er- und 1930er-Jahre. Die abstrakte geometrische Anlage strebt stark nach vorne und stellt eine Ergänzung zum modernen Haus von Robert Mallet-Stevens dar. Guevrékians Originalentwurf sah Tulpen an der Spitze des Dreiecks sowie abwechselnd in den Quadraten des geometrischen Designs vor. Orangenbäume standen ursprünglich an der Stelle, wo nun der kugelförmig beschnitte-

ne Buchsbaum wächst, und eine automatisierte, abstrakte Skulptur bildete den Höhepunkt des Entwurfs. Der Garten wirkt von oben betrachtet wie ein Stillleben oder auch wie ein dreidimensionaler Raum, in dem viele Blickpunkte sich nach und nach dem Auge enthüllen – ganz im Stil eines kubistischen Gemäldes. Im selben Jahr entwarf Guevrékian einen Garten mit modernen Räumen bei der Villa Heim in Neuilly, doch Aufträge dieser Art waren selten.

☛ **Legrain, Lurçat, Mallet-Stevens, Steele, Tunnard, Vera**

Gabriel Guevrékian. Geb. Istanbul (TR), 1900. **Gest.** Antibes (F), 1970. **Villa Noailles,** Hyères (F), 1927.

Gustafson Kathryn

Terrasson

Eine in modernem Stil angelegte Kaskade, flankiert von Springbrunnen, versorgt das Mittelstück von Kathryn Gustafsons Wassergarten in Terrasson. Er ist Teil eines in größerem Maßstab angelegten Entwurfs für einen öffentlichen Park, der die historische Stadt Terrasson in der Dordogne-Region Frankreichs überblickt und umschließt. Gustafson ist eine führende Vertreterin in Landschaftsarbeiten im großen Stil. Ihre Entwürfe zeugen von einer sicheren dreidimensionalen Vorstellungskraft, was zum Teil auf ihre Entscheidung zurückzuführen ist, ihre Ideen zunächst in Ton auszuarbeiten, statt sie nur auf Papier zu bringen. Der Park bei Terrasson nennt sich „Fragmente einer Gartengeschichte" und soll Schnappschüsse unterschiedlicher Stilrichtungen darstellen. Der Garten der „Flüchtigen Spuren" ist z. B. ein auf Gras gemalter historischer Plan eines Gartens, und die „Geschichte in Buchsbäumen" umfasst neun abstrakte Formsträucher. Gustafson entwarf auch Fosters Treibhaus im National Botanic Garden in Wales.

☞ **Asaf Khan IV., Geuze, Haag, B. Rothschild, Schwartz**

Kathryn Gustafson. Geb. (USA). Tätig Ende des 20. Jahrhunderts. **Terrasson,** Périgord, Dordogne (F), 1995.

Gyokuen

Entsu-ji

Vor der frisch geschnittenen Hecke liegt ein rhythmisches Arrangement aus Steinen und Moos; oberhalb der Hecke verläuft eine Reihe von Baumspitzen und dahinter die eindrucksvolle Kontur des Berges. Diese Horizontalen werden außerdem durch die Holzplanken und das Dach der Veranda akzentuiert und gerahmt. Die einzigen Senkrechten sind die Pfeiler des Tempels und die hohen Stämme der japanischen Zedern. Entsu-ji wird als eines der besten Beispiele der *Shakkei*-Technik betrachtet. Hier ist es Kiotos höchste Erhebung, der sechs Kilometer entfernte Berg Hiei, der „geborgt" wurde. Er wird zu einem Bestandteil des Gartens, da der Mittelgrund durch die Hecke verdeckt wird. Ursprünglich lag ein riesiger Felsbrocken genau unterhalb der Sichtlinie zum Berg hin, was diese Verbindung verstärkt haben muss. Kaiser Gomizunoö hatte schon die *Shakkei*-Technik auf seinem Landgut Shugaku-in selbst gemeistert, als er den Mönch Gyokuen im Jahre 1670 mit der Anlage des kleinen Gartens beauftragte. Vermutlich war Gomizunoö auch an diesem Konzept beteiligt.

☞ **Gomizunoö, Enshu, Toshihito**

Gyokuen. Tätig (J), 17. Jahrhundert. **Entsu-ji,** Kioto (J), um 1670.

Haag Richard

Bloedel Reserve

Das Bassin stellt ein Muster an Ausgeglichenheit und Schlichtheit dar. Es fängt in seinem spiegelglatten Wasser das Bild des umgebenden Waldes und des Himmels ein. Doch ein so nachhaltiger Eindruck entsteht nur durch die Hände eines geschickten Gestalters. In Bloedel Reserve wird die natürliche Umgebung scharfsichtig bewacht. Zu den weiteren Merkmalen des Parks gehören ein Orchideenweg (entworfen von Thomas Church) und ein Zen-Garten. Das Ehepaar Bloedel, denen die orientalischen Philosophen ebenso am Herzen liegen wie die Erhaltung der Umwelt, suchten

nach Gestaltern, die bereit waren, so wenig wie möglich in die Umgebung einzugreifen, und die sich zugleich auf die Kunst der antiken orientalischen Gärten verstanden. Richard Haag erfüllte ihre Erwartungen. Im Bewusstsein unserer bescheidenen Rolle im Universum setzte er auf schlichte Formalität. Er verbrachte ein Jahr in Kioto, um sein Verständnis für die schlichte Raffinesse der Gartentradition zu vertiefen, die seiner Gesinnung am besten entsprach.

☛ **Child, Church, D. Hicks, Jellicoe, Shigemori, Suzuki**

Richard Haag. Geb. Louisville, Kentucky (USA), 1923.
Bloedel Reserve, Bainbridge Island, Washington (USA), 1979–1984.

Hadrian Kaiser

Hadriansvilla

Der elegante Säulengang sowie der 118 Meter lange Kanal (bekannt als *canopa*) sind eine imaginäre Nachbildung des berühmten, von wunderbaren Gärten umgebenen Kanals zwischen Alexandrien und Kanopus – ein Anblick, der Hadrian auf seinen Reisen nachhaltig beeindruckt hatte. Auch andere Elemente der weiten Anlage um die Villa waren Reminiszenzen an Grenzsteine im gesamten Römischen Reich oder auch persönliche Darstellungen des außergewöhnlichen Herrschers, der die Kunst und Architektur verehrte. Man nimmt an, dass er die Villa zwischen 118 und 134

selbst entwarf, wobei er nicht nur eine erstaunliche Geschicklichkeit in der Raumkomposition bewies, sondern auch ein seltenes Gespür für die Nutzung der natürlichen Umgebung. Hier bedingen die perfekte Ausführung und der Übergang vom Garten zu den Gebäuden ein überraschend persönliches und anregendes Erlebnis. Hadrian liebte seine Villa und wurde oft genug vom Senat kritisiert, dass er zu viel Zeit dort verbrachte.

☛ Akbar, Babur, Ligorio, Platon, Plinius d.J., Tibernitus

Kaiser Hadrian. **Geb.** Italica (E), 76. **Gest.** Rom (I), 138. **Hadriansvilla**, Tivoli (I), 118 – 138.

Hall Janis

Waterland

Diese gewellte Landschaft im Nordwesten Connecticuts vermittelt dem Besucher unterschiedlichste Eindrücke. Bergauf und bergab schweift der Blick und allmählich stellt sich ein Gefühl der Ruhe ein, so als ob man hinaus aufs Meer sähe. Die Designerin Janis Hall entfernte die verfallenen Scheunen und eingestürzten Steinmauern sowie die Bäume, um „den Charakter der umliegenden Landschaft" zu enthüllen, „wo aufgrund früher Erdverschiebungen in der Eiszeit dramatische, wellenartige Geländeformen entstanden sind". Janis Hall ist eine Landschaftskünstlerin und Architektin, die zusammen mit Isamu Noguchi gearbeitet hat und seit 1984 als Partnerin von A. E. Bye tätig ist. Sie beschäftigt sich mit der Schnittstelle zwischen Kunst und Natur und möchte „Orte schaffen, an denen die innewohnenden Kräfte der Natur widerhallen". Ihre auf den jeweiligen Ort ausgerichtete, skulpturale Verwendung von Formen führt zu sich ständig verändernden Mustern aus Licht und Schatten.

☛ Bye, Jencks, Noguchi, Sørensen, Wilkie

Halprin **Lawrence**

McIntyre Garden

Dieser moderne Garten konfrontiert feste, nicht-organische Formen mit dem Wesen der Natur und ihren Geräuschen, Gerüchen und Strukturen. Die Anlage lehnt sich stilistisch an traditionelle spanische Patios an: geometrische Wasserkanäle, abgeschlossene Bereiche und ausgesuchte Bäume und Pflanzen. Zudem ist sie pflegeleicht und weckt mit ihrer Gestaltung die Neugier der Besucher. Niedrige Mauern verdecken Wasserelemente, die man zwar hören kann, jedoch erst dann sieht, wenn man einem anderen Weg durch den Garten folgt. So wird der Besucher ermuntert, den Raum zu erkunden und gleichsam der Bewegung des Wassers zu folgen. Halprin begann 1945 seine Laufbahn im Büro von Thomas Church als dessen Assistent. Der McIntyre Garden war Halprins erster großer Auftrag. Viele der darin umgesetzten Ideen wurden später als riesige Wasserfälle, öffentliche Plätze und Parks Teil herausragender Projekte, u. a. im Franklin Delano Roosevelt Memorial in Washington und Lovejoy Plaza in Portland.

☞ **Barragán, Church, Crowe, Le Corbusier, Legrain**

Lawrence Halprin. Geb. New York, New York (USA), 1916. **McIntyre Garden,** Bay Area, Kalifornien (USA), 1960.

Hamilton *Charles*

Painshill

Illusion, Atmosphäre und Poesie vereinen sich in diesem kleinen gotischen Tempel, der sich im stillen Wasser von Painshills künstlichem See spiegelt. Von 1738 bis zu seinem Beinahe-Bankrott 1773 verwandelte Hamilton seine 80 Hektar umfassende, unfruchtbare Heide in ein irdisches Paradies. Als einer der großen Amateure der Landschaftsgestaltung entwarf Hamilton Szenen wie ein Maler oder Bühnenbildner, indem er viele neue Nadelbäume und Sträucher aus Nordamerika einführte und sie pflanzte, um Stimmungen zu erzeugen: farbenprächtige Blumen für den Tempel des Bacchus und düstere Eiben für das Mausoleum. Theatralisch war der Einfall, einen „Eremiten" für seine Einsiedelei anzuheuern. Außerdem instruierte Hamilton seinen Gärtner, die Wasserspiele in Gang zu setzen, sobald Besucher die magische Stein- und Kristallgrotte betraten. Sein Garten wurde in Skizzen von William Galpin ebenso zitiert wie im Wedgwood-Service Katharinas der Großen. Seine Pedanterie muss auch bei Painshills Restaurierung eine Rolle gespielt haben.

☞ **Aislabie, Gilpin, Hoare, Kent, Lane, Monville, Robins**

Charles Hamilton. Geb. 1704. Tätig (GB), Ende des 18. Jahrhunderts. **Gest.** 1786.
Painshill, Cobham, Surrey (GB), 1738–1773.

Hamilton Finlay Ian   Little Sparta

Ein Zitat des französischen Revolutionärs Saint Just bildet den Höhepunkt dieses literarischen Gartens in Schottland, den der „konkrete Poet" Ian Hamilton Finlay gestaltete. Von 1966 an dekorierte er seinen Garten mit Gebäuden, Statuen und beschrifteten steinernen Gedenktafeln mit klassischen Anklängen. Die Sinnbilder und Maximen der führenden Denker der Französischen Revolution, die die antiken römischen Tugenden verfochten, und auch Rousseaus Philosophie des schlichten Schäferlebens werden auf den gemähten Pfaden, Waldlichtungen und freien Flächen wieder-

gegeben. Indirekt zielt der Garten auf eine Kritik an den zeitgenössischen kulturellen Werten ab. Seit 1978, als sich Finlay in einen Steuerstreit mit den örtlichen Behörden verstrickte, mobilisierte er seinen Garten wie für einen „Krieg der Künste": Handgranaten und Kampfschiffe vervollständigen nun die Dekoration. Der Disput führte auch zur Namensänderung – zuvor hieß der Garten Stonypath. Finlay versorgte Gärten und Parks in ganz Europa mit gravierten Steinen.

☛ **Burlington, Gibberd, Jarman, Shenstone, Strong & Oman**

Ian Hamilton Finlay. Geb. Nassau (BS), 1925. **Little Sparta,** Lanarkshire (GB), seit 1966.

Hanbury Sir Thomas La Mortola

Majestätisch fällt dieser paradiesische Garten über 100 Meter in mehreren Terrassen zum Mittelmeer hin ab und zeigt sich als 45 Hektar große Landschaft voll exotischer und ungewöhnlicher Arten. 1867 verliebte sich Sir Thomas in die bereits von Natur aus terrassenartige Umgebung mit ihren Oliven- und Zitronenbäumen, Zypressen und Weinreben. Er erwarb das Land und schuf einen experimentellen Garten, in den er alles pflanzte, was in der Umgebung gedeihen konnte. Sein Bruder David, ein Pharmakologe und Botaniker, unterstützte ihn dabei. Die Gärten wurden bekannt für ihre Harmonie zwischen den Bassins, Springbrunnen, Belvederes und Stufen sowie für den außergewöhnlichen Reichtum der Pflanzensammlung. Spezies aus Zentral- und Südamerika, Südafrika und Australien wachsen neben einheimischen Pflanzen des Mittelmeerraums. Nach dem Tode Cecils, Sir Thomas' Sohn, im Jahre 1937 verfiel der Garten, bis er 1983 Eigentum der Universität von Genua wurde, die ein ehrgeiziges Restaurationsprojekt entwickelte.

☞ Acton, Gildemeister, Johnston, Page, Pinsent

Sir Thomas Hanbury. Geb. (GB), 1832. Gest. 1907. **La Mortola,** bei Ventimiglia (I), 1867.

Hancock Ralph

Derry & Toms Dachgarten

Wandelt man durch den „Hof der Springbrunnen", das Wasserplätschern im Ohr, und blickt auf die exotischen Palmen, die weißen Gebäude und farbenprächtigen Fliesen, so fühlt man sich an die maurischen Gärten Südspaniens erinnert. Tatsächlich aber befindet sich der 0,6 Hektar große Garten 30 Meter über Straßenniveau auf dem großzügigen Dach eines Kaufhauses in Kensington. Trotz des flachen Bodens wurde auch ein englischer Waldgarten mit über hundert Baumarten, einem Bach, einer Brücke und einigen Flamingos angelegt. Er entstand 1936–1938, die Kosten beliefen sich auf 25 000 Pfund. Trevor Bowen ersann das Konzept, der Landschaftsarchitekt Ralph Hancock, Schöpfer der Dachterrassen des Rockefeller Centers in New York, entwarf den Garten. Die Anlage überlebte eine Bombardierung in den 1940er-Jahren, erlag jedoch später den Verwüstungen der „Dutch elm disease", einer durch Pilzbefall hervorgerufenen Krankheit. Heute ist er restauriert und sowohl für die Öffentlickeit als auch für private Veranstaltungen gedacht.

☛ **Cox, Delaney, Hosack, Muhammad V., Tortella, Vignola**

Ralph Hancock. Geb. 1893. Tätig (GB), Anfang des 20. Jahrhunderts. **Gest.** 1950.
Derry & Toms Dachgarten, London (GB), 1936–1938.

Hardouin-Mansart Jules

Alles diplomatische Geschick des Hofarchitekten Hardouin-Mansart ist in diesem Entwurf für Marly, den Zufluchtsort Ludwigs XIV., erkennbar. Extrem prachtvoll und dennoch überraschend privat wirkt die Anlage im Vergleich zu ihrem Nachbarn Versailles. Hier veranstaltete der König private Feiern, da Marly von der Straße aus nicht einsehbar war. Das Zentrum bildet das Gebäude des Königs mit einem weiten Ausblick, um das zwölf kleinere Gästepavillons angeordnet sind. Diese stehen sich auf dem ansteigende Gelände über einen Terrassengarten hinweg gegenüber, der von Wasserflä-

chen beherrscht wird. Dichter Wald mit Bosketts in der Nähe des königlichen Gebäudes sorgte für einen romantischen Kontrast. Zur weiteren Zerstreuung gab es einen großen Wasserfall und auf dem Roulette eine frühe Berg- und Talbahn. Hardouin-Mansart arbeitete hier wie auch bei anderen Schlössern eng mit Le Nôtre zusammen, vor allem bei Versailles. Oft ist es schwierig, bestimmte Charakteristika eindeutig einem der beiden zuzuordnen.

☛ Fischer von Erlach, Gallard, Le Nôtre, Ligne

Jules Hardouin-Mansart. Geb. Paris (F), 1646. **Gest.** Marly (F), 1708. **Marly** (F), 1679–1686.

Hardtmuth Joseph

Lednice

Ein Minarett im osmanischen Stil spiegelt sich im schilfbestandenen See eines der größten Landschaftsparks Europas. Seen und Kanäle, die aus dem Marschland dieses 270 Hektar großen Anwesens entstanden, bedecken insgesamt 34 Hektar. 15 künstliche Inseln wurden im See geschaffen, sie sind die Heimat vieler verschiedener, seltener Vogelarten. Der Park ersetzte Ende des 18. Jahrhunderts den ursprünglichen Garten. Er ist mit einer Vielzahl von *follies* und Pavillons ausgestaltet, allesamt Bauten von seltener Erhabenheit und Würde. Das 1797 errichtete Minarett entwarf Joseph Hardtmuth

à la turque, einem von vielen exotischen Architekturstilen im Lednice Park, die den Besucher unterhalten und belehren sollten. Ein Wintergarten und eine Serie von Gärten aus dem 19. Jahrhundert vervollständigen einen Park- und Gartenkomplex, der lebhaft den sich wandelnden Geschmack vieler Generationen der Familie Liechtenstein widerspiegelt.

☛ Chambers, Mehmet II., Nash

Joseph Hardtmuth. Geb. 1762. Tätig (CZ), Ende des 18. Jahrhunderts. **Gest.** 1807.
Lednice, südlich von Brünn (CZ), um 1797–1807.

Hargreaves George   Villa Zapu

Hoch über dem Napa Valley steht auf einem dicht bewaldeten Bergkamm ein postmoderner Aussichtsturm vor einem langen Pool. Am Fuß des Turms verlaufen breite, wellenförmige Grasstreifen. Diese bestehen aus zwei einheimischen, dürreresistenten Gräsern und spiegeln die Struktur der Weingärten in den weiter unten liegenden Tälern wider. Die Anlage ist einer der seltenen Privatgartenentwürfe von George Hargreaves. Mit seiner Firma arbeitet er meist an größeren Projekten, wie z. B. den Plazas der Olympiade von Sydney oder dem Louisville Waterfront Park. In Hargreaves Augen haben die meisten Landschaften heute eine derart komplexe Geschichte, dass sie nie wieder zu ursprünglicher Natur werden können. Bei seinen Projekten möchte er Verbindungen wiederherstellen, indem er alle Aspekte der vorgegebenen Landschaft berücksichtigt. Die Villa Zapu ist ein Beispiel für diese Philosophie, da hier die natürliche, landwirtschaftliche, historische und kulturelle Umgebung des Napa Valley in einem ästhetischen Modell verknüpft werden.

☛ **Caruncho, Church, Jellicoe, Wirtz**

Harrild Frederick

Castle Tor

Steinbögen in einer außergewöhnlichen Ringform begleiten die Stufen, die von einer bescheidenen Stuckvilla tief hinunter in den Garten von Castle Tor führen, das oberhalb von Torquay an der „Englischen Riviera" liegt. Fred Harrild war ein Schüler Lutyens und der Garten zeigt dieselbe Würde und Eleganz wie die Werke seines Lehrers. Seine Erhabenheit steht allerdings in keinerlei Verhältnis zu dem dazu gehörigen Gebäude: Mittelalterliche Terrassen aus Kalkstein lassen den Besucher zwergenhaft erscheinen. Da das Gelände sehr steil abfällt, musste viel Steinmaterial für die Anlage verwen-

det werden. Die besänftigende Wirkung der Pflanzen kann die wuchtige Architektur nicht völlig ausgleichen. Die erste Terrasse wird von einem langen, schmalen Bassin eingenommen, das von einer toskanischen Säulenreihe gesäumt wird; auf der untersten Terrasse dominiert ein fein gearbeitetes, mittelalterliches Torhaus. Gerade die Erhabenheit und Qualität der Steinarbeiten macht die Besonderheit dieses Ortes aus.

☛ **Barnsley, Lutyens, Mawson, A. Parsons**

Frederick Harrild. Geb. 1883. Gest. 1960er-Jahre. Castle Tor, Torquay (GB), seit 1922.

Harrison Newton & Helen Mayer

Future Garden

Auf dem Dach des Bonner Kunst- und Ausstellungszentrums wächst eine wilde Wiese, die von blauen, konischen Türmen durchsetzt ist. Die Wiese bildet eine „gegenständliche Skulptur, ein sich ständig veränderndes, lebendes Farbfeld". Sie wurde aus der Hügellandschaft der Eifel, wo sie von Baumaßnahmen bedroht war, hierher versetzt. Im Jahre 1996 ergänzten die Landschaftskünstler Helen Mayer Harrison und Newton Harrison das Projekt durch eine Trockenwiese, eine Feuchtwiese und eine Steinwiese. Mit diesem Environment wollten sie die Heilkräfte der europäischen Wiese beschwö-

ren, die sie für das erfolgreichste „Gemeinschaftsprojekt" von Menschen und Ökosystem halten. Nachdem sie über Jahrhunderte hinweg unsere Umgebung geprägt hat, ist die Wiese als Lebensraum heute durch Monokultur, Überweidung und zu häufiges Mähen gefährdet. Die Harrisons haben an Projekten in aller Welt gearbeitet, um die Aufmerksamkeit auf die tiefsten ökologischen Wunden unseres Planeten zu lenken.

☛ Libeskind, Linden, Oudolf, M. Rothschild, Tschumi

Newton Harrison. Geb. New York, New York (USA), 1932. **Helen Mayer Harrison. Geb.** New York, New York (USA), 1929. **Future Garden,** Bonn Kunstmuseum, Bonn (D), 1996

Hay William

Nooroo

Dieses Bild vermittelt einen Eindruck von der Dichte der sommerlichen Bepflanzung auf Nooroo. Zwischen 1875 und 1880 wurden die Hügel des Mount Wilson in den Blue Mountains westlich von Sydney als Zufluchtsorte für den Sommer gestaltet. Hier entwarf William Hay 1880 den Nooroo Park (Aborigines-Ausdruck für „schattiger Ort"). Der fruchtbare Boden in der Umgebung erlaubte es Hay, sowohl mit einer großen Vielfalt einheimischer Pflanzen als auch mit Gewächsen aus anderen Teilen der Welt zu arbeiten. Er schuf zahlreiche Rasen und Terrassen, die das Haus umgeben. 1917 erwarb die Familie Valder das Anwesen und verdoppelte seine Größe auf zwei Hektar, unterteilt in 15 Bereiche. Unterschiedliche Höhenniveaus wurden durch schlichte Steinstufen verbunden, die unter der dichten Vegetation beinahe verschwinden. Farbenprächtige Ausblicke bieten sich dem Betrachter, wohin er das Auge wendet: japanische Glyzinien, Azaleen, Kamelien, Magnolien, Ahorn, Eichen, leuchtende Narzissenfelder und viele Pflanzenarten mehr.

☞ **Burley Griffin, Cook, Phillips, Verey**

William Hay. Tätig Blue Mountains, NSW (AUS), Ende des 19. Jahrhunderts und Anfang des 20. Jahrhunderts. **Nooroo,** Mt. Wilson, New South Wales (AUS), 1880.

Hearst William Randolph

Hearst Castle

Das Neptunbecken ist das wahrscheinlich spektakulärste Merkmal der ungewöhnlichen Anlage auf Hearst Castle, die Randolph Hearst selbst nach dem Vorbild des *Citizen Kane* „La Cuesta Encantada" (Der verzauberte Hügel) nannte. Den Mittelpunkt des Gartens bildet der griechisch-römische Tempel, den italienische Zypressen säumen. Das Bassin wurde in den Garten integriert. Hearsts Architektin Julia Morgan, eine der ersten Frauen in den USA, die diesen Beruf ausübten, galt als Befürworterin des italienischen Stils. Die Dimensionen des Anwesens sind eindrucksvoll: die Anfahrt zum Haus ist acht Kilometer lang, bei einem Höhenunterschied von 500 Meter – insgesamt ist das Gelände über 100 000 Hektar groß. In seiner Glanzzeit gab es in den Beeten jährlich 700 000 Pflanzen; über 2 000 Baumarten und Sträucher existieren, die in einer eigenen Gärtnerei gezogen werden. Das Schloss selbst ist allerdings ein Tempel des Mammon und verfügt über einen gewissen dekadenten Glanz.

☛ Duquette, Gibberd, Mizner, Peto, Vanderbilt

Heinrich von Preußen Prinz   Schloss Rheinsberg

Das Abendlicht fällt auf eine der zahlreichen Statuen von Rheinsberg, einem großen Garten, der während des Übergangs vom Barock zu den folgenden Landschaftsstilen entwickelt wurde. 1736 gab Friedrich II. die Anlage in Auftrag, als er Kronprinz von Preußen war. Sie wurde zum Vorläufer für Sanssouci, doch der Großteil des Gartens ist das Werk von Friedrichs jüngerem Bruder Heinrich, dem er das Anwesen 1744 überschrieb. Die Struktur ist barock und besitzt eine lange, dominierende Querachse. Diese verläuft parallel zum See, den die Anlage umschließt. Entlang dieser Achse befinden sich der Salon (das Hauptgebäude einer ehemaligen Orangerie) sowie Statuen der vier Jahreszeiten. Ein Freilufttheater aus dem Jahre 1758 wurde zu Ehren von Prinz Heinrichs Bruder Prinz August-Wilhelm errichtet. Eine Pyramide bildet das Grabmal des Prinzen Heinrich. Um die barocke Struktur mit ihren Rokoko-Elementen herum wurde jedoch ein harmonischer Landschaftsgarten im englischen Stil gestaltet.

☞ Friedrich II., Frigimelica, Hardouin-Mansart, Le Nôtre

Prinz Heinrich von Preußen (Friedrich Heinrich Ludwig von Preußen). Geb. Berlin (D), 1726. **Gest.** Rheinsberg (D), 1802.
Schloss Rheinsberg, Brandenburg (D), 1744.

Hepworth Dame Barbara

Barbara-Hepworth-Skulpturengarten

Der Standort dieser Skulptur ist wohl überlegt: Das Spiel von Licht und Schatten sowie die umgebende Vegetation bringen sie voll zur Geltung. Es handelt sich um ein Stück aus einer Sammlung von Hepworths Werken, die den kleinen Garten neben ihrem Trewyn Studio in eine Freiluftgalerie verwandeln. Beim Betrachten der Skulpturen erhält man Hepworths Aussage zufolge einen besonderen Einblick in ihre Arbeitsphilosophie. Sie ist überzeugt: „Der Ausdruck einer Skulptur ist räumlich – sie ist die dreidimensionale Verwirklichung einer Idee, entweder durch Masse oder durch eine räumliche Konstruktion (...) Es muss vollkommene Einheit herrschen zwischen der Idee, der Materie und der Dimension (...) Die Idee besteht darin, der Materie Leben und Energie zu verleihen (...) Energie ist keine physische, organische Eigenschaft (...) es ist das spirituelle Innenleben." Dieses Ethos bezieht sich jedoch auch auf ihre Gartengestaltung, und so wirkt die Gesamterfahrung stärker als die Summe der Einzeleindrücke.

☛ Gibberd, Heron, Jellicoe, Miró, Moore, Sventenius

Dame Barbara Hepworth. Geb. Wakefield, Yorkshire (GB), 1903. **Gest.** St. Ives, Cornwall (GB), 1975.
Barbara-Hepworth-Skulpturengarten, Barnoon Hill, St. Ives, Cornwall (GB), um 1939–1975.

Herman Ron

Ellison Residence

Eine Mauer, die in fünf Ebenen ansteigt und als dreidimensionales, stufenartiges Muster zwischen schwarzen, flussgewaschenen Steinen und Moospolstern abwechselt, wird von Bambus beschattet und charakterisiert den Innenhof der Residenz. Das Design des zentral gelegenen Innenhofes, den man von verschiedenen Räumen aus betrachten kann, ist von japanischen Gärten inspiriert. William Wurster baute 1961 das moderne Haus mit Aussicht auf die Bucht von San Francisco. Obwohl japanische Gärten Herman sehr beeinflusst haben, ist sein Stil kein einfaches Pastiche. So legte er einen

eleganten rechteckigen Teich an, der im rechten Winkel an eine Wand aus undurchsichtigen, strukturierten Glasblöcken stößt und von glänzenden Stahlelementen überzogen ist. Die Konstruktion erinnert an Piet Mondrian. Die Barrieren – die Glasscheibe, Trennwände und der Bambus – erzielen Überraschungseffekte auf kleinem Raum. Hermans Arbeit repräsentiert eine Art Verschmelzung von kalifornischer Moderne und japanischen Zen-Prinzipien.

☞ Enshu, Gyokuen, Jungles, Lutsko, Sitta, Soami

Ron Herman. Geb. Los Angeles, Kalifornien (USA), 1941. Ellison Residence, San Francisco, Kalifornien (USA), 1997.

Heron Patrick

Eagles' Nest

Eine schlichte Steinskulptur bildet den Höhepunkt in Patrick Herons Garten. Solide Granitvorsprünge, deren Silhouetten von den rauen Atlantikstürmen geglättet wurden, ragen in der von Azaleen bedeckten Hügellandschaft auf. Ein Pfad windet sich zwischen den vom Wind gebeugten Kiefern durch einen Rest grünen Farmlands tief hinab zu einer uneinsehbaren felsigen Küste. Eagles' Nest liegt zwischen den bemoosten und von Flechten überzogenen Steinen von Zennor im westlichen Cornwall. Heron lebte und arbeitete hier vom Frühjahr 1956 an – sein Schaffen verwandelte sich unter dem Einfluss dieses Ortes und seiner Stimmungen. Von diesem Moorland-Horst aus beobachtete Heron die unzähligen Variationen von Licht und Farbe, von Meer und Himmel, die seine Malerei prägten. In seinen letzten Lebensjahren befasste er sich mehr mit dem Garten und seiner Azaleensammlung, die sich für ihn zu einer eigenständigen Kunstform entwickelten.

☞ Hepworth, Jellicoe, Monet, Wordsworth

Patrick Heron. Geb. Leeds (GB), 1920. Gest. Cornwall (GB), 1999. Eagles' Nest, Zennor, Cornwall (GB), 1956–1999.

Hertrich William

Desert Garden, Huntington Library

Der Wüstengarten der Huntington Library ist mit 4,8 Hektar Fläche der weltweit größte Kakteen- und Sukkulentengarten. Die wundervoll gestaltete Anlage lädt ihre Besucher zu interessanten Spaziergängen ein. Rechnet man die unzähligen Gewächshauspflanzen hinzu, stellt der Garten die größte Sammlung der Welt dar, über zwei Drittel aller bekannten Kakteen- und Sukkulentenarten werden hier kultiviert. Der Wüstengarten war das Werk des Gartendirektors Dr. William Hertrich, der von 1905 bis 1949 für den Eisenbahnmagnaten Henry Huntington arbeitete und seinen Arbeit-

geber um 1920 zu diesem Projekt überredete. Die Pflanzen sind geografisch aufgeteilt und optisch so geschickt angeordnet, dass man manchmal gar nicht weiß, wohin man sich wenden soll. Hertrich widmete sich auf diesem Gelände, das ursprünglich „San Marino Ranch" hieß, jedoch nicht nur den Kakteen und Sukkulenten: Auch der berühmte japanische Garten und der Rosengarten sind jeweils die größten ihrer Art in Südkalifornien.

☛ Cao, Farrand, Greene, Martino, Otruba, Walska

William Hertrich. Tätig (USA), Anfang bis Mitte des 20. Jahrhunderts. **Gest.** 1961.
Desert Garden, Huntington Library, Los Angeles, Kalifornien (USA), 1920.

Hicks David

The Grove

Im Zentrum des Gartens liegt ein riesiges Bassin, das seine Umgebung widerspiegelt. Es ist von einer Wand beschnittener Kastanien gesäumt, die sich zu einer Allee weitet und in die dahinter liegende Landschaft führt. In der Ferne steht ein Obelisk, der als Blickfang platziert wurde. Durch die vollständige Umrahmung mit Hecken bemerken Besucher das Bassin – den Höhepunkt des Gartens – erst, wenn sie entlang des Pfades hierher geleitet werden und völlig unvermittelt an der Ecke des Wasserbeckens stehen. Es gibt nur wenige Blumen im Garten: Hicks ließ lediglich Töpfe mit einjährigen Pflanzen an den Seiten der Vordertür zu. Der Garten, der in weniger als zehn Jahren entstand, ist eine bemerkenswerte Leistung für einen formalistischen Gestalter und Zeichen eines tiefen Verständnisses für die Beziehung zwischen Raum, Maßstab und überraschenden Momenten: Hicks entwickelte eine erfolgreiche Variante der eleganten Gartengestaltung, welche die formale englische Tradition reflektiert.

☛ Aldington, Bingley, Bowes-Lyon, Haag, Jellicoe, Page

David Hicks. **Geb.** London (GB), 1929. **Gest.** 1999.
The Grove, Britwell Salome, Oxfordshire (GB), Ende des 20. Jahrhunderts.

Hicks Ivan

The Garden in Mind

Eine Feder, die sich um einen Davidskopf windet, ist der Ausgangspunkt einer ganzen Reihe von Spiralformen, die sich wie ein Echo durch den Garten ziehen. Im Hintergrund halten Bäume, die in Form von Händen gestutzt wurden, rostige, antike Gartenwerkzeuge. Betritt man diesen ehemaligen Küchengarten im Stansted Park in Hampshire, scheint sich die reale Welt aufzulösen. Der Gestalter Ivan Hicks arbeitete zehn Jahre lang als leitender Gärtner für Edward James, den exzentrischen Förderer der Surrealisten Dalí und Magritte. Indem er diese prägende Erfahrung mit Fragmenten aus der Mythologie und Literatur vermischte, schuf Hicks einen traumhaften Garten. Er scheint völlig irrational zu sein, ist in Wahrheit jedoch voller verborgener Bedeutungen. In einem Entwurf, der sich auf die alte Metapher des Weltenbaums gründet, erfand Hicks symbolische Räume, Pfade und Hügel sowie surreale Installationen. Die Pflanzen wurden beschnitten, geformt oder miteinander verbunden, um lebende Kunstwerke und Bögen zu bilden.

☛ **Chand Saini, Gibberd, Hamilton Finlay, Saint-Phalle**

Ivan Hicks. Geb. Donnington Castle, Derbyshire (GB), 1944.
The Garden in Mind, Stansted Park, Rowlands Castle, Hampshire (GB), 1991.

Hideyoshi Toyotomi

Sambo-in

Zur Freude der Spaziergänger wurde dieser großzügige Teichgarten der Momoyama-Ära gestaltet. Er umgibt einen See und wird von einem dreistufigen Wasserfall abgeschlossen. Spezielle Teepavillons wurden in eigenen kleinen Gärten versteckt und kommen dann überraschend zum Vorschein. Prinz Hideyoshi arrangierte in dem 1598 angelegten Garten eine Kirschblütenfeier, die sich über mehrere Tage hinzog. Der alte Sambo-in-Tempel wurde für diesen Anlass eilig geschmückt, die eigentliche landschaftliche Gestaltung sollte jedoch mehr als 20 Jahre dauern. Über 700 außergewöhnli-

che Steine wurden von berühmten Gärten herangeschafft. 300 Soldaten arrangierten sie unter Anleitung Yoshori Kenteis, eines „Flussufer-Mannes" mit einem Gefühl für Steine. Hideyoshi war ein Bauernsohn, der im Schatten des Shoguns Nobunaga zu Macht und Ansehen gelangte. Die Darstellung von Macht und Reichtum war ein Kennzeichen seiner eisernen Herrschaft, und die Gärten bei Sambo-in galten auch als effektives politisches Werkzeug.

☛ **Gyokuen, Kokushi, Shigemori, Soami**

Toyotomi Hideyoshi. Geb. Edo, jetzt Tokio (J), 1536. **Gest.** Edo, jetzt Tokio (J), 1618.
Sambo-in, Fushimi, bei Kioto (J), 1598.

Hildebrandt Johann Lukas von

Eine steinerne Sphinx bewacht den Eingang zu diesem Garten, der als Verbindungsglied zwischen zwei Wiener Schlössern gestaltet wurde – dem Oberen Belvedere (1723), von wo aus die unten stehende Fotografie aufgenommen wurde, und dem Unteren Belvedere (1716) in der Ferne. Die Anlage wurde zu Ehren des Militärkommandanten Eugen, Prinz von Savoyen, errichtet, der Österreich (und den Rest Europas) 1683 vor dem Einfall der türkischen Armee rettete. Im Oberen Belvedere gab er großartige Empfänge mit bis zu 6000 Gästen – dementsprechend groß ist auch der Maßstab der Anlage. Doch seinen Alltag verbrachte Eugen im Unteren Belvedere, dessen Gestaltung viel privaterer Natur war. Hildebrandt, ein österreichischer Architekt, wurde bei der Planung des Gartens von einem französischen Schüler Le Nôtres unterstützt: von François Girard, einem der zahlreichen Zöglinge des berühmten Franzosen, die im 17. und 18. Jahrhundert für die Verbreitung der barocken Gartengestaltung in Europa sorgten.

☛ **Girard, Le Nôtre, Marot & Roman**

Johann Lukas von Hildebrandt. Geb. Genua (I), 1668. **Gest.** Wien (A), 1745. **Schloss Belvedere,** Wien (A), 1716–1723.

Hill Sir Rowland & Sir Richard — Hawkstone Park

Diese Klamm ist nur eine der vielen tiefen Schluchten, die in die felsige Landschaft bei Hawkstone geschnitten sind. Um die Bedeutung der düsteren Abgründe zu verstehen, muss man die gesamte Umgebung mit einbeziehen: Schwindel erregende Gipfel, Sandstein und dekorative Bauten in einem riesigen Anwesen, das einst mehr als 300 Hektar umfasste. Es sind die Kontraste, die den Reiz der Landschaft ausmachen: Moose, Farne und die Feuchtigkeit der dunklen Schluchten, die sich unvermittelt in dramatische Klippen, Tunnel und Brücken verwandeln, während die Gipfel Ausblicke über 13 Grafschaften eröffnen. Die Wirkung der Landschaft ist wohl durchdacht – ein Grundelement der Pittoresken Bewegung, deren Bestreben es war, Gefühlsgegensätze zu schaffen. Sir Rowland Hill begann mit der Gestaltung der Anlage in den 1750er-Jahren; was erhalten blieb, ist jedoch überwiegend dss Werk seines Sohnes, Sir Richard, und das seines Enkels, ebenfalls Sir Rowland, der durch die Erfindung der Briefmarke in die Geschichte einging.

☞ Bomarzo, Johnes, Knight, Laborde, Pulham, Wilhelmine

Sir Rowland Hill. Tätig (GB), Anfang des 18. Jahrhunderts. **Gest.** (GB) 1783. **Sir Richard Hill. Geb.** (GB) 1733. **Gest.** (GB) 1809. **Hawkstone Park,** Shropshire (GB), um 1748.

Hirschfeld C.C.L.

Praterpark

Yohenn Ziepler zeigt in seinem Gemälde (nach einer Zeichnung von Lorenz Yanscha) den Volksgarten im Praterpark, der im späten 18. Jahrhundert von dem dänischen Architekten C.C.L. Hirschfeld gestaltet wurde. Der Volksgarten stellte eine Weiterentwicklung der Promenade dar, einen öffentlichen Raum, der dem Volk zum Lustwandeln zugänglich gemacht wurde (ein frühes Beispiel dafür ist der Tiergarten, Berlin 1649). Im Volksgarten, der so angelegt wurde, dass sich Ausblicke auf die umgebende Landschaft auftaten, vermischten sich alle sozialen Klassen, um die Schönheiten der Natur innerhalb des städtischen Umfelds zu genießen. Hirschfelds Ansicht nach unterschied sich der Volksgarten von einer Promenade durch die Statuen, welche die Geschichte der nationalen Helden und der Architektur des Landes erzählen. Er schrieb seine Theorien über Landschaftsgestaltung in seinem epischen fünfbändigen Werk *Theorie der Gartenkunst* (Leipzig, 1779 – 1785) nieder und machte seinen Stil sowohl in Skandinavien als auch in Österreich populär.

☞ **Brown, Kent, Tyers**

Christian Cay Lorenz Hirschfeld. Geb. (DK) 1742. **Gest.** (DK) 1792. **Praterpark,** Wien (A), Ende des 18. Jahrhunderts.

Hoare II. Henry

Stourhead

Das Pantheon – eine Rotunde mit Kuppeldach, die das klassische Ideal verkörpert – verleiht der Landschaft ein magisches Antlitz, wenn sich über den See hinweg der Blick auf das Bauwerk öffnet. Die Szene könnte von einem Gemälde der alten Meister stammen, doch tatsächlich ist sie das Werk Henry Hoares, der sein Gut Stourhead in Wiltshire im damals modernen Stil gestaltete. Nach dem Tod seiner zweiten Frau im Jahre 1743 widmete sich Hoare ganz der Vervollkommnung seiner Anlage. Aus einer Reihe von Teichen entstand ein großer See. Hoare beauftragte Henry Flitcroft, einen Protegé von Lord Burlington, einige erlesene Bauwerke zu entwerfen, die auf einem Rundweg Akzente setzen sollten – Tempel für die Götter Apoll und Flora beispielsweise sowie eine wunderbar platzierte Grotte am Rande des Sees. Als Sohn einer Londoner Bankiersfamilie hatte Hoare ausgezeichnete Kontakte zu zahlreichen frühen Vertretern der englischen Landschaftsschule, vor allem zu Lord Burlington, Alexander Pope und William Kent.

☞ Bingley, Bridgeman, Kent, Piper, Pope

Henry Hoare II. Geb. London (GB), 1705. **Gest.** London (GB), 1785. **Stourhead,** Wiltshire (GB), um 1743.

Holford Captain Robert

Westonbirt Arboretum

Acer Glade bietet einen erstaunlichen Anblick. Auf der Lichtung wächst Japanischer Ahorn, dessen Laubwerk sich auf dem Höhepunkt herbstlicher Pracht befindet. Das Arboretum wurde 1829 begonnen, als Captain Robert Holford die Struktur der Anlage auf dem Grundstück seines Vaters entwarf: eine Reihe von strahlenförmig verlaufenden Wegen, die durch Pfade und Lichtungen miteinander verknüpft sind. Es sollte sein Lebenswerk werden; Holford beauftragte sogar Botaniker, neue und seltene Spezies aus fremden Ländern mitzubringen. Roberts Sohn George entwickelte das Arboretum weiter, ebenso wie Lord Morley (Georges Neffe), der das Land 1926 erbte. Fünf Jahre nach dessen Tod im Jahre 1956 ging Westonbirt in den Besitz der Krone über und wurde der Forstbehörde überantwortet, die die wundervolle Sammlung restauriert und weiter erhalten hat. Heute befinden sich mehr als 18 000 Bäume auf dem 242 Hektar großen Grundstück.

☛ de Belder, Cabot, Friedrich I., Veitch, Vilmorin

Captain Robert Holford. Geb. 1808. Gest. London (GB), 1892. **Westonbirt Arboretum,** Gloucestershire (GB), 1829.

Hornel Edward Atkinson

Broughton House

Die Andeutung einer orientalischen Gartenbrücke verrät den künstlerischen Einfluss, der im Küstengarten des schottischen Künstlers Hornel in der Nähe des Dee-Landsitzes in Schottland gewirkt hat. Hornel, einer der Maler der „Glasgow Boys", reiste 1893 nach Japan. Die Erfahrungen seiner Reise setzte er sowohl in seiner Malerei als auch in der Gartengestaltung um. Sein Originalentwurf sah in der Hauptsache einen romantischen Cottage-Garten vor, angefüllt mit seltsamen Elementen wie monolithischen Steinen und Skulpturenfragmenten, der auch leicht orientalische Züge tragen sollte – ein Wasserbecken mit schlichten Trittstufen aus Stein beispielsweise. Hornels Interesse an der japanischen Kultur entsprach ganz der Haltung seiner Zeitgenossen im späten 19. Jahrhundert. Kürzlich wurde der Garten erweitert. Neue Elemente wie das orientalische Geländer und diverse Bonsaipflanzen ergänzen nun das Ensemble. Japanische Kirschbäume, Anemonen, Farne und Bambus verstärken den orientalischen Eindruck noch weiter.

☞ **Bateman & Cooke, Gomizunoö, Guangdong, Monet**

Edward Atkinson Hornel. Geb. 1863. Tätig (GB), Ende des 19. Jahrhunderts. **Gest.** 1933.
Broughton House, Kirkcudbright, Schottland (GB), 1901–1933.

213

Hosack Dr. David

Rockefeller Center, Dachgärten

Von tausenden Bürofenstern aus kann man die Aussicht auf den wohl dramatischsten Dachgarten der Welt auf dem Rockefeller Center in New Yorks 5th Avenue genießen. Genau genommen handelt es sich um vier identische, in einer Linie angeordnete Gärten, die Ralph Hancock im Jahre 1933 nach den Wünschen eines gewissen Dr. David Hosack anlegen ließ. Hosack war der Gründer und Besitzer der Elgin Botanical Gardens, die sich früher auf ebendiesem Grundstück erstreckten. Hosack stellte sich die Hängenden Gärten von Babylon in New York vor. Die Gestaltung ist formal und

unterliegt italienischen, französischen und englischen Einflüssen. So gibt es geschnittene Eiben in Pyramidenform, Buchsbaumhecken, einen rechteckigen Pool und Blumenbeete. Da die Gärten im ursprünglichen Gebäudeentwurf mit eingeplant waren, wurde der Boden durchgehend mit gut einem halben Meter Erdreich bedeckt. Einen schönen Blick auf die Rockefeller Gardens bietet das im siebten Stock gelegene Café bei Saks, 5th Avenue.

☞ Athelhampton, Bosworth, Boy, Cox, Delaney, Hancock

Dr. David Hosack. Geb. (USA) 1769. Tätig (USA), Anfang des 19. Jahrhunderts. **Gest.** (USA) 1835.
Rockefeller Center, Dachgärten, New York, New York (USA), 1933.

Hosogawa Tadayoshi

Park Joju-en

Dieser Garten täuscht den Betrachter hinsichtlich seiner Größe. Grasbewachsene Hügel mit einer Miniaturausgabe des Berges Fuji sind um einen runden Teich angeordnet. Um die Illusion einer Reise durch die pittoreske Landschaft zu erzeugen, nutzt das künstlich geschaffene Gelände die natürliche Gestalt des Ortes und fügt ihr Elemente hinzu. Das sechs Hektar große Anwesen wurde von Tadayoshi Hosogawa, dem Daiymo von Higo, als Wandelgarten um seine Privatvilla herum gestaltet. Es ist typisch für die späte Edo-Periode. Diese Lustgärten erschloss der Besucher auf einem Rundgang,

bei dem er auf eindrucksvolle Plätze stieß, die Erinnerungen an Gedichte und Lieder wachriefen. Die Tatsache, dass Wandelgärten Hügel und Teiche, Brücken und Inseln enthalten, legt eine Verbindung zu Pilgerwegen und Wallfahrten nahe, jedoch sind sie in ihren Intentionen rein weltlich. Sie spiegeln die Liebe der Daimyo-Edelleute zur Landschaft wider, die diese auf ihren halbjährigen Pflichtreisen per Sänfte nach Edo (heute Tokio) entdeckten.

☞ **Gomizunoö, Jencks, Kokushi, Toshihito**

Tadayoshi Hosogawa. Tätig (J), Anfang des 19. Jahrhunderts.
Park Joju-en, Kamamoto, Higo (J), Anfang des 19. Jahrhunderts.

Huygens Constantijn
Hofwifjck

Diese Pläne und Zeichnungen waren einem Gedicht über Haus und Garten beigelegt, das der Besitzer von Hofwijck anfertigte: Constantijn Huygens, Dichter, Staatsmann und Sekretär der Prinzessin von Oranien. Er entwarf seine Villa suburbana in den Außenbezirken von Den Haag, indem er den Grundregeln Vitruvs folgte – dieser hatte festgestellt, dass die Proportionen des menschlichen Körpers ein Mikrokosmos aus kosmischen Gesetzmäßigkeiten sind. Das Haus war der Kopf, der Vorhof der Oberkörper, die Straße, die durch den Besitz führt, stellte die Taille dar, und die untere Körperhälfte bildete den Rest des Gartens. Dieses Konzept war Ausdruck sowohl klassischer als auch calvinistischer Ideale. Heute ist das reizvolle, von einem Wassergraben umgebene Haus mit seiner *Trompe-l'œil*-Täfelung an den Außenwänden ein Museum der Werke Huygens. Vom Garten blieb ein schlichter Entwurf mit Kanälen sowie Buchen- und Roteichenalleen, die zwischen eine Autobahn und eine Eisenbahnlinie gezwängt sind.

☛ **Bowes-Lyon, Colchester, Post, van Campen**

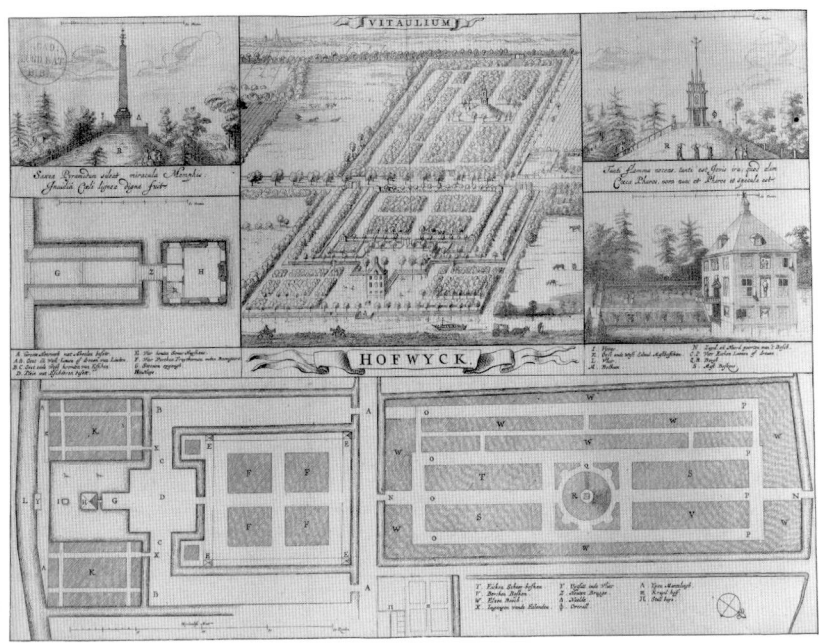

Constantijn Huygens. Geb. Den Haag (NL), 1596. **Gest.** Den Haag (NL), 1687.
Hofwifjck, Voorburg, Den Haag (NL), 1639–1642.

Ineni

Totentempel der Königin Hatschepsut

Der elegante Schwung der Berge diente Ineni als Kulisse des Tempelkomplexes, den er nahe dem heutigen Dier el-Bahari in Ägypten schuf. Obwohl es schwer fällt, sich diese karge Umgebung als fruchtbaren Garten vorzustellen, soll die Anlage einst begrünt gewesen sein. Ausgedehnte Säulenhallen öffnen sich auf weite Sandsteinterrassen, die in der Vergangenheit mit wohlriechenden Bäumen bepflanzt waren. Die bemalten Reliefs an den Wänden der Loggia geben einen Hinweis auf die Gestaltung des Gartens. Königin Hatschepsut war die erste dokumentierte Herrscherin der Geschichte, die Botaniker aussandte. Sie kehrten mit Weihrauchpflanzen aus dem Lande Punt (jetzt Ostafrika) zurück. Archäologische Funde belegen, dass ein Hain den Großteil der unteren Terrasse bedeckt haben muss. Palmen und Tamarisken säumten die Rampen, die zum Tempel hinaufführen. Der Hain bedeckte einen Bereich in der Größe eines olympischen Schwimmbeckens. Die Ausgestaltung war einem Mythos um den Gott Osiris entlehnt.

☞ **Akbar, Cyrus der Große, Darius der Große, Jahangir**

Ineni. Tätig (ET), um 1450 v. Chr. **Totentempel der Königin Hatschepsut,** Dier el-Bahari (ET), um 1458 v. Chr.

Irwin Robert

Lower Central Garden, J. Paul Getty Museum

Auf diesem Foto sind die abgestuften Ringe im Garten des Getty Museum bei Los Angeles abgebildet. „Mach das Beste aus einer Situation" lautet der Wahlspruch, dem Robert Irwin bei seiner Arbeit folgte. Im Inneren des Gartens verschließt sich zunächst der Blick auf die Riesenstadt Los Angeles. Wenn sich der Blick beim Höhersteigen schließlich öffnet, ist er umso eindrucksvoller. Als Einstimmung und Kontrast zu diesem Ausblick wählte Irwin Stufen mit unterschiedlicher Bepflanzung: So gibt es Bäume, immergrüne Gräser, eine wundervolle Auswahl an Duftpflanzen und ein prächti-

ges Labyrinth aus geschnittenen Azaleen, das auf dem Pool zu treiben scheint. Die meisten Pflanzen wirken selbst im Winter wie Skulpturen. Um die ganze Pracht dieses Gartens gebührend zum Ausdruck zu bringen, ließ Irwin 1998 die folgenden Worte in einen großen Stein am Ende des gewundenen Wasserlaufs gravieren:

„Allgegenwärtig in wechselnder Gestalt
Vollkommen in stetigem Wandel"

☛ Gehry, Hamilton Finlay, Wilkie

Robert Irwin. Geb. Long Beach, Kalifornien (USA), 1928.
Lower Central Garden, J. Paul Getty Museum, Brentwood, Los Angeles, Kalifornien (USA), 1997.

Isham Sir Charles

Lamport Hall

1848, als Isham diesen Steingarten begann, wurde er ob seiner „tiefen Nischen, kühnen Felsvorsprünge und Hügel", Teppichpflanzen, Klettergewächse und Miniaturbäume sogleich als kühner Entwurf gepriesen. Ishams Leidenschaft für kleine Dinge nahm 1881 ihren Lauf, als er eine Radierung sah, auf der sich ein Spielzeugaffe von einem der Bäume auf Lamport Hall schwang – es sollte der Beginn einer regelrechten Invasion werden. In den 1890er-Jahren wurde der Steingarten zur Heimat einer ganzen Gruppe kleiner Tonfiguren: Zwergen! Es handelte sich um das erste dokumentierte Auftauchen von Zwergen in der Gartengestaltung – der erste Schub stammte aus Deutschland und diente ursprünglich als Tischdekoration. Die Zwerge wurden aufgestellt und in eine Gruppe streikender Minenarbeiter umfunktioniert – wahrscheinlich eine Reflexion des Streiks von 1894. Isham, wie auch sein Freund Arthur Conan Doyle, war ein Anhänger des Spiritismus und fest davon überzeugt, dass Feen in den Tiefen seines Gartens hausten.

☛ Crisp, Lane, Pulham, Robert, Robin

Jahangir

Shalamar Bagh

Shalamar Bagh vor den Festungsmauern der Stadt Lahore war Shah Jahans großartiger Serail bzw. sein Landsitz und Gästehaus. Der ummauerte Garten ist in drei Terrassen mit je drei Höhenmetern Abstand unterteilt. Der obere und untere Abschnitt wird von Parterres im *Chahar-bagh*-Stil mit Wasserkanälen und gepflasterten Wegen geschmückt. Die mittlere Terrasse (siehe Bild) umfasst einen dreiteiligen Wassergarten. Das Wasser fließt von oben über eine mit kunstvoller Einlegearbeit verzierte Wasserrutsche (*chadar*) in einen Pool um den Pavillon. Das Becken war ursprünglich von 150 Wasser

sprühenden Fontänen gesäumt. Die mittlere Terrasse ist mit der unteren Stufe durch einen abgesenkten Raum (*sawan bhadun*) verbunden. Drei Innenmauern aus Wasser stürzen rund um den Raum herab; auf der vierten Seite öffnet sich ein Marmorweg. Hinter diesen Wasservorhängen befinden sich Marmormauern mit kleinen Nischen, in denen bunte Blumen und Kerzen platziert wurden – ein überwältigender Anblick bei Nacht.

☞ Akbar, Allah, Shah Jahan

Jahangir. Geb. (IND), 1605. **Gest.** (IND), 1627. **Shalamar Bagh,** Lahore (IND), 1641.

Jakobsen Preben

Foresters House

Eine scharf umrissene Ecke zwischen Pfad und Rasen unterstreicht die Wirkung der üppigen Bepflanzung in diesem 46 Meter langen Cotswold-Garten. Der Verlauf des Pfades richtet das Auge des Besuchers auf das Pflanzschema der Anlage. Jakobsen, ein aus Dänemark stammender Gestalter, begann seine Laufbahn in einem Gärtnereigeschäft und arbeitete in Kew, ehe er nach Dänemark zurückkehrte, um Landschaftsarchitektur zu studieren. Dort lernte er die Prinzipien der Moderne kennen, erhielt sich jedoch einen ungewöhnlich wachen Blick für mögliche Pflanzschemata.

In seinem Garten wird die Wirkung der horizontalen und vertikalen Achsen nicht nur durch Bauten wie die Pergola und einen Teich unterstrichen, sondern auch durch die Formen der Bäume – die horizontalen Reihen der *Cornus controversa* beispielsweise, die mit der vertikalen Linie der schlanken Silberbirken kontrastieren. Jakobsen bewies große Geschicklichkeit in der Gestaltung von Hausgärten, wie an seinen Wohnsiedlungen aus den 1960er-Jahren zu sehen ist.

☞ **Aalto, Le Corbusier, Sørensen, F. L. Wrightt**

Preben Jakobsen. Geb. (DK), 1934. **Foresters House,** Wiltshire (GB), seit 1983.

James Edward

Las Pozas

Kunstvolle Säulenreihen, gewundene Treppen, die ins Nichts führen, prächtige Springbrunnen und wunderliche Brücken bilden das Ambiente dieser außergewöhnlichen Anlage. Der surreale Betonurwald inmitten des mexikanischen Dschungels wurde zwischen 1949 und 1979 von Edward James geschaffen – einem Charakter, der noch fantastischer ist als seine Schöpfung. In England als Sohn wohlhabender Eltern geboren, kam er mit den kreativsten Persönlichkeiten seiner Zeit in Kontakt. Er publizierte Betjeman, sponserte Dylan Thomas, saß für Magritte Modell, sammelte Bilder von Picasso, erteilte Stravinsky Aufträge und vertraute auf Sigmund Freud. Seine engsten Vertrauten waren allerdings die Surrealisten. 1944 erwarb er etwas Land im mexikanischen Dschungel. Mit der Unterstützung des Mexikaners Plutarco Gastelum und unter Verwendung eines Vermögens engagierte er viele Steinmetze, die diese überwältigende Vision aus Beton schufen. Doch auch die Lebensdauer von Beton ist begrenzt und so fällt Las Pozas langsam wieder an den Dschungel zurück.

☛ **Cheval, I. Hicks, Saint-Phalle, Smit**

Edward James. Geb. London (GB), 1907. **Gest.** Xilitla (MEX), 1984. **Las Pozas,** bei Xilitla (MEX), 1949–1979.

Jarman Derek

Prospect Cottage

Derek Jarmans einzigartige, totemhafte Skulpturen aus Kieselsteinen und Treibgut sowie eine lebendige und ungewöhnliche Bepflanzung umgeben eine kleine hölzerne Fischerhütte auf einem Kieselstrand in Kent, im Schatten eines Atomkraftwerks. Der Garten wurde rasch zur Kultstätte und fand viele – meist aber schlechte – Nachahmungen. „Ich setzte meine Steine mit der Macht von Avebury ein", schrieb Jarman. „Ich habe alle mystischen Bücher über Linien und Kreise gelesen – und errichtete meine Kreise auf der Grundlage dieses Wissens." Der unirdischen und wunderbaren Landschaft von Dungeness verliehen Jarmans Skulpturen aus Treibholz, rostigem Metall und verwitterten Steinen einen magischen Charakter. Seine Bepflanzung war ebenso verblüffend: leuchtende Mohnblüten, Tagetes und Iris gedeihen neben dem weniger überraschenden *Crambe maritima* (einer kohlartigen, mehrjährigen Pflanze) sowie *Santolina*. Der Garten existierte noch heute.

☛ Chatto, Hamilton Finlay, I. Hicks, James, Smit

Derek Jarman. **Geb.** London (GB), 1942. **Gest.** London (GB), 1994.
Prospect Cottage, Dungeness, Kent (GB), 1986–1994.

Jefferson Thomas

Monticello

Thomas Jeffersons Ruf als experimenteller Gärtner wird beim Anblick seines Küchengartens verständlich, in dem viele verschiedene Gemüsearten in Reih und Glied stehen. Das Belvedere bietet einen Ausblick über Obstgärten mit amerikanischen Apfelbäumen, die v. a. aus Samen gezogen wurden. Die Gestaltung wurde stark von Jeffersons Erfahrungen als amerikanischer Gesandter am Hofe Ludwigs XVI. von Frankreich geprägt. Während dieser Zeit besichtigte er auch viele englische Gärten, um die Landschaftsparks und Gartenbautechniken zu studieren. All dies trug zur herausragenden Gestaltung und Anlage von Monticello bei. Der Blumengarten ist einer der wenigen, die unverändert seit dem frühen 19. Jahrhundert Bestand haben. Sein Hauptmerkmal ist ein gewundener Weg mit seitlichen Zierbeeten entlang einer großen Rasenfläche. Jefferson konzentrierte sich auf den Anbau von einheimischen Blumen und Sträuchern. Monticello wird sorgfältig gepflegt und erinnert an seinen Einfallsreichtum und seine breit gefächerten Interessen.

☛ **Bosworth, Palladio, Vanderbilt, Washington**

Thomas Jefferson. Geb. Shadwell, Virginia (USA), 1743. **Gest.** Monticello, Virginia (USA), 1826. **Monticello,** bei Charlottesville, Virginia (USA), 1768–1809.

Jekyll Gertrude

Munstead Wood

Von Staudenrabatten förmlich überquellend, wirkt diese Perspektive völlig natürlich – und ist doch durch die Hand eines begabten Gärtners entstanden. Jekylls Gestaltungen waren überschwänglich, zugleich jedoch sorgfältig kontrolliert, um die gewünschte Wirkung zu erzielen. Dieses Foto wurde noch zu Jekylls Lebzeiten aufgenommen. Als Malerin verbrachte sie einige Zeit mit den Impressionisten in Paris, doch als ihr Augenlicht nachließ, widmete sie sich der Kunst der Gartengestaltung. Jekyll zog nach Munstead Wood in ein Haus, das der Architekt Edwin Lutyens 1897 entwarf. Die sechs Hektar Garten wurden zu ihrem Labor, in dem sie mit Pflanzenassoziationen experimentierte und die Farbentheorie der Malerei umsetzte und verfeinerte. Jekyll benutzte Pflanzen als Malfarben und schuf Gartenbilder in ihren Rabatten. Sie wagte einen völlig neuartigen Ansatz der Gartengestaltung und ihre Partnerschaft mit Lutyens führte zu einem neuen englischen Gartenbaustil in der Arts-and-Crafts-Bewegung.

☛ Egerton-Warburton, Lutyens, Mallet, M. Rothschild

Gertrude Jekyll. **Geb.** London (GB), 1842. **Gest.** Surrey (GB), 1932. **Munstead Wood,** Godalming, Surrey (GB), 1897.

Jellicoe Sir Geoffrey

Sutton Place

Eine stark vergrößerte Reliefskulptur von Ben Nicholson, vor einem rechteckigen Teich und von Eibenhecken umrahmt, bildet den Abschluss des Gartens von Sutton Place – Geoffrey Jellicoes großes, unvollendetes Werk, das Stanley Seeger 1980 in Auftrag gegeben hatte. Jellicoe wollte einen modernen Garten mit herausragenden Elementen anlegen, die man in einer bestimmten Reihenfolge besichtigen sollte. Das Programm basiert auf dem Lebensweg eines Menschen und orientiert sich an der Philosophie Carl Jungs. Die Geburt symbolisiert ein großer See in Form eines Fötus; den Tod und das

Jenseits verkörpert Nicholsons Mauer. Zu den Attraktionen von Sutton Place gehören ein surrealistischer Weg – eine Hommage an Magritte mit riesigen, eine Sinnestäuschung hervorrufenden Urnen – sowie ein Paradiesgarten mit sich schlängelnden Wegen, Springbrunnen und Rosenlauben. Nach einer Besichtigungstour durch italienische Barockgärten in den 1920er-Jahren war Jellicoe vom Architekten zum Landschaftsgestalter geworden.

☞ Bowes-Lyon, Hepworth, Jekyll, Miró, Moore

Sir Geoffrey Jellicoe. Geb. London (GB), 1900. Gest. London (GB), 1996. **Sutton Place,** Surrey (GB), 1980–1986.

Jencks Charles

Garden of Cosmic Speculation

Die 120 Meter lange Schanze wurde in Terrassen angelegt und windet sich um zwei sichelförmige Teiche – sie ist der Höhepunkt in Jencks' Garden of Cosmic Speculation (Garten der kosmischen Vermutungen), der in den 1990er-Jahren in Schottland entstand. Jencks ist Anhänger der neuesten Theorien über das Universum und seine Geschichte. Viele Bereiche des Gartens wurden als Metaphern wissenschaftlicher Theorien gestaltet. Die gewundene Schanze beispielsweise stellt die Umsetzung eines Fraktals dar. Die unregelmäßigen Krümmungen entstehen durch wiederholte, mathematisch bestimmte Unterteilungen. Die Form (nicht die Bedeutung) wurde durch die frühen Experimente von seiner Frau Maggie Keswick inspiriert: Es ist die Umsetzung des Feng-Shui-Prinzips, die „Knochen der Erde" freizulegen. Jencks gestaltete aber auch einen unkonventionellen *potager*, den Physics Garden. Er besteht aus sechs Metallskulpturen, die die Doppel-Helix-Struktur der DNS darstellen, und ist von einer „Zellwand" aus Buchsbaum umgeben.

☞ **Enshu, Hall, Kokushi, Qian Long, Sørensen**

Charles Jencks. Geb. Baltimore (USA), 1945. **Garden of Cosmic Speculation,** Portrack (GB), 1991.

227

Jensen Jens

Lincoln Memorial Garden

Dieses in einem öffentlichen Park gelegene, stille Tal mit den im Frühjahr blühenden Bäumen verdeutlicht Jensens Stil als Landschaftsarchitekt und -designer. Der Garten wurde ein lebendiges Denkmal für Abraham Lincoln, den berühmtesten Sohn des Staates Illinois. Jensen, ein Einwanderer aus Dänemark, verzichtete für das von 1936–1949 dauernde Projekt auf sein Honorar. Da viele der von ihm gewünschten Arten kommerziell nicht erhältlich waren, sammelten Schulkinder und Gartenclubs aus Illinois Eicheln, Samen und wilde Pflanzen in Waldgebieten, die abgeholzt werden sollten.

Freiwillige pflanzten nach Jensens Plänen unzählige Eicheln, Setz-linge und Wildpflanzen in die Lichtungen des neuen Waldes. Jensen entwickelte den „Prairie Style" der Landschaftsgestaltung, der sich an die zeitgenössische Architekturschule des Mittleren Westens – die Prairie School – anlehnt. Letztere wurde von dem großen Architekten Frank Lloyd Wright geleitet, mit dem Jensen bei einigen Projekten zusammenarbeitete.

☛ Brookes, Oehme & Van Sweden, Robinson, F. L. Wright

Jens Jensen. Geb. Dybbøl (DK), 1860. **Gest.** Ellison Bay, Wisconsin (USA), 1951.
Lincoln Memorial Garden, Springfield, Illinois (USA), 1936–1949.

Johnes Thomas

Hafod

Durch eine felsige Schlucht stürzt der River Ystwyth in die Tiefe, umgeben von knorrigen Bäumen und überspannt von einer zerbrechlichen Holzbrücke – ein dramatisches Szenario. Johnes, ein Anhänger der Pittoresken Bewegung in der Landschaftsgestaltung, erbte 1783 den Besitz in Wales. Auf Hafod entwarf er eine Reihe von Reit- und Spazierwegen, die den Ausblick auf Wasserfälle, Ströme und Schluchten bestmöglich nutzen sollten. Ebenso war er ein leidenschaftlicher Gärtner und gestaltete nicht nur einen der ersten Steingärten, sondern beauftragte auch John Nash 1793, ihm ein gro-

ßes Treibhaus zu bauen. Er pflanzte zwischen 1795 und 1801 über zwei Millionen Bäume, um die Landschaft zu „vervollkommnen". Schließlich überstiegen die finanziellen Mittel, die für den Garten aufgebracht wurden, sein Einkommen. Der Großteil dieses Paradieses verfiel, doch anhand einer Reihe von Gemälden und den Beschreibungen von Besuchern wurden die Gärten kürzlich restauriert und erhielten etwas von ihrem einstigen Glanz zurück.

☛ **W. Aislabie, Gilpin, Hamilton, Knight, Laborde, Nash**

Johnson Philip

MoMA-Courtyard-Skulpturengarten

Der Hof des Museum of Modern Art in New York ist mehr als ein Ausstellungsraum für moderne Skulpturen. Die Kunstwerke scheinen dort ganz glücklich „zu leben": Wenn man diesen Garten betritt, beschleicht einen das Gefühl, in das Zuhause dieser Skulpturen einzudringen. Der einfache Entwurf aus Kanälen, Steinumrandungen und Wegen und die nüchterne Bepflanzung lassen ein Gefühl der Weite und Ausgewogenheit entstehen, bieten aber gleichzeitig die nötige Abgeschiedenheit. Als dieser Auftrag erteilt wurde, war Philip Johnson im MoMA-Vorstand und Direktor der Archi-

tekturabteilung. Sein Hofentwurf wurde von Mies van der Rohe angeregt, den er sehr bewunderte. Johnson hatte ursprünglich in Harvard Philosophie studiert, seine Richtung aber nach der Lektüre der Schriften von Mies, Le Corbusier und Walter Gropius geändert. Johnsons Internationaler Stil und besonders seine kühnen Wolkenkratzer prägen die Skyline vieler US-Städte.

☞ Hadrian, Le Corbusier, Libeskind, Mies van der Rohe

Philip Johnson. Geb. New London, Ohio (USA), 1906. **Gest.** New Canaan, Connecticut (USA), 2005.
MoMA-Courtyard-Skulpturengarten, New York, New York (USA), 1953.

Johnston Captain Lawrence Hidcote Manor

Die Zwillingspavillons stehen zu beiden Seiten eines Pfades, der von Hainbuchen umgeben ist: Hidcote ist ein einflussreicher englischer Garten, der von dem Amerikaner Captain Lawrence Johnston geschaffen wurde. Johnston erbte das Gut von seiner Mutter. Die wirkungsvolle Gestaltung erhält durch die hohen Eibenhecken ihre charakteristischen Züge. Stechpalmen und Buchen unterteilen den Garten wie Wände in unterschiedliche Außenbereiche. Alle Räume befinden sich auf einer Seite dieser Hauptperspektive, die zu den beiden Pavillons mit ihrem gefliesten Inneren führt. Der selbst-bewusste Umgang mit Raum und Dimension innerhalb der Bereiche sowie die Eleganz und Originalität der Pflanzung macht Hidcote zu einem der wichtigsten Gärten des 20. Jahrhunderts, der meist in einem Atemzug mit Vita Sackville-Wests gefeiertem Garten auf Sissinghurst genannt wird. Überraschende Perspektiven sind eines der Hauptmerkmale auf Hidcote. Nebenbei verfügt die Anlage auch über einen außergewöhnlichen Moorgarten.

☞ Barnsley, Lindsay, Robeson & Gray, Sackville-West

Captain Lawrence Johnston. Geb. (USA), 1871. Gest. Gloucestershire (GB), 1957.
Hidcote Manor, Gloucestershire (GB), um 1902–1948.

Jones Inigo

Arundel House

Der englische Architekt Inigo Johnes gestaltete Arundel House sowie den dazu gehörigen Besitz zwischen 1615 und 1625 neu: Er fügte einen Galerieflügel an, der sich auf einen ummauerten, von Toren verschlossenen Garten hin öffnete – wie im Hintergrund dieses Porträts der Gräfin von Arundel zu sehen ist. Jones war der Erste, der einzelne Gartenbereiche mittels Torbögen voneinander trennte. Das Tor als Grenze zwischen gezähmter und ungezähmter Natur leistete einen erheblichen Beitrag zur Gartenarchitektur. Die Innovation in Jones' Gestaltung lag auch in der Reinheit der klassischen Details im Innenhof und an den Gartentoren. Sein schlichter Stil zeigt sich auch in dem Bogen am anderen Ende des Gartens, der zwischen die hohen Mauern gesetzt wurde. Auch Jones' fantastische Bühnenbilder – oft durch italienisches Design inspiriert – hatten bedeutenden Einfluss auf die zeitgenössische Gartengestaltung.

☞ **Kent, Landsberg, Lumley, More, Palladio**

Inigo Jones. Geb. London (GB), 1573. **Gest.** London (GB), 1652. **Arundel House,** The Strand, London (GB), 1615–1625, wie abgebildet in *Alathea, Countess of Arundel and Surrey*, Daniel Mytens, um 1618.

Joséphine Kaiserin von Frankreich

Château de Malmaison

Ein eleganter, serpentinenförmiger See schlängelt sich durch die Baumgruppen. Er lädt den Besucher ein, unter freiem Himmel zu lustwandeln. Dieses Bild erzählt von dem entspannten Charme Malmaisons, des romantischen Gartens mit pittoresken Zügen, welcher von Napoleons Frau – der Kaiserin Joséphine – von den 1780er-Jahren an gestaltet wurde: „Mein Garten ist der schönste auf der ganzen Welt. Er ist bekannter als mein Salon", urteilte die Herrscherin. Der lockere Stil, der sich so sehr vom aggressiven Formalismus des nahe gelegenen Versailles unterscheidet, spiegelt den romantischen Geist der Liberalisierung wider, wie er für die erste Phase des Zweiten Kaiserreiches sowie die Schriften Rousseaus typisch war. Joséphines Garten ist heute größtenteils verschwunden, doch der Name Malmaison wird wohl für immer die Erinnerung an Rosen wachrufen: Pierre-Joseph Redouté verwendete die Sammlung als Grundlage für seine Rosenporträts, außerdem trägt eine intensiv duftende Rosensorte den Namen Malmaison.

☞ Bélanger & Blaikie, Girardin, Le Nôtre, Robert

Joséphine, Kaiserin von Frankreich (geborene Marie Josèphe Tascher de la Pagerie). **Geb.** Martinique (F), 1763. **Gest.** Malmaison (F), 1814. **Château de Malmaison,** Hauts-de-Seine (F), 1780–1814.

Jüdisch-Christlicher Gott

„Als Gott, der Herr, Erde und Himmel machte, gab es zunächst noch kein Gras und keinen Busch in der Steppe; denn Gott hatte es noch nicht regnen lassen. Es war auch noch niemand da, der das Land bebauen konnte (…) Dann legte Gott im Osten, in der Landschaft Eden, einen Garten an. Er ließ aus der Erde alle Arten von Bäumen wachsen. Es waren prächtige Bäume, und ihre Früchte schmeckten gut. Dorthin brachte Gott den Menschen. In der Mitte des Gartens wuchsen zwei besondere Bäume: ein Baum, dessen Früchte unvergängliches Leben schenken, und einer, dessen Früchte ein

Wissen geben, das von Gott unabhängig macht" (Genesis 2). Im Gegensatz zur islamischen Tradition übte das biblische Eden nur wenig Einfluss auf die Gestaltung der Gärten aus – die mittelalterlichen Mariengärten ausgenommen. Westliche Gärten wurden meist zum Vergnügen entworfen oder um Macht zu demonstrieren. Doch die Idee vom Garten als Rückzugsmöglichkeit fand weiten Widerhall in der westlichen Kultur.

☛ **Allah, Sennacherib**

Jüdisch-Christlicher Gott. Garten Eden, aus dem Alten Testament, Buch Genesis. „Der Sündenfall", Miniaturmalerei von Monte del Fora (1448–1529), in einem Gesangbuch, *Monte Senario Folio II.*

Jungles Raymond

Riesige tropische Blätter, Mosaiken, fließendes Wasser, bequeme Lebensbereiche im Freien – all dies sind typische Gestaltungselemente des Designers Raymond Jungles aus Florida, der sich in der Gegend von Miami eine blühende Oase schuf. Jungles' Frau Debra Lynn Yates entwarf die Mosaiken, während sich Jungles auf seine Pflanzen mit bevorzugt dramatischem Laubwerk konzentrierte: unterschiedliche Palmenarten, Bambus, Farne, Bananenstauden sowie farbenprächtige Blumen wie Orchideen, Oleander, Bougainvilleen, Strelitzia und Hibiskus. Jungles' Methode der konzentrierten Pflanzung lehnt sich an die Arbeiten des Brasilianers Roberto Burle Marx an, für den er große Bewunderung hegt. In seinem eigenen Garten gelang es Jungles, einen völlig eingewachsenen Eindruck zu erzeugen, der vom südamerikanischen Regenwald inspiriert ist. Yates beschreibt Miami als den Ort, „an dem die USA auf die Dritte Welt trifft, mehr als irgendwo sonst in Amerika".

☛ Burle Marx, Cao, Gaudí, Hargreaves, Jarman, Watson

Raymond Jungles. Geb. 1956. Tätig Ende des 20. Jahrhunderts.
Jungles/Yates Residence, Coconut Grove, Florida (USA), 1988.

Kang Xi Kaiser

Sommerpalast am Fluss

Der sich im See spiegelnde, mondbeschienene Pavillon ist eines von hunderten von Bauwerken, die einst über den größten Park Chinas verstreut waren. Die außergewöhnlich eleganten Palastgebäude wurden regelmäßig von den Kaisern und ihrem Hofstaat während der Sommermonate bewohnt. Der Park wurde im Jahre 1703 von Kaiser Qing Kang Xi in Auftrag gegeben. Den Konturen des Geländes folgend ist der Park von einer zehn Kilometer langen Mauer umgeben. Der Südteil besteht aus einer Reihe von Seen, die mit Inseln übersät sind und von Dämmen durchkreuzt werden,

auf denen Weiden wachsen. Verschiedene Pavillons sind so platziert, dass sie eine vollkommene Aussicht über die Wasserlandschaft bieten. Im Norden befindet sich der Garten der Zehntausend Bäume, einst ein Tierpark, an dessen Rand zwei eindrucksvolle Pagoden stehen. Kang Xis Enkelsohn, der Kaiser Qian Long, der Yi He Yuan erbaute, ergänzte den Park und pries den Garten ähnlich wie sein Großvater in berühmten Gedichten und Holschnitzereien.

☛ Beck & Collins, Qian Long, Tien Mu

Kaiser Kang Xi. Geb. (TJ), 1661. Gest. (TJ), 1722. **Sommerpalast am Fluss (Bi Shu Shan Zuang),** Chengde (TJ), seit 1703.

Kebach **Karl**

Alupka

Die Gärten um Graf Worontsovs Palast werden dramatisch von dem steinernen Gesicht Ai Petris überragt. Sie befinden sich in einmaliger Lage, auf einem schmalen Küstenstreifen zwischen den Bergen und dem Schwarzen Meer. Die Terrasse vor dem Palast (entworfen von Edward Blore) blickt über das Meer und ist mit Marmorspringbrunnen, beschnittenem Buchsbaum, blühenden Pflanzen und drei Paar prachtvoller Löwen aus der italienischen Werkstatt Francesco Bonamis verziert. Mehrere Terrassen führen zum Hafen hinunter. Im hinteren Teil des Palasts entwarf der deutsche Gärtner Karl Kebach einen herausragenden romantischen Park mit gewundenen Pfaden, die durch den Schatten eines Blätterwaldes, an Bächen, Felsen und Wasserfällen vorbeiführen – gefolgt von einer Reihe offener Lichtungen, die von überwältigenden Bäumen umstanden sind: Italienische und Mexikanische Kiefern, Libanonzedern, Platanen, Kastanien, Mammutbäume, Silbertannen und Korkeichen.

☞ **Aberconway, Rochford, Savill, Steven**

Karl Kebach. Geb. (D). Tätig Anfang des 19. Jahrhunderts. **Gest.** (RUS), 1851. **Alupka,** bei Jalta (RUS), 1830–1846.

Kennedy Lewis & George   Drummond Castle

Der Grundriss dieses rechtwinkligen Parterregartens entspricht den Diagonalen eines Andreaskreuzes kombiniert mit drei Hauptwegen. Dazwischen liegen bunte Bereiche mit Beetpflanzen. Ursprünglich wurden hier jedoch Kräuter, Rhododendren und Erika gepflanzt. Die heutigen Pflanzungen verwischen die strenge Struktur, die 1837 als „gewaltiger Teppich mit leuchtenden Farben" beschrieben wurde. Der Entwurf stammt von Lewis Kennedy, der mit seinem Sohn George von 1818 bis 1860 auf Drummond arbeitete. Ein Garten, der sich im 17. Jahrhundert dort befunden hatte, und die

Rückbesinnung auf alte Gartenbautraditionen inspirierten Kennedy zu seiner Gestaltung. Allerdings stuften Zeitgenossen die Anlage eher als eine Mischung aus italienischen, französischen und holländischen Einflüssen ein, weniger als schottisches Werk. Die Terrasse mit Statuen und Treppenfluchten – eine große Herausforderung für den Konstrukteur – fand bei den Anhängern des italienischen Stils in den 1850er-Jahren großen Anklang.

☛ **Barry, Beaumont, Sitwell, I. Thomas, William III.**

Lewis Kennedy. Geb. (GB), 1789. **Gest.** (GB), um 1840. **George Kennedy.** Tätig (GB), Anfang bis Mitte des 19. Jahrhunderts.
Drummond Castle, Crieff, Tayside (GB), 1818–1860.

Kent William

Rousham

Eine Figur des Pan blickt nachdenklich über den gefrorenen achteckigen Teich, hinüber zu dem serpentinenförmigen Wasserzulauf. Nebel verhüllt den dahinter liegenden Fluss Cherwell, und eine – hier nicht sichtbare – Venus erhebt sich über einem Wasserfall weiter oben im Tal. 1738 gestaltete Kent den Garten neu, der einst von Charles Bridgeman angelegt wurde. Heute ist Rousham einer der am besten erhaltenen frühen Landschaftsgärten. Horace Walpole nannte es „Daphne im Kleinformat, die hübschesten kleinen Wäldchen, Bäche, Lichtungen, Portiken, Wasserfälle und Flüsse,

die man sich vorzustellen vermag." Am besten besichtigt man Roushams zehn Hektar, indem man der Route durch den Garten folgt, die Kent vorschlug: Szenarios eröffnen sich wie Bühnenbilder, während klassische Statuen und Bauwerke poetische Assoziationen hervorrufen. Unterstützt wurde Kent durch den 3. Grafen von Burlington und seinen Freund Alexander Pope. Kent ist der Ausspruch zuzuschreiben, dass „die gesamte Natur ein Garten ist."

☛ Burlington, Grenville-Temple, Hoare, Pope, Sulla

William Kent. Geb. Bridlington, Yorkshire (GB), 1685. **Gest.** London (GB), 1748.
Rousham, Steeple Aston, Oxfordshire (GB), 1738.

Khosrow II. Parviz

Taq-e-Bostan

Dieser kunstvoll gemeißelte Baum des Lebens, die mythische Quelle aller Pflanzen dieser Erde und Heiler aller Krankheiten, ziert den Eingang von Taq-e-Bostans riesiger Grotte. Symmetrie und Balance findet sich in jeder Ranke, jedem Akanthusblatt sowie in den exotischen Früchten. Die unter dem Sassanidenherrscher Khosrow II. errichtete heilige Stätte bietet einen atemberaubenden Anblick. Zwei höhlenartige Grotten – die kleinere davon wurde bereits unter Shapur III. (383–388) erbaut – befinden sich am Fuße der steinigen Klippe, die auf das klare, tiefgrüne Wasser eines Sees blickt.

Angezogen von der Heiligkeit dieses Leben spendenden, von Quellen gespeisten Sees, wurden viele Karawansereien (Karawanenunterkünfte) über Jahrhunderte ganz in der Nähe errichtet. Für die antike Religion Zarathustras war der Baum des Lebens ein zentrales Thema in der Beschreibung des wohlriechenden, himmlischen Paradieses, das den Gläubigen versprochen wurde – jenen, die nach Licht und Wahrheit in ihrem Leben suchten.

☛ **Assurbanipal, Ineni, Thutmosis**

Khosrow II. Parviz. Geb. Persien (IR), 591. **Gest.** Persien (IR), 628.
Taq-e Bostan, bei Kermanshah, Persien (IR), ca. 7. Jahrhundert.

Kienast Dieter

Uetliberg Garden

Eine Balustrade mit den Worten „Et in Arcadia ego" trennt diesen komponierten Garten von einem steilen, bewaldeten Hang. Der kürzlich verstorbene Schweizer Designer Dieter Kienast schrieb diesen viel diskutierten Satz Vergils in die Landschaft und schuf damit ein unverwechselbares Bild für das ausgehende 20. Jahrhundert. Doch dieses Arkadien, das sich durch seine außergewöhnliche Verschmelzung von Natur und reiner Architektur definiert, legt Zeugnis ab über ein waches Bewusstsein vom Zustand unserer Gegenwart. Manchmal wurde Kienast aufgrund der eingeschränkten Pflanzenpalette und der Betonung weniger architektonischer Elemente für einen Minimalisten gehalten. Er zitierte auch gerne den amerikanischen Minimal-Art-Künstler Robert Morris: „Schlichtheit der Form ist nicht gleichzusetzen mit Schlichtheit der Erfahrung." Kienast verlieh vor allem der Vorstellung von Einfassungen neue Bedeutung: Pfade, Terrassen, Mauern, Kanäle und Bassins unterteilen das Gelände mit beinahe transzendentaler Genauigkeit.

☛ Geuze, Hamilton Finlay, Hargreaves, Wirtz

Dieter Kienast. Geb. Zürich (CH), 1945. **Gest.** London (GB), 1998. **Uetliberg-Garten,** Zürich (CH), um 1980.

Kiley Dan

J. Irwin Miller Residence

Graziös lehnt Henry Moores *Sitzende Frau* am Ende einer klar strukturierten Allee aus *Gleditsia triacanthos*. Dieser Landschaftsentwurf wurde 1955 fertig gestellt. Er war Kileys erste moderne Gestaltung mit einem „reichen Vokabular an Alleen, Bosketts, Boulevards und *tapis verts*" und entstand im Europa der Nachkriegszeit. Um das Haus wurden die Bereiche in geometrischer Ordnung angelegt. Ein Hain neben Moores Skulptur fügt sich in ein Schema aus Apfelbäumen, Rasenflächen, einer Einfahrt und einem Swimmingpool, alles umschlossen von gestaffelten Thujenhecken. Im Wes-

ten umfassen Gruppen aus Trauerweiden und Robinien eine Wiese, die zu einer bewaldeten Senke hin abfällt. Kiley, der sich in den 1930er-Jahren der Moderne zuwandte, gilt als Meister unter den amerikanischen Landschaftsgestaltern. Nach einem Aufenthalt in Europa widmete er sich der Aufgabe, „klare und unendliche Landschaften" zu schaffen, indem er klassische Elemente in modernen Kompositionen wiederholte.

☞ **Eckbo, Eldem, Moore, Rose, Saarinen, Tunnard**

Dan Kiley (Daniel Urban Kiley). Geb. Boston, Massachusetts (USA), 1912. **Gest.** Charlotte, Vermont (USA), 2004.
J. Irwin Miller Residence, Columbus, Iowa (USA), 1955.

Kingsbury Noël

Cowley Manor

Die rosafarbenen Blütenspitzen der *Macleaya cordata*, rote, kugelförmige *Knautia macedonica* und die Blätter des Grases *Miscanthus sinensis* sind nur eine kleine Auswahl in dieser Bepflanzung, die den Rasen auf Cowley Manor säumt. Es ist der Ort, an dem Kingsbury seinen radikalen Versuch einer von der Natur inspirierten Pflanzung umsetzte. 1994 beauftragten ihn die Eigentümer, den Garten umzugestalten. In einiger Entfernung vom Haus wurden mehrjährige Pflanzen in hoher Dichte gesetzt – das Ergebnis beschreibt Kingsbury selbst als „eine Kreuzung zwischen traditionellen Rabatten und einer Blumenwiese". Im Gegensatz zu konventionellen Konzepten können diese „offenen Rabatten" durchquert werden. Sie schaffen Perspektiven, die sich ständig in Form und Farbe verändern und für zauberhafte Lichteffekte sorgen. Kingsbury ist ein Befürworter dieses „neuen mehrjährigen" Bepflanzungsstils. Wie auch bei den kontinentalen Gestaltern, die ihn beeinflussten, ist sein Ansatz umweltfreundlich und günstig im Unterhalt.

☞ **Egerton-Warburton, Lloyd, Oudolf, Robeson & Gray**

Knight Richard Payne

Downton Castle

Richard Payne Knight begann mit der Gestaltung seines dramatischen Gartens in den 1770er-Jahren, als Capability Brown auf dem Höhepunkt seiner Laufbahn war. Die Szenerie unterscheidet sich nachhaltig von den Gärten des englischen Landschaftsstils, und so überrascht es nicht, dass Knight einer der Ersten war, die Brown kritisierten. Knight gilt als Gentleman-Gestalter, der seine Ansichten in *The Landscape* (1794) darlegte. Sein Garten auf Downton mit offenen Parklandschaften befindet sich in einem reich bewaldeten Tal an den Ufern des River Teme. Doch Knight wollte pitto-

reske Effekte erzielen, wo immer dies möglich war – wie an den beiden Brücken zu sehen ist, die den Fluss überspannen. Er und andere Vertreter des Pittoresken versuchten, das Gefühl von Bedrohung beim Besucher des Gartens hervorzurufen. Es war der Mangel an Abwechslung, der ihm bei den Landschaften Browns so zuwider war: „(...) alles verpackt in immerwährendes Grün, ergibt es eine einzige langweilige, nichts sagende, glatte und ruhige Szenerie."

☞ W. Aislabie, Gilpin, Hamilton, Hill, Isham, Johnes, Lane

Richard Payne Knight. Geb. Hereford (GB), 1751. **Gest.** London (GB), 1824.
Downton Castle, Herefordshire (GB), 1770er-Jahre.

Kokushi Muso

Saiho-ji

Mehr als 40 Moosarten charakterisieren diese geheimnisvollen Tempelgärten, die auch als Moostempel bekannt sind. Der untere Teichgarten enthält drei Hauptinseln und die Anordnung einzelner Steine. Weiter oben befindet sich ein Trockengarten, der drei Steinkompositionen enthält: die Schildkröteninsel, die aus einem Meer von Moos auftaucht, ein flacher Meditationsstein, *zazen-zeki* genannt, der auf einem Ozean von Ruhe und Stille zu schweben scheint, und schließlich das *kare-taki*, eine Kaskade übereinander gelagerter Granitblöcke. Die Magie dieses oberen Gartens liegt im Nicht-

Vorhandenen, im Fehlen des offenen Wassers, dessen Geist überall fühlbar, aber dennoch niemals greifbar ist. Saiho-ji markiert den Übergang zwischen der Heian-Garten-Tradition, die das reine Land des buddhistischen Paradieses wachruft, und den schmucklosen, kargen Muromachi-Trockentempelgärten. Der Moosgarten stammt aus dem 12. Jahrhundert und wurde 1334 von Muso Kokushi einem Zen-Abt, in großem Stil neu gestaltet.

☛ **Ashikaga Yoshimasa, Enshu, Hosogawa, Rikkyu**

Krieger Johann Cornelius

Fredensborg-Palastgärten

Fredensborg ist Dänemarks am besten erhaltener Barock-garten. Er wurde von Johann Cornelius Krieger, dem Land-schaftsarchitekten König Friedrichs IV., gestaltet und sollte den Glanz des Schlosses mit seinen Alleen widerspiegeln, die strahlenförmig von dem Bauwerk ausgingen. Typischerweise gab es abgegrenzte funktionale Bereiche: *ballonplads* zum Ballspielen, *meagerioen* für exotische Tiere, *hidseplads* zum Abrichten der Hunde für die Jagd, die Küchengärten und – ungewöhnlicherweise – ein *sneglebakken*, in dem essbare Schnecken gezüchtet wurden. Die Anlage veränderte sich, als Henri Jardin damit beauftragt wurde, die Gärten nach dem französischen Modell zu gestalten. Das charakteris-tischste Merkmal seines Plans ist der *tapis vert*, ein weiter Grasteppich, der von Doppelalleen umgeben ist. Mitte des 19. Jahrhunderts wurden Teile des Gartens im romantischen Stil Englands neu gestaltet. In den 1990er-Jahren restaurierte man Kriegers ursprüngliche Alleen und 1995 wurde eine neue Orangerie eröffnet.

☛ **Carl-Theodor, Dubsky, Frigimelica**

Johann Cornelius Krieger. Tätig (DK), 18. Jahrhundert. **Fredensborg-Palastgärten,** Hillerød, Sjælland (DK), 1720–1726.

Laborde Marquis Jean Joseph de

Méréville

In dieser arkadischen Szene erfreuen sich Natur und Kultur einer gesegneten Koexistenz. Hubert Roberts Gemälde gehört zu einer ganzen Reihe von Bildern, auf denen die berühmten Parkanlagen Mérévilles abgebildet sind. Es ist jedoch sehr viel mehr als nur ein Landschaftsbild: Es verkörpert nicht nur ein Ideal, sondern zeigt auch die Wirklichkeit. Die ideale Landschaft entstand aus den literarischen und philosophischen Diskussionen zwischen Robert und dem Marquis de Laborde, einem Bankier Ludwigs XIV. Der Künstler entwarf auch den Park, sorgte für die Bepflanzung und die Verteilung der Lustschlösschen und Brücken. Diese wurden schließlich von den Architekten J.-P. Barré und F.-J. Bélanger erbaut. Das Ergebnis ist die Verkörperung der französischen Pittoresken Bewegung. Mit der Hinrichtung Labordes während der Revolution wurde auch Méréville beinahe zerstört. Erst Ende des 19. Jahrhunderts erwarb Henri de Saint-Léon vier Lustschlösschen und versetzte sie Stein für Stein nach Jeurre, wo sie noch heute zu bewundern sind.

☞ Bélanger & Blaikie, Chambers, Girardin, Monville, Robert

Marquis Jean Joseph de Laborde. Geb. (F), um 1724. **Gest.** Paris (F), 1794. **Méréville,** bei Paris (F), 1793, Gemälde von Hubert Robert, *Ansicht des Parks von Méréville*, Ende des 18. Jahrhunderts.

247

Lainé Elie

Waddesdon Manor

Es fällt schwer zu glauben, dass dieser Winkel des aufwändigen *parterres* eine moderne Rekonstruktion ist: Kein anderer Garten vermittelt einen deutlicheren Eindruck von dem Überfluss, der Farbenpracht und Ordnung, die so charakteristisch ist für viktorianische Pflanzungen. Über 9 000 scharlachrote Pelargonien (der Sorte *Geranium „Alex"*) sind in diesem Beet untergebracht. Der Gestalter Elie Lainé entwarf das Originalkonzept, das in den 1870er-Jahren auf der Terrasse vor dem französischen Haus im Château-Stil umgesetzt wurde. Zahlreiche Veränderungen wurden noch vor Ende des 19. Jahrhunderts vorgenommen, ehe das Anwesen schließlich bei Ausbruch des Zweiten Weltkrieges verlassen wurde. Erst 1989 konnten die *parterres* in ihrer alten Form wiederhergestellt werden, indem man sich an Fotos orientierte. Das Ergebnis ist hier zu sehen. Mehr noch als die anderen Besitzungen zeugt Waddesdon von der Zurschaustellung des Reichtums, der für die Rothschilds des 19. Jahrhunderts und ihre Gärten so kennzeichnend war.

☞ **Barry**, Le Bas, **Marot & Roman**, Nesfield, **Sophia**

Elie Lainé. Geb. 1839. Tätig (GB), Ende des 19. Jahrhunderts. **Gest.** 1898.
Waddesdon Manor, Buckinghamshire (GB), 1870er-Jahre.

Landsberg Sylvia

Baylcaf Farmhouse

Bei einem Blick über den Garten zu dem spätmittelalterlichen Haus werden die Sinne des Besuchers nicht nur durch die Farben, sondern auch durch den Duft der Blumen betört. Mittelalterliche Gärten stellt man sich meist als umschlossene Blumengärten vor, doch in Wahrheit handelte es sich oft um Nutzgärten für die Küche, in denen man Obst, Gemüse und Kräuter für die Familie und die Tiere anbaute. Sylvia Landsberg, die dieses Freizeithäuschen entwarf, orientierte sich an mittelalterlichen Schriften. Die meisten Pflanzen auf Bayleaf wachsen in erhöhten, rechtwinkligen Beeten, die durch Pfade unterteilt und von einem Zaun umgeben sind. Das Haus wird von einem kleinen Dickicht geschützt, verfügt über einen Obstgarten und eine reizvolle Grasböschung, die einen kleinen, umschlossenen Vergnügungsgarten bildet. Landsbergs Recherchen über mittelalterliche Gärten brachten sie dazu, eine ganze Reihe von Gärten in England zu entwerfen, darunter auch Königin Eleanores Anlage in Winchester und Bruder Cadfaels Garten bei Shrewsbury.

☛ Carvallo, La Quintinie, Shurcliff, Van Riebeeck, Vogue

Sylvia Landsberg. Tätig (GB), Ende des 20. Jahrhunderts. **Bayleaf Farmhouse,** Weald and Downland Museum, Singleton, Chichester, West Sussex (GB), nachgebildet in den 1990er-Jahren.

Lane Joseph

Grotte Painshill

Die Grotte auf Painshill, ausgestattet mit Gips, Kalkspat und Korallen, erreicht man über eine chinesische Brücke. Grotten sind Höhlen, von denen aus man die Außenwelt in einem anderen Licht wahrnimmt. Die Grotte Painshill wurde von Joseph Lane ausgeführt, einem modischen Grottenbauer aus Tisbury in Wiltshire. Der Entwurf stammt jedoch wahrscheinlich von Charles Hamilton, dem Gestalter des Gartens. Die Grotte war mit Booten zugänglich. Hamilton gestaltete seine Gärten 1738 bis 1773 mit dem Ziel, beim Betrachter die unterschiedlichsten Stimmungen hervorzurufen. Weitere Merkmale der Anlage waren ein gotischer Tempel, die Ruinen einer Abtei sowie ein türkisches Zelt – doch die Grotte blieb die Hauptattraktion. Hamilton war ein einflussreicher Pionier des naturalistischen Landschaftsstils, obgleich er nie ein vermögender Mann war. Er lieh Painshill von der Krone und gestaltete es mit geringem finanziellen Aufwand. Umso bemerkenswerter ist das Ergebnis seiner Bemühungen.

☞ **Crisp, Goldney, Hamilton, Hoare, Isham, Pulham**

Joseph Lane. Geb. Tisbury, Wiltshire (GB), 1717. **Gest.** (GB), 1784. **Grotte Painshill,** Surrey (GB), 1760–1765.

La Quintinie J.-B. de

Gemüsegarten des Königs, Versailles

La Quintinie legte den neuen Ziergemüsegarten von Versailles zwischen 1677 und 1683 an. Das Gelände an der Rue des Tournelles war ursprünglich ein Sumpfgebiet. Daher wurde es mit Sand aus dem großen See Pièce d'Eau des Suisses aufgefüllt, auf den man Erdreich und Dung auftrug. Wie Versailles als Ganzes, so symbolisiert auch der Gemüsegarten des Königs den Triumph des Menschen über die Natur. Der acht Hektar große Garten war in Felder unterteilt, die ein Mikroklima entstehen ließen, sodass empfindliche Pflanzen wie Melonen und Feigen kultiviert werden konnten.

Ludwig XIV. liebte Feigen – 1687 lieferte La Quintinie täglich 4 000 Stück für die königliche Tafel. In der Mitte der Anlage befand sich eine erhabene, terrassierte Fläche, an deren Mauern man Wein anbaute. Das Zentrum dieser in 16 Hochbeete gegliederten Erhöhung bildete ein Wasserbecken mit einem Springbrunnen. Der Gemüsegarten beherbergt heute die École Nationale Supérieure du Paysage und wurde erst kürzlich restauriert.

☛ Blanc, Carvallo, Jefferson, Le Nôtre, Vogue, Washington

Jean-Baptiste de La Quintinie. **Geb.** Chabanais (F), 1626. **Gest.** Versailles (F), 1688.
Gemüsegarten des Königs, Versailles, Yvelines (F), 1677–1683.

Larsen Jack Lenor

The Red Garden at the LongHouse

Purpurfarbene Azaleen und parallele Reihen rauer Zedern-stämme, gestrichen im leuchtenden Rot japanischer Shinto-Tore, kontrastieren mit den Grüntönen des Grases und der Pflanzen. Sie schaffen eine Perspektive von beinahe erschre-ckender Intensität. Dieses beeindruckende Beispiel moder-ner Gartengestaltung ist das Werk von Jack Lenor Larsen, der für über 50 Jahre einer der führenden Textilgestalter der Welt war. Der „Larsen Look" entwickelte sich zu einem Synonym für moderne Eleganz. Haus und Garten wurden 1986 begon-nen. Ende 1991 gründete Larsen die LongHouse Foundation,

ein Modell für das Leben mit Kunst, in der das Kreieren von Landschaften zu einer eigenen Kunstrichtung wurde. Das Er-gebnis ist ein Garten von großer Vitalität und Vielfalt, in dem sich Merkmale aus der Region mit Anspielungen an ferne Orte vermengen, wie das Amphitheater, das auf einem anti-ken keltischen Ringwall errichtet wurde. Gefundene oder wieder verwendete Objekte stehen neben Auftragsarbeiten und alte neben neuen Stücken.

☛ Cao, Child, Duquette, I. Hicks, Majorelle

Jack Lenor Larsen. Geb. Seattle, Washington (USA), 1927.
The Red Garden at the LongHouse, East Hampton, Long Island, New York, New York (USA), 1986.

Larsson Carl

Sundborn

1888 überschrieb Carl Larssons Schwiegervater ihm und seiner Frau Karin ein kleines Cottage am Ufer des Flusses Sundborn. In den folgenden 20 Jahren vollendete Larsson eine Reihe von Gemälden, die sein Haus und seine Familie zum Motiv hatten. Sie wurden zu Ikonen für die Idee eines Heims in ländlichem Idyll. Larsson und seine Frau wurden vor allem für ihren schlichten, hellen Arts-and-Crafts-Stil bekannt, den sie für das Haus entwarfen. Der romantische Garten war jedoch ein wichtiger Aspekt ihres Lebens und wird in vielen Bildern hervorgehoben. Auf zahlreichen Innenszenen sind Topfpflanzen oder Schnittblumen abgebildet und die herausragendsten Gartenszenen zeigen ein fröhliches Familienfrühstück im Freien oder Ereignisse wie die Eröffnung der Langustensaison. Larsson wandte die Vorstellung eines ständig im Wandel begriffenen Gartens auch auf die Darstellung der Innenräume an: „Ein Heim ist nicht tot, es lebt, und wie alle lebendigen Wesen gehorcht es den Gesetzen der Natur durch seinen beständigen Wandel."

☞ Aldington, Monet, Morris, Robinson, Ruskin, Wordsworth

Lassus Bernard

Les Buissons Optiques

In diesem „Schaugarten" wurden die außerordentlichen Kombinationen der Farben, Strukturen und Ebenen aufgrund sorgfältiger optischer und mathematischer Beobachtungen zusammengestellt. Sie reflektieren das Zusammenspiel von imaginärem und so genanntem „realem Raum" – ein Thema, mit dem sich Bernard Lassus intensiv beschäftigt hat. In seinen Gedankengängen nehmen die Anspielungen auf die verschiedenen Geschichts- und Kulturebenen eine ebenso zentrale Rolle ein. Als Schüler Fernand Légers war Lassus lange Zeit der Konzeptkunst verbunden. Heute genießt er hohes Ansehen als Landschaftsarchitekt und Designer sowie als Theoretiker und Lehrer. Er realisierte so renommierte Projekte wie die Jardins des Retours in Rochefort-sur-Mer und arbeitete maßgeblich an der Gestaltung des französischen Autobahnnetzes mit. Wie er selbst gerne betont, hat er jedoch auch wichtige Wettbewerbe verloren, so z. B. die Restaurierung der Tuilerien.

☞ Clément & Provost, Geuze, Hargreaves, Latz, Pepper

Bernard Lassus. Geb. Chamalières (F), 1929. **Les Buissons Optiques,** Niort (F), zeitlich begrenzte Installation, 1993.

Latz Peter

Nebelinstallation in Chaumont

Geheimnisvoller, künstlicher Nebel treibt zwischen den Steintafeln – ein Stelenkreis des 20. Jahrhunderts auf dem internationalen Gartenfestival auf Schloss Chaumont bei Tours in Frankreich. Künstlicher Nebel wird seit 20 Jahren von Garten- und Landschaftsgestaltern eingesetzt. Er entsteht aus Wasser, das unter hohem Druck zerstäubt wird. Zunächst wurde Nebel lediglich in teuren öffentlichen Landschaftsprojekten verwendet, und auch heute ist er in privaten Gärten noch nicht verbreitet. Die wunderbare, geheimnisvolle Wirkung des Nebels verwischt die Konturen der Land-schaftselemente und verleiht dem Entwurf einen surrealen Anstrich, als würde der Betrachter in eine andere Welt versetzt werden. Auch in extrem heißen Klimazonen kam künstlicher Nebel wegen seiner kühlenden Wirkung zum Einsatz. Peter Latz ist einer der führenden deutschen Landschaftsarchitekten. Er leitete die Arbeiten an dem gigantischen, postindustriellen Park im ehemaligen Thyssenwerk bei Duisburg.

☛ Blanc, Geuze, Haag, Lassus, Toll

Le Bas Jacques

Château de Brécy

Vor den Mauern des Schlosses Brécy – ein ungewöhnlicher Name für ein ehemaliges Bauernhaus – bilden verschlungene Reihen aus geschnittenem Buchs ein Paar so genannte *parterres de broderie*. Sie befinden sich auf der obersten von fünf Terrassen, die sich den Hang hinaufziehen. Ein breiter Weg führt in der Mitte zur höchstgelegenen Terrasse, die mit einer Balustrade und einem mächtigen schmiedeeisernen Tor versehen ist. Durch das Tor blickt man auf ein weitläufiges, grünes Gelände: Rasenflächen und Formsträucher werden von steinernen Statuen und Ornamenten aufgelockert, die auf die manieristischen Steinverzierungen des prachtvollen Bauernhauses abgestimmt sind. Das Haus wurde vermutlich von François Mansart (1598–1666) erbaut, dem führenden Architekten des Klassizismus in Frankreich. Der Besitzer von Brécy, Jacques Le Bas, war mit dem Besitzer des Schlosses Balleroy verwandt, das ebenfalls von Mansart errichtet worden ist. Man nimmt an, dass sich die *parterres de broderie* aus Stoffmustern entwickelt haben.

☛ **Hardouin-Mansart, Marot & Roman, Poitiers, Sophie**

Le Blond Jean-Baptiste Alexandre

Am Fuße der Großen Kaskade von Schloss Peterhof steht die Springbrunnenfigur Samsons mit dem Löwen. Von den Becken im Oberen Park fließt das Wasser unter dem Palast hindurch und ergießt sich die Marmorstufen der prächtigen Kaskade hinunter zur Brunnenfigur des Löwenbändigers Samson. Die Statue feiert in allegorischer Weise den Sieg der Russen über die Schweden in der Schlacht von Poltawa. Sie fand 1709 am Tag des hl. Samsons statt und sicherte Russland den Zugang zum Baltikum. Aus diesem Becken fließt das Wasser in einem von Fontänen gesäumten Kanal ins Meer. Peterhof gilt mit drei Kaskaden und über 150 Fontänen, darunter einige der besten noch erhaltenen Wasserspiele, als einer der weltgrößten Wassergärten. Peter der Große bemühte sich, die Anlage des Gartens zu beeinflussen, wobei er Versailles nacheifern und es zugleich übertreffen wollte. Le Blond, ein Schüler von Le Nôtre, prägte die Gestaltung in den Jahren 1716 bis 1719 jedoch am stärksten. Sein Vorgänger war J. F. Braunstein.

☛ **Hardouin-Mansart, Le Nôtre, Peter I.**

Jean-Baptiste Alexandre le Blond. Geb. Paris (F), 1679. **Gest.** St. Petersburg (RUS), 1719.
Peterhof, bei St. Petersburg (RUS), 1716–1719.

Le Corbusier

Villa Savoye

Auf dieser Dachterrasse der Villa Savoye können die Bewohner ein heilendes Sonnenbad genießen. Le Corbusier, den viele für den einflussreichsten Architekten des 20. Jahrhunderts halten, verstand das Dach oder eine Terrasse als den idealen Ort für einen Garten, und versuchte nicht, in die umgebende Landschaft einzugreifen. Auf der Villa Savoye ziert eine begrenzte Auswahl an Pflanzen – vor allem immergrüne Sträucher – erhöhte Beete auf einer Serie von Terrassen, die direkt in die inneren Wohnbereiche führen. Der Außenraum hat im Entwurf denselben Stellenwert wie das Interieur. Le Corbusier zitiert die islamische Tradition als Inspirationsquelle für die episodische Entwicklung dieser Villa. Der Blick in die Ferne – in diesem Fall auf Baumgruppen – wurde in das Design mit einbezogen, indem er Rahmungen für den Ausblick entwarf. Er gestaltete viele dieser Dachterrassen, wie auch einige Gärten (beispielsweise die Villa „Church" und die Villa „Les Terrasses"), wo gewundene Pfade durch Bäume hindurch zu formalen, gepflasterten Bereichen führen.

☛ **Guevrékian, Mies van der Rohe, Sennacherib, Tunnard**

Le Corbusier (Charles-Édouard Jeanneret). Geb. La Chaux-de-Fonds (CH), 1887. **Gest.** Cap Martin (F), 1965. **Villa Savoye,** Poissy (F), 1929–1931.

Legrain Pierre-Emile

Tachard-Garten

Eine modern angelegte Allee verläuft im Zickzack durch den für die Kunstsammlerin Jeanne Tachard gestalteten Garten. Die kühle, asymmetrische Ordnung entspricht dem Gesamtstil dieses nicht mehr existenten Gartens. Pierre-Émile Legrain war in den 1910er- und 1920er-Jahren ein führender Designer für Innenräume, Möbel und Bücher. Der Tachard-Garten blieb sein einziger Gartenentwurf. Legrain bevorzugte unregelmäßige, geometrische Formen und verschiedene Pflanzhöhen, um damit wechselnde Grüntöne entstehen zu lassen und die Struktur der Pflanzen zu betonen. Der Grundriss umfasst mehrere Gartenräume, u. a. einen Essplatz im Freien, dessen unpersönlicher Formalismus durch verspielte, asymmetrische Motive aufgelockert wird. Ungewöhnlich neben seinen modernen Zeitgenossen war Legrains Liebe zu Pflanzen sowie sein gärtnerisches Wissen: Im Tachard-Garten befand sich ein üppiger Bogen mit roten Kletterrosen, die er als „Zugeständnis an die Schönheit" bezeichnete.

☛ Church, Eckbo, Kiley, Mallet-Stevens, Noailles, Rose

Pierre-Émille Legrain. Geb. Levallois-Perret, Hauts-de-Seine (F), 1889. **Gest.** Paris (F), 1929.
Tachard-Garten, La Celle-Saint-Cloud (F), 1924.

Leinster Herzog & Herzogin von

Während der Herzog und die Herzogin von Leinster zu einer Bootsfahrt auf dem kurz zuvor angelegten, künstlichen Fluss aufbrechen, walzen die Gärtner den Weg. Der serpentinenförmige Wasserlauf war ein typisches Gestaltungselement des 18. Jahrhunderts, am bekanntesten ist der „Serpentine Lake" im Londoner Hydepark. Auch der englische Maler William Hogarth hatte die geschwungene Kontur als „Linie der Schönheit" proklamiert. Der Herzog und die Herzogin von Leinster gestalteten einen der wichtigsten und weitläufigsten Landschaftsparks in Irland. Das Projekt wurde bereits 1747

begonnen und nach umfassenden Erdbewegungen, der Anlage des Sees und der Bepflanzung von über 445 Hektar im Jahre 1837 von ihrem Sohn vollendet. Zu den Zierpavillons des Parks gehört das Shell House, dessen Innenwände mit Mustern aus Muscheln, geologischen Fundstücken sowie Kiefern- und Tannenzapfen geschmückt sind. In den 1830er-Jahren legte man einen künstlichen See sowie einen italienischen Garten vor dem Haus an.

☛ Brown, Emes, Goldney, Kent

James, 1. Herzog von Leinster. **Geb.** Dublin (IRL), 1722. **Gest.** Dublin (IRL), 1773. **Emilia, 1. Herzogin von Leinster. Geb.** London (GB), 1731. **Gest.** London (GB), 1814. **Carton,** County Kildare (IRL), 1747–1837.

Lenné Peter Josef

Pfaueninsel

Die Pfaueninsel liegt inmitten der Havelseen westlich von Berlin. Sie ist Teil einer Landschaft von Lenné, die er in den 1820er- und 1830er-Jahren für Berlin und Potsdam entwarf. Das seltsame, weiße folly einer „Schlossruine" entstand allerdings bereits 1796 für eine Mätresse Friedrich Wilhelms II. von Preußen. Das Schloss ist visuell verknüpft mit den Palästen und Monumenten, die die Seen umgeben. Friedrich Wilhelm III. beauftragte Lenné 1822 mit der Gestaltung der Insel. Er sollte sie mit den umgebenden Seen zu einem harmonischen Ganzen zusammenfügen. Beinahe im Alleingang führte Lenné die Landschaftsbewegung in Deutschland zu einem neuen Höhepunkt, lange nachdem die Engländer wieder zu anderen Stilrichtungen in ihren Gärten übergegangen waren. Von der Pfaueninsel aus wandte er sich nach Paris, zu den Jardins des Plantes, um sich Ideen für die Einfuhr seltener Arten zu holen. Sanssouci ist zweifellos Lennés Meisterstück, doch die Pfaueninsel bleibt die magischste und friedlichste Landschaft Ostdeutschlands.

☛ **W. Aislabie, Friedrich II., Hamilton, Monteiro & Manini**

Peter Josef Lenné. Geb. Bonn (D), 1789. **Gest.** Potsdam (D), 1866. **Pfaueninsel,** bei Berlin (D), 1822.

261

Lennox-Boyd Arabella

Privatgarten

Dieser elegante, kleine Garten mit geschnittenem Buchsbaum ist Teil eines Privatgartens in Ascott, in dem Arabella Lennox-Boyd das formale Design mit raffinierten Details ausgeschmückt hat. Sie verdankt den selbstverständlichen Umgang mit formalen Elementen vielleicht zum Teil ihrer italienischen Abstammung – ebenso wie ihre Fähigkeit, über die bloße Nachahmung historischer Elemente hinauszuwachsen. Die stark gestutzten Hecken umschließen niedrige Halbkugeln und spiegeln Form und Größe des in der Mitte gelegenen Wasserbeckens wider. So entsteht der Eindruck

müheloser Leichtigkeit. In anderen Gartenteilen stellt Lennox-Boyd ihr Können als Gärtnerin in englischer Manier unter Beweis, obwohl sich ihr Stil immer durch formale Strenge auszeichnet. Auf innovative Weise setzt sie Schwarz als Schmuckfarbe für die architektonischen Elemente ein, was dank der Bepflanzung keinesfalls wie ein Trauerrand wirkt. In den 1980er- und 1990er-Jahren etablierte sich Lennox-Boyd als Großbritanniens führende Designerin für Privatgärten.

☞ **Acton, Barnsley, Marot & Roman, Page, Pinsent, Trezza**

Arabella Lennox-Boyd. Tätig Ende des 20. und Anfang des 21. Jahrhunderts.
Privatgarten, Ascott, Wing, Buckinghamshire (GB), um 1990.

Le Nôtre André

Wasser, Himmel, Bäume, Skulpturen, dicht gepflanzte Blumen, Rasenflächen, Formgehölze, großartige Ausblicke, horizontale Ebenen und Höhenunterschiede: André le Nôtre spielte mit all diesen Elementen und schuf in seiner sechzigjährigen Laufbahn vielleicht die beeindruckendsten aller großen gestalteten Landschaften. Hier im Versailles Ludwigs XIV. kann man seine meisterhafte Raumbeherrschung bewundern: Der Besucher gelangt am Ende des monumentalen *tapis vert* zum vergoldeten Apollobassin. Dahinter erstreckt sich das Gelände weit über den großen Kanal hinaus – scheinbar bis ins Unendliche. In Versailles arbeitete Le Nôtre auch an den Boskets, die jeweils eine Besonderheit enthielten, u. a. einen Wasserballsaal, einen zur Hälfte vergrabenen, goldenen Riesen oder kunstvolle Fontänen. Le Nôtre schuf eine Reihe anderer Schlossparks mit gelungener Gestaltung, wie Vaux-le-Vicomte, Sceaux und Chantilly. Diese Parks können jedoch weder mit der ehrgeizigen Anlage noch mit der Größe Versailles konkurrieren.

☛ Boyceau, Duchêne, Francini, Gallard, Hardouin-Mansart

Libeskind Daniel

E.-T.-A.-Hoffmann-Garten

Auf einem abfallenden Gelände erheben sich 49 kubische Pfeiler von sechs Metern Höhe. Sie sind in einem Quadrat aus sieben Reihen mit jeweils sieben Pfeilern angeordnet. An der Spitze jedes Pfeilers symbolisieren Olivenzweige Frieden und Hoffnung. Den Garten des Exils und der Emigration betritt man von einer unteren Ebene aus im Jüdischen Museum in Berlin. Es gibt insgesamt drei Achsen. Die längste Achse leitet den Besucher in steilen Stufen zu den Ausstellungen der Gegenwart und Zukunft. Die zweite Achse führt in den Garten des Exils und die dritte ist eine Sackgasse, die in den Holo-caust-Turm mündet. Der Architekt Daniel Libeskind vergleicht die Form des mit Zinkpaneelen verkleideten Museums mit einem dekonstruierten Davidstern – seine Scherben und Leerstellen sind angefüllt mit sensorischen und emotionalen Erfahrungen. Das Konzept wird im Garten weiterentwickelt, wo das abfallende Kopfsteinpflaster verwirrt und den Besucher ins Stolpern bringt – er sieht seine Umgebung aus der Perspektive eines Entwurzelten.

☞ **Gehry, Guevrékian, Harrison, Johnson**

Daniel Libeskind. Geb. Lodz (PL), 1946. **E.-T.-A.-Hoffmann-Garten (Garten des Exils und der Emigration),** Berlin (D), 1999.

Ligne Prinz Claude-Lamoral II. de

Die Geometrie des klassischen französischen Gartens kann man im Schloss Belœil in Belgien in vollendeter Harmonie bewundern. Beiderseits eines 450 Meter langen Sees, der mit einer Neptunstatue geschmückt ist, liegen mehrere kleine, durch hohe Hainbuchenhecken abgetrennte Gärten. Sie wurden im 18. Jahrhundert von Prinz Claude-Lamoral II. de Ligne entworfen. Der Hauptgarten umfasst eine Fläche von 20 Hektar. Die Wäldchen zu beiden Seiten der Wasserfläche werden von Alleen durchschnitten, die zu verschiedenen Aussichtspunkten führen. Obwohl man die Gestaltung von Schloss Belœil dem Prinzen Claude-Lamoral II. und die Ausführung Jean-Michel Chevotet zuschreiben kann, wird häufig auch der Name seines Sohnes genannt, des geselligen und literarisch ambitionierten Prinzen Charles-Joseph de Ligne. Dessen Abhandlung Un Coup d'Œil sur Belœil beschreibt den Garten auf wunderbare Weise. Dabei muss diese Schilderung recht schmerzlich gewesen sein, da ihn der Sieg der Franzosen in Fleurus (1794) ins Exil zwang.

☞ Arenberg, Gallard, Le Nôtre, Philipp V. von Spanien

Prinz Claude-Lamoral II. de Ligne. Geb. 1685. Tätig (B), Mitte des 18. Jahrhunderts. Gest. 1766.
Schloss Belœil, bei Leuze (B), Mitte des 18. Jahrhunderts.

Ligorio Pirro

Villa d'Este

Die Terrasse der Hundert Fontänen gilt als bekannteste Attraktion des wundervollen Renaissancegartens der Villa d'Este. Die Fontänen sind in Dreierreihen angeordnet, wobei ihre Wirkung auf der Größe, der geometrischen Anlage und ihrer Wiederholung auf jeder Ebene beruht. Die Villa wurde auf einem steilen Hang für den Kardinal Ippólito d'Este erbaut, einen kenntnisreichen Sammler und Antiquitätenliebhaber, der nach dem Papststuhl strebte. Sein Architekt war der Humanist und klassische Gelehrte Pirro Ligorio, dem die Terrasse der Hundert Fontänen meist zugeschrieben wird.

Ligorio war Maler, Architekt sowie Archäologe und übte auf die Gartengestaltung der Renaissancezeit ungeheuren Einfluss aus. Er begründete einen Stil mit einheitlicher Gestaltung von Haus und Garten. Diese Praktik bildete für die nächsten 250 Jahre die Grundlage der italienischen Architektur. Da dieser Garten zu den am besten erhaltenen zählt, entspringt unser Wissen um die Gartenarchitektur der Renaissance zu einem Großteil der Villa d'Este.

☞ **Bushel, I. Caus, Garzoni, Mozzoni, Nasriden**

Pirro Ligorio. Geb. Neapel (I), 1513. Gest. Ferrara (I), 1583. **Villa d'Este**, Tivoli, Latium (I), um 1560–1575.

Linden Ton ter

Eine der Rabatten in Ton ter Lindens Garten wird von sanften, schimmernden Farben bestimmt. Vor 30 Jahren kaufte der in Amsterdam geborene und aufgewachsene Maler Ton ter Linden ein Bauernhaus mit verwilderter Wiese in einer ruhigen, ländlichen Gegend der Niederlande. Er pflanzte einen Windschutz und Hecken im Inneren des Gartens, um starke Windböen abzuhalten und eine feine Struktur vorzugeben. Zudem verband er Techniken wie das selektive Unkrautjäten, das ihm aus dem J.-P.-Thijsse-Park in Amstelveen wohlvertraut war, mit seiner Liebe zur impressionistischen Malerei und schuf so beeindruckende Gartenräume und Rabatten. Ton ter Linden benötigt keine Entwürfe für seine Gartenplanung. Er kennt nicht nur die Bedürfnisse und Eigenarten der Pflanzen, sondern auch ihre Farben, Formen und Strukturen. Seine Pflanzkombinationen wirken spontan, ja beinahe willkürlich. Doch das Ergebnis gleicht einer Erhöhung der Natur, wobei harmonische und überraschende Elemente miteinander verschmelzen.

☞ **Monet, Pearson, Ruys, Thijsse**

Ton ter Linden. Tätig (NL), Ende des 20. Jahrhunderts. **Tuinen Ton ter Linden,** bei Meppel (NL), um 1980.

267

Lindsay Norah

Sutton Courtenay

„Nicht pompös, aber trotzdem von formaler Eleganz" – mit diesen Worten charakterisierte Norah Lindsay 1931 die üppige Nonchalance ihres zeitlosen Gartens, den an Kirchturmspitzen erinnernde Formgehölze und kleine Gruppen aus mehrjährigen Blumen prägen. Doch trotz dieser fröhlichen Unbekümmertheit widmete Lindsay, eine Schülerin und würdige Nachfolgerin Gertrude Jekylls, der Farbverteilung und Anordnung der Pflanzenformen und -blätter große Sorgfalt. Dabei folgte sie auch ihren romantischen Vorstellungen. In ihren Augen ähnelte die Gestaltung eines Gartens der Insze-

nierung eines Dramas. Deshalb gab sie der natürlichen Vermehrung der Pflanzen den Vorzug, die sich als „Gartenbesetzer einen Platz sichern" sollten. Mit ihrem Stilempfinden und guten Geschmack konnte sie in den 1920er- und 1930er-Jahren einige wohlhabende Auftraggeber für sich gewinnen, u. a. die Astors in Cliveden und Lord Lothian in Blickling. Auch mit Lawrence Johnston, dem Schöpfer von Hidcote, war sie eng befreundet.

☛ Beaumont, Farrand, Fish, Jekyll, Johnston, M. Rothschild

Norah Lindsay. Geb. (IRL), 1873. Gest. (GB), 1948. Sutton Courtenay, Oxfordshire (GB), 1920er – 1930er-Jahre.

Lloyd Christopher

Great Dixter

Christopher Lloyd verdankt seine Berühmtheit den ikonoklastischen Pflanzexperimenten im eigenen Garten. Er verbrachte sein ganzes Leben in Great Dixter, an der Grenze zwischen Kent und Sussex (England). Sein Vater entwarf als Ergänzung zu Lutyens Haus die einfache Einfassung mit Eibenhecken. Lloyd behielt die strenge Struktur bei, stützte sich aber auf die Eigenwirkung der Pflanzen. Als fantasievoller und kunstbegabter Gärtner ist er unübertroffen. Seine Artikel, Vorträge und Bücher (besonders *The Well-Tempered Garden*, 1970) machten ihn in aller Welt bekannt. Die Neuerungen in Great Dixter, wie z. B. der exotische Garten anstelle des früheren Rosengartens, übten großen Einfluss aus. Lloyd zeigte deutlicher als jeder andere zeitgenössische Gärtner, dass Gartenbau auf höchstem Niveau eine Kunstform ist, die den Vergleich mit anderen Künsten nicht zu scheuen braucht. Dank ständig wechselnder Kombinationen aus Form, Farbe und Struktur wurde Great Dixter zu einem der bekanntesten Gärten des späten 20. Jahrhunderts.

☛ **Chatto, Kingsbury, Lutyens, Oudolf, A. Parsons**

Christopher Lloyd. Geb. Great Dixter (GB), 1921. **Gest.** Hastings (GB), 2006.
Great Dixter, East Sussex (GB), 1950er-Jahre.

London George

Hanbury Hall

Der erst kürzlich renovierte, abgesenkte Parterregarten von Hanbury Hall stellt ein schönes Beispiel für die englische Gartengestaltung mit holländischem Einfluss gegen Ende des 17. Jahrhunderts dar. Der von George London und seinem Partner Henry Wise entworfene Garten belegt, dass dieser Stil nicht zwangsläufig nüchtern oder unpersönlich wirkte. Die Renovierung folgte einem Plan von 1732. Eine bunte Mischung aus leuchtenden Blumen (Tagetes, Lavendel, Nelken, Levkojen, Tulpen und Iris), die auch im 18. Jahrhundert zur Verfügung standen, bildet die lebhafte Sommerbepflanzung. Man bewundert sie am besten von der aus Backstein errichteten Long Gallery aus, die eine erhöhte Ecke des in Viertel geteilten Gartens schmückt. Anscheinend ist dies allein Londons Werk: Der Obstgarten hinter dem *parterre* zeugt von seinem gärtnerischen Können. Er ist mit zwei kleinen Spalierpavillons unter Apfelbäumen sowie mit als Stamm gezüchteten roten Johannisbeeren und Stachelbeeren in den Rabatten geschmückt.

☛ **Colchester, Marot & Roman, Wise**

George **London. Geb.** 1681. **Gest.** London (GB), 1714. **Hanbury Hall,** Worcestershire (GB), 1701.

Londonderry Edith, 7. Marquise von

Hinter der eigenwilligen Bepflanzung des *parterre* im italienischen Stil ragt die Dodo-Terrasse mit ihren aus Beton gegossenen Figuren, den vermeintlichen Fabelwesen, hervor. Mount Stewart, einer der wichtigsten in den 1920er-Jahren entstandenen Gärten, stellt eine komplexe Einheit aus mehreren Gärten dar. In Hausnähe liegen Gärten, deren formale Strenge nach und nach in Buschwerk und Gehölze mit exotischen Bäumen übergeht. Sie wachsen rund um den zwischen 1846 und 1848 angelegten See. Der über den Garten schweifende Blick verfängt sich an einem Hügel hinter dem See.

Dort findet man die Familiengrabstätte, die Lady Londonderry als Sinnbild von Tír na nòg, dem keltischen Land der ewigen Jugend, anlegen ließ. Gertrude Jekyll lieferte die Pläne für einen abgesenkten Garten nahe des Hauses. Allerdings veränderte Lady Londonderry diese Pläne bei der Ausführung in ihrer unnachahmlichen Weise. Aufgrund seiner immensen Bedeutung lässt der National Trust Mount Stewart sorgfältige Pflege angedeihen.

☞ Acton, Barry, Bowes-Lyon, Pearson & Cheal, Peto, Sitwell

Edith, 7. Marquise von Londonderry. Geb. (IRL), 1879. **Gest.** (IRL), 1959.
Mount Stewart, County Down, Nordirland (GB), um 1922.

Loos Adolf

Haus Müller

Anhand dieser Skizze wird keineswegs deutlich, warum Adolf Loos zu Beginn des 20. Jahrhunderts einen so unerhörten Ruf genoss. Doch der Begründer der sachlichen, funktionalen Architektur war der gleichen humanistischen Tradition verpflichtet wie die Architekten der italienischen Renaissancegärten. Es lässt sich die gleiche Betonung von Linie und Perspektive sowie von Reinheit und sparsamem Kraftaufwand beobachten. Loos wandte sich gegen dekorative Elemente, da sie die Sinne des Menschen zu sehr anregten. Nur immergrüne Bäume als Schutzmauer erschienen ihm angemessen. Diese einfachen Gärten befriedigen vielleicht nicht das Auge des Pflanzenliebhabers. Loos' Ansicht zufolge förderten sie jedoch die spirituelle Erkenntnis. Schlichtheit war besser als Überladenheit. Die gelungensten modernen Gärten verzichteten auf jegliche Verzierung und konzentrierten sich auf die „Seelenwirklichkeit". Loos' Logik war unanfechtbar, obwohl manche Kritiker meinen, dass das Ergebnis nicht die Bezeichnung Garten verdiene.

☛ Bramante, Gill, Le Corbusier, Mies van der Rohe, Nordfjell

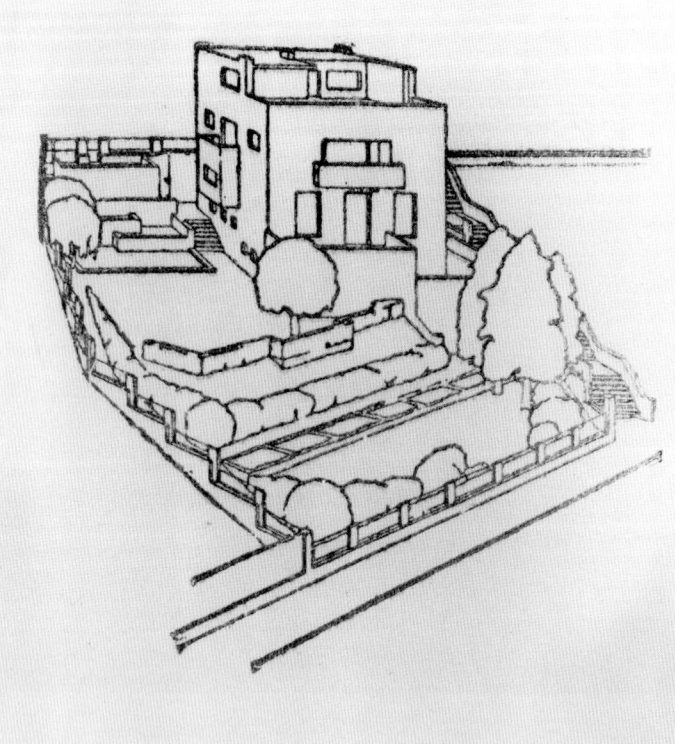

Adolf Loos. Geb. Brünn (CZ), 1870. **Gest.** Wien (A), 1933. **Haus Müller,** Prag (CZ), 1930.

Lorimer **Sir Robert Stodart**   Kellie Castle

Obwohl „Blumen, Obst und Gemüse wild durcheinander wachsen", wird dieser Teil des Gartens von zwei mit Buchsbaum eingefassten Staudenrabatten bestimmt, die von einem Rosenbogen überspannt werden. Zudem gibt es kleine Gärten, die innerhalb des von einer Steinmauer umgebenen *garth* (Gartenraum) liegen. Obgleich der Garten 1888 fertig gestellt wurde, ist er dem Geist des 17. Jahrhunderts verpflichtet. Denn er sollte das renovierte Schloss ergänzen, das laut der Inschrift über dem Tor „der wohlverdienten Ruhe nach des Tages Mühsal zugedacht war (...)". Als gelernter Architekt

befürwortete Lorimer eine Gartengestaltung im Stil der schottischen Lustgärten des 17. Jahrhunderts. Diese wurden von großen Hecken, Formsträuchern, Aussichtspavillons, Rasenflächen, grasbewachsenen Wegen, Beeten mit mehrjährigen Pflanzen und *parterres* bestimmt. Er war das gemäßigte schottische Pendant zu Sir Reginald Blomfield, dem Meister des englischen Gartens. Sir Roberts berühmtester Auftrag war Earlshall, Fife (1891 – 1894).

☛ **Beaumont, Blomfield, Drummond, Egerton-Warburton**

Sir Robert Stodart Lorimer. Geb. (GB), 1864. Gest. (GB), 1929. **Kellie Castle,** Fife (GB), 1888.

L'Orme Philibert de

Château d'Anet

Der von Philibert de l'Orme für Diane de Poitiers, die Geliebte Heinrichs II. von Frankreich, entworfene Garten war berühmt für seine symmetrische Aufteilung und die enge Verbindung zum Haus. Die Symmetrie des Blumengartens und der Bepflanzung lässt sich auf diesem Druck klar erkennen. (Obwohl die Vorstellung, dass es sich bei der über die Tulpen geneigten Dame um Diane de Poitiers persönlich handeln könnte, durchaus ihren Reiz hat, ist diese Abbildung doch erst später entstanden.) Haus und Garten von Anet befanden sich auf einer Achse. Der abgebildete Hauptteil des Gartens

bestand aus einem weitläufigen *parterre* mit vielen kleinen quadratischen und rechteckigen *parterres*, die wiederum von einer Steingalerie mit umlaufender Terrasse eingefasst waren. Nach der Veröffentlichung von Du Cerceaus Buch *Les Plus Excellents Bastiments de France* (1576), das detaillierte Abbildungen beinahe aller königlichen und adeligen Gärten im Frankreich des 16. Jahrhunderts umfasste, wurde der Garten auch weiteren Kreisen bekannt.

☛ Du Cerceau, Gallard, Landsberg, More, Poitiers, Serlio

Philibert de l'Orme. Geb. Lyon (F), um 1512. **Gest.** Paris (F), 1570. **Château d'Anet,** Anet (F), 1548–1554.

Lotti Cosimo

Buen Retiro

Die von Skulpturen verstorbener Herrscher gesäumte Allee der Statuen beginnt an einem der Haupteingänge von Madrids größtem Garten. Ursprünglich war der Garten Teil eines Landsitzes aus der Mitte des 17. Jahrhunderts. Die Gärten wurden ab 1628 angelegt: Cosimo Lotti kam damals aus Florenz, um den Auftrag Philipps IV. anzunehmen. Obwohl der Landsitz durch ein Feuer zerstört wurde, existieren noch Überreste des Gartens, so z. B. der große quadratische Teich und der ausgedehnte See. Die Insel im See wurde für Open-Air-Veranstaltungen genutzt. Den ehemaligen Tummelplatz der Könige und Königinnen verwandelte man Mitte des 19. Jahrhunderts in einen öffentlichen Park. Der Hauptweg des 121 Hektar großen Parks wurde von der königlichen Familie als Verbindungsstraße zwischen mehreren Einsiedlerklausen genutzt. Den Einsiedlern zahlte man einen jährlichen Betrag. Zu den eindrucksvollsten Figuren gehört die Statue des gefallenen Engels – angeblich soll es sich um die einzige Statue der Welt handeln, die Luzifer darstellt.

☛ **Peter I., Philipp II., Philipp V., Shenstone**

Cosimo Lotti. Geb. Florenz (I), in den 1570er-Jahren. **Gest.** Buen Retiro, Madrid (E), 1643.
Buen Retiro, Madrid (E), 1628.

Loudon John Claudius

Derby Arboretum

Seine Bedeutung verdankt dieser Entwurf weniger seiner Gestaltung als vielmehr der Tatsache, dass es sich um den ersten öffentlichen Park Großbritanniens handelt. Das 4,4 Hektar große Gelände wurde der Bevölkerung von Derby von dem Philanthropen Joseph Strutt gestiftet. Die Eröffnung des Parks fand im September 1840 statt. Zwei Tage pro Woche (auch sonntags) zahlte man keinen Eintritt, die restlichen Tage nur einen kleinen Betrag. Loudon hatte auf seinen Reisen in Europa viele öffentliche Parks und Promenaden besichtigt. Er sah sie als ein Instrument sozialer Reformen, als ein Mittel, um „das geistige Niveau der unteren Gesellschaftsklassen" zu heben. Derby Arboretum war v. a. eine Sammlung von Bäumen, die Loudons Prinzip des *Gardenesque*-Stils folgte. Bei dieser Methode wurden die Pflanzen so angeordnet, dass ihre individuellen Merkmale auf ideale Weise zur Geltung kamen. Im Gegensatz zu den großartigen naturalistischen Landschaften des 18. Jahrhunderts blieb hier der menschliche Eingriff deutlich sichtbar.

☛ Olmsted, Paxton, Switzer, Thays

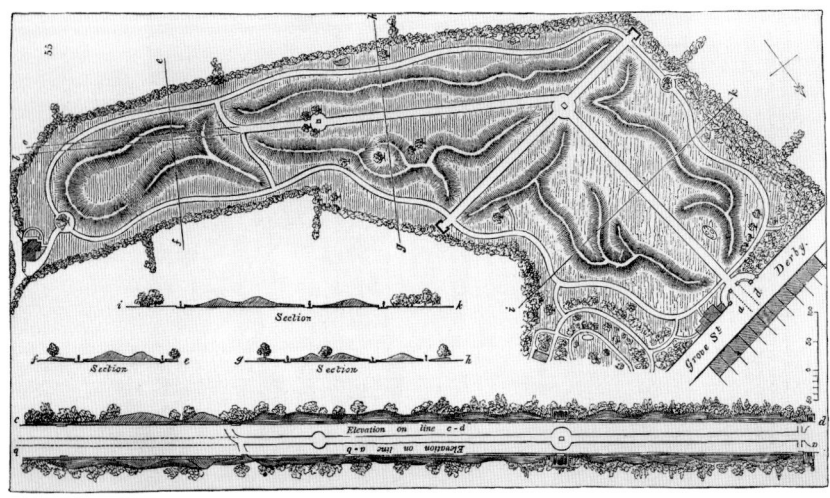

John Claudius Loudon. Geb. (GB), 1783. Gest. London (GB), 1843. **Derby Arboretum,** Derby (GB), 1840.

Lumley Lord

Nonsuch Palace

Dieser Stich von John Speed (1610) zeigt die mit Szenen aus der antiken Geschichte und Mythologie verzierten Prunksäle an der Südseite, die den Hintergrund für den Privy Garden, den zweifellos elegantesten Teil der Anlage, bilden. Er war mit Rosen, Liguster und Kräutern angelegt. An den Wegkreuzungen standen Marmorbrunnen und Tierfiguren auf Säulen. Das großartige Renaissanceschloss und die Gärten waren als Jagdschloss für Heinrich VIII. entworfen und von Lord Lumley von 1579 bis 1591 umgebaut worden. Das Schloss sollte sogar Hampton Court und Whitehall als Zeugnis seiner Grö-

ße in den Schatten stellen. Die Besucher bestaunten die Lustgärten, die den Palast umgaben, darunter den Privy Garden, einen Obstgarten und einen Küchengarten. Auf der Westseite erstreckte sich eine gut inszenierte Wildnis. Sie war von Pfaden durchzogen, die zum Hain der Diana führten. Er war Diana und Aktaion geweiht und beherbergte die erste bekannte Grotte Englands. Leider wurden der Palast und der Garten im Jahre 1682 zerstört.

☛ **Jones, More, William III., Wise**

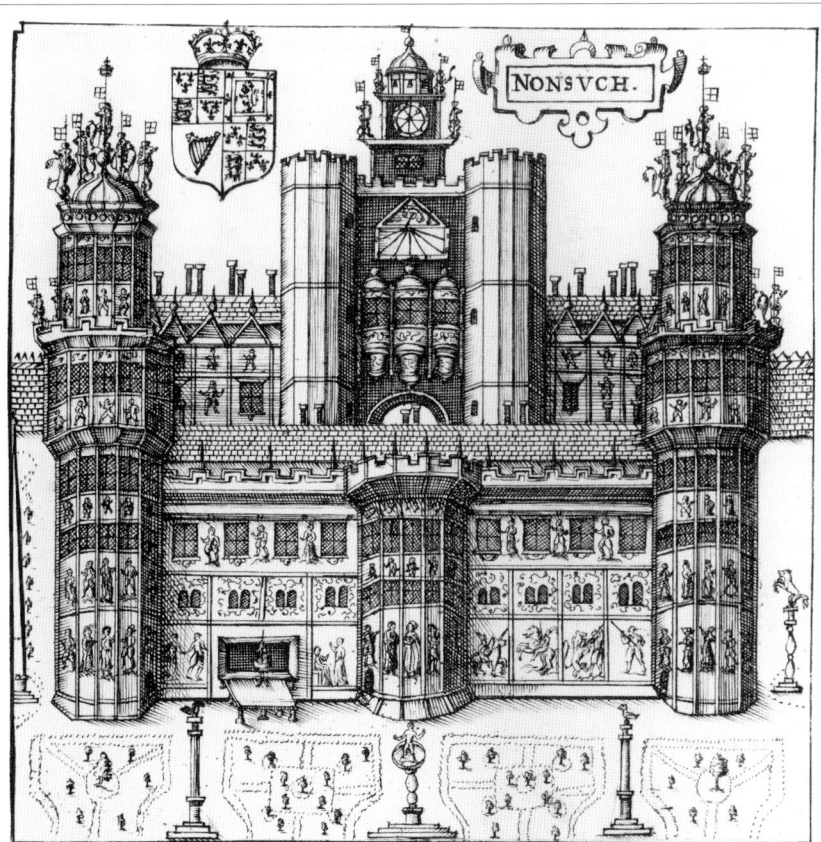

Lord Lumley. Tätig Ende des 16. Jahrhunderts.
Nonsuch Palace and Gardens, bei Cheam, Surrey, 1579–1591, Stich von John Speed, 1610.

Lurçat André

Villa Bomsel

Dieser Garten der Villa Bomsel (Aufnahme aus dem 2. Stock des Hauses) war eines von mehreren zum Scheitern verurteilten Experimenten der 1920er- und 1930er-Jahre. Man versuchte, einen zur modernen Architektur passenden Prototypgarten zu schaffen. Lurçats Entwurf bestand aus einem unregelmäßigen geometrischen *parterre* mit gemähtem Rasen und Blumen, das von Kieswegen und einer von Schwertlilien gesäumten Wasserallee durchschnitten wurde. Nach Lurçats Vorstellungen sollte man den Garten hauptsächlich von oben betrachten (es gab keinen Zugang vom Erdgeschoss aus). Bei der Verwendung der Materialien bemühte er sich darum, eine Verbindung zwischen Haus und Garten zu schaffen. Dazu wählte er Betonplatten für Wasserläufe, Brunnen, Bänke und Zierelemente. Im Gegensatz zu den meisten seiner modernen Zeitgenossen zeigte Lurçat Interesse an der Gartengestaltung: Die hellblauen Betonplatten waren mit Kletterrosen geschmückt, und Obstbäume an Spalieren säumten die Mauern.

☛ **Le Corbusier, Legrain, Noailles, Vera, William III.**

André Lurçat. Geb. Bruyères, Varges (F), 1894. **Gest.** Sceaux, Hauts-de-Seine (F), 1970. **Villa Bomsel,** Versailles (F), 1926.

Lutsko Ron

Stoney Hill Ranch

Von dem rauen Sandsteinpfad bis zu den fernen Bergen wird das Auge des Betrachters über eine Vielfalt visueller Ebenen geleitet. Das geometrische Muster des Rasens und der Pfad fransen an den Ecken aus – ein Zeichen der Distanzierung von der Architektur des Hauses und der Annäherung an die wilde Landschaft. In der Mitte befinden sich Lavendelhügel, die in einem Netz gepflanzt sind, eine Anspielung an die einheimische graue und verkümmerte Vegetation und ein Echo der Netzmuster, die die Landwirtschaft in die kalifornische Landschaft schnitt. Dann folgt ein Grasstreifen, der den Rhythmus und die Schwingungen der fernen Hügel unterstreicht. In einem anderen Bereich hat Ron Lutsko einheimische Blumen gepflanzt sowie Gewächse, die die Trockenheit lieben und Erstere in ihrem Wachstum unterstützten. Lutsko ist ein Anhänger der ursprünglichen Flora Kaliforniens und gilt als Verfechter eines modernen Designs – doch zugleich ist er Erbe der amerikanischen Landschaftstradition eines Thomas Church und Garrett Eckbo.

☞ **Church, Eckbo, Hargreaves, M. Rothschild, de Vesian**

Lutyens Sir Edwin

Folly Farm

Folly Farm zeigt deutlich die klassischen Elemente des Lutyensstils: formale, halbrunde Stufen, deren Strenge von Anpflanzungen gemildert wird; architektonische Hecken, die in den nächsten Bereich des Gartens führen; die Lutyensbank; Fischgrätpflasterung; ein rotes Arts-and-Crafts-Backsteinhaus, das von hohen Kaminen überragt wird. Gemeinsam mit Gertrude Jekyll entwarf Lutyens rund siebzig Gärten, bei denen die Verbindung von Haus und Garten auf vollkommene Weise gelungen ist. Lutyens plante gewöhnlich eine Reihe von Räumen und Ausblicken, die durch architektoni-

sche Details verschönert wurden, während Jekyll den Grundriss mit einer geschmackvollen, farblich abgestimmten Bepflanzung ergänzte und die Strenge milderte. Lutyens hatte eine besondere Begabung für Wasserelemente; Folly Farm kann sich eines Bassins im indischen Stil und eines Kanalgartens rühmen. Lutyens ehrgeizigstes Projekt ist der großartige Garten des Vizekönigs in Neu-Dehli, der sich stilistisch an den Mogulgärten orientiert.

☞ **Jekyll, Lloyd, Mallet, Mawson**

Sir Edwin Lutyens. Geb. London (GB), 1869. **Gest.** London (GB), 1944. **Folly Farm,** Berkshire (GB), 1912.

MacDonald-Buchanan Familie

Den langen, gepflasterten Weg säumen mit Rittersporn, Katzenminze und Glockenblumen bepflanzte Rabatten. Der Weg führt durch ein niedriges, schmiedeeisernes Tor, das von zwei Greifen auf Säulen bewacht wird und den Blick auf eine weitläufige Rasenfläche freigibt. Diese sonnige Südterrasse ist einer von vielen wunderbaren Gartenbereichen rund um das Haus. Seit ihrem Einzug im Jahre 1937 verschönerte die Familie MacDonald-Buchanan kontinuierlich die Gartenanlage. Das Zierparterre aus gestutzter Eibe vor dem Haupteingang bildet gemeinsam mit dem Statuenweg den Auftakt des Hauses. Das Gebäude verschmilzt mit einem Landschaftspark im Stile Reptons: Bemerkenswert ist der lange flussähnliche See, der von einer schönen Brücke mit fünf Bogen (1770) überspannt wird. Sir John Langham erbaute Cottesbrooke Hall und entwarf den Park im ersten Jahrzehnt des 18. Jahrhunderts. Unter den Gartenarchitekten, die in Cottesbrooke tätig waren, sind auch Sylvia Crowe und Geoffrey Jellicoe.

☛ Crowe, Egerton-Warburton, Jellicoe, Repton

Familie MacDonald-Buchanan. Tätig (GB), 20. Jahrhundert. **Cottesbrooke Hall,** Northamptonshire (GB), 1937.

Mackenzie Osgood

Inverewe

Diese Mischung aus grünem Farn und exotischem *Erythronium* zeugt von subtropischer Üppigkeit, die über die schier unglaubliche Lage des Gartens hinwegtäuscht. Auf einer kleinen, ungeschützten Halbinsel im äußersten Nordwesten der schottischen Küste legte Mackenzie im Jahre 1862 seinen 800 Hektar großen Garten an. Als das Gelände erst einmal von den neuen Gehölzen geschützt war, entdeckte Mackenzie, dass er perfekte Voraussetzungen für den Anbau vieler halbharter Arten geschaffen hatte, die im milden Mikroklima des Golfstroms wunderbar gediehen. Die Topografie des Geländes wird auf bestmögliche Weise genutzt: Gewundene Wege führen den Besucher zu abgegrenzten Schneisen im Waldgebiet. Mackenzie füllte diese Räume mit einer unglaublichen Vielfalt seltener, exotischer Pflanzen, die aus China, Südamerika, Australien und Neuseeland sowie dem Himalaja stammen. Geschützte Gärten wie in Inverewe oder Cornwall dienten als Labor, in dem man die Anbaubedingungen neuer Pflanzen testen konnte.

☛ La Quintinie, Smit, Smith, Tyrwhitt

Osgood Mackenzie. Geb. (GB), 1842. **Gest.** (GB), 1922. **Inverewe,** Poolewe, Ross & Cromarty (GB), 1862.

Maderno Carlo

Villa Aldobrandini

Auf dem Nymphaeum und Wassertheater der Villa Aldobrandini, das an die Stützmauer zwischen Villa und Frascati-Hügel gebaut wurde, schimmert das Abendlicht wie auf einer Bühne. Aldobrandini wurde zwischen 1598 und 1603 für einen Neffen von Papst Klemens VIII. erbaut. Die Üppigkeit und der allmähliche Übergang von gestalteter Landschaft zur Wildnis repräsentiert die Kunst des Barocks. Heute sind die meisten Anlagen stillgelegt, wohingegen früher das Wasser von einer hoch oben gelegenen Grotte hinunterströmte. Dann stürzte es über Kaskaden auf zwei spiralförmige

Wassersäulen und eine Wassertreppe und umschloss den Globus des Atlas. In Aldobrandini vollendete Maderno das Werk des Architekten Giacomo della Porta. Nachdem John Evelyn 1645 die Villa besucht und die Wasserspiele und hydraulischen Anlagen bewundert hatte, wurde der Garten zu einem festen Bestandteil der Grand Tour im 18. Jahrhundert. William Kents Kaskaden in Rousham und Chiswick lassen ihr italienisches Vorbild eindeutig erkennen.

☞ Kent, Ligorio, Mansi, Tribolo

Carlo Maderno. **Geb.** Copelago (I), 1556. **Gest.** Rom (I), 1629. **Villa Aldobrandini,** Frascati (I), 1598–1603.   283

Majorelle Jacques

La Majorelle

Wasser, Schatten und die überwiegend blaugrüne Farbgebung verwandeln La Majorelle in eine kühle, erfrischende Oase, einen Zufluchtsort vor der stechenden marokkanischen Sonne. Solch gewagtes, kunstvolles Farbenspiel verrät den französischen Maler Jacques Majorelle, der den Garten in den 1920er-Jahren im maurisch-spanischen Stil mit Kanälen, Springbrunnen, mozarabischen Gartenhäuschen und dichter Bepflanzung à la Rousseau entwarf. Unter den von Künstlern gestalteten Gärten ist La Majorelle aufgrund der vielfältigen Pflanzen und Architekturelemente einzigartig: Eisengitter, Fenster und Töpfe strahlen in leuchtendem Gelb, die Türen sind apfelgrün, die Wege rot, rosa oder blau, die Mauern und die Spaliere sind von zinnoberroten und fuchsiafarbenen Bougainvilleen bedeckt. Durch den Garten zieht sich ein Wasserbecken in Kobaltblau, das auch als „Majorelle-Blau" bekannt ist. Ende der 1960er-Jahre wurde der Garten von dem Modedesigner Yves Saint Laurent und seinem Partner Pierre Bergé vor dem Verfall gerettet.

☛ **Barragán, Gehry, Greene, Manrique, Page, Yturbe**

Jacques Majorelle. Geb. Nancy (F), 1886. **Gest.** 1962. **La Majorelle,** Marrakesch (MA), 1920er-Jahre.

Mallet Familie

Les Bois des Moutiers

Großblättrige *Gunnera*-Arten, Rhododendren, Hortensien und andere Pflanzen, die einen sauren Boden bevorzugen, gedeihen am Meer in dem geschützten Waldgebiet des Bois des Moutiers. Als Kontrast zu diesem natürlichen Pflanzenparadies tritt die Gartengestaltung immer mehr zu Tage, je weiter man das Tal hinauf auf das Haus zugeht. Dort sind die von Gertrude Jekyll gestalteten Gartenräume durch Edwin Lutyens Pergolen, Stufen, Gartenhäuschen und Tore miteinander verbunden. Les Bois des Moutiers gilt als Beispiel einer äußerst gelungenen Zusammenarbeit zwischen Architekten, Gartendesignern und Bauherren. Es wurde 1898 von Guillaume Mallet und seiner Frau in Auftrag gegeben. Lutyens, Jekyll und die Mallets waren bei jedem Gestaltungsschritt eingebunden. Das Waldgebiet jedoch stellte das private Projekt der Familie Mallet dar. Hier konnten sie ihrer Pflanzenbegeisterung Ausdruck verleihen. Ihre Nachkommen bemühen sich bis heute, den außerordentlichen Garten zu erhalten und zu verschönern.

☛ **Jekyll, Lutyens, Messel, Robinson**

Familie Mallet. Tätig in der Normandie (F) seit 1898. **Les Bois des Moutiers,** Normandie (F), 1898.

285

Mallet-Stevens Robert Garten mit Betonbäumen

Der Landschaftsteil der Pariser Ausstellung von 1925 umfasste neben den üblichen traditionellen oder exotischen-internationalen Beiträgen auch einige recht avantgardistische Designbeispiele. Auf den Vorschlag, mit neuen Materialien zu experimentieren, entschied sich Robert Mallet-Stevens für Beton und schuf eine Reihe von Ornamenten und Gebäuden für die Ausstellung, darunter diesen Garten mit Betonbäumen. Die Stützmauern aus Beton umschlossen vier Hochbeete mit Rasenflächen und *Sempervivum*. Jedes Beet wurde von einem hohen Betonbaum geschmückt, den Jan und Joël Martel aus einem Betonstamm und Ästen aus Betonplatten zusammengesetzt hatten. Überzeugte Anhänger der Moderne sprachen dem Garten ihr Lob aus, aber in Presse und Öffentlichkeit munkelte man spöttisch, dass die ursprünglich vorgesehenen Bäume wohl abgestorben seien. Dieser Ausstellungsgarten war vermutlich der kompromissloseste moderne Garten aller Zeiten. Als Architekt war Mallet-Stevens für die Villa Noailles in Hyères verantwortlich.

☛ **Forestier, Guevrékian, Legrain, Vera**

Robert Mallet-Stevens. **Geb.** Paris (F), 1886. **Gest.** Paris (F), 1945. **Garten mit Betonbäumen,** Pariser Ausstellung (F), 1925.

Mandokora Kita no

Kodai-ji

In einer sorgfältig geplanten, beschaulichen Landschaft von Hügeln und einem Bach, Kiefern und Steinen, führt eine Fußbrücke zum Kaisan-do, der Halle des Gründers. Der Kodai-ji-Tempel ist dem Gründungspriester Sanko Joeki gewidmet. Wie die meisten Pavillons und das Gelände dieses prachtvollen Tempelkomplexes ist dieses wunderschöne Beispiel der Momoyama-Architektur in einem exzellenten Zustand erhalten. Kobori Enshu gestaltete den Haupttempelgarten. Als sein „Markenzeichen" gilt der Teich mit den Umrissen einer Schildkröte und darin eine Insel in Form eines Kranichs. Der Auftrag für den Garten wurde 1605 von Kita no Mandokora, der Witwe des Shoguns Toyotomi Hideyoshi erteilt, die nach dem Tod ihres Mannes buddhistische Nonne wurde und hier starb. Der Kodai-ji beherbergt zwei außergewöhnliche Teepavillons vom Fushimi-Schloss: Von der Kasa Tei (Schirm-Haus) und der Shigure Tei (Regenschauer-Haus) wird angenommen, dass sie von dem großen Teemeister Sen no Rikkyu gestaltet wurden.

☛ **Ashikaga Yoshimasa, Ashikaga Yoshimitsu, Enshu**

Manning Warren Henry   Stan Hywet Hall und Garten

Die Birkenallee, die sich über 167 Meter erstreckt, ist eine von zwei Alleen, die die Hauptachsen des Gartens bilden – sie endet bei einem Springbrunnen und Teehäusern. Stan Hywet – die altenglische Bezeichnung für Steinquader – wurde 1911 bis 1915 von Warren Manning für Franklin A. Seiberling angelegt, den Mitbegründer der Goodyear Tyre Company. Manning sagte über diesen Ort: „Wenige der (...) Besitztümer, die ich untersucht und für die ich Pläne gemacht habe, bieten so viele und vielfältige Ereignisse, die einen Landbesitz auszeichnen und interessant machen." Manning nutzte die topografischen Möglichkeiten: Das Haus ist von hohen Kronenbäumen gerahmt, dahinter liegen geschwungene Rasenflächen, ganz im Stil eines englischen Grundbesitzes aus dem 18. Jahrhundert. Apfelbäume bilden eine Allee auf der Vorderseite, und die Birkenallee und Londoner Platanenallee verlaufen nördlich und südlich des Hauses. Es gibt eine Lagune und zahlreiche Gartenräume – ein japanischer und englischer Garten eingeschlossen.

☛ Brown, Repton, Thwaites, Van Campen, Van Hoey Smith

Warren Henry Manning. Geb. Reading, Massachusetts (USA), 1860. Gest. (USA), 1938.
Stan Hywet Hall und Garten, Akron, Ohio (USA), 1911 – 1915.

Manrique César

Kakteengarten

Kugelkakteen und dornige Sukkulenten sind aufs Geratewohl über die schwarze Vulkanerde verteilt. Sanft geschwungene Terrassen aus niedrigen Geröllmauern umgeben eine unregelmäßige Arena mit Wasserbecken, aus deren Mitte Vulkangestein emporragt: Lanzarotes schwarzes Vulkangestein zeugt von einer frühmenschlichen Epoche. César Manrique schuf einen Garten in einem alten Steinbruch. Er verbindet Natur, traditionelle Architektur und eigene organische Skulpturformen, wobei er einheimische Pflanzen, die an die trockene und gleichzeitig fruchtbare Umgebung ange-

passt sind, auf raffinierte Weise verwendet. Der „vulkanische Barockgarten" entspringt der Natur- und Lebensphilosophie seines Gestalters. Manrique war Maler und Bildhauer, studierte in Madrid und lebte lange in New York, bevor er in seine Heimat zurückkehrte. Er sagte: „Was ich der Szenerie meiner Heimat entnehme, ist nicht ihre Architektur, sondern ihre dramatische Atmosphäre. Denn darauf kommt es meiner Meinung nach wirklich an."

☞ **Gildemeister, Hertrich, Majorelle, Monet, Walska**

César Manrique. Geb. Arrecife, Lanzarote (E), 1919. **Gest.** Tahíche, Lanzarote (E), 1992.
Kakteengarten, Guatiza, Lanzarote (E), 1990.

289

Mansi Nicola

Villa Cimbrone

In der Villa Cimbrone kann man eine der atemberaubendsten Gartenterrassen aller Zeiten bewundern: Der Garten erstreckt sich bis zu diesem Aussichtspunkt auf der Klippe – der Blick über die Küste von Ravello bei Neapel ist wahrhaft einzigartig. Die in Ehrfurcht erstarrten Besucher werden selbst wiederum von marmornen Kaiserbüsten aus dem 18. Jahrhundert starr angeblickt. Lord Grimthorpe kaufte 1904 die verfallene, mittelalterliche Villa und engagierte Nicola Mansi, um einen romantischen Garten am Hang zu erschaffen. In den folgenden 15 Jahren legte Mansi eine Vielzahl unterschiedlicher Gartenareale an, darunter Alleen, Terrassen, Statuen, eine lange, mit Glyzinen überwachsene Pergola sowie einen Garten mit Tempeln und Architekturelementen. Lord Grimthorpe starb 1917, zwei Jahre nachdem der Garten fertig gestellt worden war. Die Villa war bis 1960 im Besitz der Familie und wurde danach von Grimthorpes Tochter verkauft. Heute spürt man in den Gärten die romantische Atmosphäre des allmählichen Verfalls.

☛ Acton, Garzoni, Mardel, Peto, Pinsent

Nicola Mansi. Tätig (I), 20. Jahrhundert. **Villa Cimbrone**, Ravello (I), um 1910–1915.

Mardel Carlos

Schloss des Marquis de Pombal

Die mit weißblauen Azulejos verkleidete Doppeltreppe ist Teil des Gartens, der für den Marquis de Pombal, den mächtigen Premierminister des portugiesischen Königs Jao V., angelegt wurde. Die Grotte unter der Treppe wurde mit schimmernden Porzellanstückchen verziert, die sich im Wasserbecken spiegeln. Als Architekt betätigte sich der Ungar Carlos Mardel. Die mit Terrakottaziegeln bedeckten Dächer und die rosafarbenen Wände des Schlosses erinnern an die französische Architektur des 18. Jahrhunderts. Die mit Kieselmosaik ausgelegten Höfe wurden mit Brunnen geschmückt. Sowohl die Skulpturen als auch die Fliesen sind überwiegend in Blau und Gelb gehalten. Wie in vielen portugiesischen Gärten des 18. Jahrhunderts gibt es einen Angelpavillon und ein Wasserbecken. Wenn man die Brücke im Park überquert, gelangt man zu einer Ziermeierei, einem Seidenraupenhaus sowie einem Taubenschlag, der über 1 000 Vögeln Platz bietet.

☛ **Gaudí, Fronteira, Medinacelli, Monteiro & Manini**

Carlos Mardel. Tätig Lissabon (P), 1733–1763. **Schloss des Marquis de Pombal,** Lissabon (P), um 1756.

Marot Daniel & Roman Jacob

Die eleganten Arabesken der Buchsparterres im Königsgarten von Het Loo sind das Werk von Daniel Marot. Der 1685 aus Frankreich geflohene Hugenotte Marot verlieh den Gärten und Innenräumen, die er in der Republik der Vereinigten Niederlande gestaltete, ein französisch-barockes Flair. Die *parterres en broderie* mit drei farbigen Kiesarten sind von *platesbandes* umgeben – niedrigen, von Buchsbaum gesäumten Rabatten mit Stauden und Zwiebelpflanzen, die bei den Niederländern sehr beliebt waren. Jacob Roman begann mit der Anlage von Het Loo für William III. von Oranien, der im Jahre 1686 Statthalter der Republik war. Nachdem Wilhelm und Maria II. Stuart 1689 zum König und zur Königin von England gekrönt worden waren, erschienen Haus und Garten als nicht mehr angemessen. Zu diesem Zeitpunkt wurde Daniel Marot in Het Loo engagiert. Mit ihm arbeiteten Jacob Roman, der vermutlich für die Gesamtgestaltung des Gartens verantwortlich war, sowie der Bildhauer Romeyn de Hooghe. Die Leitung oblag Hans Willem Bentinck.

☞ **Lainé, Mollet, Nesfield, Sophie, William III.**

Daniel Marot. Geb. Paris (F), 1661. **Gest.** Den Haag ((NL), 1752. **Jacob Roman. Geb.** Den Haag (NL), 1640. **Gest.** (NL) 1716. **Het Loo,** Apeldoorn (NL), 1686.

Martinelli Domenico

Buchlovice

Auf der Abbildung sieht man einen Abschnitt des barocken Gartenhofs von Buchlovice. Gartenhöfe wurden oft für Theatervorführungen im Freien und für Historienspiele verwendet (wie etwa auch der Zwinger in Dresden). So ist es nicht verwunderlich, dass die Gestaltung des Hofes in Buchlovice Domenico Martinelli zugeschrieben wird, der in seiner Heimat Italien bereits sein Können als Bühnenbildner unter Beweis gestellt hatte; während des Barocks bestand eine sehr enge Beziehung zwischen Bühnenbild- und Gartengestaltung. Die üppige Anlage des Hofes von Buchlovice basiert auf einer lose angelegten Spirale aus Kuppeln, Pavillons, Toren, Statuen und Vasen, die um den zentralen Brunnenplatz angeordnet sind. Ein Teil des Hofes liegt etwas erhöht. Von dort aus hatten die Zuschauer einen besseren Blick auf die Vorstellung, die auf der unteren Ebene vonstatten ging. Buchlovice ist auch berühmt für seine Baumsammlung, die von Leopold und seinem Schwager Frederick – zwei Botanikern aus der Familie Berchtold – angelegt wurde.

☛ **August der Starke, Bacciocchi, Fontana, Jones**

Domenico Martinelli. Geb. Lucca (I), 1650. **Gest.** Lucca (I), 1718.
Buchlovice, Südmähren (CZ), Ende des 17. Jahrhunderts.

Martino Steve

Douglas Garden

In der Wüste von Arizona steht ein kleines Haus, das von strauchbedeckten Hügeln und einheimischen Saguaro-Kakteen umgeben ist, die wie Skulpturen wirken. Martino gilt als einer der führenden Landschaftsarchitekten und -designer im amerikanischen Südwesten. Er wurde in den 1980er- und 1990er-Jahren für seine Arbeit mit Architekten bekannt, bei der er Neubauten in die Wüstenumgebung integrierte. Auch erfuhr er Anerkennung für sein breites und detailliertes Wissen über Wüstenpflanzen und ihren Einsatz bei der Landschaftsplanung. Viele seiner Gärten und Designs gehen nahtlos vom Gelände rund um das private Haus oder öffentliche Gebäude in die umgebende Wüste über. Martino wählt seine Pflanzen speziell nach ihren skulpturalen Qualitäten aus. Obwohl er überwiegend in einer einzigen Region arbeitet, ist er doch mit den führenden Designern des 20. Jahrhunderts vertraut, wobei Alvar Aalto großen Einfluss auf ihn ausübt.

☛ Aalto, Barragán, Gildemeister, Greene, Nordfjell

Mawson Thomas

Moonhill

Diese Skizze aus Mawsons Buch *The Art and Craft of Garden Making* zeigt seine Art der Gestaltung. Das Haus steht oberhalb einer Reihe von Terrassen, die Platz für bepflanzte Beete und Rabatten sowie für eine Anzahl dekorativer Elemente und Formsträucher bieten. Das der Zeit Eduards VII. am stärksten entsprechende Element ist das rechteckige Lilienwasserbecken; es ziert die unterste Ebene dieses Gartenbereichs, der von einer Eibenhecke umgeben ist. Obwohl Mawson den Idealen der Arts-and-Crafts-Bewegung verbunden war, betrachtete er sich auch als Formalisten. Seine Anlagen waren von mittelalterlichen Gärten und jenen der Renaissance beeinflusst sowie von den Arbeiten Reptons und Kemps. Mawson war ein viel beschäftigter Gartenarchitekt und plante gleichzeitig Städte und Parkanlagen in Kanada, Griechenland und Australien. Er wurde 1929 zum ersten Präsidenten des Institute of Landscape Architects gewählt. Sein vielleicht berühmtester noch erhaltener Garten ist The Hill in Hampstead, den er für Lord Leverhulme entwarf.

☛ **Barnsley, Greene & Greene, Lutyens, Morris**

" MOONHILL "
CUCKFIELD, SUSSEX :
for Walter Lloyd Esq:
D. Morley, Herder *Arch.*
Thomas H. Mawson *Garden Arch.*

McEarcharn Neil

Villa Taranto

Seit Goethe sein Loblied auf den Gardasee mit seinen Feigen-, Birnen- und Zitronenbäumen angestimmt hatte, pilgerten die Nordeuropäer nach Süden. Rund um die Seen herrscht ein Klima, das jenem am Golf von Neapel entspricht und von starken Regenfällen, heißen Sommern und milden Wintern geprägt wird. Der pensionierte schottische Captain Neil McEarcharn war der botanischen Schönheit der Gegend völlig verfallen und machte sich 1931 an die Planung eines Gartens. Er kombinierte geometrisch gestaltete Elemente mit naturnahem Bewuchs und einer eklektischen Sammlung von Pflanzen. Henry Cocker legte schließlich die Sammlung der Stauden und Zwiebelpflanzen auf dem 18 Hektar großen Gelände an. Darunter waren auch typisch britische Jahreszeitenbeete in allen Farben, mit Tulpen und Stiefmütterchen im Frühling sowie Begonien und Geranien im Sommer. In einem Bereich strömt das Wasser eines Kanals über ein klingendes Glockenspiel und Funkien wachsen in den von steilen Hängen gesäumten Tälern.

☛ **Acton, Chambers, Hanbury, Steele, Taverna**

Neil McEarcharn (Captain Neil Boyd Watson McEarcharn). Geb. (GB), 1884. **Gest.** (I), 1964.
Villa Taranto, Lago Maggiore (I), 1931–1951.

McNab James

Steingarten im Royal Botanic Garden

Zwischen den zerklüfteten Felsbrocken im Steingarten des Royal Botanic Garden von Edinburgh wachsen einige der seltensten alpinen Pflanzen der Welt. James McNab schuf den Steingarten im Jahre 1870, während der großen Zeit der „Pflanzenjagd" in Großbritannien. Er bestand ursprünglich aus 5 442 Pflanzabteilungen, die durch senkrecht stehende Steine getrennt waren. Dies wurde von Gartenkennern und -liebhabern heftig kritisiert und man sprach von „wahrlich unvergesslicher chaotischer Hässlichkeit". Bei den Besuchern dagegen war der Garten von Anfang an beliebt.

1908 setzte man schließlich natürlicher wirkende Felsbrocken ein. Seit einiger Zeit werden die Pflanzen auch ihrem geografischen Ursprung entsprechend zusammengestellt. Zu diesem Zweck wurden das Geröllbeet und der Wasserfall vergrößert. Allerdings gibt es keine übergreifende Planung und der Gartenbauleiter John Main sagt: „Es ist beinahe eine Sisyphusarbeit. Wenn wir mit einer Sache fertig sind, müssen wir an anderer Stelle schon wieder weitermachen."

☛ Crisp, Middleton, Otruba, Pulham, Savill

James McNab. Geb. Surrey (GB), 1810. Gest. Edinburgh (GB), 1879.
Steingarten im Royal Botanic Garden, Edinburgh (GB), 1870.

297

Meath William, II. Graf von

Kilruddery

Sanftes Abendlicht und Herbstlaub verleihen der strengen Geometrie des Gartens eine romantische Note. In Kilruddery wurde ein französischer Barockgarten in die rau̇e irische Landschaft versetzt – ein Beispiel für die weite Verbreitung des französischen Gartenstils im 17. Jahrhundert: Ein Gärtner namens Bonet, vermutlich ein Franzose, soll im Jahre 1684 in die Dienste des 4. Grafen von Meath getreten sein. Das wichtigste Merkmal der Gartengestaltung stellen die zwei Kanäle dar. Nach einem starken Sturmschaden im 19. Jahrhundert wurde der Garten vom 11. Grafen von Meath restauriert und u. a. mit einem Freilufttheater, gusseisernen Elementen sowie klassizistischen Statuen aus berühmten europäischen Manufakturen ergänzt. Zur selben Zeit erweiterte man das Haus um einen Wintergarten, der von William Burn entworfen wurde und ein gewölbtes Glasdach besaß. Dazu kamen noch eine Ziermeierei des Amateurarchitekten Sir George Hodson sowie neue Balustraden für die Terrasse, die von Daniel Robertson geschaffen wurden.

☛ Bowes-Lyon, Colchester, Johnston, Robert

William, 11. Graf von Meath. Geb. 1841. Tätig (IRL), 19. Jahrhundert. Gest. 1918.
Kilruddery, Bray, County Wicklow (IRL), um 1850.

Medinacelli Familie

Pazo de Oca

Diese angelnden Skulpturen stehen auf einem steinernen Boot, das auf dem Fischteich von Pazo de Oca dahinzugleiten scheint. Viele geometrisch gestaltete Gärten sind so konventionell, dass sie beinahe langweilig wirken. Eine Ausnahme bilden Anlagen, in denen die Eigenwilligkeit eines Gartenarchitekten (wie bei den Gartenstatuen in Pazo de Oca) oder die ungewöhnliche Lage eines Gartens zum Vorschein kommen. Die rechteckige Geometrie dieses Gartens wird von einem unerwarteten winkelförmigen Durchblick unterbrochen, wodurch der Blick auf zwei angelegte Fischteiche fällt. Der Garten wurde im späten 18. Jahrhundert unter der Leitung des Marquis von Camarosa angelegt. Nach 1845 fügte François Vie, der leitende Gärtner von Madrids Palacio Real, eine Sammlung von Bäumen hinzu. Der Architekt Graf von Segorbe restauriert zur Zeit die Anlage, die besonders bei nebligem oder regnerischem Wetter einem verwunschenen Ort gleicht, da die Feuchtigkeit dann die Farbenpracht des moosbedeckten Granits hervortreten lässt.

☛ Dashwood, Pückler-Muskau, Tortella

Familie Medinacelli. Tätig (E), 18. Jahrhundert. **Pazo de Oca,** Santiago de Compostela (E), um 1790–1850.

Mehmed II. Sultan

Topkapi-Palast

Angesiedelt in spektakulärer Lage – an der Spitze der Istanbul-Halbinsel mit Blick über zwei Meere und zwei Kontinente – wurde der Topkapi-Palast auf den Ruinen der Akropolis des alten Konstantinopel errichtet. In seinen Gärten sind persische, griechische, byzantinische, osmanische und italienische Stilrichtungen vertreten. Der hier abgebildete Hof ist einer von vielen privaten Höfen aus dem persönlichen Bereich des Sultans. Ein großer Lustpavillon liegt an einem geometrisch bepflanzten Hof mit einem zentralen, achteckigen Bassin und einem Marmorspringbrunnen. Er stellt die himmlische Quelle des Paradieses dar. Im Gegensatz zu persischen Anlagen wurden türkische Gärten nicht in Viertel unterteilt und es finden sich auch keine Kanäle. Doch wie auch die großen Gärten Persiens und Indiens sind die türkischen Anlagen quadratisch oder rechteckig und von Wänden umgeben. Häufig sind sie mit Marmortafeln verkleidet und mit Gewächsen von religiöser Bedeutung, wie Zypressen, Dattelpalmen und Rosen bepflanzt,.

☛ **Almohaden, Moorish, Nasriden**

Sultan Mehmed II. Regierte (TR) 1444–1481. **Topkapi-Palast**, Istanbul (TR), begonnen 1459.

Mercogliano Pacello di Blois

Kein Garten verdeutlicht die Ursprünge der französischen Renaissance besser als Blois: Hier stand ein weitläufiges Königsschloss mit einem wundervollen formalen Garten im italienischen Stil (1500 bis 1510). Ein italienischer Brunnen, zwei *Treillage*-Räume und eine zweistöckige Galerie gehören zu den stilistischen Neuerungen. Eine derartige Anlage war in Frankreich bis dato unbekannt. Man bemühte sich nicht darum, Haus und Garten als Einheit erscheinen zu lassen, sondern ergänzte lediglich das noch im mittelalterlichen Stil erbaute Schloss. Dies war typisch für die damalige Rezeption der italienischen Renaissance in Nordeuropa. Der Gartenarchitekt war wahrscheinlich Pacello di Mercogliano, ein neapolitanischer Priester, den Karl VIII. von seinem Italienzug (1494 bis 1495) mitbrachte. Di Mercogliano schreibt man die Einführung neuer Pflanzen und Anbaumethoden zu. Man vermutet, dass er für die kostbaren Orangen- und Zitronenbäume in Terrakottatöpfen verantwortlich war, die den Garten im Sommer zierten.

☛ Du Cerceau, Gallard, L'Orme, Moroni, Poitiers

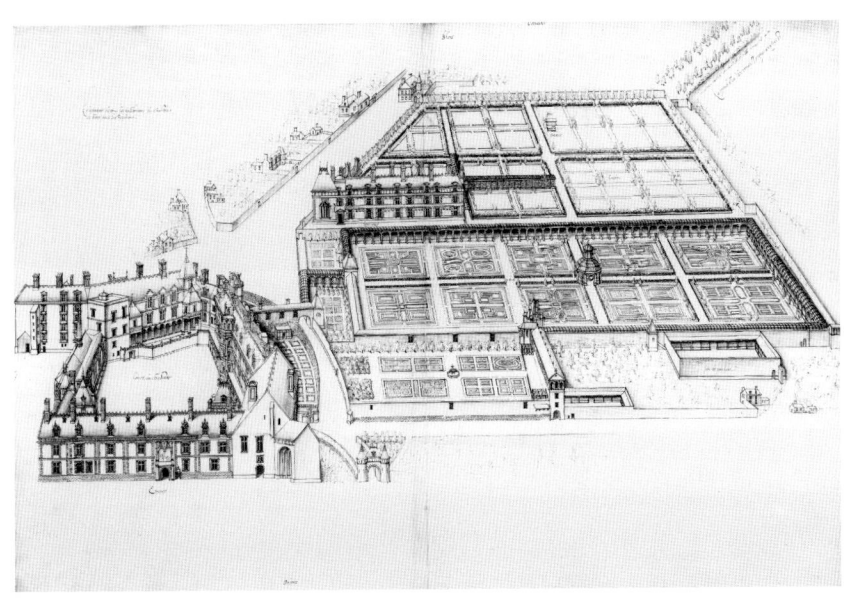

Messel Ludwig & Leonard   Nymans

Das ausgebrannte Gemäuer des Hauses (1928 erbaut, 1947 ausgebrannt) liefert eine dramatische Kulisse für den Garten. Ludwig Messel erwarb Nymans 1890 und begann mit der Anlage des Gartens. Die Arbeit wurde von seinem Sohn Leonard und später von seiner Enkelin Anne, der Gräfin von Rosse, fortgesetzt. Der Garten ist für seine in Themenbereiche unterteilte Pflanzensammlung bekannt. Der Wall Garden entstand aus einem ehemaligen Küchengarten und wurde von einem Brunnen in der Mitte ergänzt, der von Formsträuchern umstanden war. Entlang der Wege wurden prächtige Blumenrabatten angelegt. Darüber hinaus gab es einen Heidegarten, einen Rosengarten und einen Lindenweg, der wundervolle Ausblicke über die Weald-Landschaft eröffnete. Messel wurde von seinem leitenden Gärtner James Comber unterstützt, dessen Sohn Harold mehrere botanische Expeditionen nach Australien, Neuseeland und Südamerika unternahm, um botanische Schätze zu finden, mit denen man den Garten zusätzlich schmücken konnte.

☞ Caetani, Johnston, Monville, Rochford, Sackville-West

Ludwig Messel. Tätig (GB), Ende des 19. Jahrhunderts. **Leonard Messel.** Tätig (GB), Anfang des 20. Jahrhunderts.
Nymans, Haywards Heath, West Sussex (GB), 1890.

Michelozzi Michelozzo

Villa Medici

Die berühmte Villa Medici in Fiesole wurde so oft restauriert und neu angelegt, dass nur schwer zu sagen ist, was von Michelozzis ursprünglichem Konzept noch vorhanden ist. Die vier konischen Magnolien und das geometrisch angelegte *parterre* sind sicher ein Anachronismus: Sie wurden 1911 von dem englischen Gartenarchitekten Cecil Pinsent für einen angloamerikanischen Besitzer gepflanzt. Die Terrasse ist jedoch im Grunde noch so erhalten, wie sie 1460 ursprünglich für Cosimo de' Medici angelegt worden war. Haus und Garten wurden als Einheit betrachtet und sollten sich aus der umgebenden Landschaft entwickeln. Michelozzi war ein Schüler Albertis; daher rührt der weite Blick über die steile Hügellandschaft unterhalb des Gartens. Alberti war der Erste, der für eine stilistische Einheit von Haus, Garten und Landschaft eintrat. Die Stufen, die von den Terrassen herabführen, stammen aus heutiger Zeit. Dies war früher ein Küchengarten, der daher vom Haus und der eleganten oberen Terrasse getrennt wurde.

☞ **Acton, Capponi, Garzoni, Mardel**

Middleton Sir Arthur

Belsay Hall

Die ausgedehnte Parklandschaft mit Terrassen und einem 4,5 Meter breiten ha-ha, die sich vom Haus im griechischen Stil zum ruhigen See hinunterziehen, ist das Werk von Sir Arthurs Großvater, Sir Charles. Hinter dem See liegt der pittoreske Steinbruchgarten, aus dem man auch das Material für den Hausbau entnommen hatte. Sir Arthur war der viktorianischen Sammelleidenschaft verfallen und füllte den Garten mit vielen seltenen und exotischen Bäumen und Sträuchern. Ab Mitte des 19. Jahrhunderts wurde Großbritannien infolge botanischer Expeditionen förmlich von derartigen Neuheiten überschwemmt. Viele dieser Pflanzen benötigten allerdings das milde Klima in Südcornwall oder an der schottischen Westküste. Die geschützte Lage innerhalb des Steinbruchs ermöglichte eine einzigartige Sammlung. Im Steinbruch verlocken ein hoher Bogen und eine von herabhängenden Zweigen verborgene Geheimtür den Besucher zum Weitergehen. Hinter einem engen Durchgang eröffnet sich plötzlich der Ausblick auf die Ruine des Herrenhauses.

☞ **Aberconway, Gilpin, Mackenzie, Rochford, Savill**

Sir Arthur Middleton. Geb. 1838. Tätig (GB), Ende des 19. Jahrhunderts. **Gest.** 1933.
Belsay Hall, Northumberland (GB), Ende des 19. Jahrhunderts.

Mies van der Rohe Ludwig

Die Arme der Statue einer nackten Frau deuten über die Fläche dieses seichten, von Marmor gesäumten Bassins. Mies van der Rohe errichtete den Deutschen Pavillon 1929 auf der Weltausstellung in Barcelona. Auf einer 53 mal 17 Meter großen Plattform entstand ein minimalistisches Gebäude aus Stahlsäulen, einem flachen, überhängenden Dach und Glaswänden sowie honigfarbenen Onyxwänden. Es ist das erste Beispiel einer nahtlosen Integration von Innen- und Außenräumen im 20. Jahrhundert. Das abgebildete Bassin wird von einem noch größeren Bassin auf der Eingangsseite des Pavillons widergespiegelt. Die Glaswände scheinen zu verschwinden und sind gleichzeitig die Umsetzung von Mies van der Rohes berühmtem Ausspruch „weniger ist mehr". Er war der Direktor des Bauhauses in Deutschland, emigrierte jedoch 1937 in die USA. Er zählt zu den bedeutendsten Architekten des 20. Jahrhunderts und entwarf viele moderne Bauwerke wie das Seagram Building in New York und das Farnsworth House in Plano, Illinois.

☛ **Barragán, Le Corbusier, Loos, Lurçat**

Ludwig Mies van der Rohe (Ludwig Mies). Geb. Aachen (D), 1886. **Gest.** Chicago, Illinois (USA), 1969. **Deutscher Pavillon** (Barcelona-Pavillon), Barcelona (E), 1929, restauriert 1986.

Miller Carl Ferris

Chollipo Arboretum

Ferris Miller, ein in Amerika geborener koreanischer Staatsbürger, begann 1970 an der Küste des Gelben Meeres (Korea) mit der Anpflanzung dieses bedeutenden Arboretums. Obwohl viele Pflanzenfamilien vertreten sind, stehen die Magnolien im Zentrum der Sammlung. Auch Miller wurde nämlich von der gegenwärtigen weltweiten Begeisterung für diese Bäume, die an den Tulpenwahn des 17. Jahrhunderts erinnert, erfasst. Die prächtige jährliche Blüte der Magnolien lässt an die asiatische Gartentradition denken, die sich ganz auf die Blütezeit einer Pflanzenfamilie konzentriert. Diese Tradition wurde v. a. durch *shakura* (die zweiwöchige Kirschblüte) bekannt, die von unzähligen Menschen in den Parks und Gärten Japans gefeiert und begrüßt wird. Eine weitere asiatische Tradition sind Aussichtspavillons, von denen man den Garten mit seiner Blütenpracht betrachten kann: In Chollipo findet sich dafür eine Sammlung traditioneller koreanischer Häuser, die zum Großteil vor der Zerstörung in Seoul bewahrt wurden.

☛ **Holford, Smithers, Tyrwhitt**

Carl Ferris Miller. Geb. (USA), 1921. **Gest.** Chung Nam (ROK), 2002. **Chollipo-Arboretum,** Chung Nam (ROK), 1970.

Milne Oswald

Coleton Fishacre

Die Terrassen, die wie das Haus mit Steinen aus dem unterhalb gelegenen Tal erbaut wurden, bilden einen architektonischen Rahmen für Coleton Fishacre in Devon. Zudem schützen sie die halbwinterharten, exotischen Pflanzen. Die Terrassen gehen in einen natürlich angelegten Garten mit bewaldeten Hängen, Wasserbecken und Wasserläufen über. Je näher man ans Meer kommt, desto dschungelartiger wird die Vegetation. Coleton Fishacre wurde zwischen 1923 und 1926 für Rupert D'Oyly Carte und seine Frau Dorothy erbaut. Das Arts-and-Crafts-Haus ist ein Werk des Architekten Oswald Milne, ehemaliger Assistent von Edward Lutyens, dessen Einfluss noch in dem runden Wasserbecken auf der oberen Terrasse ersichtlich ist. Während Milne für den gestalteten Bereich rund um das Haus und für den Rill Garden verantwortlich war, wurde der restliche Teil der Anlage von den D'Oyly Cartes gestaltet. Sie nutzten das milde Küstenklima, um eine Vielzahl unterschiedlicher Gewächse, darunter auch Mimosendickichte, zu pflanzen.

☞ **Barnsley, Fish, Harrild, Lutyens, Mawson**

Oswald Milne. Geb. 1881. Tätig (GB), Anfang des 20. Jahrhunderts. **Gest.** 1967.
Coleton Fishacre, bei Kingswear, Devon (GB), 1920er-Jahre.

Miró Joan

Das Labyrinth

Monumentale Keramiken auf miteinander verknüpften Terrassen bevölkern Joan Mirós Labyrinth neben dem Gebäude der Maeght-Stiftung in Saint-Paul. Es ist einer der seltenen Fälle, in denen ein Künstler mehrere Werke für einen speziellen Außenbereich schuf. Miró baute zunächst Sperrholzmodelle seiner Skulpturen in Originalgröße, um mit ihrer Positionierung experimentieren zu können. Anschließend half ihm der Keramiker Josep Artigas, seine Arbeiten umzusetzen. Einige der Stücke, wie die *L'Oiseau Lunaire* aus Marmor, ein Vogel mit gehörntem Kopf, haben erkennbare bildliche The-

men; andere, wie die *Femme à la chevelure défaite*, sind abstrakt. Miró schuf acht Terrakottamodelle in Originalgröße von seinem größten Werk, *Le Grand Arc*, ehe er es umsetzte. Bei dem Labyrinth ließ Miró seinen Plan Wirklichkeit werden, in einem architektonischen Kontext in monumentalem Maßstab zu arbeiten. Die Außenbereiche, von Miró und Alberto Giacometti, und das Gebäude wurden zeitgleich entworfen, um sich gegenseitig zu ergänzen.

☛ **Brancusi, Chand Saini, Hepworth, Monet, Moore**

Joan Miró. Geb. Barcelona (E), 1893. **Gest.** Palma de Moyona (E), 1983.
Das Labyrinth, Maeght-Stiftung, Saint-Paul (F), 1963–1968.

Mizner Addison

Casa Bienvenita

Addison Mizner legte in den 1920er-Jahren diesen parzellierten Rosengarten an, als er die Villa für den Geschäftsmann Alfred Dieterich entwarf. Mizner war für seinen eklektischen Stil bekannt und führte unter den Reichen und Schönen von Palm Beach (Florida) Herrenhäuser im spanischen Stil ein. Dem abgebildeten Rosengarten diente vielleicht jener von Bagatelle oder italienische Gärten der Renaissance, die von Hecken umgeben und mit Statuen geschmückt waren, als Vorbild. Die Casa Bienvenita, die typisch für Mizners üppigen Stil ist, verbindet das spanische Revival mit maurischen, goti-schen und romanischen Elementen. Darüber hinaus gibt es einen Gemüsegarten, ein Teehaus, einen Patio mit Kreuz-gang und einen von Palmen umstandenen Teich. Der Garten wurde 1979 nach Mizners Originalplänen restauriert. Er ent-warf im Laufe seiner Karriere viele Häuser. Sein Stil kam je-doch aus der Mode und 1927 ging Mizner schließlich Bank-rott. Er gab die Architektur auf und verbrachte mehrere Jahre damit, seine Memoiren zu schreiben.

☛ **André, Forestier, Hancock, Suarez, Washington Smith**

Addison Mizner. Geb. Benicia, Kalifornien (USA), 1872. **Gest.** Miami, Florida (USA), 1933.
Casa Bienvenita, Montecito, Kalifornien (USA), um 1920.

Mollet Claude

Château de Fontainebleau

Dieses von Claude Mollet angefertigte „Bild" des Parks von Schloss Fontainebleau zeigt den Garten gegen Ende der Herrschaftszeit von Heinrich IV. Dieser wohl historischste aller königlichen Gärten in Frankreich verdankt seine heutige Form zum Großteil André Le Nôtre (1613–1700). Ursprünglich verwandelte Franz I. Fontainebleau vom königlichen Jagdgebiet in eine Schlossanlage. Er beauftragte die besten italienischen Künstler seiner Zeit: Primaticcio, Serlio und Vignola schufen großartige Anlagen, Skulpturen und Grotten. Der italienisierende Stil wurde von Katharina de' Medici noch stärker betont. Der mehr dem französischen Geist verpflichtete Heinrich IV. von Frankreich beauftragte Alexandre Francini, das „Tiber"-Parterre in vier Abschnitte aufzuteilen. 1595 ließ er Claude Mollet einen kleinen „Insel"-Garten am großen Wasserbecken entwerfen. Mollet, ein beeindruckender Gartenarchitekt und Autor, arbeitete vor allem in Saint-Germain-en-Laye und Versailles. Das wunderbare Théâtre des Jardinages war sein wichtigstes Werk.

☛ **Francini, L'Orme, Mercogliano, Poitiers, Serlio**

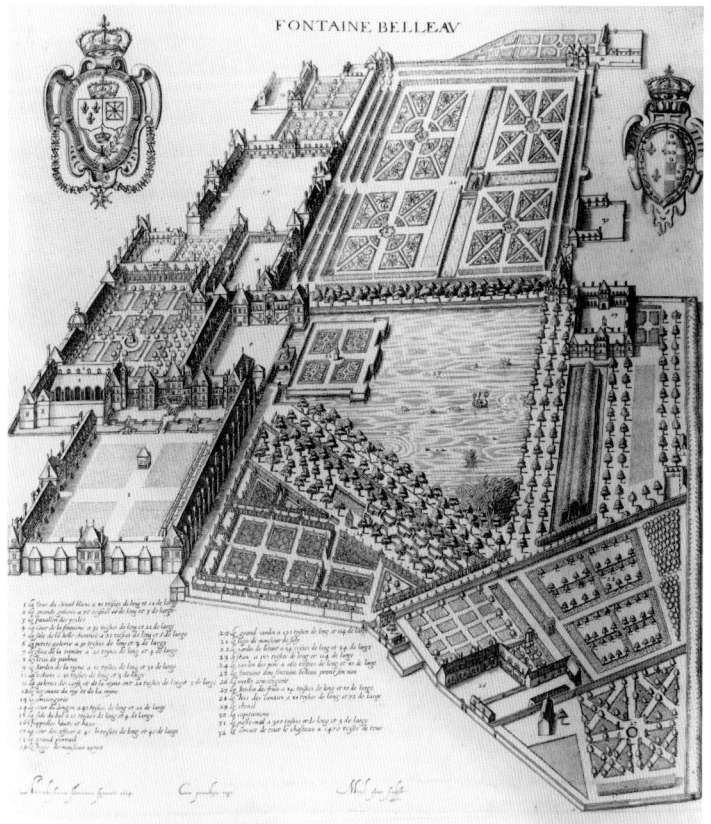

Claude Mollet. Geb. 1550. Gest. 1603. Château de Fontainebleau (F), um 1595.

Monasterio de San Lorenzo

Uralte, verwachsene Buchsbaumhecken, die von Gärtnern über Jahrhunderte hinweg geformt wurden, um ein dichtes, irrgartenähnliches Muster zu bilden, bedecken den Klostergarten von San Lorenzo de Trasouto in Santiago de Compostela. Das im 13. Jahrhundert gegründete Kloster kam im 15. Jahrhundert in den Besitz der Grafen von Altamira, die es den Franziskanern übergaben. Die Buchsbaumhecken sollen rund 400 Jahre alt sein und zählen zu den größten Eigentümlichkeiten in der Gartengeschichte. Zu den vielen religiösen Symbolen, die aus den Hecken geformt wurden, gehört auch die Pilger- oder Jakobsmuschel, die nach dem Heiligen Jakob benannt ist und von den heutigen Santiago-Pilgern immer noch als Abzeichen getragen wird. In einem der Quadranten des Klostergartens steht ein moosbewachsener Springbrunnen mit einem von Farnen umgebenen Wasserbecken. Die untere Galerie der Kreuzgangarkaden, die rund um die Buchsbaumhecken verläuft, ist mit alten Glyzinienranken überwuchert, deren Blüten im Frühling duften.

☛ Baron Ash, Blandy, Franco, Rochford, Salisbury, Wirtz

Monasterio de San Lorenzo de Trasouto. Gegründet im 13. Jahrhundert.
Klosterkreuzgang, San Lorenzo de Trasouto, Santiago de Compostela (E), gegründet im 17. Jahrhundert.

311

Monet Claude

Giverny

Dies ist die vielleicht berühmteste Gartenperspektive des 20. Jahrhunderts, die einem internationalen Publikum durch die Reihe von Seerosenbildern bekannt wurde, welche Claude Monet in seinem Garten auf Giverny zwischen 1901 und 1925 schuf. Es gibt hier zwei Gärten: den Blumengarten mit ca. 70 Beeten, einem Rasen und einem von Rosen überwachsenen Tunnel sowie den Wassergarten, den Monet 1893 erwarb. Für den Wassergarten entwarf Monet den großen orientalischen Teich mit Pfingstrosen, Bambus und einer japanischen Brücke, die hier nicht in Rot, sondern in Grün gehalten ist. Im Blumengarten wurden lange, rechteckige Beete mit nur jeweils einer Sorte bepflanzt, um Farbblöcke zu erhalten – eine Idee, die von einem Besuch auf holländischen Tulpenfeldern stammte. Monet war ein enthusiastischer, origineller Gärtner. Er erlaubte z. B. seinen Mohnblumen, sich frei zu vermehren. Ein Vielfalt an Wildblumen macht Giverny zu einem romantischen Garten, den Monet als Quelle des Trostes und der Entspannung nutzte.

☛ **Heron, Hornel, Larsson, Morris, Steele**

Claude Monet. Geb. Paris (F), 1840. **Gest.** Giverny (F), 1926. **Giverny,** Normandie (F), 1893 – 1901.

Monteiro Antonio & Manini Luigi Quinta de Regaleira

Monteiro war ein exzentrischer Portugiese und der Erbe eines Vermögens, das mit brasilianischem Kaffee und Edelsteinen angehäuft worden war. Mit praktisch unbegrenzten finanziellen Möglichkeiten beauftragte er in den 1870er-Jahren Manini, den italienischen Architekten und Bühnenbildner von La Scala, einen großartigen allegorischen Garten und eine Villa zu errichten. Diese Traumlandschaft lag auf seinem Grundstück nicht weit von Sintra, in der Nähe des Serra-Gebirges bei Lissabon. Manini entwarf sowohl das Haus als auch den Garten in einer eklektischen Stilmischung. Diese entsprach den unzähligen Launen seines Auftraggebers, der sich von der Mythologie der Antike und von seiner Fantasie inspirieren ließ. Zu den Hauptattraktionen gehört der neunstöckige Brunnen, der 20 Meter in einen Felsen bis zu einem himmelwärts weisenden Stern hinabreicht. Der Brunnen wurde von den Tempelrittern für ihre Initiationszeremonien genutzt. In Quinta de Regaleira wurde der obsessive Traum eines Menschen in einen realen Garten verwandelt.

☛ **Bomarzo, Chambers, Cheval, James, Lane, Monville**

Montpellier Charles-Alexis de

Château d'Annevoie

Bereits seit 200 Jahren sprudelt das Wasser aus den Fontänen und strömt über die Kaskaden von Les Jardins d'Annevoie in den bewaldeten Hügeln über dem Maastal. Der natürliche Wasserdruck, der von vier in den Gärten entspringenden Quellen gesammelt wird, erzeugt jeweils einen beeindruckenden Wasserstrahl von mehr als sieben Metern Höhe oder silberne Fächer (wie im Bild zu sehen), die sich wie ein Pfauenrad wölben. Charles-Alexis de Montpellier wurde erst im Jahre 1743 geadelt. Er entwarf die Gärten zwischen 1758 und 1778 und griff dabei Ideen aus Italien, Frankreich und Eng- land auf, die er auf seiner Grande Tour gesammelt hatte. So entstand ein kontrastreicher Garten, in dem sich geschlossene und offene Areale, Licht und Schatten, ruhige spiegelnde Wasserflächen und Wasser in Bewegung abwechseln. Geschnittene Hecken sowie gemähte Rasenflächen bestehen gleichberechtigt neben Kastanienwäldern und glattstämmigen Buchen. Annevoie bietet zu jeder Jahreszeit einen prachtvollen Anblick.

☛ Bingley, Duchêne, Le Nôtre, Wirtz

Charles-Alexis de Montpellier. Tätig (B), Mitte des 18. Jahrhunderts. **Gest.** 1778.
Château d'Annevoie, Annevoie-Rouillon (B), 1758–1778.

Monville Baron de   Désert de Retz

In der melancholischen Landschaft von Désert de Retz erhebt sich die gigantische Ruine wie eine Geistererscheinung. Der Schöpfer des visionären Gartens, Baron de Monville, soll dort viele schlaflose Nächte zugebracht haben. Bei diesem Gebäude handelt es sich um eines der wenigen noch erhaltenen Beispiele der französischen visionären Architektur des späten 18. Jahrhunderts, die von Ledoux und Boullée beeinflusst wurde. Wie die anderen *follies*, die über den großen, wilden Park verteilt sind, ist auch das Haus selbst symbolisch aufgeladen. Sie alle versinnbildlichen im weitesten Sinne die kulturellen Schönheiten der Welt und die Botschaften der Natur. Ein chinesisches Holzhaus, ein Pantempel, ägyptische Pyramiden und Obelisken formten eine eklektische Landschaft, die in den letzten Jahren der französischen Monarchie zur Attraktion wurde. Der Désert wurde während der Revolution aufgegeben und in den darauf folgenden Jahrhunderten vernachlässigt, sodass der Verfall Einzug hielt. Doch seit 1986 wird die Anlage wieder zum Leben erweckt.

☞ **Bélanger & Blaikie, Girardin, Laborde, Robert**

Moore Henry

Perry Green

Heute sind wir den Anblick so gewohnt, dass er beinahe alltäglich wirkt. Ursprünglich jedoch waren monumentale Bronzeskulpturen, die auf einem Feld verstreut sind, eine gewagte Innovation. Hält man heutzutage die Beziehung zwischen dem modernen, dreidimensionalen Kunstobjekt und der natürlichen Landschaft für offensichtlich, so liegt das zu einem großen Teil an den Arbeiten Henry Moores. 1940 verließen er und seine Frau Irina ihr Haus in Hampstead, das bei einem Bombenangriff beschädigt wurde, und zogen in das kleine Dorf Perry Green in Hertfordshire. Dort blieben sie bis an ihr Lebensende und fügten dem ursprünglichen Cottage samt Schafweide immer neue Gebäude und Land hinzu. Vor allem Irina war mit der Gestaltung des Landes beschäftigt. Sie entwarf eine Reihe von Gärten und weniger formale Anlagen, in denen die Skulpturen sehr flexibel präsentiert werden konnten. Moore selbst legte einige große Werke dauerhaft an, während andere Ausstellungsstücke nur zeitlich begrenzt waren.

☛ **Heron, Hepworth, Jellicoe, Miró, Monet, Tunnard**

Henry Moore. Geb. Yorkshire (GB), 1898. **Gest.** Perry Green, Hertfordshire (GB), 1986.
Perry Green, Hertfordshire (GB), 1940.

Moorish (Maurische Herrscher)

Die alten Zierbäume und buchsgesäumten Beete stammen aus dem 18. Jahrhundert. Sie waren ursprünglich nicht Bestandteil dieses verführerischen Gartens. Vier Jahrhunderte maurischer Herrschaft hinterließen unauslöschliche Spuren in der mallorquinischen Architektur und Landschaftsplanung. In Alfabia, das vermutlich über längere Zeit ein maurischer Herrschersitz war, tritt dieses Erbe noch besonders stark hervor. Obwohl Teile des Gartens im 18. Jahrhundert umgestaltet wurden, blieb der lange Gang neben dem überwölbten Wasserbecken das eindrucksvollste Element. Er ist mit einem Mosaik aus Kieseln und Ziegelsteinen gepflastert. Getragen von achteckigen Steinsäulen, wölbt sich eine Eisenpergola über den Gang, die von Weinreben und Kletterpflanzen wie Glyzinien überrankt ist. Aus steinernen Kapitellen erheben sich Wasserstrahlen über den Weg und kühlen die erhitzte Luft. Hinter dem Gang wachsen Bäume, Sträucher und Bambushaine, die durch Wasserläufe und -becken sowie Springbrunnen verbunden sind.

☛ Abd al-Rahman, Muhammad V., Nasriden

Moorish (Maurische Herrscher). Regierten Mallorca (E), 1075–1229.
Alfabia, Mallorca (E), gegründet im 11. Jahrhundert.

More Sir Thomas

Moorhouse

Dies ist eine der deutlichsten noch erhaltenen Abbildungen eines Gartens der Tudorzeit. Er bildet den Hintergrund für ein Miniaturporträt von Sir Thomas More und seiner Familie, das in den 1590er-Jahren von Rowland Lockey gemalt wurde. Die Ziegelsteinmauern umschließen eine quadratische Grundfläche, wobei eine überdachte Galerie und ein Gebäude, das vermutlich als Kapelle diente, einen Teil der Mauer bilden. Eine niedrige geschnittene Hecke dient als Einfassung weiterer Hecken in quadratischer Form. Dazwischen stehen einige Bäume. Auf eine streng geometrische Anordnung hat man anscheinend keine große Mühe verwendet. Es gibt auch keine Wappentiere auf vergoldeten Säulen, wie sie auf zeitgenössischen Bildern der königlichen Gärten Heinrichs VIII. zu sehen sind. Dennoch ist dies ein Beispiel für die frühen, bescheidenen Knotengärten. Leider weiß man nicht, ob More selbst an der Gartengestaltung mitwirkte. Er vermachte schließlich diesen Teil seines Besitzes einer Tochter und dem Schwiegersohn.

☛ Jones, Lennox-Boyd, Orsini, Salisbury, Verey

Sir Thomas More. Geb. London (GB), 1478. **Gest.** London (GB), 1535.
Moorhouse, Chelsea, London (GB), 1520–1535, Abbildung von Rowland Lockey, um 1593–1594.

Moroni Andrea

Orto Botanico

Dieser frühe Druck zeigt, dass sich der Botanische Garten von Padua seit seiner Gründung kaum verändert hat. Die Hauptwege verlaufen noch immer auf ihren ursprünglichen Nord-Süd- und West-Ost-Achsen. Die abgebildeten vier Kreissegmente ordnete man von Zeit zu Zeit anders an und auch die runde Umfassungsmauer wurde im 18. Jahrhundert neu errichtet. So kann man noch den Garten erkennen, den der bergamaskische Architekt Moroni 1545 für die Anatomische Abteilung der Universität von Padua zur Unterstützung des Medizinunterrichts anlegte. Aus diesem Grund wuchsen dort ursprünglich nur pharmazeutisch relevante Pflanzen; erst später wurde die Sammlung um nützliche Nahrungspflanzen erweitert. Als die Kartoffel in den 1570er-Jahren erstmals aus Südamerika nach Europa eingeführt wurde, pflanzte man sie in ebendiesem Garten an. Später kamen auch noch reine Zierbeete hinzu, weshalb Padua nicht nur einen der ältesten botanischen Gärten besitzt, sondern auch einen der schönsten.

☞ **Chambers, Clusius, Palladio, Sloane**

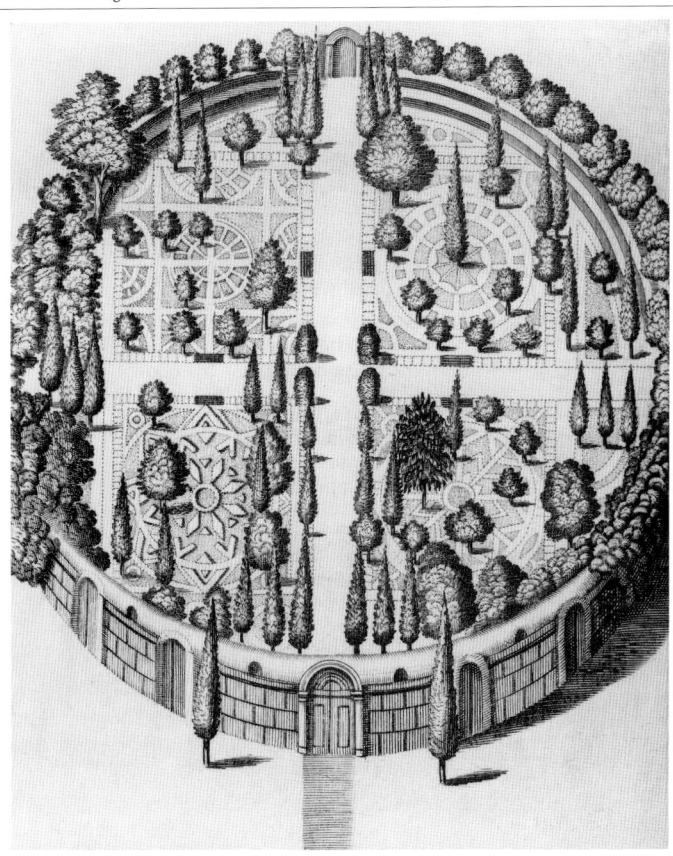

Andrea Moroni. Geb. Bergamo (I). **Tätig Anfang bis Mitte des 16. Jahrhunderts. Orto Botanico,** Padua (I), 1545.

Morris William

Kelmscott Manor

Eine Reihe von Rosenbäumchen säumt den Weg, der zur Tür dieses hübschen Cotswoldhauses führt. Dieser Anblick strahlt eine solche Harmonie aus, dass man den Eindruck gewinnt, Haus und Garten seien organisch gewachsen und nicht entworfen. William Morris, der für sein Textildesign und seine Schriften berühmt war, in denen er sich für die Reformierung des Kunsthandwerks aussprach, schuf sich mit diesem Anwesen eine ideale Umgebung. Hier konnte er seiner Doktrin folgen, wonach jeder Handwerker oder Künstler sich eine Umgebung schaffen sollte, in der er ein kreatives

und befriedigendes Leben führen kann. Morris war einer der Begründer der Arts-and-Crafts-Bewegung. Seiner Meinung nach sollten Gärten ordentliche Gemüsereihen sowie gerade Wege und Rabatten haben, die vor Blumenpracht geradezu überquollen. Die Cotswolds schienen ihm für diese Zwecke perfekt geeignet, wie sein Kommentar zu einem anderen Cottage 1876 zeigt: Es war „ein Kunstwerk und ein Stück Natur – einfach perfekt".

☛ **Barnsley, Greene & Greene, Lutyens, Mawson, Parsons**

William Morris. Geb. London (GB), 1834. **Gest.** London (GB), 1896.
Kelmscott Manor, Gloucestershire (GB), 1871, abgebildet auf dem Umschlag von Morris' *News from Nowhere* (1891).

Mozzoni Conte Ascanio

Villa Cicogna Mozzoni

Der abgesenkte, eingefriedete Hofgarten der Villa Cicogna Mozzoni umfasst *zwei* rechteckige Buchs-*parterres* und *zwei* Zisternen mit Springbrunnen. Die Mauern sind mit großen Tuffstein-Stücken, Nischen mit klassischen Statuen und einem kleinen Nymphaeum (Mitte) geschmückt. Ein ausgeklügeltes System von Wasserspielen wurde kürzlich wieder funktionsfähig gemacht. Am anderen Ende der Anlage befindet sich eine kleine Grotte mit einer Geheimtür. Der Garten ergänzt in perfekter Weise die Renaissancevilla, die in den 1550er-Jahren von den Campi-Brüdern aus Cremona unter der Leitung von Conte Ascanio Mozzoni umgestaltet worden war. Vom ersten Stock des Hauses aus lassen sich die sorgfältig angelegten Hauptachsen erkennen. Jedes Fenster bietet eine andere Aussicht. Die überaus gelungene räumliche Aufteilung zeichnet die Anlage als eines der seltenen noch erhaltenen Beispiele eines Gartens der Hochrenaissance aus. Eine dramatische Wassertreppe führt vom Hauptsaal auf der Bergseite der Villa steil nach oben.

☛ **Borghese, Bramante, Garzoni, Vignola**

Conte Ascanio Mozzoni. Tätig Mitte des 17. Jahrhunderts. **Gest.** (I), 1593.
Villa Cicogna Mozzoni, Varese, Lombardei (I), 1550er-Jahre.

Muhammad V.

Löwenhof, Alhambra

Ein Wald aus schlanken Alabastersäulen und ausgefeilten Stuckaturen mit Pflanzenmotiven schafft einen nahtlosen Übergang von Innen- und Außenräumen. Die Alhambra, ein Juwel maurischer Architektur, wurde 1377 von Sultan Muhammad V. begonnen. Vier Wasserkanäle vereinheitlichen die Hofgestaltung: Sie fließen nach außen, um sich unter einem zentralen Bassin zu treffen, das von zwölf Löwen getragen wird, dem Symbol für Herrschaft und Macht. Heute ist der Hof zu großen Teilen bekiest, doch war er einst mit Orangenbäumen und Blumenbeeten bepflanzt. Im 9. Jahrhundert war die Alhambra bereits eine Zitadelle. Unter der Herrschaft der Nasriden gelangte sie Mitte des 13. Jahrhunderts zu ihrer vollen Blüte als Stadtpalast – bis Granada an Ferdinand und Isabella von Spanien im Jahre 1492 übergeben wurde. Die Alhambra ist mit dem Generalife, einem Sommer-Lustgarten, verbunden und hält die Erinnerung an islamischen Paradiesgärten lebendig, die Sinne und Geist gleichermaßen ansprechen.

☛ **Allah, Moorish (Maurische Herrscher), Nasriden, Tortella**

Muhammad V. Regierte (E) 1354–1359 und 1362–1391. **Löwenhof, Alhambra.** Alhambra, Granada (E), 1377.

Musgrave (Gouverneur von Kerman)

Bagh-e-Shahzadeh

Einsam wie eine Oase in der Wüste befindet sich dieser persische Garten am Fuße einer zerklüfteten Gebirgskette und bildet einen lebendigen Gegensatz zu seiner Umgebung. Der Tradition gemäß ist Bagh-e-Shahzadeh von Mauern umgeben. Er ist streng symmetrisch geordnet, und Steinwege, Wasserkanäle und Bassins vervollständigen die Anlage, die dem Besucher Zuflucht und Einsamkeit bietet. Luftige Pavillons, schattige Pfade, Kaskaden, Zypressen und Pappelalleen umschließen den Garten. Acht *parterres*, die auf jeder Seite des zentralen Wasserweges liegen, tragen weiter zu der Ausgeglichenheit und Leichtigkeit dieses auserlesenen Ortes bei.

So, wie die Oase dem müden Wüstenreisenden Rettung versprach, so verheißt der Koran dem Gläubigen ewiges Leben in einem Paradies – und der irdische, persische Garten ist der Ort, an dem sich das Leben abspielt. Aus der Vorstellung des Gartens gewann die persische Kunst, Literatur und Religion viele ihrer Inspirationen und Motive.

☞ **Allah, Assurbanipal, Ineni, Moorish, Nasriden**

Musgrave (Gouverneur von Kerman). **Bagh-e-Shahzadeh,** Mahann, Persien (IR), 19. Jahrhundert.

Nash John

Royal Pavilion

Das für den Prinzregenten als Villa am Meer entworfene Gebäude wurde 1787 erbaut. Die Umgestaltung im indisch beeinflussten „Hindu"-Stil, den der Prinz in Sezincote bewundert hatte, wurde jedoch 1808 von John Nash vorgenommen. Nash war dem Prinzen von Humphrey Repton als Architekt für einen Wintergarten empfohlen worden – Teil der neuen Gärten, die Repton 1797 bei der Villa angelegt hatte. Als es jedoch an den Umbau ging, verfolgte Nash, der die folgenden 30 Jahre königliche Aufträge erhielt, einen hinterhältigen Plan. Er ignorierte seinen Teil der Abmachungen mit Repton und schloss sogar Reptons 1806 entstandene Entwürfe für den Umbau aus. Dennoch waren Nashs Ideen zum Garten- und Landschaftsbau stark von Repton beeinflusst. Auf der begrenzten Fläche der Pavillongärten reagierte Nash auf die wachsende Begeisterung für die Blumenzucht und entwarf mehrere Blumenbeete, die von W. T. Aiton, dem Leiter der Royal Botanic Gardens in Kew, mit exotischen Gewächsen bestückt wurden.

☛ **Chambers, Cockerell, Repton, Shah Jahan**

John Nash. Geb. London (GB), 1752. **Gest.** East Cowes, Isle of Wight (GB), 1835. **Royal Pavilion,** Brighton (GB), 1808.

Nasoni Niccolo

Villa Mateus

Die für Antonio Jose Botelho Mourao errichteten, mit Türmchen gekrönten Häuser von Mateus, werden, wie der Originalgarten, dem toskanischen Maler und Architekten Niccolo Nasoni zugeschrieben. Im Wasserbecken spiegelt sich die barocke Silhouette des Hauses. Eine eigenwillige Skulptur des 20. Jahrhunderts von Joao Cutileiro stellt einen Kontrast zu den dahinter liegenden Gartenbereichen dar. Auf den Terrassen vor dem Haus liegen vier mit Buchsbaum gesäumte Parterregärten. Zu den unterschiedlichsten Buchsformen gehören u. a. spiralförmige Schnörkel in Bodenhöhe und

2,4 Meter hohe, atemberaubende Stützpfeiler. In der Mitte der Terrasse befindet sich ein enormer Tunnel (Länge 34,5 Meter, Höhe 7,5 Meter) aus knapp gestutzten Zypressen. Die dunkle, kühle Atmosphäre im Inneren ist typisch für diese Art von Tunneln, die früher in nordportugiesischen Gärten häufig anzutreffen waren. In festen Abständen umschließen zu Bogen geformte Zypressenhecken mehrere Obstgärten auf dem oberen Teil des Grundstücks.

☛ **Fronteira, Mardel, Oliveira & Robillon, Porcinai**

Nasriden Hofarchitekt der Jennat al-Arif (Generalife)

Dieser Gartenpalast wurde hoch auf einem Hügel dramatisch platziert; von hier aus kann man die Alhambra und die Stadt Granada im Tal darunter überblicken. Er umfasst eine Reihe von Terrassengärten, zu denen z. B. auch der hier abgebildete Haupthof gehört: der innere Patio de la Acequia. Seine Achsen bestehen aus lang gestreckten, tiefgrünen Wasserkanälen. Fontänen mit kühlendem Wasser funkeln im Licht, während die Tropfen in das zentrale Bassin sprühen. Der sanfte Ton plätschernden Wassers verzaubert und schafft eine Atmosphäre der Stille in diesem Innenhof. In die Zimmer, die den Hof umgeben, strömt kühle Luft vom Bassin, vermengt mit dem Duft der Blumen und Pflanzen. Jennat al-Arif erweckt den Eindruck von Schlichtheit, Eleganz und Leichtigkeit. Die überwältigende Aussicht, die das Bauwerk bietet, zeigt die gekonnte Beeinflussung der örtlichen Gegebenheiten, welche die islamischen Herrscher allgemein in der andalusischen Gartenpalastarchitektur einzusetzen wussten.

☛ **Ligorio, Moorish, Muhammad V., Sangram Singh**

Hofarchitekt der Nasriden. Tätig (E), 14. Jahrhundert.
Jennat al-Arif (Generalife), Patio de la Acequia, Granada (E), 1319.

Nesfield William Andrews   Holkham Hall

Die filigranen Buchsbaummuster im Stil Ludwigs XIV. sowie die Blumenbeete auf farbigen Kieselsteinen verleihen diesem *parterre* der großartigen geometrisch angelegten Terrasse in Holkham eine besondere Note. Direkt vor den abgesenkten Feldern der abgebildeten Südterrasse befindet sich ein Wasserbecken mit einer Statue von St. Georg mit dem Drachen, ein Werk R.C. Smiths. Auf dem *parterre* einer nördlich gelegenen, ebenfalls von Nesfield entworfenen Terrasse wurden die Initialen der Besitzer verewigt. Durch die Anlage von *parterres* für Landhäuser weckte Nesfield erneut das Interesse an dieser prächtigen Kunstform des 17. Jahrhunderts. Seine Bekanntheit verdankt er auch den Gärten, die er zwischen 1844 und 1848 für die Royal Botanic Gardens in Kew entwarf. Seine Arbeit in Holkham (1849 bis 1882) steht in einer langen und ehrwürdigen schöpferischen Tradition, denn seit der Entstehungszeit des Anwesens (1720) wurde das weitläufige Parkgelände bereits von William Kent, Capability Brown und John Webb umgestaltet.

☛ Barry, Blomfield, Brown, Marot & Roman, Sophie

Neutra Richard

Loring Residence

Die Sonne, die sich im Swimmingpool reflektiert, die Stadt in der Ferne, die klaren modernen Linien eines komfortablen Lebensraums: All diese Elemente des amerikanischen Traums aus den 1950er-Jahren finden sich hier versammelt. Mit seinen Schiebetüren, die sich zu hohen Glaswänden hin öffnen, ist das Haus eine Erweiterung der Poolumgebung – sogar die Teppiche wurden auf die Außenbepflasterung abgestimmt. Diese idyllische südkalifornische Anlage ist das Werk Richard Neutras, der sich auf flache Wohnbauten mit einem industriellen Anstrich spezialisierte, die er in sorgfäl-

tig arrangierten Landschaften errichtete. Er arbeitete oft in schönen, abgelegenen Gegenden, wie z. B. im Falle von Kaufmann Desert Home, in dem er den Kontrast zwischen modernem Leben und der natürlichen, wilden Umgebung hervorhob. Neutra hatte ein tiefes Bewusstsein für die amerikanische Kultur und ihre Architektur, obwohl er in Wien geboren wurde, wo er mit Adolf Loos und Otto Wagner studierte, bis er 1923 in die USA übersiedelte.

☞ **Halprin, Hargreaves, Herman, Loos**

Richard Neutra. Geb. Wien (A), 1892. **Gest.** Wuppertal (D), 1970.
Loring Residence, Los Angeles, Kalifornien (USA), um 1950.

Niven Ninian

Das lichtdurchlässige Dach des Palmenhauses erhöht noch den dramatischen Effekt der eklektischen Pflanzensammlung dieses Gartens. Ninian Niven wurde 1834 Direktor der Glasnevin Botanical Gardens. Während des viktorianischen Zeitalters war er der wichtigste Gartenarchitekt Irlands, da er seine eigene Sprache gefunden hatte, in der englischer Stil und französischer Formalismus „klug miteinander verschmolzen". 1836 veröffentlichte er den ersten bekannten Führer für einen botanischen Garten. Er brachte auch eine Reihe einfallsreicher Gestaltungsvorschläge vor, darunter einen Steingarten, der durch die Auswahl und Anordnung der Steine die geologischen Schichten Irlands darstellen sollte. Darüber hinaus plante er einen Garten aus exotischen und einheimischen Pflanzen, die links und rechts entlang eines sich windenden Weges wachsen sollten. Neben seiner Tätigkeit als Gartenarchitekt betrieb Niven auch eine Baum- und Gartenbauschule, veröffentlichte religiöse Traktate sowie einen Lyrikband.

☛ Burton & Turner, Fowler, Loudon, Paxton, Veitch

Ninian Niven. Geb. Glasgow (GB), 1799. **Gest.** Dublin (IRL), 1879.
Glasnevin, National Botanic Gardens, Dublin (IRL), 1834–1838.

Noailles Charles & Marie-Laure de

Villa Noailles

Eine überraschend bunte Mischung von Pflanzen gedeiht in den verschiedenen Teilen dieses hellen und üppigen südfranzösischen Gartens, der sich an einem Hang in der Nähe von Grasse befindet. Das gesamte Gelände wird von Wasserläufen durchzogen, die vom Nymphaeum zu einer Reihe von Springbrunnen führen. An sorgfältig angelegten Stellen blickt man auf besonders reizvolle Ausschnitte der umliegenden Landschaft, die leider etwas unter der beschleunigten Entwicklung der vergangenen Jahre gelitten hat. Hier und da entdeckt man in Form einer Buchsbaumeinfassung oder ei-

ner Kette von Springbrunnen Anklänge an berühmte Vorbilder, so z. B. an Sissinghurst oder die Villa d'Este. Diese Anspielungen waren Vicomte Charles de Noailles' Art, sich für die Inspirationen erkenntlich zu zeigen, die er auf seinen ausgedehnten Reisen und Gartenexkursionen empfangen hatte. Die Pflanzen stehen im Mittelpunkt: eine Vielzahl heimisch gewordener Zwiebelblumen, eine Sammlung von Magnolien, drei Päonien sowie Schneeballbüsche.

☞ **Ligorio, Mallet-Stevens, Peto, Sackville-West, Vesian**

Vicomte Charles & Marie-Laure de Noailles. Tätig im 20. Jahrhundert. **Villa Noailles,** Grasse (F), 1947–1981.

Noel Anthony

Fulham Garden

Dieser Ausblick scheint den Besucher geradezu aus dem Haus und in Anthony Noels Londoner Stadtgarten zu ziehen. Romantische weiße Lilien und Petunien in Töpfen kontrastieren mit dem akkurat geschnittenen Buchsbaum; bunter Efeu überzieht die Mauer. Der frühere Schauspieler Anthony Noel kombiniert seine Neigung zu Theatralik und Glamour mit geschickter Raumaufteilung, die besonders bei dieser geringen Größe zur Geltung kommt. Seine originellen Einfälle, wie z. B. ein Schuppen im Strandhüttenstil oder die Reihen fröhlich gestreifter Terrakottatöpfe, die mit winzigem, ku-gelförmig gehaltenem Buchsbaum bepflanzt sind, wurden in den vergangenen Jahren unzählige Male nachgeahmt. Noels Raumgefühl erlaubt es ihm, ausladende Gefäße, Pflanzen oder Spaliere elegant auf kleinem Raum einzusetzen. Seine Gärten sind sorgfältig beleuchtet, da die Londoner Kunden ihre Stadtgärten ebenso häufig nachts wie tagsüber nutzen. Ungewöhnlich ist, dass Noel ausschließlich an kleineren Projekten gearbeitet hat.

☛ Le Nôtre, Page, Sackville-West

Anthony Noel. Tätig (GB), Ende des 20. Jahrhunderts. **Fulham Garden,** London (GB), 1990er-Jahre.

Noguchi Isamu

Skulpturengarten der UNESCO

Neben einem Wasserbecken steht ein Steinarrangement mit dem Motiv von Horai am Fuße eines mit Kiefern und Ahorn bepflanzten Hügels. Der Garten – umgeben von Marcel Breuers moderner Architektur – soll als Meer der Ruhe wirken. Als Noguchi 1956 beauftragt wurde, den Garten für das Hauptquartier der UNESCO in Paris zu gestalten, war er auf der Höhe seiner Popularität als Bildhauer angelangt. Er sah dies sowohl als Herausforderung an, sich die Kunst der Gartengestaltung anzueignen als auch als Gelegenheit, seinen eigenen modernen Gestaltungsstil mit den Prinzipien der tra-

ditionellen japanischen Gartenkunst zu vereinen. Um seine Bindungen an diese Tradition wieder zu beleben, besuchte er zweimal Japan. Dort traf er auf den bekannten Gartendesigner Mirei Shigemori, der ihn auf die Insel Shikoku mitnahm, um Steine auszuwählen, die nach Paris verschifft wurden. Obwohl Noguchi als herausragender amerikanischer Bildhauer seiner Zeit galt, gehörte er doch beiden Kulturen an, aus denen er jeweils das Beste schöpfte.

☛ Ando, Brancusi, Enshu, Johnston, Neutra, Suzuki

Isamu Noguchi. Geb. Los Angeles, Kalifornien (USA), 1904. Gest. New York, New York (USA), 1988.
Skulpturengarten der UNESCO, Paris (F), 1956.

Nordfjell Ulf

Anwesen in Stockholm

Der dicht gepflanzte Mauerpfeffer bildet einen Ausgleich zum kompromisslos modernen Monolithen dieses Privathauses bei Stockholm. Seit der Geburt der Moderne haben Gartenarchitekten um ein Design-Vokabular gekämpft, das diesen Architekturstil ergänzt. Ulf Nordfjells Bepflanzung auf diesem Anwesen entspricht der Vorgehensweise der vergangenen Jahre: Man bevorzugte dicht gesetzte mehrjährige Pflanzen sowie Gräser, die sich im Wind wiegen und einen Kontrast zu den glatten Flächen der Architektur darstellen. Bei Nordfjells Arbeit wurden schroffe Steinblöcke, Steinplat-

ten und Kies sorgfältig angeordnet, sodass sie die natürliche Landschaft Schwedens widerspiegeln. Diese Rauigkeit wird durch kunstvolle Pflanzmuster aus mehrjährigen winterharten Stauden gemildert. Nordfjell gilt auch als talentierter Keramiker; seine dekorativen Arbeiten sind von hoher Kunstfertigkeit geprägt.

☛ Greene, Gill, Oehme & Van Sweden, Oudolf, Tunnard

Ulf Nordfjell. Tätig (S), Ende des 20. Jahrhunderts. **Anwesen in Stockholm,** Stockholm (S), 1990er-Jahre.

Oehme Wolfgang & Van Sweden James

Ein Pfad schlängelt sich durch die kräftigen Gräser und leuchtenden mehrjährigen Pflanzen, die sich im Wind wiegen. Die Vegetation zu beiden Seiten dieses Pfades wirkt so natürlich, als ob sie nie von Menschenhand berührt worden wäre. Der schlicht wirkende Entwurf ist das Markenzeichen von Van Sweden und Oehme, denen in den frühen 1990er-Jahren die Erfindung des „Neuen Amerikanischen Gartens" zugeschrieben wurde. Zu jener Zeit war das mittlerweile vertraute Design eines wilden Gartens mit schlichten mehrjährigen Pflanzen und Gräsern eine Innovation. Im Gegensatz zu vielen Zeitgenossen glaubte van Sweden nicht an eine vollständige Umformung der Landschaft, sondern orientierte sich an der gegebenen Topografie. Auch lehnte er Rasenflächen ab, die er als „grünen Beton" bezeichnete, sowie immergrüne Gewächse. Stattdessen richtete er mit seinem Partner Oehme das Augenmerk wieder auf Pflanzen, die sich im Laufe der Jahreszeiten wandeln, und auf die Komposition einer natürlich wirkenden Umgebung.

☛ Clément & Provost, Jekyll, Jensen, Kingsbury, Oudolf

Wolfgang Oehme. Geb. Chemnitz (D), 1930. **James van Sweden. Geb.** Grand Rapids, Michigan (USA), 1935. **Meyer Garden,** Harbert, Michigan (USA), 1989.

Ogawa Jigei

Villa Murin-an

Ein sich windender Pfad stößt auf einen sanft fließenden Bach und überquert ihn auf wenigen großen Felsen. Weiter geht es zu einem Gebüsch, einer Waldung und fernen Bergen im Hintergrund. Dieser Wandelgarten ist sorgfältig um zwei Bäche und zwei Teiche herum komponiert. Hier bilden die Steinarrangements eine ausgesprochen naturalistische Atmosphäre. Die Azaleen sind sorgfältig geschnitten, der Wechsel von Bäumen und Lichtungen aufeinander abgestimmt. Das Gelände der Villa Murin-an symbolisiert ein erstklassiges Beispiel der Gärten der Meiji-Ära, einer Periode, in der solche Gestaltungen glaubhafte Kopien der Natur darstellen sollten. Die Handschrift des Schöpfers sollte verborgen bleiben; für Symbole oder Abstraktionen blieb kein Raum. Einigen Gärten dieser Zeit mangelt es seltsamerweise an Charakter, jedoch bildet die Murin-an Villa hier eine Ausnahme. Es ist das Werk Jigei Ogawas, der 1896 von dem „großen alten Mann" Arimoto Yamagata beauftragt wurde, das Gelände seiner luxuriösen Villa landschaftlich zu gestalten.

☛ Hepworth, Mandokora, Shigemori, Soami

Oliveira & Robillon

Palast von Queluz

Die Palastgebäude von Queluz im Rokokostil werden von den hohen Bäumen halb verdeckt. Jeder der breiten Wege führt zu einer Statue oder einem Wasserelement. Diese kühlen, schattigen Wäldchen stehen in scharfem Kontrast zum offenen Formalismus der Parterregärten, die den Raum vor dem Schloss einnehmen. Der Architekt Mateus Vicente de Oliveira baute Queluz für den künftigen König Dom Pedro III., damals Infant Dom Pedro, von einem Jagdhaus zu einer königlichen Sommerresidenz um. Die zweite Bauphase – das Werk des französischen Architekten Jean-Baptiste Robillon – umfasste die Anlage der zwei großen *parterres*, des Malta- und des Pensile-Gartens. Die Gärten wurden als Ergänzung der im Schloss gelegenen Prunksäle entworfen und bildeten den Mittelpunkt der Sommerbelustigungen der königlichen Familie: Konzertaufführungen, Feuerwerk und Bootsfahrten auf dem üppig gefliesten Kanal gehörten zu den Vergnügungen, denen die königliche Familie und ihre Gäste im Freien nachgingen.

☛ **Fronteira, Mardel, Monteiro & Manini, Pinsent**

Mateus Vicente de Oliveira. Geb. Barcarena (P), 1706. **Gest.** 1785. **Jean-Baptiste Robillon. Geb.** Paris (F). **Gest.** Queluz (P), 1782. **Palast von Queluz** (P), 1785.

Olmsted Frederick Law

Central Park

Die gewundenen Spazierwege und Straßen in Olmsteds Entwurf aus dem Jahre 1858 für den Central Park in New York sind ein Höhepunkt der Landschaftsgestaltung und Stadtplanung: Sie durchbrechen die netzartige Straßenstruktur dieser Stadt. In Zusammenarbeit mit Calvert Vaux ersann Olmsted einen Park mit pittoresken Elementen, um die natürliche Landschaft zu ergänzen: felsig und bewaldet nach Süden hin, Richtung Norden sanft abfallend. Olmsted musste Durchgangsstraßen in den Entwurf integrieren. Um dem zu begegnen, konstruierte er die Straßen unterhalb des natürlichen Niveaus der Landschaft. Der Central Park wurde stark verändert und die Stadt ist heute durch die Wolkenkratzer vom Park aus meist zu sehen. Olmsteds Vision mit ihren überraschenden Elementen, stillen Bereichen und gezielten Kontrasten zwischen offenen Flächen und Wäldern überlebte jedoch. Vor allem durch Projekte in New York und Boston bekannt, zählte Olmsted zu den größten Landschaftsarchitekten der USA des 19. Jahrhunderts.

☛ **Hardouin-Mansart, Le Nôtre, Vanderbilt**

Frederick Law Olmsted. Geb. Hartford, Connecticut (USA), 1822. **Gest.** Waverley, Massachusetts (USA), 1903. **Central Park,** New York, New York (USA), 1858.

Ongley **Lord**

Swiss Garden

Das Schweizer Chalet aus rustikalem Holz mit Reetdach ist im Frühling von einem Blumenteppich aus gelben Osterglocken umgeben. Es bildet den Mittelpunkt des Gartens und hält mehrere speziell angelegte Ausblicke für den Besucher bereit. Der 1,6 Hektar große Garten wurde in den 1820er-Jahren von Lord Ongley angelegt und umfasst mehrere versteckte, blumenreiche Lichtungen. In Großbritannien ist er das schönste Beispiel des pittoresken Schweizer Stils. Ebenso wie chinesische Gärten und Objekte in Europa seit dem 18. Jahrhundert sehr beliebt waren, so erlangte auch die Schweiz eine Art Kultstatus – besonders nach dem Erscheinen von romantischen Reiseerzählungen über die Alpen. Das ländliche Chalet ist vermutlich das Werk von John Bounarotti Papworth. Im Garten finden sich auch ein Baumhaus mit Reetdach, gusseiserne, gewölbte Brücken über den Bach, eine Grotte mit Farnen, mit Blumen geschmückte Bogengänge sowie ein Bilderbuch-Dorf, dessen Bewohnerinnen früher rote Mäntel und große Hüte tragen mussten.

☛ **Bateman & Cooke, Greene & Greene, Wordsworth**

Lord Ongley. Tätig 19. Jahrhundert. **Swiss Garden,** Bedfordshire (GB), 1820er-Jahre.

Orrery John, 5. Graf von

The Bone House, Caledon

Unter den wunderlichen Schöpfungen des 5. Grafen von Orrery befand sich auch ein Beinhaus, dessen Ruinen bis heute erhalten sind. Es wurde wegen seiner bleichen, weißen Farbe manchmal auch Elfenbeinpalast genannt und ist vollständig mit den Oberschenkelknochen von Hirschen und Ochsen bedeckt. Die Knochen weisen nach außen, sodass die Mörtelverbindungen zwischen den Knochen nicht zu sehen sind. Das Beinhaus war Teil des wichtigsten Rokokogartens Irlands. Darüber hinaus gab es noch weitere Eigentümlichkeiten, wie z. B. eine Einsiedelei aus grotesk geformten Wurzeln sowie rustikale Kaskaden inmitten von Tannenwäldern. In den Wäldern stellte Orrery antike Statuen mit passenden lateinischen Inschriften auf. Caledon wurde ca. 1807 von John Sutherland verschönert, dem führenden Landschaftsgärtner Irlands, der im Stil Capability Browns arbeitete. Die Terrassen rund ums Haus legte 1829 William Sawrey Gilpin an, der Meister des pittoresken Stils.

☛ Brown, Gilpin, Hamilton, Robins

John, 5. Graf von Orrery. Geb. London (GB), um 1706. Tätig (GB), Mitte des 18. Jahrhunderts. Gest. 1762. The Bone House, Caledon, County Tyrone (GB), 1747.

Orsini Ottavia

Castello Ruspoli

Das *parterre* von Castello Ruspoli (früher Vignanello) soll das älteste Italiens sein; es wurde von Ottavia Orsini, der Tochter des Schöpfers von Bomarzo, angelegt. Sie begann 1574 mit der Arbeit an dem Garten. Zwölf rechteckige Buchsparterres mit unterschiedlichem Muster vereinen sich zu einem großen, rechteckigen Garten, dessen Mitte von einem Springbrunnenbecken mit muschelförmigem Rand geschmückt ist. Die äußeren Hecken werden von Zitronenbäumchen in Kübeln unterbrochen und bestehen aus zwei Lorbeerarten. An den Ecken spenden immergrüne Eichen Schatten. Die

parterres enthielten ursprünglich wohl Blumen, besonders Zwiebelblumen. Statt Buchs hatte man vielleicht Kräuter angepflanzt. In den mittleren *parterres* legte Ottavia ihre eigenen Initialen und die ihrer beiden Söhne Sforza und Galeazzo an. Diese Tradition wurde beibehalten. Ottavia modernisierte eine alte Gartenanlage, deren Geschichte sich schriftlich bis ins Jahr 853 n. Chr. zurückverfolgen lässt, als die Benediktiner dort eine Zitadelle errichteten.

☞ **Bomarzo, Lennox-Boyd, More, Salisbury, Verey**

Ottavia Orsini. Tätig (I), Ende des 16. Jahrhunderts. **Castello Ruspoli**, Viterbo (I), 1574.

Otruba Ivar

Der Botanische Garten der Universität von Brünn ist einer der bedeutendsten Gärten des 20. Jahrhunderts in Mitteleuropa. Der Architekt Ivar Otruba bezieht seine Ideen nicht von früheren oder zeitgenössischen Gartenstilen, sondern lässt sich allein von seiner einzigartigen Fantasie inspirieren. Sein Stil basiert auf natürlichen Elementen, wie Prärien, Bergbächen und einer Berglandschaft, wobei Letztere die passende Umgebung für die Sammlung alpiner Pflanzen des Gartens liefert: Vertikale Elemente aus Beton oder Walzblech trennen Steingruppen, die für verschiedene Bergformationen und deren Pflanzen stehen. In einem anderen Bereich stützen Brocken aus Tuffstein, die in Augenhöhe auf Metallpfosten ruhen, alpine Gärten im Miniaturformat. Otrubas Werke sind äußerst ungewöhnlich für einen großen botanischen Garten, der von einem originellen, durchgehenden Design geprägt wird. Auch auf William Chambers ursprünglichen Entwurf für Kew passte diese Beschreibung. Doch ist nur wenig davon erhalten geblieben.

☛ **Blanc, Chambers, Hardtmuth, Loos, Moroni, Sloane**

Ivar Otruba. Geb. 1933. Tätig (CZ), Ende des 20. Jahrhunderts.
Botanischer Garten der Universität, Brünn (CZ), Ende des 20. Jahrhunderts.

Oudolf Piet

Hummelo

Diese „neue Bepflanzung aus Mehrjährigen" in Piet Oudolfs Garten macht deutlich, warum er zu den einflussreichen Gartenarchitekten zählt. Er lässt sich als Bindeglied zwischen der deutschen Tradition der großflächigen, natürlichen Anpflanzung (Karl Foerster) und den traditionellen Staudenrabatten der englischen Schule (Gertrude Jekyll) einordnen. So können auch Besitzer kleiner Privatgärten größtmögliche Wirkung mit geringem Pflegeaufwand erzielen. Oudolf gilt als Meister der Atmosphäre, der Licht, Bewegung, Harmonie, Kontrolle, Sublimität und Mystik in einem Garten vereinen möchte. Er verbindet Formen und Farben, Rhythmus und Wiederholung, Sträucher und Stauden. Die Pflanzen geben die Struktur vor, wirken als Füllelement, sind natürlich oder künstlich: Häufig verwendet er Gräser und Doldenblütler, da er bei der Bepflanzung ebenso viel Wert auf Form und Blätter wie auf Farbe legt. Auch der Wechsel der Jahreszeiten spielt für ihn eine wichtige Rolle, da ein Garten das ganze Jahr über Freude bereiten sollte.

☞ Foerster, Kingsbury, Lloyd, A. Parsons, Peto

Piet Oudolf (Kwekerij Piet Oudolf). Tätig (NL), Ende des 20. Jahrhunderts.
Hummelo, Arnhem (NL), Ende des 20. Jahrhunderts.

Page Russell

La Mortella

Als Russell Page von dem Komponisten Sir William Walton über das Potenzial seines Gartens befragte wurde, der bei Waltons Haus auf Ischia an einem steilen Geröllhügel entstehen sollte, rief Page ein Krisenmanagement für das Projekt ein. Er schlug vor, die Merkmale des Ortes noch zu unterstreichen: nämlich „die wunderbar wettergegerbten Lavaklötze", die den Ort übersäten, sowie die Aussicht auf den majestätischen Vulkan Monte Nepomeo, auf das Meer und die einheimische Vegetation aus Rosmarin, Cistus und Myrte, wie der italienische Name des Anwesens verrät. Er entwarf zudem eine schlichte, L-förmige Achse für den Garten und schlug eine Reihe von Bassins und Springbrunnen vor. Unter der Pflege von Sir William und seiner Frau Susana gedieh der Garten. Page war ein erfolgreicher Designer des 20. Jahrhunderts mit internationaler Erfahrung: Zu seinen herausragenden Werken gehören der Hofgarten bei der Frick Collection in New York und Entwürfe für den Battersea Park im Jahre 1951 für das Festival of Britain.

☛ **Hanbury, Manrique, Shipman, Washington Smith**

Russell Page. Geb. (GB), 1906. Tätig (I), Mitte bis Ende des 20. Jahrhunderts. **Gest.** 1985.
La Mortella, Ischia (I), 1956–1985.

Palladio Andrea

Villa Barbaro

Die Villa Barbaro in Maser erwies sich als äußerst einflussreich. So basiert u. a. das Capitol in Washington auf den Umrissen der Villa. Dies ist die berühmte halbkreisförmige Exedra im so genannten *giardino segreto* (Geheimer Garten), der
dem Haus, getrennt durch ein rundes Wasserbecken, gegen-
überliegt. Der Bogen in der Mitte und die seitlichen Ab-
schlüsse der Exedra werden von Giganten gerahmt, während
die Nischen mit lebensgroßen Statuen geschmückt sind. All
die schönen Stuckverzierungen basieren auf klassischen Vorbildern. Palladio wollte nicht nur die Architektur des antiken

Roms wieder auferstehen lassen, sondern auch einen Stil
entwickeln, der dem ornamentalen Geschmack des 16. Jahr-
hunderts entgegenkam. Die Einzelheiten dieser Kompositi-
on waren das Werk des Bildhauers Alessandro Vittoria aus
Trento in Norditalien. Die Verbindung von Architektur und
Landschaft bei Palladios Villenentwürfen, besonders der
Villa Rotonda im Veneto, hat nachfolgende Generationen von
Architekten entscheidend beeinflusst.

☞ Bramante, Burlington, Cameron, Fontana, Hoare, Kent

Andrea Palladio. Geb. Padua (I), 1518. Gest. Vicenza (I), 1580. **Villa Barbaro,** Maser (I), um 1550.

Pan En

Yu Yuan

Der riesige künstliche Felsen lässt die ihn umgebenden Bauten im Innenhof klein erscheinen. Es ist vermutlich der Stein mit dem Namen „Fein geschnitzte Jade", den der Kaiser Hui'tsung der Sungdynastie einst für seinen eigenen Garten begehrte. Pan En platzierte den kostbaren Besitz sorgfältig am Südende seines Gartens. Ihm fiel die Gestaltung des Gartens nicht leicht: „Zwanzig Jahre saß und saß ich, dachte und dachte ich, ruhte und ruhte ich und immer noch war es nicht gut, aber 1755 nahm ich meinen ganzen Mut zusammen." Es folgt eine Beschreibung der Gestaltungsdetails. Das chinesische Wort für Gartengestaltung bedeutet wörtlich übersetzt: „Das Auftürmen von Steinen und das Graben von Teichen", um so die Grundsätze der Yin-und-Yang-Prinzipien zu illustrieren. Pan En fuhr fort, unzählige wunderschöne künstliche Strukturen zu erschaffen. Sein Garten in Yu Yuan mit sorgfältig angeordneten Steinen und Teichen, die bis an die Bauwerke reichen, deren Dächer sich bis in die Bäume schwingen, ist immer noch herausragend.

☞ **Crisp, Kang Xi, Qian Long, Tien Mu, Wang Xiang Chen**

Parsons Alfred

Wightwick Manor

Großflächig bepflanzte Staudenrabatten in kräftigen Farben ergänzen die hohen Eibenhecken und die Arts-and-Crafts-Architektur von Wightwick Manor. Alfred Parsons, ein bekannter Aquarellmaler, der die Illustrationen für Ellen Willmotts *The Genus Rosa* angefertigt hatte, erhielt zusammen mit W. Partridge den Auftrag, einen Garten zu entwerfen. Er schuf einen altenglischen Garten mit geometrisch gestalteten Eibeneinfassungen, geschmückt mit Sträuchern in Pfauenform, Blumenrabatten und Kletterrosen. Zu seiner Anlage gehörten auch ein langer Eibenweg sowie ein Rosengarten, der später mit einer großen, runden Pergola verziert wurde. Parsons Gestaltung in Wightwick entspricht dem Gartenbau im Stil der Arts-and-Crafts-Bewegung: zart harmonierende und kontrastierende Blumenfarben vor roter Backsteinarchitektur und hohen Hecken. Der Garten gewann durch Thomas Mawsons spätere Ergänzungen (Terrassen, Stufen und weitere architektonische Details) noch zusätzlich an Qualität.

☞ **Jekyll, Lutyens, Mawson, Morris, Willmott**

Alfred Parsons. Tätig (GB), Anfang des 20. Jahrhunderts. **Wightwick Manor,** Wolverhampton (GB), 1887.

Parsons Chris

Dew Garden (Tau-Garten)

Das frühe Morgenlicht zeichnet ein außergewöhnliches abstraktes Muster in den Tau auf einer Bowling-Rasenfläche in Buckinghamshire, England. Dieses Muster ist das Werk von Chris Parsons, einem jungen Platzwart, der vor der Morgendämmerung aufsteht und mehrmals einen großen *rag brush* (Besen aus Lappen) über den kurz gemähten Rasen zieht. Parsons entdeckte die Technik zufällig eines Morgens im Jahre 1991 und hat inzwischen mehrere Muster geschaffen, die er von einem Baum aus fotografiert. Sie bleiben zwischen drei und fünf Stunden erhalten. „Tau wirkt am besten, wenn die Sonne darauf glitzert", erklärt Parsons. „Sobald die Sonne untergeht, senkt sich der Tau herab. Man kann die Feuchtigkeit in der Luft spüren." Er interessiert sich auch für konventionellere Techniken, mit denen man Muster auf Rasenflächen anlegen kann, z. B. verschiedene Arten des Mähens. Er beschäftigt sich mit Land Art und zeitgenössischen Bildhauern. In seinen Arbeiten sieht er auch Verbindungen zum Op-Art-Stil von Bridget Riley.

☛ **Bye, Goldsworthy, Hall, Jencks, Smit, Toll**

Pawson John & Silvestrin Claudio — Haus Neuendorf

Das lange Wasserbecken verläuft auf die monolithische Mauer zu. Dort wiederholen sich horizontale Linien in Bänken, Fenstern und im Dach, das sich scharf gegen den mallorquinischen Himmel abhebt. Warmes Ocker und die organischen Formen der Olivenbäume mildern die harte Geometrie ab. Haus Neuendorf wurde 1989 von John Pawson und Claudio Silvestrin gebaut und gehört zu den eindrucksvollsten Beispielen für minimalistisches Design im Innen- und Außenraum. Das würfelförmige Haus ist von hohen Mauern umgeben. Ein teilweise überdachter Hof dient auch als Speisezimmer. Haus und Grundstück bilden einen integralen Bestandteil der Landschaft: Die Mauerfarbe ist aus Putz und Erde der Umgebung gemischt; die lange, flache Treppe besteht aus einheimischem Kalkstein. Pawsons Minimalismus weist deutliche Anklänge an das Werk moderner Künstler wie Le Corbusier und Luis Barragán auf. Inspiriert wurde er jedoch auch von der Einfachheit des funktionalen traditionellen Baustils der Insel.

☛ **Barragán, Gill, Hargreaves, Majorelle, Walker, Yturbe**

John Pawson. Geb. Halifax (GB), 1949. **Claudio Silvestrin. Geb.** Mailand (I), 1951.
Haus Neuendorf , bei Santanyi, Mallorca (E), 1989.

Paxton Sir Joseph

Chatsworth

Die Conservative Wall wurde von James Paine entworfen und 1763 fertig gestellt. Sie ist Teil der ehemaligen Gartenanlagen, die Paxton in Zusammenarbeit mit seinem Auftraggeber, dem 6. Herzog von Devonshire, in sein 1826 begonnenes Gartengestaltungsprogramm integrierte. Vor der Verglasung der Mauer 1848 hatte er mit der Anpflanzung eines Arboretums begonnen (1835), das Great Conservatory (1836) und die Felsenanlagen errichtet (1842) sowie den Weeping-Willow-Springbrunnen von 1693 rekonstruiert. Der Emperor-Springbrunnen (1843) entstand für den bevorstehenden Besuch von Zar Nikolaus I. Neben den Gärten von Biddulph Grange übten die Anlagen in Chatsworth starken Einfluss auf die Gestaltung der viktorianischen Villengärten in den Vororten aus. Paxton bewies sein vielseitiges Wissen als Pionier in der Gestaltung öffentlicher Parks, als Architekt, Ingenieur und Politiker. Den Zenit seiner Berühmtheit erlangte er zweifellos mit dem Entwurf des Kristallpalastes für die Weltausstellung von 1851.

☛ **Balat, Bateman, Burton & Turner, Dupont, Fowler**

Pearson Dan

Millennium Dome Landscape

Die 171 Meter lange „Lebende Mauer" führt vom Millennium Dome zur Themse. Die Mauer ist blockweise in gedämpften Grautönen gestrichen. Gruppen von Silberbirken und Weiden erzeugen in ihrer Wiederholung eine rhythmische Qualität, die nächtliche Lichteffekte intensivieren. Am Höhepunkt der Mauer, dort wo sie vom Greenwich-Meridian durchbrochen wird, wurde das Grau durch Spiegel ersetzt. Pearson schuf noch weitere Elemente rund um den Dome, so etwa einen hängenden Garten, der ein großes Belüftungsrohr am Eingang verdeckt. Pearson etablierte sich in den 1980er-Jah-

ren als führender zeitgenössischer Designer. Seine Inspirationen bezieht er aus der jeweiligen landestypischen Flora, da sein Verständnis des Gartenbaus die Natur nicht ausgrenzt, sondern mit einbezieht. Ein weiteres großes Projekt der letzten Jahre war die Landschaftsgestaltung von Althorp House in Northamptonshire; hierzu gehörte auch die Gedenkinsel für Prinzessin Diana. Sie erinnert an Rousseaus Grabmal in Ermenonville.

☛ **Bradley-Hole, Brookes, Girardin, Oudolf, Smyth**

Dan Pearson. Tätig (GB), Anfang des 21. Jahrhunderts. **Millennium Dome Landscape,** London (GB), 1999.

Pearson Frank Loughborough & Cheal Joseph — Hever Castle

Am Ende des Eibenheckenganges, der am Pergolagarten beginnt, rahmt ein klassischer Bogen die Statue vor einer pompejianischen Mauer. Um unvereinbare Elemente zu vermeiden, trennt Frank Pearson den italienischen Garten – Rasenflächen, von einem abgesenkten Garten getrennt, sowie eine Loggia mit Blick über den See – von der Burg aus dem 13. Jahrhundert und dem altenglischen Garten mit seinen heckengesäumten Blumenbeeten. Obgleich er nicht den Geist eines original italienischen Renaissancegartens ausstrahlt, bot der italienische Garten doch die perfekte Umgebung für William Waldorf Astors große Antiquitätensammlung aus Antike und Renaissance. Der Garten verkörpert auch die Wiederentdeckung der Natürlichkeit des italienischen Gartens zur Zeit Eduards VII., die in Konstrast zur viktorianisch stilisierten Vorstellung der italienischen Kultur stand. Der Garten wurde zwischen 1904 und 1908 von Joseph Cheal & Son angelegt. Mehr als 1 000 Männer waren beschäftigt, wovon allein 800 den großen See aushoben.

☞ Duchêne, Gallard, Hardouin-Mansart, Pembroke

Frank Loughborough Pearson. Geb. London (GB), 1864. **Gest.** (GB), 1947. **Joseph Cheal.** Tätig Ende des 19. Jahrhunderts bis Anfang des 20. Jahrhunderts. **Hever Castle,** Kent (GB), 1904–1908.

Pembroke Philip Herbert, 4. Graf von

Der Stich von 1645 zeigt den Garten von Wilton House. Er wurde zwischen 1632 und 1635 um eine Mittelachse angelegt und umfasste Terrassen, sorgfältig angelegte französische Gärten, ein wild wachsendes Gartenstück, Wasserelemente, Statuen, eine Grotte und Galerien. Der Garten erlangte in ganz Europa Berühmtheit – als Symbol der Zivilisation und des Eklektizismus am Hofe Karls I. in den Jahren vor dem Bürgerkrieg. Philip Herbert, 4. Graf von Pembroke, entwarf den Garten mit Unterstützung von Isaac de Caus und Architekt Inigo Jones. In der Planung lässt sich der Einfluss der ebenfalls auf flachem Gelände angelegten Villengärten Venetiens erkennen. Als Vorbild dienten europäische Renaissancegärten, besonders das Palais du Luxembourg in Frankreich, den der Graf bewundern konnte, als er Henrietta Maria (Frau von Karl I.) 1625 nach England zurückgeleitete. Wilton House beeinflusste auch andere englische Renaissancegärten aus der Mitte des 17. Jahrhunderts, so z. B. Dawley, Haigh und Staunton Harold.

☛ **Boyceau, I. Caus, Jones, Palladio, Pearson & Cheal**

Philip Herbert, 4. Graf von Pembroke. Geb. (GB), 1584. Gest. (GB), um 1649. **Wilton House,** Wiltshire (GB), 1632–1635.

Pepper Beverly

Sol y Ombra

Auf den breiten Wegen dieser gigantischen Spirale wächst ein Heer kleiner Bäume, die Schutz vor Barcelonas stechender Sommersonne bieten. Dies ist das Element des Schattens (ombra) im Sol-y-Ombra-Park, der in der Nähe von Barcelonas Hauptbahnhof liegt. Das Sol-Element (Sonne) verkörpern grasbewachsene Stufen, deren Vorderseite blaue Fliesen bedecken, die wie eine Welle vom Boden emporsteigen und auch den schwächsten Strahl Wintersonne einfangen. Die Erde selbst wird zur Skulptur. Die Stadt gab diese Landschaft in Auftrag; Künstler, Architekten und Bauingenieure wurden anlässlich der Olympischen Spiele 1992 zu Projekten in ganz Barcelona eingeladen. Beverly Pepper, gebürtige Amerikanerin, schuf Sol y Ombra. Sie war eine Schülerin von Fernand Léger, wandte sich aber 1960 der Bildhauerei zu. Ein Jahrzehnt später ging sie dazu über, die Umwelt in ihre Arbeit zu integrieren. Pepper lebt und arbeitet überwiegend in Umbrien (Italien); daher entstanden die meisten ihrer Landschaftsprojekte in Europa.

☞ **Clément & Provost, Herman, Gustafson, Lutsko, Tschumi**

Beverly Pepper. **Geb.** New York, New York (USA), 1922. **Sol y Ombra,** Barcelona (E), 1992.

Peter I. Zar von Russland

Der Sommergarten

Für seinen Sommergarten kaufte Peter der Große in Italien mehr als 200 klassische Statuen; 90 davon sind noch erhalten. Die Statuen platzierte man vor geschnittenen Hecken, die inzwischen allerdings zu Bäumen herangewachsen sind, wodurch der Garten natürlicher wirkt. In einem Labyrinth errichtete man Springbrunnen mit vergoldeten Skulpturengruppen, die Äsops Fabeln versinnbildlichten und jeweils mit einer Erläuterungstafel versehen waren. Diese wurden 1777 bei einer Überflutung zerstört. Peters Ziel war es, durch die Statuen und Brunnen den Russen die westeuropäische Kultur näher zu bringen. Die Gärtner Matveev und Roosen und der Architekt Zemtsov waren mit der Anlage des Gartens beschäftigt, während Trezzini dort als Architekt Zar Peters kleines Schloss erbaute. Der Sommergarten ist immer noch ein beliebter öffentlicher Treffpunkt in St. Petersburg. Zu Frühlingsbeginn ist der Park für das Publikum jedoch geschlossen, da der Boden nach dem Tauwetter völlig aufgeweicht ist.

☞ **Catherine II., Hardouin-Mansart, Le Nôtre, Rinaldi**

Peter I. (Peter der Große) Zar von Russland. Geb. Moskau (RUS), 1672. **Gest.** St. Petersburg (RUS), 1725.
Der Sommergarten, St. Petersburg (RUS), 1703.

Peto **Harold**   Iford Manor

Am Ende der Hauptterrasse steht die Casita mit rosafarbenen Marmorsäulen und einer griechisch-römischen Nymphe in einer Nische. Im Vordergrund sind geschnittene Buchshecken, Formsträucher und eine Marmorstatue zu sehen. Dennoch befinden wir uns nicht in der italienischen *campagna*, sondern bewundern Iford Manor in Wiltshire. Hier erblühte die englische Liebe zum italienischen Renaissancegarten. Harold Peto gab seine Arbeit als Architekt auf, um sich auf die Gartengestaltung zu konzentrieren. Er kaufte das Haus im Jahre 1899, legte den Garten im steilen, bewaldeten Frome-Tal an

und errichtete Terrassen mit Stützmauern aus heimischem Stein. Hinzu kamen Kolonnaden, Loggien und eine bemerkenswerte Skulpturensammlung. Die architektonischen Elemente werden von immergrünen Pflanzen und Klettergewächsen ergänzt. Petos Gespür für die Landschaft und die Verbindung von Architektur und Gartenbau kehrte den viktorianischen Trend – grandiose, strenge Gärten im italienischen Stil – wieder um.

☛ **Fairhaven, Lutyens, Mansi, M. Rothschild, Verey**

Pfeiffer Andrew

Linda Taubman Garden

Hier handelt es sich um eine streng geometrische, moderne Version des historischen Knotengartens der Tudorzeit, den meist verschlungene Muster charakterisierten; die dreieckigen Formen erinnern jedoch eher an die französische Moderne der 1920er-Jahre. Linda Taubmans Garten in Michigan entstand auf Terrassen in einem Waldgebiet – ein Spannungsverhältnis zwischen Wildnis und vom Menschen geformter Landschaft. Der untere Gemüsegarten wird durch das Backsteinpflaster noch verschönert. Auch der Kontrast zwischen den Ebenen der Rasenflächen und niedrigen Hecken einerseits und den Bäumen des Umlandes andererseits verstärkt diesen Eindruck. Pfeiffer beschreibt sich selbst als Landschaftsarchitekten, der „idealisierte Landschaften kreiert, die auf natürlichen Lebensräumen basieren und von künstlichen Elementen ergänzt werden". Seine Arbeiten verbinden traditionellen Architekturstil und typische Materialien mit einheimischen Pflanzen.

☞ Beaumont, Lainé, More, Page, H. Phillips, Salisbury

Andrew Pfeiffer. Geb. Sydney (AUS), 1944. Tätig Ende des 20. und Anfang des 21. Jahrhunderts.
Linda Taubman Garden, Bloomfield Hills, Michigan (USA), Ende des 20. Jahrhunderts.

Phelips Sir Edward

Montacute House

Dieses schöne Gebäude war Teil der Gärten von Montacute House, die für Sir Edward Phelips in den 1590er-Jahren angelegt wurden. Der Pavillon oder das Festhaus war eines von zwei Gartengebäuden, in denen die Gäste nach dem eigentlichen Essen im Hauptgebäude Nachspeisen und Erfrischungen zu sich nahmen. Der stark elisabethanisch geprägte Grundriss blieb erhalten, die Blumenrabatten stammen dagegen aus dem 19. Jahrhundert. Sie wurden von Phyllis Reiss angelegt, die in der Nähe in Tintinhull House lebte und auch den dortigen Garten gestaltete. Die klaren, leuchtenden Farben und großen Gruppen von Blattpflanzen bieten das ganze Jahr über einen spannenden Anblick. Die Rabatten sind im Sommer dicht mit Klematis, Wein, Rosen, Rittersporn und Lupinen bepflanzt. Der Nordgarten wurde 1945 von Graham Thomas im Stil von Vita Sackville-West neu angelegt. Die westliche Auffahrt mit einer Allee aus zurückgeschnittenen, irischen Eiben, Libanonzedern und Buchen führt zum neuen Haupteingang des Hauses.

☛ **Egerton-Warburton, Sackville-West, G. S. Thomas**

Philipp II. König von Spanien

Von der beeindruckenden Gartenanlage des Palastes von Aranjuez, die Philipp II. in Auftrag gegeben hat, ist nur noch ein kleines *parterre* erhalten. Philipp stellte holländische und flämische Gärtner in seine Dienste. Seinen leitenden Gärtner, Jeronimo Algora, sandte er auf Besichtigungstour in die Gärten Frankreichs, Englands und Flanderns. Der vorherrschende Stil abgegrenzter *parterres* kam seiner eigenen Vorliebe für formale Gestaltung entgegen. In Aranjuez gab er den Inselgarten im Fluss Tajo in Auftrag. Die Pläne dafür entwarf Juan Bautista de Toledo: Die Insel war in mehrere kleine,

rechteckige und quadratische Abschnitte unterteilt. Einfache Brunnen und Statuen vervollständigten die Gartengestaltung. Philipp II., ein begeisterter Gärtner, bestellte überwiegend Weiden, Schilfrohr, Akazien, Linden, Hasel- und Walnussbäume aus Flandern. Sein Inselgarten wurde später von dem Architekten Herrera Barnuevo, der für Philipp IV. arbeitete, völlig umgestaltet und besteht fast unverändert bis zum heutigen Tag.

☛ **Bullant, Fronteira, Lotti, Philipp V., Post, van Campen**

Philipp II., König von Spanien. Geb. Valladolid (E), 1527. **Gest.** Madrid (E), 1598.
Aranjuez, Aranjuez (E), Abbildung von Antonio Joli, um 1562.

Philipp V. König von Spanien

Der beeindruckendste Teil der 26 Springbrunnen und Wasserelemente in La Granja ist die Neue Kaskade, eine Marmortreppe, über die das Wasser in ein Becken vor dem Palastes prägt. Statuen und Springbrunnen bilden die typischen Merkmale des 145 Hektar großen Gartens, der von Philipp V. als Hommage an Le Nôtres Versailles geschaffen wurde, wo er aufgewachsen war. Dramatische Gruppen wie die Pferdeskulpturen, die mehrere Wasserbecken auf dem *Weg der Pferde* durchqueren, fertigten die französischen Bildhauer Réne Fremin und Jean Thierry im Auftrag von Königin Isabella an. Der Palast mit seinen Lustgärten wurde auf dem Gelände einer früheren Jagdhütte errichtet. Obwohl Philipp bereits 1720 mit dem grandiosen Projekt begann, konnte man den Garten doch erst 1740 als fertig gestellt betrachten. Trotz des geometrischen Plans sind weniger formale Bepflanzungen mit Alleen aus Rosskastanien, Föhren und Eichen aus den Pyrenäen gesäumt.

☞ Le Nôtre, Philipp II., Seinsheim, Vanvitelli

Phillips Henry Alexander   Irwin Gardens

Zu Beginn des 20. Jahrhunderts besann man sich in den USA in Kunst und Architektur wieder auf die klassischen Entwürfe des antiken Griechenlands, Roms und der italienischen Renaissance. Diese Rückbesinnung verlieh dem amerikanischen Gartendesign eine neue Gestalt. Die Irwin Gardens, 1910 von Henry Alexander Phillips für den wohlhabenden Bankier William G. Irwin entworfen und ausgeführt, bildeten dabei keine Ausnahme. Phillips stand unter dem Einfluss von Charles A. Platt, einem amerikanischen Landschaftsarchitekten, der das Buch *Italian Gardens* (1894) verfasste und illust-

rierte. Tief liegende Parterres, Pergolen, Büsten griechischer Philosophen, klassische Säulen und Pavillons wurden bei der romantischen Schöpfung dieses antiken römischen Gartens in der Neuen Welt wirkungsvoll zum Einsatz gebracht. Auf dieser Abbildung sind ein privater Innenhof mit tief liegenden Beeten und einer zentralen Steinmauer mit römischen Gravierungen zu sehen.

☛ Bosworth, Harrild, Kiley, Lennox-Boyd, London, Rose

Henry Alexander Phillips. **Geb.** Springfield, Massachusetts (USA), 1875. **Gest.** (USA), 1950.
Irwin Gardens, Columbus, Indiana (USA), 1910.

Phillips Lady Florence

Vergelegen

Der mit Backsteinen gepflasterte Eingangsweg bildet die Hauptachse in diesem achteckigen Garten auf Vergelegen nahe Kapstadt. Das Haus mit typisch holländischem Giebeldach wurde 1700 von Adriaan van der Stel errichtet, einem umstrittenen Gouverneur Kapstadts. Er legte strahlenförmige Alleen mit Mandelbäumen, Eichen und Kastanien an. Auch die Umzäunung vor dem Haus – sie hatte ursprünglich dem Schutz vor wilden Tieren gedient – erfuhr eine neue Interpretation. Van der Stel legte einen achteckigen, ummauerten Garten mit Orangenbäumen an, der 1921 von Lady Florence Phillips und ihrem Gärtner wieder bepflanzt wurde. Typische englische Staudenrabatten säumen den Pfad, doch die Pergola mit Bougainvillen, Jakarandabäume und die fernen Berge erinnern daran, dass der Garten weit entfernt ist von den englischen Home Counties. „Florrie" Phillips wurde in Südafrika geboren. Sie war eine bedeutende Förderin der Künste und entwarf einen weiteren, bemerkenswerten Garten: Arcadia in Johannesburg.

☞ **Barlow, Farrand, Jakobsen, Johnston, Walling**

Lady Florence Phillips. Geb. Kapstadt (ZA), 1863. **Gest.** Vergelegen, Kapprovinz (ZA), 1940. **Vergelegen,** Kapprovinz (ZA), seit 1921.

361

Pinsent Cecil

Villa I Tatti

Hecken, *parterres*, Treppen und Wege sorgen im Garten der Villa I Tatti für strenge Linien und vereinen sich zu einer wirkungsvollen grünen Architektur. Obwohl alle Merkmale des toskanischen Renaissancegartens erkennbar sind, trägt die Kühnheit des Designs doch eindeutig moderne Züge. In den 1920er- und 1930er-Jahren spezialisierte sich der englische Designer Cecil Pinsent für angloamerikanische Auftraggeber, die um die Jahrhundertwende Villen in und um Florenz gekauft hatten, auf einen modernisierten Renaissancestil. Mit Geoffrey Scotts Unterstützung schuf er mehr als 20 solcher

Gärten und restaurierte eine Reihe historischer Anlagen in der Toskana und in Rom. Er war erst 26 Jahre alt, als er mit der Arbeit in I Tatti betraut wurde. Sein Auftraggeber war Bernard Berenson, der große amerikanische Kunsthistoriker, dem wir die Wiederentdeckung der italienischen Malerei des 15. Jahrhunderts verdanken. Berenson hatte die halb verfallene Villa 1905 gekauft und hinterließ sie nach seinem Tod 1957 der Universität von Harvard.

☞ **Acton, Bacciocchi, Boy, Mansi, Rochford, Trezza**

Cecil Pinsent. Geb. 1884. Tätig (I), Anfang des 20. Jahrhunderts. **Gest.** 1964. **Villa I Tatti,** Fiesole (I), 1910.

Piper Fredrik

Haga

Im Jahre 1785 beauftragte König Gustav III. den schwedischen Architekten Fredrik Piper, der gerade aus England zurückgekehrt war, mit der landschaftlichen Gestaltung seiner Sommerresidenz in Stockholm. Der königliche Park Haga liegt nahe der Ostseeküste und ist einer der ersten Gärten Schwedens, der nach dem Vorbild englischer Landschaftsgärten gestaltet wurde. Rasenflächen, Wiesen und Baumgruppen verbinden sich zu fantastischen weiten Landschaften. Olof Templeman entwarf später die Maison de Plaisance, die sich hier elegant im See spiegelt. Piper plante ursprünglich verschiedene Gartenstrukturen für Haga; sein Gesamtentwurf für den Park wurde jedoch nie vollendet. Lediglich sein türkisches Gartenhaus wurde fertig gestellt. Unvollendet blieb auch ein von dem französischen Architekten Louis Duprez für Haga entworfenes Schloss im neoklassizistischen Stil. Im 19. Jahrhundert plante und errichtete der schwedische Architekt C. C. Gjorwell für Haga auch einen chinesischen Pavillon.

☛ **Brown, Emes, Hirschfeld, Monville, Repton, Tessin**

Fredrik Magnus Piper. Geb. 1746. Tätig (S), Ende des 18. Jahrhunderts. **Gest.** 1824. **Haga,** Stockholm (S), 1785.

Platon

Die Akademie

Zwischen den Säulen des Portikus versammelten sich die Schüler im Schatten der Bäume, um den Worten ihres Lehrers zu lauschen. Gelegentlich brachen der Meister und seine Schüler zu einem Spaziergang auf, um über Pflanzen und Tiere zu sprechen, über Mathematik und Politik zu diskutieren. Platon gründete nach seiner Rückkehr von langen Reisen durch Ägypten, Italien und Sizilien 387 v. Chr. diese Schule, die jahrhundertelang als Vorbild dienen sollte. Sie war Teil eines schattigen Parks in einem wunderschönen Vorort von Athen. Das dem attischen Helden Akademos

geweihte, heilige Gelände diente auch als Begräbnisstätte. Vermutlich besaß Platon in der Nähe auch einen Privatgarten, in dem er, zusätzlich zu seinen öffentlichen Vorlesungen im Akademos-Park, Lehrstunden abhielt. Als philosophisches und wissenschaftliches Forschungszentrum war die Akademie auch auf dem Gebiet der Jurisprudenz und der Mathematik führend. Platon sah sie als sein Lebenswerk, das für ihn eine größere Bedeutung als all seine Schriften hatte.

☛ **Darwin, Michelozzi, Palladio, Raphael, Ruskin**

Platon. Geb. Athen (GR), 428 v. Chr. **Gest.** Athen (GR), 348 v. Chr.
Die Akademie, Szene aus der Schule Platons, Mosaik aus dem Hause von T. Siminius, Pompeji, 1. Jahrhundert v. Chr.

Plinius der Jüngere

Toskanische Villa

Der aus dem frühen 18. Jahrhundert stammende Plan für eine Rekonstruktion der toskanischen Lieblingssommervilla von Plinius dem Jüngeren sagt mehr über den damals gerade aufkommenden englischen Landschaftsgartenstil als über das römische Original. Angeblich basiert der Plan auf den Briefen von Plinius (ca. 100 n. Chr.); er zeigt drei Gartenstile: ein Parkgebiet mit Fischteichen, formale Gärten sowie einen dritten Teil (obere Rondelle) mit Wiesen und nachgeahmter Landschaft mit Felsen, Wasser, Bäumen und Gebäuden. Die Villa des Plinius strebte eine Einheit von Haus und Garten an. Im Haus zierten Fresken mit Vögeln und Blättern die Wände, im Garten standen Pavillons. Robert Castell veröffentlichte den Plan in *The Villas of the Ancients Illustrated* (1728). Er verschaffte damit dem „neuen“ Landschaftsstil, der sich u. a. in Chiswick entwickelte, einen antiken „Stammbaum“. Allerdings wurden nur wenige Exemplare gedruckt und Castell starb kurz darauf im Schuldturm.

☛ **Burlington, Hadrian, Sulla, Switzer, Tibernitus**

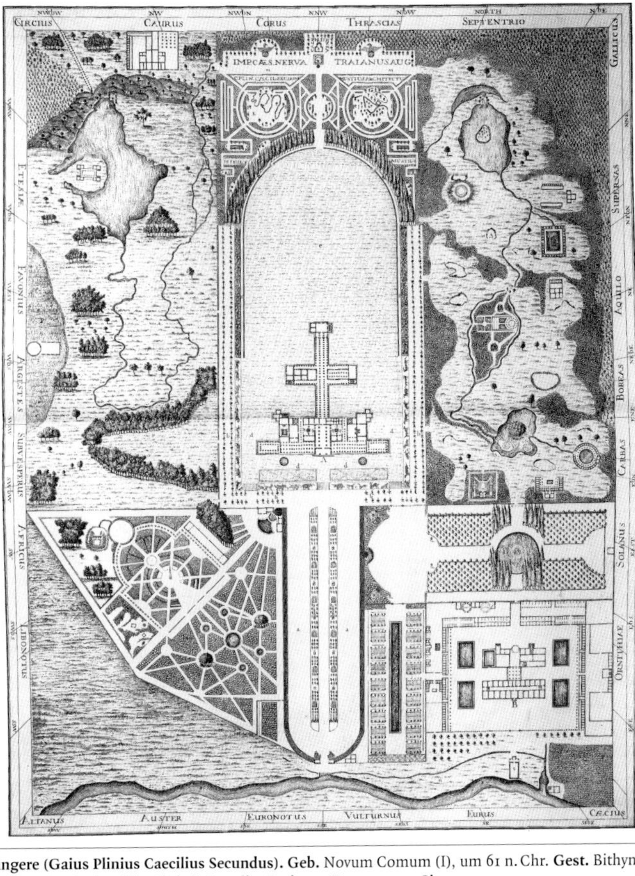

Plinius der Jüngere (Gaius Plinius Caecilius Secundus). Geb. Novum Comum (I), um 61 n. Chr. **Gest.** Bithynien oder Rom, 113 n. Chr. **Toskanische Villa,** Città di Castello, Toskana (I), um 100 n. Chr.

Poitiers Diane de

Château de Chenonceau

Die *broderie* aus Heiligenkraut schmückt auf einer Terrasse über dem Fluss Cher ein elegantes *parterre*, das Diane de Poitiers gewidmet ist und neben einem der schönsten französischen Schlösser liegt. Diane de Poitiers, die berüchtigte und mächtige Geliebte Heinrichs II., ließ diesen Garten im 16. Jahrhundert anlegen. Seine Gestaltung hat sich jedoch zwischenzeitlich geändert. Der König hatte Diane anlässlich seiner Thronbesteigung Chenonceau 1551 geschenkt. Sie gab den Auftrag, die *parterres* mit Obstbäumen, diversen Gemüsearten und ihren Lieblingsblumen – Rosen, Lilien und Veil-chen – zu bepflanzen. Zu Lebzeiten Heinrichs II. hielt Diane im Grunde als Königin von Frankreich Hof. Nach dem Tod des Königs konfiszierte jedoch Katharina de' Medici, die tatsächliche Königin, den Großteil von Dianes Besitztümern, darunter auch Chenonceau. Katharina verlegte ihren Hof in das Schloss und schuf Gärten im italienischen Stil. Moderne Versionen der Gärten dieser zwei Damen sind beiderseits des Schlosses zu bewundern.

☛ Du Cerceau, L'Orme, Mercogliano, Mollet, Serlio

Diane de Poitiers (Herzogin von Valentinois). Geb. Poitiers (F), 1499. **Gest.** Anet (F), 1566.
Château de Chenonceau, bei Tours (F), 1551.

Pope Alexander

Twickenham Garden

Der offene Muscheltempel war ein Höhepunkt in Popes Garten, einem rechteckigen, zwei Hektar großen Grundstück. Dort experimentierte der Dichter mit der Maltechnik von Licht und Schatten und setzte dies bei den Anpflanzungen um. So schmückte er die geraden Alleen, die gewundenen Wege und Lichtungen mit klassischen Gefäßen und Statuen. Die ganze Szenerie konnte man von einem Hügel aus überblicken. Der Garten war nur vom Haus aus durch einen Tunnel, der unter der Straße verlief, erreichbar. Diesen Tunnel verwandelte Pope in eine mit Mineralien, Muscheln, Glas und Stalaktiten aus der Tropfsteinhöhle Wookey Hole geschmückte Grotte. Von hier aus konnte man durch eine Camera obscura auf die Themse blicken, die hinter dem Haus vorbeifloss. Auf der von Kent stammenden Zeichnung kann man sie gerade noch durch die Türöffnung hinter dem Tempel erkennen. Auch zeigt die Skizze Kent, Pope und Popes Hund im Garten sowie Fantasieprodukte wie die Skulpturengruppe am linken Bildrand.

☛ **Bridgeman, Grenville-Temple, Kent, Orrery, Vanbrugh**

Alexander Pope. Geb. London (GB), 1688. **Gest.** Twickenham, London (GB), 1744.
Twickenham Garden, London (GB), 1718–1744.

Porcinai Pietro

Villa Il Roseto

Ein elegantes, modernes *parterre* zieht sich vom Haus einen sanften Hang hinab. Darunter liegt ein in gedämpftes Sonnenlicht getauchter, beeindruckend großer Raum. Er dient als Haupteingang des Grundstücks und als Tiefgarage. Mit Betonsäulen und Kuppeln, geometrisch verzierten Böden und Wänden stellt er eine moderne Interpretation der unterirdischen Grotten des 16. und 17. Jahrhunderts dar. Dieses innovative Design kennzeichnet Pietro Porcinais Fähigkeit, umsetzbare Lösungen für moderne Anforderungen zu finden, und zeigt sein Vermögen, die traditionellen Stilelemente

Italiens in zeitgenössische Ästhetik zu verwandeln. Dieses Können wandte er auf viele Privatgärten in Europa, im Mittleren Osten sowie in Nord- und Südamerika an, aber auch bei größeren Projekten, wie z. B. der Brennerautobahn. Wenn man weiß, dass er in der toskanischen Villa La Gamberaia aufwuchs, da sein Vater dort leitender Gärtner war, kann man seine Stilsicherheit und sein Vertrauen in die eigenen Instinkte besser begreifen.

☛ **Capponi, Nasoni, Pinsent, Scarpa, Trezza**

Pietro Porcinai. Geb. Florenz (I), 1910. **Tätig** (I), 20. Jahrhundert. **Gest.** 1986.
Villa Il Roseto, bei Arcetri, Toskana (I), Mitte des 20. Jahrhunderts.

Post Pieter

Huis ten Bosch

Das einnehmende Bild des Gartens in Huis ten Bosch zeigt, wie Pieter Post nach italienischem Vorbild symmetrische Gestaltungselemente und klassische Statuen einsetzte. Zusammen mit Jacob van Campen, Constantin Huygens und Johan Maurits van Nassau entwickelte Post einen typisch niederländischen Gartenstil. Huis ten Bosch ist ein kleiner privater Garten, der von geraden Kanälen und Baumreihen begrenzt wird. Der quadratische Grundriss wurde in einfache Abschnitte unterteilt. In der Mitte standen vier steinerne Statuen; daneben verliefen zwei Treppen, die zu einem von

Pflanzen überwucherten Pavillon hinaufführten. Post entwarf den Garten von Huis Ten Bosch („Haus im Wald") bei Den Haag zwischen 1645 und 1652 für Amalia van Solms, die Ehefrau von Friedrich Heinrich, dem „Stadhouder" und Prinzen von Oranien: Die *parterres* waren mit den Initialen F. H. und A. v. S. geschmückt. 1686 erwarben Wilhelm III. von Oranien und seine Gemahlin Maria II. Stuart das Anwesen als Sommersitz.

☛ **Colchester, Frederik Hendrik, Huygens, van Campen**

Pieter Post. Geb. Haarlem (NL), 1608. **Gest.** Den Haag (NL), 1669. **Huis ten Bosch,** Haagse Bos, Den Haag (NL), 1645–1652.

369

Potter Beatrix

Hill Top

Hinter den Zwiebeln und Karotten eines üppigen Küchengartens verbergen sich ein altmodischer Spaten, ein Sieb und eine verzinkte Gießkanne – Kinder in aller Welt, die mit *Peter Hase* und anderen Geschichten von Beatrix Potter aufgewachsen sind, werden sie wieder erkennen. Direkt dahinter liegt Hill Top, der bewirtschaftete Bauernhof im Lake District, den Potter 1905 gekauft hat. Dort schrieb sie viele ihrer Geschichten und illustrierte sie mit Wasserfarben und Tinte. Später widmete sie sich verstärkt der Schafzucht und dem Gärtnern. Sie bevorzugte traditionelle Cottage-Gartenpflanzen, die den Weg zur Eingangstür säumten: Azaleen, Phlox, Rosen, Steinbrech, Malve, Lilien und Obstbäume, dazwischen etwas Gemüse. Mit von sorgfältiger Beobachtung zeugenden Illustrationen eroberte sie die Herzen vieler Kindergenerationen und bleibt ihnen ein Leben lang im Gedächtnis. Nach ihrem Tod hinterließ sie dem National Trust mehr als 1 500 Hektar Lake-District-Grund sowie eine Reihe von Bauernhöfen und Cottages.

☛ **Burnett, Landsberg, Ruskin, Shurcliff, Wordsworth**

Beatrix Potter (Helen Beatrix Potter). Geb. London (GB), 1866. **Gest.** Cumbria (GB), 1943.
Hill Top, bei Sawrey, Ambleside, Cumbria (GB), 1905.

Powerscourt 7. Vicomte

Der 7. Vicomte Powerscourt erbte einen nur teilweise fertig gestellten Garten im italienischen Stil, den Daniel Robertson entworfen hatte. 1858 lud er sechs Architekten und Gartengestalter ein, die Pläne für die Vollendung der Anlage vorlegen sollten. Die Familie wählte verschiedene Elemente aus den von Daniel Robertson, William Brodrick Thomas, James Howe, Sir George Hodson, Edward Milner und Francis Penrose vorgelegten Entwürfen aus. Das Ergebnis ist ein hervorragendes Beispiel für den Mischgeschmack des späten 19. Jahrhunderts: Der Garten wurde verschwenderisch mit architektonischen Details und gelungenen Nachbildungen antiker Statuen ausgestattet. Er wird von einer eklektischen Sammlung aus Koniferen, forstwirtschaftlichen Anpflanzungen und einem Blick auf den Sugar Loaf Mountain vervollständigt. Dieser Anblick geht auf das Diktum des italienischen Renaissancearchitekten Alberti zurück, wonach „hinter der feinen Gestalt des Gartens vertraute Berge" zu sehen sein sollten.

☛ Bomarzo, Goldney, Hill, Lane, Pulham, Wilhelmine

7. Vicomte Powerscourt. Geb. 1836. Tätig (IRL), Mitte des 19. Jahrhunderts. **Gest.** 1904.
Powerscourt, County Wicklow (IRL), 1858.

Pückler-Muskau Fürst Hermann von

Schloss Branitz

Der konische Hügel – Fürst Pückler nannte ihn Pyramide – wurde auf einer Insel in einem der Seen bei Branitz errichtet und 1856 vollendet. Er enthält die Gräber von Fürst Pückler und seiner Frau und ist von einem Ausspruch aus dem Koran gekrönt: „Gräber sind die Berggipfel einer fernen neuen Welt." Die Pyramide entflammt im frühen Herbst, wenn die Kletterpflanzen, die sie bedecken, sich blutrot färben. Der verwegene Fürst Pückler war einer der größten Amateur-Landschaftsgestalter im Deutschland des 19. Jahrhunderts. Er entwarf in einem großartigen Maßstab. Sein Hauptsitz auf Muskau umfasst einen Park von 550 Hektar und liegt zum Teil in Deutschland, zum Teil in Polen. Seine Inspirationen holte er sich auf Reisen nach England und durch seine Kontakte zu Humphry Repton. Später führte er ornamentale Beetschemata ein, deren Formen aus dem viktorianischen England stammen. Durch seine Reiseaufzeichnungen und die Beratung der Landbesitzer trug Pückler wirkungsvoll zur Verbreitung englischen Landschaftsstils bei.

☛ **Asplund, Girardin, Medinacelli, Repton, Scarpa**

Fürst Hermann von Pückler-Muskau. Geb. Muskau (D), 1785. **Gest.** Branitz (D), 1871.
Schloss Branitz, bei Cottbus (D), um 1850.

Pulham James

Higham Court

Auf den ersten Blick erscheint diese Szenerie ganz natürlich: von den echten Felsbrocken bis hin zu den Koniferen – einer typisch viktorianischen Obsession. Es handelt sich jedoch um den ersten Steingarten von James Pulham, Sohn von J. Pulham sen. (Pionier in der Herstellung von Portlandzement). Er legte ihn 1849 mit einer Mischung aus echtem Stein und „Pulhamite" an. Pulhamite war ein künstlicher Fels, für dessen Herstellung man eine Spezialmischung von Portlandzement über eine raue Struktur aus Ziegel oder Klinker goss. Das Werkstück wurde anschließend so bearbeitet, dass na-türlich wirkende Schichten entstanden. Pulham erlangte hierbei eine derart große Meisterschaft, dass es schwierig ist, die Reproduktion von echtem Gestein zu unterscheiden. Seine Arbeit trug viel zur viktorianischen Begeisterung für Steingärten bei, die natürliche Szenerien imitierten. Weitere berühmte Beispiele sind Sandringham Park, Norfolk, und Battersea Park in London. Leider nahm der Sohn von James das Rezept für Pulhamite mit ins Grab.

☞ I. Caus, Crisp, Isham, Lainé, Lane, Pope

James Pulham. Geb. (GB), um 1820. Gest. (GB), 1898. **Higham Court,** Gloucestershire (GB), 1849.

Qian Long Kaiser von China

Yuan Ming Yuan

Dieses aus dem 18. Jahrhundert stammende Aquarell zeigt die Gärten des alten Sommerpalastes von Yuan Ming Yuan, die Teil des „Gartens des perfekten Glanzes" außerhalb von Peking sind. Die Gestaltung von Yuan Ming Yuan wurde im frühen 18. Jahrhundert begonnen und von Kaiser Qian Long in der Zeit zwischen 1736 und 1795 weiterentwickelt. Yuan Ming Yuan war berühmt für zahlreiche verschiedene Szenerien, inspiriert durch spezifische Inschriften. Am Ende der Herrschaft von Qian Long waren rund 40 Szenerien gestaltet, bis zur Mitte des 19. Jahrhunderts gab es 150. Viele davon

waren angeregt von natürlichen Aussichtspunkten, die in China berühmt waren; aber auch Architektur spielte eine wichtige Rolle. Im Garten gab es Einkaufsstraßen, Theater und Tempel. Quian Long beauftragte sogar Père Giuseppe Castiglione mit einer Serie von Marmorgebäuden im westlichen Stil – etwa zur selben Zeit feierte William Chambers den fernöstlichen Stil mit seiner Pagode in Kew.

☛ **Chambers, Kang Xi, Pan En, Wang Xian Chen**

Qian Long, Kaiser von China. Geb. (TJ), 1711. **Gest.** (TJ), 1799. **Yuan Ming Yuan,** bei Peking (TJ), 1736–1795.

Radziwill Prinzessin Helena

Der römische Aquädukt mit einem Wasserfall gehört zu den „neuen" antiken Ruinen, die man als Gartenelemente und Attraktionen im 15 Hektar großen Garten des Anwesens der Radziwills errichtete. Das Gelände wurde 1778 von Szymon Bogumil Zug entworfen, dem zu jener Zeit eifrigsten Verfechter der englischen pittoresken Bewegung in Polen. Prinzessin Helena Radziwill erteilte den Auftrag für die Gärten, die zwischen 1778 und 1785 entstanden. Der Name bezieht sich auf den Mythos Arkadiens. Dieser stellt das zentrale Thema des Gartens dar, worauf auch die lateinische Inschrift *Et in Arcadia ego* (Auch ich bin in Arkadien) auf einem Grabstein verweist. Wie Rousseaus Gedenkstätte in Ermenonville in Frankreich, liegt auch dieses Grab auf einer mit Pappeln bepflanzten Insel in einem See. Die Inschrift gemahnt daran, dass der Tod selbst in der Idylle Arkadiens der Begleiter der Liebe und des Glückes ist. Arkadia ist die besterhaltene polnische Gartenanlage des 18. Jahrhunderts; sie wird nun Stück für Stück restauriert.

☞ **Boy, Czartoryska, Girardin, Palladio, Stanislaus II., Zug**

Prinzessin Helena Radziwill (geborene Czartoryska). Tätig Ende des 18. Jahrhunderts. **Gest.** (PL), um 1802. **Arkadia,** Lowicz (PL), 1778–1785.

Raffles Sir Stamford

Singapore Botanic Gardens

Diese wundervollen Blüten sind Teil des Orchideengartens in den Singapore Botanic Gardens. Sie wurden in den frühen 1980er-Jahren zu Ehren der Pionierarbeit R. E. Holttums für die Hybridzüchtung von Orchideen angelegt – eine Arbeit, die Singapur zu einem der führenden Länder in der Orchideenproduktion machte. Die Botanischen Gärten befinden sich auf dem Regierungshügel und sind heute öffentlicher Park sowie Versuchsstation. Sie wurden im Jahre 1822 von Sir Stamford Raffles gegründet, um Pflanzen mit einer wichtigen ökonomischen Funktion in den Kolonien des britischen Empire zu züchten. Die Gärten wurden 1829 geschlossen und 30 Jahre später von der Landwirtschafts- und Gartenbaugesellschaft wieder eröffnet, die 1866 weitere zehn Hektar hinzufügte. Eine wichtige Rolle spielte der Garten auch für die Entwicklung der malaiischen Kautschukindustrie, als es dem Direktor H. N. Ridley gelang, Latex aus Kautschukbäumen zu gewinnen, die in die Gärten von Kew gesandt wurden.

☛ Bawa, Cook, Otruba, Rhodes, Thwaites, van Riebeeck

Sir Stamford Raffles. Geb. auf See (JA), 1781. Gest. (SGP), 1826. **Singapore Botanic Gardens** (SGP), 1822.

Raphael

Villa Madama

Der Plan zeigt, dass man die großartige Renaissancevilla von Kardinal Giulio de' Medici als Abfolge künstlicher Landschaften anlegte, die strahlenförmig von einem offenen Hof im Zentrum ausgingen. Gäste betraten den ersten Hof über eine monumentale Treppe (auf dem Plan ganz links). Das Gelände umfasste ein Amphitheater, eine nördliche Loggia, die sich zu Terrassen hin öffnete, einen Privatgarten (*giardino segreto*) sowie die Fassade der Villa mit atemberaubender Aussicht über den Tiber. Baubeginn war im Jahre 1516. Meist werden die Villa und die Gärten dem Künstler Raphael sowie seinen Schülern Giulio Romano, Antonio da Sangallo dem Jüngeren und Giovanni da Udine zugeschrieben. Bevor die Villa fertig gestellt werden konnte, brannte sie während der Plünderung Roms 1527 ab. Ihren jetzigen Namen verdankt sie einer späteren Besitzerin, Margarete von Österreich. Die Villa Madama löste die Grenzen zwischen Haus und Garten auf. Ihr Einfluss auf die Gärten Italiens wird nur noch von Bramantes Belvederehof übertroffen.

☛ **Bramante, Michelozzi, Moroni, Orsini, Palladio**

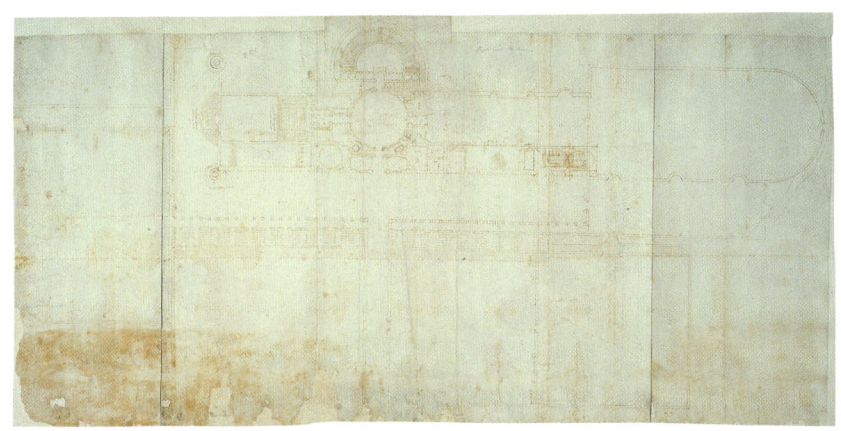

Raven Peter

Missouri Botanical Garden

Der Botanische Garten in St. Louis stellt sowohl einheimische als auch internationale Gartenthemen vor. Die hohen Gräser dieses Gartens, der rund um einen Pavillon angelegt wurde, erinnern den Besucher daran, dass Missouri in der Langgrasprärie des amerikanischen Mittleren Westens liegt. 1853 machte der Gründer Henry Shaw die Gärten der Öffentlichkeit zugänglich. Inzwischen hat sich die Anlage unter ihrem gegenwärtigen Direktor Peter Raven und dem Designer Geoffrey Rausch zum Vorzeigemodell eines modernen botanischen Gartens im großen Maßstab entwickelt. Ein Treibhaus in Form einer Traglufthalle beherbergt tropische und andere Pflanzen. Hier wird mit einem integrierten Schädlingsbekämpfungssystem experimentiert, wobei statt chemischer Mittel Raubinsekten zum Einsatz kommen. Das Herbarium umfasst 3,5 Millionen Posten; es gibt eine Gartenbibliothek mit 110 000 Bänden sowie tropische Forschungsprojekte – alles Einrichtungen, die zu den besten der Welt zählen.

☞ **Burley Griffin, McNab, Moroni, Rhodes, Sloane**

Peter Raven. Geb. (TJ), 1936. **Missouri Botanical Garden,** St. Louis, Missouri (USA), Ende des 20. Jahrhunderts.

Repton Humphry

Sheringham Park

Humphry Repton entwarf Haus und Garten von Sheringham Park, die in einem bewaldeten Tal mit Meeresblick liegen. Nach dem Tod von Capability Brown nahm Repton erfolgreich den Platz von Englands herausragendstem Landschaftsarchitekten ein. Er hatte zu einem Großteil auch Browns Stil „geerbt" und schuf kunstvolle Kompositionen unter Einbeziehung der natürlichen Topografie, um romantische Visionen des Schäferidylls zu kreieren. Reptons wichtigste Neuerung war die Wiedereinführung formaler Elemente rund um das Haus – bei Brown reichten die Weiden bis direkt an die Hausmauern heran – wie z. B. Terrassen, Strauchwerk, Stufen, Balustraden und umgrenzte Blumengärten (wie in Sheringham). Wie Brown hatte auch Repton durchaus Sinn fürs Kommerzielle: In seinen „Roten Büchern" hielt er geschickt die Vorher-Nachher-Ansichten der Anwesen potentieller Kunden fest und illustrierte durch eine Art Folientechnik zusätzliche Seen oder Baumgruppen.

☛ **Brown, Crowe, Nash, Pückler-Muskau, Southcote**

Humphry Repton. Geb. Bury St. Edmonds (GB), 1752. **Gest.** Romford (GB), 1818.
Sheringham Park, Norfolk (GB), 1812–1819.

Rhodes Sir Cecil — Kirstenbosch National Botanical Garden

Wohin man den Blick in Kirstenbosch auch richtet, überall sind Wildblumen zu sehen und im Hintergrund der Gebirgszug des Tafelbergs. Wie alle Pflanzen im National Botanical Garden stammen auch die wilden Blumen aus der Kapprovinz: Südafrikas Flora ist eine der reichsten und zugleich empfindlichsten der Welt, und ihr Überleben verdankt das Land Cecil Rhodes. Er erwarb Kirstenbosch 1895 und bepflanzte Alleen mit Moreton-Bay-Feigenbäumen und Kampferbäumen. Dann vermachte er das Land den Menschen Südafrikas als Teil seines Groote-Schuur-Landbesit-zes, um es für die Nachwelt zu erhalten. Die Vorstellung von einem Garten zur „Erhaltung unserer Vegetation" lässt sich auf das Jahr 1915 zurückdatieren. Heute beheimatet Kirstenbosch 7 000 Spezies in einem naturnah gestalteten Garten von 36 Hektar, der von etwa 500 Hektar wildem *fynbos* sowie Wald umgeben ist.

☛ **Barlow, Chambers, F. Phillips, Raffles, Thwaites**

Sir Cecil Rhodes. Geb. Bishop's Stortford (GB), 1853. **Gest.** Kapstadt (ZA), 1902.
Kirstenbosch National Botanical Garden, Kapstadt (ZA), 1895.

Rikkyu Sen no

Omote-Senke-Schule

Ein einfacher Pfad, gepflastert mit Natursteinen und Moos, windet sich durch ein Unterholz von verwilderten Sträuchern. Auf dem Weg durch mehrere überdachte Tore und Pforten zu einer einfachen Hütte ist dies der *roji*, der „taubedeckte Pfad", was im Japanischen Teegarten bedeutet. Der kurze Weg durch den Teegarten ist ein Ritus, durch den man die weltlichen Ablenkungen hinter sich lässt, um sich in einen Zustand von Schlichtheit und Harmonie zu versetzen. Bescheiden in seinem Wesen, ohne charakteristische Steine, Teiche oder kunstvolle Gebäude, hat kein *roji* in seiner ur-

sprünglichen Form überlebt. Als buddhistische Mönche den Tee aus China mitbrachten, etablierte sich das Teetrinken als Zeremonie. Abhängig von den jeweiligen „Teemeistern" durchliefen der Geist und die Rituale der Teezeremonie über die Jahrhunderte hinweg kleine, aber bedeutsame Veränderungen. Bei diesen Meistern handelte es sich zuerst um gelehrte Zen-Mönche, später um Laien auf der Suche nach der Erleuchtung.

☛ **Enshu, Kokushi, Mandokora, Ogawa, Toshihito**

Sen no Rikkyu. Geb. Sakei, bei Osaka (J), 1522. **Gest.** Kioto (J), 1591.
Omote-Senke-Schule, Kioto (J), 16. Jahrhundert.

Rinaldi Antonio

Schloss Oranienbaum

Die Abbildung aus dem 19. Jahrhundert zeigt den Ostflügel des Schlosses Oranienbaum vom Unteren Wasserbecken aus. Letzteres entstand, als der Fluss Karost beim Bau des Schlosses für Prinz Menschikow (durch die Architekten Fontana und Schädel zwischen 1710 und 1725) gestaut wurde. Auf einer Terrasse vor dem Schloss legten die Architekten einen Garten mit Springbrunnen und Skulpturen an. Doch den wichtigsten Gestaltungsbeitrag für Oranienbaum leistete Antonio Rinaldi. Für Peter III., der sich nur für militärische Dinge interessierte, entwarf Rinaldi zwischen 1757 und 1762 ein kleines Schloss, Baracken, einen Wachraum, Offiziersunterkünfte, ein Arsenal und ein Magazin. Für seine Frau, die spätere Katharina die Große, baute er einen so genannten Chinesischen Palast. Zudem legte er Gärten an und wagte erste Schritte auf dem Gebiet der Landschaftsgestaltung. Das schönste Gebäude des Parks ist der Pavillon des Schlittenhügels, der den Ausgangs- und Aussichtspunkt für eine frühe „Berg- und Talbahn" darstellte.

☛ Cameron, Catherine II., Chambers, Fontana, Peter I.

Antonio Rinaldi. Geb. (I), 1709. Gest. Rom (I), 1794.
Schloss Oranienbaum, St. Petersburg (RUS), 1710–1725, Gemälde von Yegor Maier (1822–1867).

Robert Hubert

Meierei von Rambouillet

Eine weiße Marmornymphe scheint hier mit ihrer Ziege zwischen den zerklüfteten Felsen einer Fantasiehöhle hervorzutreten. Diese Höhle befindet sich in einem eleganten Pavillon, der unter der Bezeichnung „Meierei der Königin" bekannt ist. Das neoklassizistische Gebäude von Thévenin sowie der dazugehörige „Pferch" wurden von Ludwig XVI. in Auftrag gegeben. Er hoffte, Marie-Antoinette damit zu erfreuen, die gerne Milchmädchen spielte. Der große Landschaftsmaler Hubert Robert, der 1778 zum Königlichen Gartenarchitekten ernannt worden war, sollte ihre Launen mit Leben erfüllen. Vor seiner Rückkehr nach Frankreich hatte er zehn Jahre in Italien verbracht und sich mit Landschaftsgestaltung beschäftigt. Robert war bereit, den Sprung von der Landschaftsmalerei zum Entwurf romantischer Szenerien im Anlehnung an englische Vorbilder zu wagen. Obwohl es heute keine Gärten mehr gibt, die Robert gestaltete, kann man doch seine Handschrift an Orten wie Ermenonville, Méréville, Compiègne oder Trianon erkennen.

☛ **Bélanger & Blaikie, Carmontelle, Girardin, Laborde**

Hubert Robert. Geb. Paris (F), 1773. **Gest.** Paris (F), 1808.
Meierei von Rambouillet, Château de Rambouillet (F), nach 1778.

Robeson Graham & Gray Alan

Der abgesenkte Garten des Old Vicarage ist Teil eines kürzlich angelegten Arts-and-Crafts-Gartens, der Lutyens würdig wäre. Die Besitzer begannen mit der Gestaltung in den späten 1980er-Jahren und haben den Garten seither weiter ausgebaut. Typisch ist die englische Mischung aus strenger Architektur und fantasievoller Bepflanzung: Backsteinmauern, Gartengebäude und Tore werden von der Schönheit der Bepflanzung noch übertroffen. Neben klassischen Staudenrabatten mit Gräsern, Buchsparterres und hohen Eibenhecken wachsen hier auch seltene und empfindliche Pflanzen.

Zudem gibt es einen mediterranen Garten und ein tropisches Beet, das von Christopher Lloyd beeinflusst wurde. Die Eibenhecken bieten Schutz vor den heftigen Böen, die vom Meer kommen. Lücken zwischen den Eiben rahmen die Ausblicke auf Felder und zwei Kirchtürme. Sollten die Besitzer weiter den Garten verschönern, dann ist das Old Vicarage auf dem besten Wege, ein Sissinghurst oder Hidcote des 21. Jahrhunderts zu werden.

☛ Farrand, Jekyll, Johnston, Lloyd, Lutyens, Sackville-West

Graham Robeson. Tätig Ende des 20. Jahrhunderts. **Alan Gray.** Tätig Ende des 20. Jahrhunderts.
Old Vicarage, East Ruston, Norfolk (GB), um 1980.

Robins Thomas

Painswick Rococo Garden

Der kunstvoll gearbeitete Rokokorahmen aus Blattwerk und Muscheln lässt die Attraktionen des auf diesem Bild dargestellten Gartens erahnen. Ein Statue des Pan begrüßt die Besucher am Eingang des Gartens. Man entdeckt lange, gerade Ausblicke und gewundene Wege, die an einer außergewöhnlichen Ansammlung von Gebäuden vorbeiführen und dabei plötzliche Durchblicke auf das weiter unten liegende Haus und das Tal freigeben. Robins Gemälde teilt jene Bildtradition mit dem Rokokostil in der Gartengestaltung, welche die Spannung zwischen Realismus und extremer Künstlichkeit herausarbeitet. Der Garten liegt in einem verborgenen Tal hinter dem Haus. Die hintere Bildhälfte des Gemäldes wurde gekippt, um den Garten detaillierter darstellen zu können. Man nimmt an, dass Robins, ein Haus- und Gartenmaler aus der Mitte des 18. Jahrhunderts, Painswick eventuell für den Besitzer Benjamin Hyett angelegt haben könnte. Es handelt sich um das schönste und vollständigste Beispiel eines englischen Rokokogartens.

☛ Bushell, I. Caus, Lane, Orrery, Pope

Thomas Robins. Geb. 1716. Tätig (GB), 18. Jahrhundert. **Gest.** (GB), 1770.
Painswick Rococo Garden, Stroud, Gloucestershire (GB), 1738–1770.

Robinson William

Gravetye Manor

Die strenge Architektur des elisabethanischen Herrenhauses ist fast völlig unter der üppigen Pracht einheimischer und exotischer mehrjähriger Pflanzen verborgen. Dieser Triumph ungezwungener Formen über die Architektur drückt William Robinsons Vorstellungen von Gartenplanung perfekt aus. Robinson war ein eifriger Autor, ein Verfechter waldähnlicher Gärten und robuster Pflanzen sowie der Meister eines natürlichen Stils, der Pflanzen so platzierte, dass ihre individuelle Schönheit aufs Beste zur Geltung kam. Er verabscheute die im viktorianischen Stil künstlich gestalteten Blumenbeete.

Robinson trat auch dafür ein, die Gartengestaltung den Gärtnern zu überlassen, was ihm natürlich den Protest der Architekten einbrachte, besonders den von Sir Reginald Blomfield. Letzterer zog den Renaissancestil vor und betrachtete die Gartengestaltung als Architektensache. Das Problem wurde gelöst, als Jekyll und Lutyens bewiesen, dass Gärtner und Architekten einen Garten gemeinsam gestalten konnten.

☛ Blomfield, Jekyll, Lutyens, MacDonald-Buchanan

William Robinson. Geb. (IRL), 1838. **Gest.** West Sussex (GB), 1935.
Gravetye Manor, East Grinstead, West Sussex (GB), 1885.

Rochford Graf von

Powis Castle

Wie aufgeplusterte Eiderdaunen überziehen die Eiben von Powis Castle die Mauern in weichen Kaskaden. Obwohl es kaum zu glauben ist, dass die Eiben einst hübsch gestutzt, in regelmäßigen Abständen gepflanzte Formsträucher waren, belegt ein Stich von 1742 doch eindeutig den ursprünglichen Zustand. Die aus rosafarbenem Stein erbaute Burg steht auf einem Hügel mit dramatischer Aussicht über Offas Dyke und die englisch-walisische Grenze. Das Anwesen gehörte von etwa 1200 bis in die Mitte des 20. Jahrhunderts den Prinzen und späteren Grafen von Powis. Die schönen Gärten legte allerdings der Graf von Rochford an. Die drei Terrassen im italienischen Stil sind etwa 152 Meter lang und fallen in steilen Stufen von der Burg nach Südosten zum rasenbedeckten Talboden ab. Rochfords verschwenderische Pracht von Statuen, Formsträuchern und Wasserbassins ist schon seit langer Zeit verschwunden. Doch die Gärten werden heute noch für die prächtig bepflanzten Rabatten auf den Terrassen gerühmt.

☛ **Barron, Beaumont, Boy, Salisbury, Verey, Wirtz**

Willem van Nassau, Graf von Rochford. Tätig Ende des 17. Jahrhunderts. **Gest.** Zuylenstein (NL), 1708.
Powis Castle, Powys (GB), 1696–1722.

Roper Lanning

Glenveagh Castle

Die Gärten von Glenveagh wurden so geplant, dass sie ihre größte Pracht im Sommer entfalten, wenn die Blumen in voller Blüte stehen und in allen Farben leuchten. Der amerikanische Architekt Lanning Roper, der in England lebte und arbeitete, entwarf diesen Küchengarten für den in Amerika ansässigen Henry MacIlhenny of Rittenhouse Square in Philadelphia. Der Garten bildete einen Teil von MacIlhennys Grundbesitz bei Glenveagh Castle, seinem Sommersitz in Irland. Im Wintergarten und im Gewächshaus wuchsen Obst und exotische Pflanzen. Glashäuser und Gärten wurden so angelegt, dass Besucher sie auf dem Weg zum Seeufer und zur Irischen See bewundern konnten. Roper vermochte sich auf geniale Weise in die Wünsche seiner Auftraggeber hineinzuversetzen: Die Gärten von Glenveagh spiegeln den opulenten Lebensstil wider, zu dem auch reichlich Personal für die Pflege der Blumen gehörte. Roper war Mitte des 20. Jahrhunderts einer der maßgeblichen Befürworter der Kräuterpflanzung im romantischen englischen Stil.

☞ Carvallo, Jefferson, La Quintinie, Vanderbilt, Washington

Lanning Roper. Geb. (USA), 1912. Gest. (GB), 1983.
Glenveagh Castle, Glenveagh National Park, County Donegal (IRL), 1920er-Jahre.

Rose James

The James Rose Center

Leicht erhöhte, schön lackierte Naturholzböden und *Shoji*-Wände sind nur zwei der japanischen Elemente in James Roses Design für sein Haus mit Garten von 1954 in Ridgewood, New Jersey. Zu diesem Stil wurde er während des Zweiten Weltkriegs in der Pazifikregion inspiriert. Roses Gärten gelten als miteinander verbundene Räume, die oft durch transparente Wände getrennt sind. Geflochtene Holzzäune erlauben Einblicke in die angrenzenden Räume. Rose verstand den Garten als „das torlose Tor des Zen-Buddhismus". Der wechselnde Charakter der Effekte von Licht, Schatten,

Klang, Raum und stofflicher Beschaffenheit belebten Roses Gestaltungen. Die Tradition des Ostens verband sich mit der Moderne des Bauhauses, für das in Harvard in den späten 1930er-Jahren eingetreten wurde. Rose, Garrett Eckbo und Dan Kiley rebellierten gegen die Beaux-Arts-Mode und veränderten die Philosophie professioneller Landschaftsgestaltung sowohl in den USA wie auch in einem größeren, internationalen Kontext.

☞ **Ashikaga Takauji, Eckbo, Enshu, Hornel, Kiley**

James C. Rose. Geb. Pennsylvania (USA). **Gest.** Ridgewood, New Jersey (USA), 1991.
The James Rose Center, Ridgewood, New Jersey (USA), 1954.

Rothschild Béatrix von

Villa Ephrussi-Rothschild

Der Tempel der Liebe im Zentrum dieses klassischen Blickes auf die Villa Ephrussi-Rothschild liegt wesentlich näher, als es scheint: Béatrix Ephrussi bestand darauf, dass die auf den Tempel zulaufenden Linien sich einander annäherten, um die optische Illusion größerer Distanz entstehen zu lassen. Palmen, Cycadeen, Drachenbäume und markante Beetpflanzen tragen zur exotischen Atmosphäre des extravaganten Gartens nahe Nizza bei. Aaron Messiah legte den Garten im ersten Jahrzehnt des 20. Jahrhunderts an. Rechts von dem abgebildeten Teil der Anlage befinden sich Gärten im japanischen, spanischen, englischen, maurischen und italienischen Stil sowie ein Kakteengarten und eine Sammlung exotischer Pflanzen. Jedes Element sollte den Besucher erfreuen, beeindrucken und belehren sowie natürlich auch die Macht und den Reichtum der Rothschilds in unmissverständlicher Weise demonstrieren. Der Gesamteindruck erinnert aber eher an einen unbeschwerten Urlaub von der Realität als an übertriebenen Pomp.

☞ **Barry, Joséphine, Lainé, Peto, Walska**

Madame Maurice Ephrussi (geborene Baronin Charlotte Béatrix von Rothschild). Geb. 1864. **Gest.** 1934.
Villa Ephrussi-Rothschild, Saint-Jean-Cap-Ferrat (F), 1905.

Rothschild Miriam

Ashton Wold

Miriam Rothschild pflanzte Klematis, Glyzinen, Efeu, Brombeeren und Rosen, um ihr Haus von Ranken überwuchern zu lassen. Die Pflanzen durften ganz ungehindert wachsen und verdeckten fast schon die Fenster und Türen. Die Familie Rothschild lebt seit beinahe 100 Jahren in Ashton Wold. In den 1970er-Jahren begann Miriam mit der Anlage einer Wildblumenwiese rund um das Haus. Dafür entfernte sie die ehemaligen Staudenrabatten. Die Samen für die Wiese stammten von den stillgelegten Flughafenrollbahnen der Umgebung. Später erfand Miriam Rothschild die beliebte

Samenmischung Farmer's Nightmare (Bauernschreck). Sie besteht u. a. aus *Chrysanthemum parthenium*, *Agrosthemma githago*, der Kornblume sowie zwei Mohnarten. Zu einer bestimmten Zeit des Jahres wirkt die Wiese, die sich über fast 60 Hektar erstreckt, völlig naturbelassen. Damit die Wildblumen üppig blühen und Samen bilden, muss man allerdings viel Energie und Sorgfalt aufwenden.

☞ **Brookes, Harrison, Kingsbury, Oudolf, Peto, Toll**

Dame Miriam Rothschild. Geb. Ashton Wold, Peterborough, Cambridgeshire (GB), 1908. **Gest.** (GB), 2005.
Ashton Wold, Peterborough, Cambridgeshire (GB), 1970er-Jahre.

391

Ruskin John

Brantwood

Ruskins Thron aus heimischem Schiefer (vom Gärtner eines Freundes angefertigt) blickt eher auf den Bach des Lake District als auf Conistons Szenerie. Ruskin behauptete, er könne durch Beobachtung der Schnellen und Tümpel des Baches ebenso viel über die Naturgesetze lernen wie bei der Betrachtung der Niagarafälle. Der Erwerb von Brantwood 1871 verhalf dem viktorianischen Denker zu einem „lebendigen" Labor, in dem er Ideen zu sozialen Reformen, Ästhetik und praktischer Landverteilung verfolgte. Bis zum Ausbruch seiner Geisteskrankheit verwandelte er das Haus und das 8,4 Hektar große Grundstück aus Felsen und Waldgebieten in eine Cottage-Villa. Dort konnte er in Harmonie mit der Umgebung leben. Er glaubte, das Glück käme „nicht durch die Vergrößerung des Besitzes, sondern des Herzens". Ruskin war Künstler, Philosoph, Schriftsteller, politischer Radikaler und Kunstkritiker. Auch gilt er als Vorreiter der Umweltschutzbewegung. Sein Garten wird nun in einfühlsamer Weise restauriert.

☞ **Larssen, Lutyens, Morris, Ruskin, Wordsworth**

John Ruskin. Geb. London (GB), 1819. **Gest.** Brantwood, Coniston, Cumbria (GB), 1900.
Brantwood, Coniston, Cumbria (GB), 1871.

Ruys Mien

Mien Ruys Tuinen

Mien Ruys begann ihre Laufbahn mit dem Entwurf von Rabatten für die Landschaftsabteilung der Pflanzschule ihres Vaters in Moerheimstraat, Dedemsvaart. 1925 legte sie dort kleine Modellgärten an, wobei sie mit dem alten experimentellen Garten und dem wilden Garten anfing. 1929 widmete sich Mien Ruys schließlich ernsthaft dem Studium der Gartenarchitektur und stieß später zu einer Gruppe progressiver Architekten, die an Funktionalismus glaubten. Danach arbeitete sie eine Weile lang als Dozentin für Landschaftsarchitektur. Erst nach 25 Jahren kehrte sie zu den Gärten in Dedemsvaart zurück und ergänzte sie 1954 mit dem hier abgebildeten Wassergarten und 1957 mit dem Kräutergarten. In den 1960er-Jahren kamen immer mehr Gärten hinzu, da Mien Ruys nun auch als Gartenarchitektin jahrelange Praxis hatte. Die Zahl der von ihr gestalteten Gärten stieg bis in die 1990er-Jahre weiter an. Mien Ruys Tuinen ist eine Erinnerung an all die Gestaltungsideen, die sie im Laufe ihres Lebens entwickelt hatte.

☞ **Brookes, Childs, Linden, D. Pearson, M. Rothschild**

Saarinen Eliel

Cranbrook Academy of Art

Der das moderne Gebäude am Ende des Wasserbeckens umhüllende Nebel passt perfekt zur romantischen Szenerie des Geländes der Cranbrook Academy. Cranbrook diente der Förderung von Künstlern, die mit ihren Werken eine ästhetische und harmonische Welt erschaffen wollten. Die Gebäude sind modern, wobei Materialien und Oberflächen an die traditionelle Architektur dieser Gegend gemahnen. Saarinen war von 1932 bis 1948 Präsident der Cranbrook Academy und gleichzeitig einer der führenden Architekten seiner Generation in Finnland, bevor er 1923 in die USA emigrierte. In

Cranbrook griff er auf meist nicht realisierte Arbeiten zurück, die er für finnische Wettbewerbe zur Städteplanung angefertigt hatte. So schuf er „sein ästhetisches und intellektuelles Meisterstück", ein beispielhaftes urbanes Design, das landschaftliche und architektonische Elemente mit einbezog. In *The Cranbrook Development* beschrieb er seine Arbeit an der Akademie.

☛ **Brancusi, Fairhaven, Kiley, Neutra, Palladio, Scarpa**

Eliel Saarinen (Gottlieb Eliel Saarinen). Geb. Rantasalmir (SF), 1873. **Gest.** Bloomfield Hills, Michigan (USA), 1950.
Cranbrook Academy of Art, Bloomfield Hills, Michigan (USA), 1928–1941.

Sackville-West Vita · Sissinghurst Castle Garden

Weiße Rosen, Klematis und Geißblatt wurden in diesem Garten zu einem auffallenden weißen Farbmuster kombiniert, das harmonisch auf den grünen Hintergrund abgestimmt ist. Der White Garden auf Sissinghurst, Kent, ist mit seinen zwölf Quadratmetern wohl eines der einflussreichsten Stücke Land in der Geschichte der Gartengestaltung. Er wurde 1948 angelegt, zwölf Jahre, nachdem Vita Sackville-West mit ihrem Ehemann, dem Diplomaten Harold Nicolson, zu dem verfallenen Landsitz kam. Der White Garden entwickelte sich zu einem Kult in der Gartengestaltung, dessen Auswirkungen bis heute noch von Kapstadt bis Sydney spürbar sind. Er ist allerdings nur ein kleiner Teil des Gesamtentwurfs, der sich auf eine Reihe von „Gartenräumen" gründet: Sie haben eine geometrisch angelegte Form, sind jedoch locker bepflanzt. Sackville-West übte, hauptsächlich durch Sissinghurst und eine Gartenkolumne im *Observer*, enormen Einfluss auf den Gartengeschmack der zweiten Hälfte des 20. Jahrhunderts aus.

☞ **Barron, Hoare, Messel, Noel, Seinsheim**

Vita (Victoria) Sackville-West. Geb. Knole, Kent (GB), 1892. **Gest.** Sissinghurst, Kent (GB), 1962. **Sissinghurst Castle Garden,** Sissinghurst, Kent (GB), 1948.

395

Saint-Phalle Niki de

Der Tarot-Garten

Die riesigen Skulpturen des auf einem Hügel liegenden Tarot-Gartens glitzern in der toskanischen Sonne. Überzogen mit leuchtenden Mosaiken, farbigem Glas oder Spiegelfragmenten, sind sie über Kilometer hinweg zu sehen. Sie verkörpern Figuren aus dem Tarot-Spiel – dem „Sacred Game" – und formieren sich zu einer mythischen Landschaft. Die Bildhauerin Niki de Saint-Phalle beschrieb einen Traum, den sie einst hatte: Während sie durch einen verzauberten Garten streifte, traf sie eine Vielzahl riesiger, hilfsbereiter und magischer Figuren, die reich mit Edelsteinen geschmückt

waren. Jahre später ließ sie diesen Traum im Tarot-Garten Wirklichkeit werden. Die Witwe des Bildhauers Jean Tinguely verursachte in den 1970er-Jahren v. a. mit einer ihrer riesigen „Nanas" einen Skandal: Es handelte sich um eine monumentale Frauenskulptur, deren Körper durch eine Tür zwischen ihren gespreizten Beinen betreten werden konnte. Über 40 Jahre arbeitete die Künstlerin an dem Tarot-Garten. Sie lebte selbst in der *Empress*-Skulptur.

☞ **Arakawa & Gins, Chand Saini, Gaudí, Miró, Orsini**

Niki de Saint-Phalle. Geb. Neuilly-Sur-Seine (F), 1930. **Gest.** San Diego, Kalifornien (USA), 2002.
Der Tarot-Garten, Capalbio, Toskana (I), 1960.

Salisbury Marquise von

East Garden, Hatfield House

In Hatfield House ist der East Garden von immergrünen Eichen gesäumt: Auf einem zwei Meter hohen Stamm sitzt je eine kugelförmige Krone. Die Mitte der Beete, von Buchsbaum gerahmte Quadrate, ziert ein Buchsformstrauch. Die Bepflanzung ist gemischt; erst die Gestaltung verleiht dem Garten seine Einheit. Robert Cecil erbaute Hatfield House 1607. Die Bepflanzung des originalen Gartens leitete John Tradescant der Ältere. Hatfield hat heute den ehrgeizigsten neojakobinischen Garten aller Zeiten. Lady Salisbury begann überraschenderweise erst 1977 mit dem East Garden. Sie schrieb: „Ich habe in den letzten Jahren versucht, die Gärten wieder in ihren vermutlichen früheren Zustand zu versetzen und eine harmonische Einheit von Haus und Garten zu schaffen. Mein Traum ist es, Haus und Garten eines Tages wieder zu einem Ort der Fantasie werden zu lassen, an dem man nicht nur vergnügliche, erholsame Stunden verbringen kann, sondern auch immer wieder von geheimnisvollen Dingen überrascht wird."

☛ Johnston, Kennedy, Strong & Oman, Wirtz, Wise

Molly Gascoigne-Cecil, Marquise von Salisbury. Geb. 1922. Tätig (GB), 20. Jahrhundert.
East Garden, Hatfield House, Hatfield, Hertfordshire (GB), seit 1977.

Sanchez & Maddux

Meister Garden

Viel zu häufig werden Klischees des englischen Arts-and-Crafts-Gartens in Anlagen auf der anderen Seite der Welt verpflanzt: gemischte Rabatten mit altmodischen Stauden, zurückhaltende Farbgestaltung (typisch sind weiße Kletterrosen wie „Iceberg"), Buchsbaumhecken, weiße Gärten sowie Pergolen oder Bogen, die von Glyzinien und Goldregen überwuchert werden. Hier jedoch hat Jorge Sanchez in kunstvoller Weise die einheimische Flora Floridas mit diesem klassischen Ambiente verwoben und beiden damit eine völlig neue Bedeutung verliehen. In diesem Kontext ist der *Ficus* und sein komplexes Geflecht aus Zweigen und Wurzeln ein verblüffender, schöner Einschub. Er stellt einen herausfordernden exotischen Kontrapunkt zu den klassischen Vasen und den heckengesäumten Staudenrabatten beiderseits der Rasenfläche. Während der sorgfältig gepflegte Rasen in diesem Klima seltsam deplatziert erscheint, verlieh man den traditionellen Rabatten durch die Verwendung einheimischer Pflanzen eine exotische Note.

☛ **Bannochie, Johnston, Rhodes, Silva, Suarez, Thwaites**

Philip M. Maddux. Geb. Hopkinsville, Kentucky (USA), 1942. **Jorge A. Sanchez de Ortigosa. Geb.** Havanna (C), 1948.
Meister Garden, Palm Beach, Florida (USA), 1996.

Sangram Singh Maharani von Udaipur

Der Brautjungferngarten auf Udaipur mischt gekonnt Merkmale der europäischen Gartengestaltung mit typischen Charakteristika der Mogulgärten und schafft damit den charakteristischen Spätmogulstil. Europäische Händler bauten seit dem 17. Jahrhundert ihre Landhäuser in Indien und ließen so ihren Geschmack in Architektur und Gartendesign mit einfließen. Die Engländer sorgten für Landschaften im Stile Capability Browns mit welligen Rasenflächen und Baumgruppen; die Franzosen bevorzugten strenge, geometrisch angelegte Blumenbeete und Springbrunnen. Die Gärten der indischen Prinzen, wie z. B. jener der Maharani Sangram Singh, orientierten sich oft an europäischen Modeerscheinungen. Rasenflächen wurden angelegt und viele prachtvolle Bäume gepflanzt, um eine formale Landschaft zu gestalten. Überall werden die Besucher von Wasserspielen bezaubert, wie z. B. an einem breiten, gepflasterten Weg, der von Wasserfontänen und Kanälen gesäumt ist, oder durch einen Wasserfall vor einem kreisförmigen Pavillon.

☞ André, Babur, Brown, Jahangir, Forestier

Maharani Sangram Singh von Udaipur. Regierte (IND) 1710–1734.
Saheliyon Ki Bari oder „Brautjungferngarten", Fateh Sagar Lake, Udaipur (IND), 1734.

Sargent Charles Sprague

Arnold Arboretum

Diese Waldlichtung ist Teil eines 160 Hektar großen Geländes, das Benjamin Bussey 1842 der Universität von Harvard für die Errichtung einer Schule für Garten- und Landschaftsbau vermacht hat. 1872 gelang es dem berühmten Botaniker Asa Gray mit Hilfe eines Nachlasses von Hames Arnold, das hügelige Ackerland in ein Arboretum zu verwandeln. Sargent, ehemaliges Mitglied der Union Army und Grays Schüler, wurde zum Professor berufen. Er konnte den Landschaftsarchitekten Frederick Law Olmsted zur Mithilfe bei der Anlage des Geländes bewegen, das einen Teil seines

„Jadegürtels" aus städtischen Parks rund um Boston bildete. Sargent besaß ohne Zweifel Überzeugungstalent: Er warb 1906 den berühmten Pflanzenkundler Ernest Wilson von der Pflanzschule Veitch in England an. Für das Arboretum bereiste Wilson China und Japan (Sargent war 1892 in Japan gewesen). Er wurde nach Sargent zum zweiten Professor oder „Wächter", wie er selbst sich nannte, berufen.

☛ **Holford, Olmsted, Raffles, Veitch, Vilmorin, Williams**

Charles Sprague Sargent. Geb. Boston, Massachusetts (USA), 1841. **Gest.** Boston, Massachusetts (USA), 1927.
Arnold Arboretum, Boston, Massachusetts (USA), 1872.

Saunders Douglas

Amanzimnyama

In Amanzimnyama bei Durban in Südafrika bilden die dichten Gruppen einheimischer Pflanzen ein bemerkenswertes abstraktes Muster. Der Garten wurde ab den 1930er-Jahren auf dem Gelände der auf einem Hügel gelegenen Zuckerrohrplantage der Saunders gestaltet. Douglas Saunders hatte von seiner Großmutter Katharine Saunders, einer bekannten Orchideenzüchterin und Gartenkünstlerin, Farbgefühl und Pflanzenliebe geerbt. Der Maler Gwelo Goodman trug mit seinen Gestaltungsvorschlägen auch zur Gartenanlage bei. Der besondere Stil Amanzimnyamas besteht in Gruppen exo-

tischer Pflanzen wie Cannas, Brunfelsien, Aloen und Bougainvilleen inmitten ausgedehnter Rasenflächen. Dazwischen sieht man Bäume und verschiedene Teiche, Bäche und Kaskaden. Amanzimnyama ist ein Wort aus der Zulu-Sprache und bedeutet „schwarzes Wasser". Es gibt einen Sumpfgarten, einen japanischen Garten, ein Orchideenhaus, eine schön bepflanzte Auffahrt und moderne Höfe rund um die neue Zentrale der Zuckerfirma.

☛ **Burle Marx, Cook, Jungles, Walling**

Douglas Saunders. Tätig (ZA), 20. Jahrhundert. **Amanzimnyama,** Durban (ZA), 1935–1963.

Savill Sir Eric

Savill Garden

Heidekraut, Rhododendren, Azaleen, Kamelien und andere Pflanzen, die in saurem Boden gedeihen, wachsen in Savill Garden auf 14 Hektar. Es handelt sich um einen Sammlergarten, der als Landschaftsgarten die Pflanzen in natürlicher Umgebung zeigt. Eric Savill war stellvertretender Förster des Windsor Great Park, als er 1932 damit begann, einen farbenfrohen Waldgarten unter dem schützenden Dach alter Eichen, Buchen und Kiefern anzulegen. Heute ist Savill Garden einer der herausragendsten Waldgärten weit und breit. Er besitzt ein großes Artenspektrum, darunter viele Sumpfpflan-

zen wie Farne und Primeln an einem Bach sowie ein berühmtes Narzissenbeet. Der beachtliche Trockengarten war der erste seiner Art und Größe in Großbritannien. Der angrenzende, von Savill 1947 begonnene Valley Garden nimmt eine wesentlich größere Fläche ein. Die Attraktionen dieses Gartens sind Azaleengruppen sowie eine bemerkenswerte Sammlung von Magnolien und Rhododendren.

☛ **Chatto, Cook, McNab, Robinson**

Sir Eric Savill. Geb. (GB), 1895. **Gest.** (GB), 1980. **Savill Garden,** Surrey (GB), 1932.

Scarpa Carlo — Garten zur ewigen Ruhe, Brion-Vega-Grabmal

Der kompromisslos moderne „Garten zur ewigen Ruhe" befindet sich in einer klaren, scharf abgegrenzten Umgebung. Dennoch kann man die narrative und poetische Note spüren, die ihn vor trockenem Funktionalismus bewahrt. Als er 1970 dieses private Familiengrabmal im Friedhof von San Vito d'Ativole in Italien entwarf, sagte der italienische Architekt Carlo Scarpa, er habe versucht, „dem Tod und der Vergänglichkeit des Lebens neue Bedeutung zu verleihen". Scarpa genießt jedoch vielleicht größere Berühmtheit für seine vielen historischen Restaurierungen. Aufgrund seiner venezianischen Herkunft nahm er leichter die historischen Spuren eines Ortes wahr. Er besaß die instinktive Fähigkeit, historischer Überreste eines Ortes mit neuen Elementen zu kombinieren. Diese Herangehensweise wählte er auch bei einigen Privatgärten, so etwa im Hof des Castelvecchio-Museums in Verona. Das Brion-Vega-Grabmal war für Scarpa von großer Bedeutung. Er bat darum, dort begraben zu werden, denn für ihn galt: „Der Garten ist ein Ort für die Toten".

☛ **Asplund, Brongniart, Girardin, Le Corbusier**

Carlo Scarpa. Geb. Venedig (I), 1906. **Gest.** Sendai (J), 1978.
Garten zur ewigen Ruhe, Brion-Vega-Grabmal, Friedhof von San Vito d'Ativole, Treviso (I), 1969–1978.

Schaal Hans Dieter

Villa Moser-Liebfried

Hölzerne Stege führen zu dem fassförmigen Bogen. Doch durch die Lattenstruktur, die an eine Grotte oder Laube erinnert, sieht man nur einen Teil des zugewachsenen Gartens. Weiter hinten erreicht man über einen Steg den kreisrunden Aussichtsturm, den unzählige kleine Öffnungen durchbrechen, die jeweils nur einen begrenzten Ausblick gewähren. Die elegante, sprichwörtlich oberflächliche Holzstruktur zieht sich weiter durch die Wildnis des ehemaligen Gartens der Villa Moser-Liebfried, die im II. Weltkrieg stark beschädigt wurde. Der Künstler und (Landschafts-) Architekt Hans

Dieter Schaal wollte den faszinierenden, im Grunde aber bedeutungslosen Ort unverändert belassen. Dabei lenkt er behutsam den Blick und schickt ihn auf eine kontemplative Reise. Das Projekt zeigt für Schaal „eine von zwei Arten, wie man der Welt und der Landschaft begegnen kann – aktiv oder kontemplativ". Die zweite Möglichkeit versinnbildlichte er durch ein architektonisch und narrativ aufgeladenes Urnenfeld auf dem Singener Friedhof.

☞ **Asplund, Dow, Geuze, Lassus, Tschumi**

Hans Dieter Schaal. Geb. Ulm (D), 1943. Tätig (D), Ende des 20. Jahrhunderts. **Villa Moser-Liebfried,** Stuttgart (D), 1993.

Schwartz Martha

Dickenson Garden

Der Eingangshof des Dickenson Garden in Santa Fe, New Mexico, ist eine moderne Adaption der islamischen Tradition mit ihren geometrischen Linien. Vier Sockel mit kleinen Springbrunnen sind durch Rinnen aus bunten Ziegeln verbunden. Neun blühende Holzapfelbäume, eingebettet in große Klötze aus weißem Coloradomarmor, vervollständigen die netzartige Wirkung der Anlage. Auf der anderen Seite des modernen Lehmziegelhauses eröffnen sich von einer Terrasse aus weite Ausblicke über die Wüste. „Es ist ein bisschen wie bei Frank Lloyd Wright", erklärt Schwartz. „Man entwirft auf begrenztem Raum, und von dort aus eröffnet sich die Weite der Landschaft". Schwartz ist eine der innovativsten und ikonoklastischsten Landschaftskünstlerinnen unserer Zeit. Sie entwarf die Jacob Javits Plaza in New York und den Marina Linear Park in San Diego, doch ihr berühmtestes Werk ist der Bagel Garden aus dem Jahre 1979, in dem sie ihren eigenen Vorgarten in Boston mit lackierten Bagels dekorierte.

☞ Barragán, Cao, Delaney, Muhammad V., F. L. Wright

Sckell Friedrich Ludwig von

Englischer Garten

Der Monopteros, ein weißer, ionischer Rundtempel, der einen steilen, künstlichen Hügel im Englischen Garten in München krönt, wurde 1837 von König Ludwig I. von Bayern gestiftet. Von allen architektonischen Elementen des 370 Hektar großen öffentlichen Parks strahlt der Tempel die größte Harmonie aus. Der Park beginnt im Zentrum von München und zieht sich über rund fünf Kilometer das Isartal entlang. Entworfen wurde der Englische Garten ab 1789 von Friedrich Ludwig von Sckell, einem Schüler Capability Browns und einem Bewunderer des Neoklassizismus. Da der Park allein der Erholung des Volkes dienen sollte, kann man ihn als ältesten öffentlichen Park Deutschlands bezeichnen. Er ist nicht mit einem Schloss oder einem öffentlichen Gebäude verbunden; die Landschaftsgestaltung entwickelte eine eigene Dynamik. Der Park wurde im englischen Stil angelegt und die v. a. aus Buchen bestehenden Baumgruppen sind über das ganze Tal verteilt. Seit seiner Entstehung ist der Garten bei den Münchnern äußerst beliebt.

☞ **Brown, Chambers, Grenville-Temple, Hirschfeld**

Friedrich Ludwig von Sckell. Geb. Weilburg (D), 1750. **Gest.** München (D), 1823.
Englischer Garten, München, Bayern (D), seit 1789.

Seinsheim Adam Friedrich von

Auf dieser Abbildung des Pegasusbrunnen im Großen See des Bischofsgartens in Veitshöchheim lassen sich mehrere Stadien barocker Gartenkunst erkennen. Der künstliche See wurde 1703 angelegt. Dahinter sieht man das komplexe Muster aus hohen Hainbuchenhecken und Lindenalleen, die in den 1720er-Jahren gepflanzt wurden. Der geflügelte, von Apollostatuen umgebene Pegasus steigt in die Höhe, um gen Himmel zu fliegen. Die Skulpturen und die neun Musen des Parnass, die 1765 hinzugefügt wurden, waren das Werk von Ferdinand Dietz. Seine Werkstatt schuf um die 300 unglaub-

lich fantasievolle und unterhaltsame Statuen für den Garten. Dietz arbeitete mit dem leitenden Gärtner Johann Prokop Mayer zusammen. Doch den größten Beitrag zu Veitshöchheims Verwandlung in den bezauberndsten und berühmtesten Rokokogarten Deutschlands leistete wohl der Auftraggeber des Gartens – Fürstbischof Adam Friedrich von Seinsheim.

☞ Le Blond, Peter I., Robins, Sackville-West, Sophie

Sennacherib

Die hängenden Gärten von Babylon

Neueste Forschungen ergaben, dass es eher Sennacherib von Assyrien als Nebukadnezar II. von Babylon war, der die hängenden Gärten von Babylon bei seinem Palast in Ninive in Mesopotamien (heute Nordirak) erbauen ließ. Diese in Wasserfarben gemalte Ansicht ist eine romantische Umsetzung von Beschreibungen, die römische Augenzeugen von den Gärten lieferten, darunter Strabo und Diodorus Siculus. In allen diesen Schilderungen werden eindrucksvolle Bäume erwähnt und viele erzählen von einem mechanischen Bewässerungssystem. Über eine lange Reihe von künstlichen Terrassen fließt das Wasser in Rinnen nach unten. Heute glaubt man, dass die Gärten am Rande der Stadt lagen und man von dort aus den Fluss Khosr überblicken konnte. Sennacherib installierte den ausgefeilten Bewässerungsmechanismus und ließ exotische Bäume pflanzen, die er von Eroberungsfeldzügen mitbrachte. Er widmete die Gärten, die er als „ein Wunder für alle Menschen" beschrieb, seiner Frau.

☛ **Allah, Assurbanipal, Jüdisch-Christlicher Gott**

Sennacherib, König von Assyrien (Akkadian Sin-akhkheeriba). Geb. Assyrien, um 705 v. Chr. **Gest.** Ninive, 681 v. Chr.
Die hängenden Gärten von Babylon, Ninive, Altes Mesopotamien, um 700 v. Chr.

Serlio Sebastiano

Ancy le Franc

Die Gestaltung von Ancy-le-Franc wurde zur Entstehungszeit als innovativ angesehen, da man erstmals in Frankreich Haus und Garten als eine Einheit angelegt hatte. Dieser Stich zeigt aus der Vogelperspektive, dass Haus und Garten auf der Mittelachse lagen. Diese Einheit und Symmetrie machte Ancy-le-Franc zu etwas Besonderem. Es wurde aber zum Vorbild unzähliger Kopien in ganz Europa. Dies geschah v. a. aufgrund des Einflusses von Serlios achtbändiger Abhandlung über antike Architektur *Tutte le opere d'architettura*, die in mehreren Auflagen erschien und in alle wichtigen europäischen Sprachen übersetzt wurde. Darin erläuterte Serlio die Prinzipien von Vitruv und beschrieb Gebäude und Gärten bis ins kleinste Detail. Serlio wurde bereits 1540 von Franz I. aus Italien geholt, begann aber erst 1546 für Antoine de Clermont, den Schwager von Diane de Poitiers, Mätresse Heinrichs II. (von Frankreich), mit der Arbeit an Ancy-le-Franc. Seine Parterregestaltung wurde bis weit ins 17. Jahrhundert an vielen Orten nachgeahmt.

☛ Bramante, Carvallo, Gallard, L'Orme, Wise

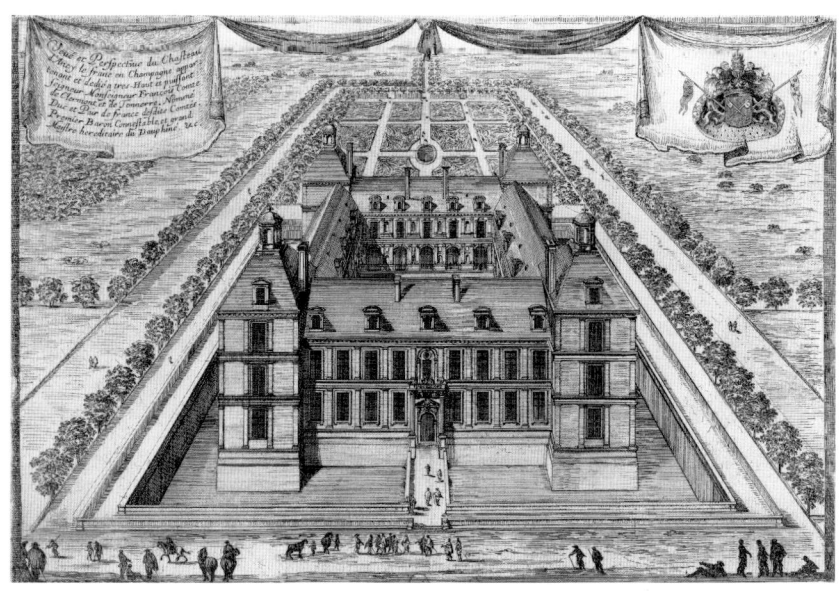

Sebastiano Serlio. Geb. Bologna (I), 1475. **Gest.** Fontainebleau (F), 1554.
Ancy-le-Franc, Tonnerre (F), 1546, Stich von Israel Sylvestre, ca. 1650.

409

Shah Jahan

Taj Mahal

Mumtaz Mahals Grab reflektiert sich im ruhigen Wasser des Vorhofbassins – eine erhebende, ätherische Vision. Unterhalb des zentralen Hauptbogens findet sich eine arabische Inschrift aus schwarzem Marmor: „Nur jene mit reinem Herzen dürfen den Garten des Paradieses betreten". Neben dem zauberhaften Eindruck der Grabstätte ist jedoch auch die Gesamtanlage bemerkenswert. Landschaft und Außengebäude fügen sich zu einer komplexen und stark symbolischen Gestaltung. Der Gesamtplan ist einfach: ein von Babur inspiriertes *chahar-bagh*. Das Taj Mahal unterscheidet sich von anderen berühmten Mogulgräbern durch seinen erhöhten, weißen Marmor-Wasserbehälter im Zentrum des *parterre*. Früher war es das Grab, das in Begräbnisgärten in der Mitte des *parterre* stand. Man nimmt an, dass Shah Jahans Ideen hinduistisch inspiriert waren. Auch nutzte er die Ufer des Flusses Jumna für seine paradiesische Vision. Vischnus Lotosblüten, die sich in den Bassins spiegeln, bilden einen weiteren Höhepunkt.

☛ **Almohad, Babur, Girardin, Jahangir, Scarpa**

Shah Jahan. Geb. Agra (IND), 1592. **Gest.** Agra (IND), 1666. **Taj Mahal,** Agra (IND), 1632–1654.

Shenstone William

The Leasowes

Dieses Aquarellbild des Dichters und Grundstücksbesitzers William Shenstone zeigt die Einsiedlerklause in dessen Garten The Leasowes, Halesowen. Die Figur im Vordergrund scheint der Einsiedler selbst zu sein, eine fantasiereiche Ergänzung passend zur wunderlichen Atmosphäre des Ortes. Shenstone legte den Garten zwischen 1740 und 1763 mit bescheidenen Mitteln an, um die bewirtschafteten Felder rund um den Gutshof zu schmücken. Der Garten bestand aus einem Rundweg durch zwei bewaldete Täler, die von offenem Weideland, Plätzen zum Ausruhen und kleinen Gebäuden aufgelockert wurden. Der Garten war eine Umsetzung von Shenstones fantastischen Gedichten, die an antike Schäferidyllen erinnern. Shenstone hängte seine auf Kieferntafeln geschriebenen Gedichte an strategisch günstigen Punkten entlang des Weges auf. Aufgrund seiner Originalität und der Exzentrik seines Besitzers war der Garten einer der berühmtesten seiner Zeit. Er wird jetzt von den örtlichen Behörden komplett restauriert.

☛ Girardin, Hamilton Finlay, Hoare, Lotti, Southcote

William Shenstone. Geb. (GB), 1714. Gest. Halesowen (GB), 1763.
The Leasowes, Halesowen, West Midlands (GB), 1745.

Shigemori Mirei

Tofuku-ji

Ein Feld mit weißem Sand, im Kreuzmuster geharkt, stellt einen Übergang zu den Tofuku-ji-Gärten dar. Der berühmteste der vier Gärten ist der Südgarten. Er wurde 1940 neu angelegt, nachdem ein Feuer das Zen-Kloster zerstört hatte. Auf dem Kies formen vier Felsgruppen eine eindrucksvolle vertikal-horizontale Komposition; fünf niedrige, moosbedeckte Hügel kauern in der Ecke gegenüber. Obwohl die klassische Syntax des japanischen Gartens fast perfekt umgesetzt wird, ist Mirei Shigemoris Meisterwerk erfüllt von Modernität und Individualität. Seine enorme Wirkung wurde durch Shige-

moris Autorität als Historiker und Theoretiker noch unterstützt. Nach ihm verfiel die japanische Gartengestaltung nach Jahrhunderten höchster Meisterschaft, weil sie in das Tätigkeitsfeld professioneller Designer gefallen war. Um der anschließenden künstlerischen Leere entgegenzuwirken, gab Shigemori dem Garten seinen ursprünglichen Status als integrales und spezifisches Kunstwerk, das nicht nachgeahmt werden kann, zurück.

☛ **Enshu, Mandokora, Noguchi, Ogawa, Rikkyu, Soami**

Mirei Shigemori. Tätig (J), 20. Jahrhundert. **Tofuku-ji**, Kioto (J), 1940.

Shipman Ellen Biddle — Longue Vue House

Vom Haus aus führt eine lange Allee zu einem runden Wasserbecken: Dieser Teil der Anlage wurde von den Gärten des Generalife in Granada inspiriert. Die von gestutzten Eibenhecken eingerahmten Rabatten beiderseits der Allee sind mit mehrjährigen Blumen bepflanzt. Longue Vue House wurde 1941 von Frau Stern im Stil eines englischen Landhauses aus dem 18. Jahrhundert erbaut. Mit der Gartenanlage begann man bereits Mitte der 1920er-Jahre nach der Ankunft von Frau Stern. Ellen Biddle Shipman entwarf den Garten, der einen deutlichen Kontrast zu den umliegenden Sumpfgebieten von New Orleans darstellte. Er besteht aus einer Mischung verschiedener europäischer Stilrichtungen: Der verwilderte Garten ist z. B. eine Verneigung vor dem italienischen *bosco*. Daran schließt wiederum ein *potager*, ein französischer Gemüsegarten, an. Ellen Shipman wusste von Frau Sterns Leidenschaft für alles Europäische, weshalb der Weg durch den 2,8 Hektar großen Garten diese Liebe auch in vielen sorgfältig arrangierten Details widerspiegelt.

☞ **Emma, Manning, Nasriden, Steele, Vignola**

Shoden-ji Sensai von

Shoden-ji

Ein Weg, gesäumt von Ahorn und Kiefern, führt zum entfernten Pavillon, dem Eingang des Shoden-ji-Gartens. Innerhalb der Mauern, nahe dem *hojo*, dem Quartier des Abtes, liegt der Zen-Tempelgarten im Stil einer Trockenlandschaft. Dieser wird oft mit dem berühmten Ryoan-ji verglichen, da auch er 15 Objekte enthält, die in einem Rechteck von weißem Kies platziert und so gestaltet sind, dass man sie von einem festen Punkt aus betrachtet. Hier sind die Gestaltungobjekte keine Steine, sondern Hügel aus Azaleenbüschen, auch *karokomi* genannt. Sie verleihen dem relativ kleinen Garten

(ca. 300 Quadratmeter) Sinnlichkeit. Akzentuiert vom Weiß der Außenmauer formen Höhe und Gestalt der Sträucher einen rhythmischen Kontrapunkt zum mächtigen Bild des Berges Hiei, den man in der Ferne erkennt. Shoden-ji kann nicht mit einem bestimmten Gestalter verbunden werden – Ausdruck von *shakkei*. Wie der nahe gelegene Garten von Enshu-ji ist er aber vermutlich der frühen Edo-Ära um 1680 zuzuordnen.

☛ Egerton, Enshu, Hornel, Ogawa, Rikkyu, Toshihito

Sensai von Shoden-ji. Tätig (J), 17. Jahrhundert. **Shoden-ji,** Kioto (J), um 1680.

Shurcliff Arthur A.

Colonial Williamsburg

Die individuellen Gärten von Williamsburg mit ihren von Buchsbaum gesäumten Beeten und schmalen Ziegelpfaden, ihrer Mischung aus Formschnitt, Blumen, Gemüse und Früchten, wurden zur Inspirationsquelle für Gartenentwürfe des 20. Jahrhunderts, die im kleinen Maßstab gehalten waren. Die Wiederherstellung der ehemaligen Kolonialhauptstadt Virginias aus dem 18. Jahrhundert, von J. D. Rockefeller junior ins Leben gerufen, umfasst annähernd 90 Einzelgärten sowie die Bepflanzung ganzer Straßen, Plätze und öffentlicher Parks. Es handelte sich um eine der größten Garten-restaurierungen des 20. Jahrhunderts. Sie wurde 1930 begonnen und war Vorreiter für eine archäologische Gartenarbeit sowie historisch hergeleitete Pflanzschemata. Obwohl das Ergebnis nicht sehr authentisch war, ist das Stadtbild doch sehenswert. Der Landschaftsarchitekt Arthur Shurcliff, der die Restaurierungsarbeiten leitete, arbeitete für die Stadt Boston, als er 1928 mit dem Projekt betraut wurde. Ihm folgte in den 1940er-Jahren Alden Hopkins.

☞ **Hosack, Jefferson, Landsberg, Post, Sloane, Washington**

Arthur A. Shurcliff (oder Shurtleff). Geb. Boston (USA), 1870. Gest. 1957.
Colonial Williamsburg, Williamsburg, Virginia (USA), 1930.

Silva Roberto

Forsters Garden

Dieser Londoner Garten war der erste große Auftrag des brasilianischen Gartenarchitekten Roberto Silva. Eine Trockensteinmauer schlängelt sich um einen Kirschbaum und einen Brunnen, bevor sie eine hölzerne Plattform umrundet. Der orange-gelbe Kies kontrastiert mit dem Grün des Rasens. Die Bepflanzung Silvas besteht überwiegend aus Sträuchern und Bäumen mit reizvollem Laub: Eukalyptus, Ahorn, Baumfarne. Die Schiefermauer und der Brunnen aus drei Steintürmchen wurden vom Werk des Bildhauers Andy Goldsworthy angeregt. Zwischen den Kieselsteinen sind nach dem Zufalls-prinzip flache Steinplatten verteilt. Hinter der Plattform versteckt sich eine Verstärkeranlage, da der Garten auch für Familienkonzerte genutzt wird. Silva absolvierte seine Ausbildung in Brasilien, wo er von Roberto Burle Marx beeinflusst wurde. Nach der Mitarbeit bei der Restaurierung eines öffentlichen Parks kam er 1992 nach London, wo er für Londoner Kunden überwiegend „englisch gärtnert" hat, wie er es selbst ausdrückt.

☛ **Church, Goldsworthy, Jensen, Oehme & van Sweden**

Roberto Silva. Geb. Recife (BR), 1964. **Forsters Garden,** London (GB), 1999.

Sitta Vladimir

Smith Residence

Schwarzer Bambus (*Phyllostachis nigra*) sowie Büschel von Mondo-Gras umgeben ein rechteckiges Wasserbecken, das in einer flachen Bodenplastik kulminiert. Den privaten Garten in Sydney hat Vladimir Sitta in strengem japanischem Geist entworfen. Der tschechische Designer hat sich über das letzte Jahrzehnt hinweg als eine der führenden Figuren unter den in Australien arbeitenden Künstlern erwiesen. Oft integriert er geologisch inspirierte Elemente wie Spalten, die sich durch ansonsten unbearbeiteten Stein ziehen, künstlichen Nebel sowie monolithische Tafeln in seine Arbeit. In diesem Garten teilen zwei Speerspitzen aus Stein die Spiegelung des Wasserbeckens in zwei Hälften, was ihm eine elementare Qualität verleiht. Damit ist ein Kompromiss für etwas gefunden, was sonst als Beispiel für puren Modernismus gelten müsste. Sitta versucht in bester japanischer Tradition, Spannung zwischen Ordnung und ungebändigter Natur zu erzeugen.

☛ Herman, Latz, Lutsko, Toll

Sitwell **Sir George**

Renishaw Hall

Die Gärten von Renishaw Hall belegen, dass Strukturen wichtiger als Blumen sind: Die Blütenpracht von Renishaw Hall war im ursprünglichen Entwurf von Sir George Sitwell in der Tat nicht vorgesehen. Sitwell war ein berühmter Gelehrter und Kunstkenner, dessen Essay *The Making of Gardens* (1909) an Francis Bacons Essay *Of Gardens* (1625) angelehnt war. Sein Wissen über italienische Gärten war unübertroffen, da er zu Forschungszwecken mehr als 200 Anlagen besichtigt hatte. Daher legte Sitwell in den 1890er-Jahren den Garten auf dem Sitz seiner Vorfahren in Renishaw im italieni-

schen Stil neu an. Er glaubte, dass „der englische Garten vor den großartigen Beispielen der italienischen Renaissance nicht bestehen kann. Er bildet selten eine Einheit mit der ihn umgebenden Landschaft; oft mangelt es ihm an Ruhe und fast immer an Fantasie". Die Wirkung eines Gartens sollte auf Verwunderung und Überraschung, Harmonie und Kontrast sowie auf erfrischenden Wasserelementen beruhen – was hier wunderbar gelungen ist.

☞ **Acton, Blomfield, Peto, Pinsent, Tilden**

Sir George Sitwell. Geb. Renishaw, Derbyshire (GB), 1860. **Gest.** Locarno, Tessin (CH), 1943.
Renishaw Hall, Derbyshire (GB), um 1890.

Sloane **Sir Hans**

Chelsea Physic Garden

Der Plan zeigt eine reizvolle Verteilung von rechteckigen Beeten. Diese beherbergten eine Sammlung von Pflanzen, die nach ihren medizinischen Verwendungsmöglichkeiten und nach einem Klassifizierungssystem, das vor Linné galt, geordnet waren. Der Garten wurde 1673 für Lehrzwecke von der Society of Apothecaries (Vereinigung der Apotheker) gegründet. Hier sollten Studenten in der pharmakologischen Anwendung unterschiedlicher Pflanzen unterwiesen werden. 1722 rettete Sir Hans Sloane, der u. a. Pflanzensammler war, den Garten durch großzügige Zuwendungen aus finanziellen

Schwierigkeiten. Sloane setzte als Kurator auch Philip Miller ein, dessen Arbeit den Garten zu einem der bestausgestatteten botanischen Gärten der Welt machte. Eine Pflanze des Gartens, *Sophora microphylla*, ist eine direkte Nachfahrin derjenigen Pflanze, die erstmals Sir Joseph Banks, ein weiterer großer Förderer des Gartens, als Samen aus Neuseeland mitgebracht hatte. Die Anlage wurde Ende des 19. Jahrhunderts in ihrer heutigen Form festgelegt.

☛ **Carvallo, Landsberg, La Quintinie, Moroni, Roper**

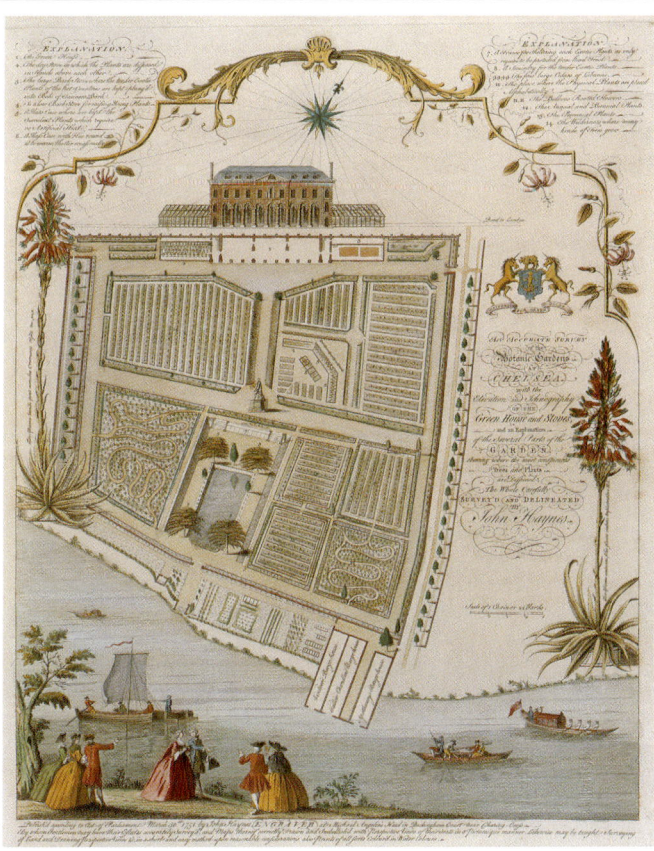

Sir Hans Sloane. Geb. (IRL), 1660. **Gest.** (GB), 1753.
Chelsea Physic Garden, London (GB), gegründet 1673, restauriert 1722.

Smit Tim

The Lost Gardens of Heligan

Die umgestürzten Baumstämme in diesem Dschungelgarten muten fast prähistorisch an: eine üppige subtropische Landschaft mit gigantischem Bambus, urzeitlichen Baumfarnen und geheimnisvollen Tümpeln. Heligan in Cornwall ist ein Garten der Zeitreise. Im 18. und 19. Jahrhundert von der Familie Tremayne angelegt, schlummerte er danach lange in Vergessenheit. Erst 1990 durchtrennte Tim Smit die fünf Meter langen Dornenranken und entdeckte einen Garten, der beinahe ein Jahrhundert lang in einen Dornröschenschlaf verfallen war. Smit und sein Team verwandelten Heligan in einen der bestbesuchten Privatgärten Großbritanniens. Dies gelang ihnen teils durch geschicktes Marketing, teils dadurch, dass sie die „verzauberte" Atmosphäre zu wahren wussten. Das 32 Hektar große Gelände umfasst eine Schlucht, einen italienischen Garten, eine Grotte und einige großartige Rhododendren. Der Nutzgarten beherbergt einen Gemüsegarten, in dem sogar Ananas in einer mit Dung beheizten Grube gedeihen kann.

☛ **Dunmore, Grimshaw, McKenzie, Sturdza, Williams**

Tim Smit. Geb. (NL), 1954. **The Lost Gardens of Heligan,** Pentewan, Cornwall (GB), 1990.

Smith Augustus

Tresco Abbey Gardens

Vor den atlantischen Stürmen durch eine Reihe von Bäumen geschützt, liegt diese Sammlung seltener, exotischer und empfindlicher Pflanzen, die dem Garten einen Hauch von subtropischer Pracht verleihen. Augustus Smith begann 1834 mit der Gestaltung der Gärten. Er legte Terrassen auf dem steilen Hügel an sowie Pfade, die sich auf diesem entlangwinden oder steil nach unten führen. Vor allem Pflanzen der südlichen Hemisphäre, die auf den felsigen Hügeln gut gedeihen, sind in der Sammlung vertreten. In vielerlei Hinsicht war Smiths Sammlermentalität typisch für die viktorianische

Zeit, in der die Leidenschaft für Botanik um sich griff und Pflanzenkundler Tausende neuer Spezies einführten. Smith bevorzugte Pflanzen, die im milden Mikroklima von Tresco gediehen; andere sammelten Spezies einer bestimmten geografischen Lage oder bestimmte botanische Gruppen – zu den beliebtesten gehörten Rhododendren, Nadelbäume, Farne und Orchideen. Smith starb 1872, doch seine Familie setzt die Pflege des Gartens bis heute fort.

☞ **Burley Griffin, Mackenzie, Middleton, Williams**

Augustus Smith. Gest. 1872. Tätig (GB), Mitte des 19. Jahrhunderts.
Tresco Abbey Gardens, Isles of Scilly (GB), 1834.

Smithers Sir Peter

Villa Smithers

Neue Magnolienhybriden blühen im Garten von Vico Morcote. Die Lage an einem steilen Hang über dem Luganer See ist atemberaubend. Ein modernes Haus im japanischen Stil wurde aus zwei Flügeln errichtet. Diese verbindet eine Brücke, die einen Bergbach überspannt. Sir Peter Smithers hat nicht nur neue Magnolienhybriden angepflanzt, sondern auch viele andere Pflanzen erstmals in Europa eingeführt. Darunter sind v. a. Pflanzen aus Asien, besonders aus Japan, wie die außerordentlichen Päonien, Glyzinien, Funkien und Irisarten. Smithers selbst hat viele neue Lilienarten gezüchtet. Die Verwendung bisher unbekannter Pflanzenarten mit ihren Formen, Farben und Strukturen ermöglicht es dem Gärtner, „Bilder" mit einer neuen, aufregenden Palette zu malen, die sich stark von den vertrauten Bildern unterscheiden. Die Prinzipien der Gartengestaltung werden ausführlich in Sir Peters Smithers Buch *The Adventures of a Gardener* beschrieben.

☞ **Hanbury, Middleton, Miller, Savill**

Sir Peter Smithers. Geb. 1913. Tätig (CH), Ende des 20. Jahrhunderts.
Villa Smithers, Vico Morcote, Lugano (CH), Ende des 20. Jahrhunderts.

Smyth Ted

Sanders' Garden

Dieser Swimmingpool mit gezackten Kanten, die auf eine Edelstahlskulptur ausgerichtet sind, ergänzt ein schneeweißes modernes Haus, das in den 1980er-Jahren in dem neuseeländischen Garten errichtet wurde. Die glatte, elegante Wölbung der Umfassungsmauer, die eine Reihe subtropischer Pflanzen (Cycadeen, Aloen, Drachenbäume) säumt, kontrastiert mit dem breiten, flachen Garten. Der Gartenarchitekt Ted Smyth ist außerhalb Neuseelands kaum bekannt. Unter Verwendung von Edelstahl, Marmor, Stein und großblättrigen Pflanzen hat er einen ruhigen Raum erschaffen.

„Mir gefällt die Anonymität und die Modernität der Materialien", erklärt Smyth. „Sie sollten nicht zu lebhaft sein, wie z. B. Terrakotta, Messing oder Gold, die eifrigen, lauten Tieren gleichen. Um Ernsthaftigkeit und räumliche Qualität zu erhalten, muss man die Persönlichkeit der Materialien reduzieren." Nachts erstrahlt der Garten in einem überirdischen blauen Licht, das vom unbewegten Wasser des Pools reflektiert wird.

☞ **Bradley-Hole, Le Corbusier, Noguchi, Pearson, Watson**

Soami

Ryoan-ji

15 Steine, 332 Quadratmeter geharkter Sand, eine braune Mauer: Ryoan-ji ist vielleicht der vollkommenste aller Trockenlandschaftsgärten. Er scheint von der Zeit nicht berührt worden zu sein und bewahrt sein Mysterium auch noch nach mehr als fünf Jahrhunderten. Kein Wasser, keine Pflanzen, keine Konturen lenken von der Einfachheit ab. Sieht man Symbole oder Gestalten, Inseln in einem Meer oder wilde Tiere, die einen Wasserlauf durchqueren? Oder sollte man sich von allen Gedanken lösen, um die Schönheit auf sich wirken zu lassen? In fünf Gruppen sind die Steine mit äußerster Präzision platziert.

Die meditative Atmosphäre erfasst alle Besucher. Unter dem Herrscher Hosokawa Masamoto wurde der Tempelgarten 1473 von einer Gruppe von *Kawara-mono*-Handwerkern, „den Leuten vom Fluss", gebaut. Diese wurden später zu Japans professionellen Gartengestaltern. Der Tradition nach fand der Landschaftsmaler Soami im Garten seine eigentliche Leinwand. Andere ordnen das Werk einem unbekannten Zen-Meister zu.

☞ **Enshu, Kokushi, Ogawa, Shigemori, Tadayoshi**

Soami. Geb. (J), 1525. Tätig (J), Mitte bis Ende des 15. Jahrhunderts. **Ryoan-ji**, Kioto (J), 1473.

Song Zenhuang

Wang Shi Yuan

An der felsigen Ecke des kleinen Sees lädt der Blick auf Gebäude, Brücken und Innenhöfe dazu ein, den scheinbar kurzen Weg zurückzulegen. Der „Meister des Fischernetz-Gartens" ist ein Gewirr von Fußwegen, versteckten Bambushainen und Innenhöfen. Den Besucher erwarten überraschende und auch desorientierende Ausblicke. Wang Shi Yuan, einer der kunstvollsten Gärten in Suzhou, besitzt eine komplizierte Vergangenheit. Er wurde 1140 von einem Beamten gebaut, um seine private Bibliothek von mehr als 10 000 Wandbildern aufzunehmen. Nach dessen Tod wurde der Garten vernachlässigt und erst 1760 wieder zum Leben erweckt. Song Zenhuang, ein hoher Beamter der Kaiserlichen Vergnügungen am Hofe von Quian Long, gestaltete den Garten nach eigenem Entwurf neu. Nach Songs Tod folgte eine zweite Phase der Vernachlässigung. Später wurden durch häufig wechselnde Besitzer Umgestaltungen und Verbesserungen vorgenommen, die jedoch stets in einem harmonischen Ganzen resultierten.

☛ **Wang Xian Chen, Xu Shi-tai, Yi Song Gye, Zhang Yue**

Song Zenhuang. Tätig (TJ), 18. Jahrhundert. **Wang Shi Yuan,** Suzhou (TJ), erbaut 1140, restauriert 1760.

Sophia Kurfürstin von Hannover

Dies ist ein Ausschnitt aus dem großen *parterre* in Herrenhausen, das in den 1680er-Jahren von der Kurfürstin Sophie von Hannover, der Mutter Georgs I. von England, entworfen und angelegt wurde. Die kunstvollen Vasen und Skulpturen versinnbildlichen Götter, Jahreszeiten, Tugenden und Kontinente: Alle wurden weiß gestrichen, um den weichen Sandstein vor dem norddeutschen Winter zu schützen. Gleichzeitig leuchten sie dadurch strahlend hell vor den *parterres*. Die Beete sind dicht in modernem Stil bepflanzt und der Jahreszeit entsprechend gestaltet. Das große *parterre* in Herrenhausen

nimmt eine Fläche von etwa 200 Quadratmetern ein. In der Tat plante die Gemahlin von Deutschlands militärischstem Prinzen, den Garten zu Zwecken der Machtdemonstration mit enormen Ausmaßen. Sophie beschrieb den Garten von Herrenhausen als ihr Lebenswerk. Sie starb hier 1714 an einem plötzlichen Herzanfall. Hätte sie noch zwei Monate länger gelebt, so wäre sie Königin von England geworden.

☛ **Friedrich I., Heinrich, Lotti, Marot & Roman, Peter I.**

Prinzessin Sophie von der Pfalz (Kurfürstin von Hannover). Geb. Den Haag (NL), 1630. **Gest.** Herrenhausen (D), 1714.
Herrenhausen, Hannover (D), um 1680.

Sørensen Carl Theodor   Universität von Aarhus

Mit diesem Amphitheater löste Sørensen gestalterisch das Problem des Höhenunterschiedes auf dem Gelände der Universität von Aarhus in Dänemark. Den Sichtschutz zwischen dem Amphitheater und den Universitätsgebäuden gewähren Eichenbäume. Sørensens Vision war eine Universität in einem Eichenhain. Im Laufe seiner Karriere entwarf Sørensen sechs Amphitheater in Dänemark. Unter den vielen geometrischen Formen, die er während seiner mehr als 2000 Aufträge umfassenden Laufbahn immer wieder einsetzte, waren auch konzentrische Kreise. Neben öffentlichen Plätzen wie

diesem Campus entwarf er auch viele kleinere Gärten. Seine große Vielseitigkeit als Designer und die Arbeit als Lehrer und Autor verhalfen Sørensen zu Einfluss in ganz Skandinavien sowie zu dem Ruf, der Vater der modernen Landschaftsarchitektur in Dänemark zu sein. Ihm schreibt man auch die Erfindung des Abenteuerspielplatzes zu, den er in seinem 1931 verfassten Buch *Park Politics in Parish and Borough* untersuchte.

☛ **Cane, Jakobsen, Jencks, Larsson, Wilkie**

Carl Theodor Sørensen. Geb. (D), 1893. **Gest.** 1979. **Universität von Aarhus,** Aarhus (DK), um 1960.

Southcote Philip

Woburn Farm

Im Jahre 1712 riet Joseph Addison den Grundbesitzern dringend dazu, ihre Güter zu verschönern. Philip Southcote folgte in den 1730er-Jahren diesem Ratschlag. Die Verbindung von Landwirtschaft und Landschaftsgärtnerei war ein Lehrsatz der frühen Bewegung der Landschaftsgestaltung. Auf seiner *ferme ornée* legte Southcote einen von Blumenbeeten gesäumten Rundweg an. Dieser diente „sowohl der Bequemlichkeit als auch dem Vergnügen. Denn so konnte ich vom Garten aus beobachten, was auf den Feldern vor sich ging." Er leitete einen Bach zu einem gewundenen Wasserlauf um und fügte kleine Gartenstrukturen wie eine Grotte hinzu (rechts im Bild). Southcotes Vorbild veranlasste mehrere Gutsherren, besonders Shenstone, dazu, ihre Grundstücke ähnlich umzugestalten. Gegen Ende des 18. Jahrhunderts war die Idee der *ferme ornée* schon wieder aus der Mode: Das einzige Element eines bewirtschafteten Bauernhofs, das Capability Brown in Landschaftsgärten duldete, war grasendes Vieh auf dekorativen Weiden.

☛ **Bridgeman, Burlington, Kent, Pope, Shenstone**

Philip Southcote. Geb. (GB), 1698. **Gest.** (GB), 1758. **Woburn Farm,** Surrey (GB), 1735.

Stanislaus II. König von Polen

Das Schloss von Lazienki wurde auf einer Insel errichtet. Als Stanislaus Augustus Poniatowski das Ujázdow-Jagdgebiet in einen prächtigen Lustgarten verwandelte, wurden auch die zwei Bassins nördlich und südlich des Geländes zu enormen Wasserflächen umgestaltet. Vom am Wasser gelegenen Amphitheater aus, das mit herrlichen Skulpturen geschmückt war, konnten rund tausend Zuschauer das Bühnengeschehen auf der kleinen Insel verfolgen. Unter den romantischen Gebäuden im Park verblüffte das einfache Türkische Haus aus Holz die Besucher mit seinem palastartigen Innenraum. Es

gab zwei Pavillons für die Mätressen des Königs, während ein anderer als *seraglio* für die Gäste diente. Der Gärtner Jan Chrystian Schuch sowie die Architekten Jan Chrystian Kamsetzer und Dominik Merlini waren maßgeblich an der Gestaltung Lazienkis im später so genannten Stanislaus-Augustus-Stil beteiligt. Sogar nach 1796, als er sich bereits im St. Petersburger Exil befand, sandte Poniatowski noch Anweisungen für die Arbeit in Lazienki.

☛ **Brandt, Hirschfeld, Joséphine, Radziwill, Tyers**

König Stanislaus II. von Polen (Stanislaus Augustus Poniatowski). **Geb.** Woteyn (PL), 1732. **Gest.** St. Petersburg (RUS), 1798. **Lazienki-Park,** bei Warschau (PL), *Schloss und See im Lazienki-Park*, Aquarell, Zygmunt Vogel, 1796.

Steele Fletcher

Naumkeag

Mabel Choates Wunsch nach einigen schlichten Stufen, die ihr helfen sollten, den Hang zu ihrem Gemüsegarten auf Naumkeag hinaufzusteigen, zeitigte eine Gartenbau-Ikone des 20. Jahrhunderts. Mit seinen Blue Steps aus den 1920er-Jahren interpretierte Fletcher Steele eine klassische Form der Renaissance auf verblüffende Weise. Eine Reihe blau hinterfangener Betonbögen, flankiert von einer doppelten Treppenflucht und geschwungenen Geländern mit Art-Deco-Anklängen, steigen zwischen den Stämmen der Silberbirken empor. Wie auf einer italienischen Wassertreppe fließt Was-

ser die Bögen hinunter. Steele hatte eine klassische künstlerische Ausbildung, doch bewunderte er die zeitgenössischen französischen Gartengestalter Vera, Legrain und Guevrékian. Von 1925 bis in die späten 1950er-Jahre arbeitete er auf Naumkeag (in der Sprache der indigenen Bevölkerung „Hafen des Friedens") und fügte eine Reihe eklektischer Anlagen wie eine chinesische Pagode, ein Mondtor und einen Rosengarten mit bogenförmigen Beeten hinzu.

☞ **Gaudí, Guevrékian, Legrain, Vera, Vignola**

Fletcher Steele. Geb. (USA), 1885. Gest. (USA), 1971. **Naumkeag,** Stockbridge, Massachusetts (USA), 1925.

Steven Christian

Botanischer Garten von Nikitsky

Der außergewöhnliche, von Yuccapalmen und Kakteen umgebene Pavillon steht im Schatten einer Aleppokiefer; im Hintergrund ist eine Zypressenallee zu sehen. Der Botanische Garten von Nikitsky liegt am Schwarzen Meer im nahezu mediterranen Klima und stellt eine bedeutende wissenschaftliche Institution dar. Gleichzeitig wartet der schöne Garten mit einer Vielzahl unterschiedlichster Pflanzen wie Zypressen, Sequoien, nordamerikanische Kiefern und Zedern auf. Darüber hinaus wachsen in Nikitsky mehr als 2 000 Rosenarten. Den Park schmücken Wasserelemente, etwa ein Becken mit Wasserlilien und einer Wassertreppe. Der schwedische Botaniker Christian Steven legte den Grundstein für den Garten zwischen 1812 und 1827. Danach übernahm N. A. Hartvis die Leitung und förderte die Weiterentwicklung des Gartens bis zu seinem Tode 1860. Der Garten diente sozusagen als Pflanzenvorratskammer für die großen Parks, die damals auf der Krim entstanden, u. a. Alupka, Livadia, Massandra und Gurzuf.

☛ **Chambers, Kebach, Moroni, Otruba**

Christian Steven. Geb. (S). Tätig (RUS), Anfang des 18. Jahrhunderts. **Gest.** Jalta (RUS), 1827.
Botanischer Garten von Nikitsky, bei Jalta (RUS), 1812–1827.

Strong Sir Roy & Oman Dr. Julia Trevelyan The Laskett

Neben vielen anderen Überraschungen steht im sehr persönlichen, autobiografisch geprägten Garten von Sir Roy Strong und seiner Frau, der Bühnenbildnerin Dr. Julia Trevelyan Oman, ein Hirsch mit goldenem Geweih. Der 1,8 Hektar große Garten besteht aus 32 Räumen, Korridoren und Vorzimmern, die von Eiben-, Zypressen- und Buchenhecken umgeben sind. Er wurde in den 1960er-Jahren angelegt und seitdem mehrmals erweitert. Das Grün wird von Bauten unterbrochen, die mit bestimmten Aspekten aus dem Leben des Ehepaares verknüpft sind: So entstand etwa ein Tempel zur Erinnerung an Sir Roys Zeit als Direktor des Victoria & Albert Museums. Ein Knotengarten zeugt von Sir Roys Pionierarbeit auf dem Gebiet der Gartengeschichte und von einem meisterhaften Blick für Formales. Die biografischen Elemente betonen die großartige Gestaltung des Gartens noch, die besonders in der Erzeugung einer bestimmten Atmosphäre sowie auch in der Lenkung der Perspektive liegt.

☞ Carter, Hamilton Finlay, Lloyd

Sir Roy Strong. Geb. London (GB), 1935. Tätig Ende des 20. Jahrhunderts. **Dr. Julia Trevelyan Oman. Geb.** London (GB), 1930. **Gest.** Much Birch, Herefordshire (GB), 2003. **The Laskett,** Herefordshire (GB), seit 1960.

Sturdza Prinzessin Greta
La Vasterival

Der in der Normandie nahe des Atlantiks gelegene Garten von Vasterival stellt eine eigene Welt dar: ein wahres Pflanzenparadies, in dem tausende von Arten in geeigneter Umgebung gedeihen. Der Garten ist dank der sanften Hügel und des dichten, üppigen Waldgebiets mit einem sehr milden Klima gesegnet. Zu jeder Jahreszeit überraschen die bemerkenswert kombinierten mehrjährigen Pflanzen in der sieben Hektar großen Anlage mit neuer Fülle. Es ist schwer zu sagen, ob die Pflanzen die Gestaltung bestimmen oder ob die Gartengestaltung in kunstvoller Weise ihren Vorgaben folgt. Die gute Seele dieses Pflanzenparadieses ist die aus Norwegen stammende Prinzessin Sturdza, die seit 1957 ihr Leben diesem Projekt gewidmet hat. La Vasterival besichtigt man am besten mit Prinzessin Sturdza persönlich: Sie führt die Besucher selbst durch ihr Reich. Mit ihrer Leidenschaft und ihrem breiten Wissen faszinierte sie so viele Gartenliebhaber, dass sie inzwischen weit über Frankreich hinaus bekannt ist.

☛ Bawa, Copeland & Lighty, Mallet, Wolkonsky

Prinzessin Greta Sturdza. Tätig Mitte bis Ende des 20. Jahrhunderts. **La Vasterival,** bei Dieppe (F), seit 1957.

Suarez Diego

Vizcaya

Der italienische Renaissancestil prägt diese prächtige Villa mit Garten, die für den Industriellen James Deering in Miami erbaut wurde. Vier Männer – Deering als Besitzer, Diego Suarez als Landschaftsarchitekt, Paul Chalfin als Innenarchitekt und Francis Burrall Hoffman Jr. als Architekt – waren von dieser Epoche und ihren Häusern und Gärten in Italien fasziniert. Sie gestalteten gemeinsam einen Garten, der aus unterschiedlichsten Teilen besteht. Ursprünglich umfasste das Gelände 72,8 Hektar; seine jetzige Größe beträgt nur rund 12,1 Hektar. Ein großer, fächerförmiger Garten mit niedrigen geschnittenen Hecken und gemauerten Terrassen erstreckt sich südlich des Hauses. Eine Wassertreppe, muschelverzierte Grotten, Skulpturen, Urnen und Wasserbecken verbinden sich zu einem Garten im Stil der italienischen Renaissance. Die Bepflanzung umfasst jedoch ebenso tropische Arten, die in den USA heimisch sind. Suarez arbeitete auch mit Arthur Acton bei der Restaurierung der Villa La Pietra in Florenz.

☛ **Acton, Ligorio, Mizner, Vignola, Washington-Smith**

Diego Suarez. Geb. 1888. **Gest.** 1974. **Vizcaya,** Miami, Florida (USA), 1914–1921.

Sulla

Praeneste

Auf dem an einem Hang gelegenen Gelände eines griechischen Tempels aus dem 7. oder 8. Jahrhundert v. Chr. entwarf der römische General Sulla 82 v. Chr. Praeneste, die Gärten und Tempel der Fortuna Virilis. Die Zeichnung und Rekonstruktion der Anlage von Andrea Palladio aus den 1560er-Jahren zeigt die Größe des Tempels und seiner zehn Terrassen. Diese Terrassen waren durch Rampen und Treppen verbunden, die bis auf eine Höhe von 160 Metern führten. Die Portiken sowie die Terrassenanordnung inspirierten viele nachfolgende italienische Gartenarchitekten. Die berühmtesten

Nachahmer waren wohl Hadrian in seiner Villa in Tivoli und später römische Renaissancekünstler wie Bramante mit seinem Belvederehof. Von der Struktur der Anlage blieb wenig erhalten; die Bepflanzung kann man nur noch erahnen. In Übereinstimmung mit anderen antiken römischen Gärten, etwa in Pompeji, waren wahrscheinlich auch die Terrassenportiken mit Fresken, Reliefs, Mosaiken und Statuen verziert.

☛ **Bramante, Hadrian, Kent, Palladio, Raphael, Tibernitus**

Sulla. Geb. (I), 138 v. Chr. **Gest.** (I), 78 v. Chr.
Praeneste (heute Palestrina), Latium (I), 82 v. Chr., Zeichnung von Andrea Palladio, um 1950.

Suraj Mal

Die Mondlichtgärten und der Palast in Deeg

Der Hauptpalast in Deeg stellt seine breite Terrasse zur Schau, von der aus man ein vierteiliges *parterre* sowie ein tief liegendes Wasserbecken überblickt, das mit eleganten Wasserspeiern verziert ist. Im Laufe des Niedergangs des Mogulreichs ließen die Erbauer der Hindupaläste des 17. und 18. Jahrhunderts die Tradition der indischen Gartengestaltung wieder aufleben. Tonangebend unter diesen Baumeistern war Suraj Mal, Maharadscha von Bharatpur, der 1725 mit dem Entwurf seines Gartenpalasts in Deeg begann. Er griff die Hofgestaltung des mogulischen *chahar-bagh* sowie fanta-sievolle Merkmale des Wassergartens auf, wie Springbrunnen und Swimmingpools beispielsweise. Viele der Ziergegenstände aus Marmor stammen von Plünderungen früherer Mogulpaläste. Die Mondlichtgärten wurden so entworfen, dass sie vor allem nachts zur Geltung kamen: Auf den Dachterrassen wurde abends promeniert, die Hofdamen genossen die kühle Abendluft in ihren Pavillons oder schwammen in den Becken unter den Bäumen.

☞ **Akbar, Almohaden, Jahangir, Sangram Singh**

Suraj Mal, Maharadscha von Bharatpur. Tätig (IND), Anfang des 18. Jahrhunderts. **Gest.** 1768.
Die Mondlichtgärten und der Palast in Deeg, Rajasthan (IND), um 1725.

Su Zimei

Cang Lang Ting

Ein *Lou-chuang*-Fenster öffnet sich auf einen Gang zum Garten des Pavillons der Wogenden Welle. Fenster waren wichtige spielerische Kunstgriffe der chinesischen Gärten. Cang Lang Ting zählt zu den ältesten Gärten in Suzhou. Er ist wunderbarerweise in einem Zustand erhalten, der noch heute der Zeichnung gleicht, die sein Schöpfer, der Gelehrte und Poet Su Zimei, anfertigte, als er die Anlage 1044 gestaltete. Am Eingang des Gartens in schwarzen Stein geschnitzt, zeigt der Plan aus der Vogelperspektive ein Netzwerk von Mauern, Gebäuden und Gängen, die sich um einen künstlichen Berg

gruppieren. Die Steine stammen, wie bei den meisten Gärten Suzhous, aus dem nahe gelegenen See Taihu. Sie zeigen außergewöhnliche Formen, sind durchbrochen von Mulden und Löchern und vereinen in sich die Qualitäten von Luftigkeit und Transparenz, Festigkeit und Stärke. Cang Lang Ting wird nicht von Mauern umgrenzt, sondern von einem Kanal eingefasst, der als „geborgtes" Element in die Gestaltung einging.

☛ **Wang Xian Chen, Xu Shi-tai, Yi Song Gye, Zhang Shi**

Su Zimei. Tätig (TJ), Anfang des 11. Jahrhunderts. **Cang Lang Ting,** Suzhou (TJ), 1044.

Suzuki Shodo

Privatgarten, Chichibu

Asymmetrisch und geradlinig nimmt der Strom aus Stein den meisten Raum im Garten der Privatresidenz von Chichibu ein. Eine unbeirrt einfache Gestaltung spielt mit einem im Einzelnen kaum wahrnehmbaren dramatischen Wechsel der Ebenen. Noch stärker hervorgehoben werden die strengen Horizontalen von den flach aufeinander gelegten Steinplatten. Die Behandlung und Platzierung der Steine zeugt von hervorragender Kenntnis des Materials. Kombiniert mit Wasser und den wenigen, sorgfältig ausgewählten Pflanzen, enthalten die Steine in Essenz die uralten Elemente der tradi-

tionellen japanischen Gartengestaltung. Bei diesem kleinen Garten beschränkte sich Shodo Suzuki streng auf das Wesentliche. Innerhalb dieser Parameter jedoch beschwört er eine radikal neue Gestaltung, eine neue Sprache. Überaus einflussreich, hat Suzuki viele öffentliche Plätze in Japan gestaltet und oft ungewöhnliches Material benutzt, wobei er jedoch stets für die gleichen grundsätzlichen Techniken und ästhetischen Prinzipien eintrat.

☞ Ando, Enshu, Lutsko, Noguchi, Shigemori

Shodo Suzuki. Tätig (J), Ende des 20. Jahrhunderts. **Privatgarten,** Chichibu (J), 1980er-Jahre.

Sventenius Eric

Jardín Canario

Der Jardín Canario ist ein moderner Garten mit einheimischen Pflanzen und dekorativen Statuen. Es wurden etliche Pflanzenstandorte geschaffen, die im Kleinen die natürlichen Habitate der Kanarischen Inseln nachahmen. Auf diese Weise entsteht eine repräsentative Sammlung der einzigartigen Flora der Region, die als Pflanzenschutzgebiet und als Lehrgarten dienen soll. Nach modernen Naturschutztheorien sollten die Pflanzen sowohl an ihrem natürlichen Standort als auch in einem speziellen Garten geschützt werden. Sollte die Population einer Pflanze in freier Natur ausgestorben sein, kann so die Stelle mit gezüchteten Exemplaren neu bepflanzt werden. Eine Sammlung lebender Pflanzen stellt aber noch keinen Garten dar. Sie muss, wie hier, so zusammengestellt und angeordnet werden, dass sie auch ästhetischen Ansprüchen genügt. Der Garten wurde von dem schwedischen Botaniker Eric Sventenius entworfen und steht derzeit unter der Leitung des englischen Botanikers David Bromwell.

☛ **Gildemeister, Hepworth, Manrique, Raffles**

Eric Sventenius. Geb. (S), 1910. **Gest.** 1973. **Jardín Canario,** Las Palmas de Gran Canaria (E), 1952.

Switzer Stephen

Zeichnung aus der *Ichnographia Rustica*

Diese Zeichnung aus Switzers Buch *Ichnographia Rustica* (1718) zeigt deutlich die Absicht des Autors, einen Bezug zwischen Garten und umliegender Landschaft herzustellen. Auch sein Respekt für die klassischen Gestaltungstraditionen ist unverkennbar. Dieser Entwurf trägt den Titel „Ländliches Gärtnern". Switzer lehnte Gartenmauern ab – seiner Ansicht nach sollte sich „das umliegende Land dem Blick offen darbieten". Die Hauptachse ist auf dem Plan deutlich zu erkennen: In Anlehnung an die italienische und französische Renaissance liegen das Haus und der lange Kanal auf dieser Achse. Den

Mittelpunkt der Querachse bildet ebenfalls der Kanal. Für Switzer waren derart lange Achsen unverzichtbar, wenn man Haus und Garten miteinander verbinden wollte. Entscheidend ist jedoch, dass sich die geraden Alleen in den äußeren Bereichen des Entwurfs in Serpentinenwege verwandeln. Switzer ging bei George London und Henry Wise in die Lehre und arbeitete zusammen mit Charles Bridgeman als Leiter von Blenheim.

☛ **Bridgeman, London, Loudon, William III., Wise**

Stephen Switzer. Geb. (GB), 1682. **Gest.** (GB), 1745. Zeichnung aus der *Ichnographia Rustica*, Somerset (GB), 1718.

Taverna Marchesa Lavinia   Giardino della Landriana

Die Viale Bianco (Weiße Allee) ist ein breiter Weg aus einheimischem Tuffstein. Von weiß blühenden und silberblättrigen Pflanzen gesäumt, führt er hinunter zum See. Der Garten erstreckt sich über mehrere Ebenen und vereint künstlich gestaltete italienische Merkmale mit einer üppigen Bepflanzung im englischen Stil. Auf dem vier Hektar großen Gelände befinden sich ein von Iris gesäumter See, Rosengärten und gewundene Wege zwischen Sträuchern und Bäumen. Als Lavinia Taverna 1956 beschloss, auf dem Grundstück in der Adrea-Ebene bei Rom einen Garten anzulegen, standen die Chancen schlecht: Der Boden war lehmig und die Luft vom Salz des nahen Meeres geschwängert. Hartnäckig experimentierte sie mit hunderten von Pflanzen. 1968 bat sie Russell Page, der gerade in der Nähe beschäftigt war, ihr bei der Anlage des Gartens zu helfen. Er lieferte das Grundmuster, das schließlich als Vorlage diente. Seit 1985 hat die Marchesa viele australische Pflanzen eingeführt, welche die mediterranen Arten ergänzen.

☛ Gildemeister, Johnston, McEarcharn, Page

Marchesa Lavinia Taverna. Tätig (I), Mitte des 20. Jahrhunderts. **Giardino della Landriana,** bei Rom (I), seit 1956.

Tessin Nicodemus, der Jüngere

Wasserparterres sind rar: Dieses Beispiel im schwedischen Drottningholm gehört zu den am nördlichsten gelegenen Wasserparterres in Europa. Drottningholm wird oft als „Versailles des Nordens" bezeichnet. Trotz seiner Lage auf einer Insel inmitten des Mälarsees bei Stockholm weist es doch die gleiche barocke Pracht auf wie das Schloss Ludwigs XIV. Die Anlage wurde nach Königin („Drottning") Hedwig Eleanora benannt, der Mutter Karls XI. von Schweden. In den 1680er-Jahren beauftragte sie Nicodemus Tessin den Älteren mit der Planung des Schlosses. Sein Sohn, Nicodemus Tessin der Jüngere, entwarf in den 1720er-Jahren die Gärten, darunter auch die Wasserparterres. Die flachen Becken und zierlichen Fontänen gingen auf die berühmten Gärten von Chantilly zurück. Prächtige Statuen steigern die Wirkung noch. Bei einem Spaziergang durch die in den 1960er-Jahren renovierten Gärten hat man die Gelegenheit, einen barocken Wassergarten zu bewundern, der nichts von seiner einstigen Pracht verloren hat.

☛ **Bouché, Clément & Provost, Jekyll, Oudolf, Piper**

Nicodemus Tessin der Jüngere. Geb. Nyköping (S), 1654. **Gest.** Stockholm (S), 1728.
Drottningholm, Stockholm (S), um 1720.

Thays Charles

Stadtparks von Buenos Aires

Die Anlage der öffentlichen Parks in Buenos Aires zwischen 1891 und 1914 unterlag der Aufsicht von Charles Thays, einem französischen Schüler von Jean-Charles Alphand und Édouard André. Diese beiden Gartenarchitekten hatten in der zweiten Hälfte die 19. Jahrhunderts die öffentlichen Pariser Parks und Gärten renoviert, die fortan zum Modell für die (Neu-)Anlage öffentlicher Parks in aller Welt wurden. Der hier verwendete Stil war eine Mischung aus französischer Gartenarchitektur und englisch-informeller Tradition. Thays Hauptverdienst war der Entwurf des Öffentlichen

Botanischen Gartens von Buenos Aires, der 1908 eröffnet wurde. Man betraute Thays mit weiteren Gartenprojekten in anderen argentinischen Städten. Dabei handelte es sich um öffentliche Parks und um private Gärten auf *estancias* oder anderen Grundstücken. Sein Einfluss weitete sich auf ganz Südamerika aus, da er auch Aufträge in Chile, Uruguay und Brasilien annahm.

☛ **André, Clément & Provost, London, Switzer**

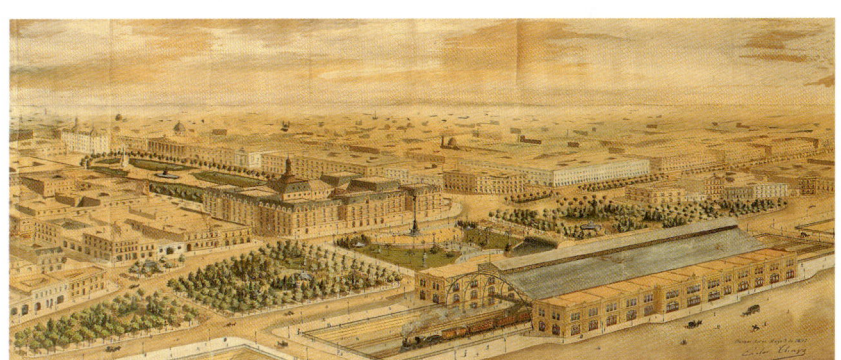

Charles Thays. Geb. Paris (F), 1849. **Gest.** Buenos Aires (RA), 1934.
Stadtparks von Buenos Aires, Buenos Aires (RA), 1891–1914, Aquarell mit Plaza de Mayo und Parque Colón.

Thijsse Jacob P.

Thijsse-Park

Das Foto zeigt Blumen und Bäume aus dem Thijsse-Park, der auf einem schmalen Landstreifen zwischen dem Zentrum Amsterdams und Vororthäusern liegt. Der Park – ein *heemtuin* oder „Heimgarten" – wurde 1940 von J. P. Thijsse angelegt. Die sich durch den Garten schlängelnden Wege wurden jeweils nach einer Wildblume benannt. Obwohl einige davon parallel verlaufen, sind sie doch voreinander verborgen, sodass der Park wesentlich größer zu sein scheint als zwei Hektar. Die Bepflanzung erfolgte nach ökologischen Kriterien: Diese Vorgehensweise wählte Thijsse erstmals 1925 bei der Anlage eines Naturgartens in Blomendaal. Thijsse beobachtete, wie der Fortschritt Umwelt und Natur in den Niederlanden zerstörte. Deshalb widmete er sich den neuen Wissenschaften Botanische Geografie und Pflanzenökologie. Im Thijsse-Park wird das ökologische Können kunstvoll in der Bepflanzung umgesetzt. Die Wege sind von einem Meer aus Wildblumen gesäumt, die unter dem Blätterdach der Bäume wachsen.

☛ Bijhouwer, Harrison, Oehme & van Sweden, Oudolf

Thomas Graham Stuart   Mottisfont Abbey

Sobald man den von einer Backsteinmauer umgebenen Garten betritt, werden die Sinne von den berauschenden Farben und Düften der mehr als 300 alten Rosenarten und großartigen Staudenrabatten gefangen genommen. In der fruchtbaren Erde des früheren Küchengartens hat Thomas seine einzigartige Sammlung alter Rosen untergebracht (heute National Rose Collection). Viele stammen aus dem Garten der Kaiserin Joséphine in Malmaison (spätes 18. Jahrhundert). Die Ruhe, die der Garten ausstrahlt, wird durch das Geräusch plätschernder Springbrunnen und durch die alten Bäume (Eichen, Edelkastanien und Zedern) verstärkt, die an die Zeiten erinnern, als noch Mönche über die grünen Rasenflächen wandelten. Der 1972 angelegte Garten umfasst vier symmetrische Rasenflächen, die von Beeten umgeben sind. Die Beetpflanzen bedecken teils die zwei sich schneidenden Hauptwege. Andere Beete sind von Buchshecken eingefasst. Aus früherer Zeit stammen die Laube im viktorianischen Stil und Jellicoes Lindenallee.

☞ André, Forestier, Jellicoe, Joséphine, Lindsay

Thomas Inigo

Athelhampton Manor

Diese Ansicht des Großen Hofgartens von Athelhampton, einer viktorianischen Rekonstruktion, erinnert stark an einen der Fantasie entsprungenen altenglischen Gartenstil. Die hohen Pyramiden aus geschnittenen Eiben umgeben einen Springbrunnen im italienischen Stil. Ihre Gestalt wird in den Fialen auf dem Terrassengarten im Hintergrund wieder aufgenommen. Es lässt sich jedoch nicht mehr erkennen, dass der gesamte Grund um das Wasserbecken ursprünglich mit *parterres* voll leuchtender Blumen geschmückt war. Der verantwortliche Gartenarchitekt war Inigo Thomas, dessen Authentizitätsanspruch so weit reichte, dass der Garten oft dem 17. Jahrhundert zugeordnet wurde und nicht den 1890er-Jahren. Thomas war ein Verfechter des künstlich gestalteten Gartens und illustrierte Sir Reginald Blomfields *The Formal Garden in England* (1892). Beide förderten damit die Nachfrage nach historischen Gärten, die als Ergänzung zu Häusern aus der Zeit Jakobs I. angelegt werden sollten.

☞ **Barnsley, Blomfield, Mawson, Pinsent, Sitwell**

Inigo Thomas. Geb. Yorkshire (GB), 1865. **Gest.** London (GB), 1950. **Athelhampton Manor,** Dorset (GB), um 1890.

Thutmosis III. König

„Botanischer Hof" in Karnak

Dieses Relief belebt die Wände der geheimen „Garten"-Kammern, die um 1440 v. Chr. als Teil des Festtempels entstanden. Es zeigt Pflanzen, Tiere und Vögel, die Thutmosis III. auf seinen Expeditionen gesammelt hatte. Texte erläutern die Importe, die dieser frühe Pflanzenkundler nach Ägypten brachte, als „Pflanzen, die Ihre Majestät im Land von Retenu (Syrien) fand. Alle Pflanzen, die wachsen, alle Blumen, die es in Gottes Land gibt". Die Räume waren nur durch ein schmales Portal zugänglich. In gewisser Weise dienten sie als „Botanischer Garten", der dem Gott Amun gewidmet war, dem man hier opferte. Man nimmt an, dass die Räume offene Decken hatten – ein Hinweis darauf, dass hier auch lebende Pflanzen wuchsen. Die einst lebhaften Farben sind verschwunden und der Maßstab der reliefierten Pflanzen und Früchte ist unklar, sodass eine genaue Bestimmung schwierig ist. Das Innere dieses „Gartens", ob nun der Wirklichkeit entsprechend oder rein dekorativ, könnte ein Vorläufer der Gärten des Palasts von Tel El-Amarna sein.

☞ **Cyrus der Große, Darius der Große, Ineni, Sennacherib**

König Thutmosis III. Geb. Karnak (ET), 1501 v. Chr. Gest. (ET), 1448 v. Chr.
„Botanischer Hof" in Karnak, Karnak (ET), 1440 v. Chr.

Thwaites G.H.K.

Botanischer Garten von Peradeniya

Feigenbäume symbolisieren das blühende Wachstum im tropischen Klima Sri Lankas. Der Botanische Garten von Peradeniya ist laut Thistleton Dyer, einem Direktor der Königlichen Botanischen Gärten von Kew, „der schönste tropische Garten der Welt". Er war einer der vier großen kolonialen Botanischen Gärten des Britischen Empire und damit Teil eines imperialen Netzwerks, dessen Zentrum die Botanischen Gärten von Kew darstellten. Peradeniya tauschte Informationen und Pflanzen mit anderen Botanischen Gärten in aller Welt aus. Obwohl die Anlage 1821 begonnen wurde, stammt der Entwurf aus dem Jahre 1849: Die Grundidee von Thwaites bestand darin, einen englischen Landschaftsgarten in eine tropische Welt zu versetzen. In einem anderen Teil des Gartens sollte ein Dschungeleffekt erzielt werden. Bäume wurden unbeschnitten belassen, die Stämme gefällter Bäume wurden nicht entfernt. Es handelte sich hierbei um das Konzept einer gezähmten Wildnis, das bereits auf das späte 20. Jahrhundert vorauswies.

☞ Chambers, Clusius, Moroni, Raffles, Rhodes

G.H.K. Thwaites. Geb. 1812. Gest. (CL), 1882. Botanischer Garten von Peradeniya, (CL), 1821–1849.

Tibernitus Loreius

Haus des Loreius Tibernitus

Die Reste dieses Gartens, der 79 n. Chr. von der Asche des Vesuvs bedeckt worden war, hat man sorgfältig bewahrt und authentisch restauriert. Der rechteckige Gartenraum, das so genannte Peristyl, ist von Mauern umschlossen. Anstelle eines kleinen, von Beeten umgebenen Wasserelementes in der Mitte, spenden in diesem Garten hölzerne Pergolen, die mit Weinlaub bewachsen sind, angenehmen Schatten (Archäologen fanden neben den Pfostenlöchern Weinstockwurzeln). Zwischen den Pfosten sind Spalierpaneele angebracht – ein beliebtes Zierelement in römischen Gärten. Seitlich des Weges mit seinem grünen Blätterdach befinden sich mehrere Wasserelemente. Diese sind hübsch anzusehen, selbst wenn sie doch eher dem einfachen Stil, *eripus* genannt, entsprechen: Ihre Größe reicht von kleinen, miteinander verbundenen, rechteckigen Wasserbecken bis zu schmalen, kanalartigen Becken mit zierlichen Brücken. Die Römer liebten Springbrunnen und entwarfen oft komplizierte Antriebssysteme unter Einbezug der Schwerkraft.

☛ **Bosworth, Hadrian, Nasriden, Plinius d.J., Sennacherib**

Loreius Tibernitus. Tätig 1. Jahrhundert v. Chr. **Haus des Loreius Tibernitus,** Pompeji (I), 1. Jahrhundert v. Chr.

Tien Mu

Shi Zi Lin

Ein Pflaumenblütentor gewährt einen Blick auf den bizarren Stein, der im Innenhof zu tanzen scheint. Typisch für die Gärten von Suzhou sind sorgfältig komponierte Einblicke, bei denen Türen und Öffnungen eine zentrale Rolle spielen. Eingänge symbolisieren den Lebenshauch. Sie stellen die Trennung zwischen Natur (Garten) und geschütztem Raum (Wohnraum) dar. Der Shi-Zi-Lin-Garten geht auf die Yuandynastie (1271–1368) zurück; er ist berühmt für Steinformationen als Zentrum, für ein *pièce de resistance*, einen Felsen, der aus dem zentral gelegenen Teich ragt. Der Garten wurde ursprünglich von dem buddhistischen Mönch Tien Mu 1336 in Auftrag gegeben und von mindestens zehn verschiedenen Künstlern gestaltet, unter ihnen der Maler Ni Tsan, der den Garten in dem bekannten Wandbild von 1380 ehrte. Im Vergleich zum extravaganten Vorzeigegarten von heute bildete er eine weit strengere, einfachere Anlage ab. Über die Jahrhunderte erfuhr der Garten viele – nicht immer angemessene – Ergänzungen.

☞ **Su Zimei, Wang Xian Chen, Xu Shi-tai, Yi Song Gye**

Tien Mu. Tätig (TJ), 14. Jahrhundert. **Shi Zi Lin** (Der Löwen-Hain-Garten), Suzhou (TJ), 1336.

Tilden Philip Armstrong

Port Lympne

Die Große Treppe aus Cumberland-Stein führt über 125 Stufen vom Wassergarten hinauf zum Parkgelände. Trotz Entbehrungen nach dem Ersten Weltkrieg beauftragte Sir Philip Sassoon zwischen 1919 und 1921 Tilden mit der Gestaltung des Anwesens, das als Sommersitz dienen sollte. Der Garten wurde als „Triumph des schlechten Geschmacks und der babylonischen Üppigkeit" beschrieben. Es gab mehrere Terrassen und Gartenabschnitte, die in ihrer Vielfalt beinahe viktorianisch wirkten, u. a. einen Gestreiften Garten, einen Schachgarten, einen Mogulhof sowie einen Rasen mit Was-serbecken. Doch kommt in England nichts dem italienischen Villengarten rein äußerlich – wenn auch nicht dem Geiste nach – näher. Zudem zeigt sich der Einfluss italienischer Renaissancegärten zwischen 1900 und 1939. Tilden hatte ein Talent für fast jede Stilrichtung; er wurde in den 1920er-Jahren zum Architekten und Gartengestalter der gehobenen Kreise, war u. a. für Winston Churchill, David Lloyd George und Lady Warwick tätig.

☛ Acton, Johnston, Peto, Pinsent, Sitwell, Williams-Ellis

Philip Armstrong Tilden. Geb. (GB), 1887. Gest. (GB), 1956. **Port Lympne,** Kent (GB), 1918–1921.

Toll Julie

,Puffing Mosses'

Aus den moosbedeckten Felsen im Teich quillt weißer Nebel hervor – etwas befremdlich für einen Stockholmer Schaugarten, der an Science-Fiction-Filme denken lässt. Künstlicher Nebel erfreut sich bei Landschaftsarchitekten seit einiger Zeit großer Beliebtheit, wird aber meist in moderner Umgebung eingesetzt. Toll verknüpft moderne Sensibilität mit ökologisch-natürlicher Gartenbaukunst. Hier arbeitete sie mit Thomas Nordström und Annika Oskarsson, jungen schwedischen Künstlern, zusammen. Sie konstruierten die mit einer Nebelmaschine verbundenen Kugeln aus Hühnerdraht, Kompost und Moos. Toll, die in East Anglia lebt und arbeitet, betrachtet ihre Gestaltungen oft eher als Standortpflege denn als Design. Die einheimische Flora dient ihr dabei stets als Grundlage. Toll ist führend auf dem Gebiet des Gärtnerns mit Wildblumenwiesen. Im Gegensatz zu den Befürwortern neuer mehrjähriger Pflanzen (wie z. B. Oudolf und Kingsbury) vertritt Toll eine offenbar „kunstlose", direkt der Natur entsprungene Gestaltungslinie.

☞ Jensen, Latz, Robinson, M. Rothschild, Sitta

Julie Toll. Geb. Worcestershire (GB), 1953. Tätig Anfang des 21. Jahrhunderts.
,Puffing Mosses' (Qualmendes Moos), Schaugarten, Stockholm (S), 1998.

Tortella Benvenuto

Casa de Pilatos

Die Schönheit der Gärten der Casa de Pilatos (Palast der Herzöge von Medinacelli im Zentrum Sevillas, 16. Jahrhundert) liegt in ihrer Verschmelzung mit der Architektur. Palast und Gärten repräsentieren die Verbindung von Renaissance-Ideen und islamischen Traditionen. Hier stehen schlanke, klassische Säulen vor einem leuchtenden, komplizierten Fliesenmuster in einer Arkade. Sie führt als Übergang zwischen Innen- und Außenraum zum großen Garten des Palastes, der um 1640 von Benvenuto Tortella angelegt wurde. Mehrere alte Orangenbäume, ein Zitronenbaum und eine gigantische *Magnolia grandiflora* stammen noch aus dieser Zeit. Die Anlage wurde im 19. Jahrhundert von elf buchsbaumgesäumten Abschnitten, einem Springbrunnen und einer Gloriette (offener Gartenpavillon) in der Mitte ergänzt. Auf drei Seiten des Gartens öffnen sich zweistöckige Loggien mit antiken, römischen Skulpturen. Im Palastinneren hat man von einem Alkoven auf halber Höhe der Haupttreppe aus einen schönen Blick auf den Garten.

☛ Allah, Medinacelli, Nasriden, Tien Mu

Benvenuto Tortella. Tätig (E), im 16. Jahrhundert. **Casa de Pilatos,** Sevilla (E), um 1640.

453

Toshihito Prinz

Katsura, der abgelegene Palastgarten

Stilisierte Kieselsteinstrände und üppige Vegetation aus Ahornbäumen, Kiefern und Farnen zieren das Ufer des Sees am Katsura-Palast. Trotz der Fülle seiner Sehenswürdigkeiten (vier Teehäuser, drei Bibliotheken, 16 Brücken, 23 Steinlaternen, ein 0,8 Hektar großer See mit vielen Inseln) und seiner 44 Hektar großen Fläche, wird der Garten in erster Linie als Teegarten genutzt. Die Gestaltung ist inspiriert von der Kunst der Teezeremonie und den Lehren des Meisters Senno-Rikyu, der die Tugenden der Einfachheit (*wabi*), Naturverbundenheit (*sabi*) und Zurückgezogenheit (*yugien*) lehrte.

Seiner Idee nach sollte der Teegarten die Atmosphäre eines halb verfallenen Teehauses oder einer ärmlichen, einsamen Waldhütte verbreiten, zu der ein kurzer, „taubedeckter" Pfad führt. Prinz Toshihito übersetzte diese Werte in einen großen Maßstab, als er seinen Landsitz 1620 gestaltete. Toshihito, der als kultivierter und frommer Mann galt, umgab sich mit Schriftstellern und Künstlern, unter ihnen auch der Gartengestalter Kobori Enshu.

☛ **Enshu, Gomizunoö, Kokushi, Rikkyu, Soami**

Prinz Hacho no Mya Toshihito. Geb. Katsura (J), 1579. **Gest.** Katsura (J), 1629.
Katsura, der abgelgenene Palastgarten, Katsura (J), 1620.

Trezza Luigi

Giardino Giusti

Vor dem zarten Ocker der Fassade des Palazzo gleicht das *parterre* aus Buchsbaum und Gras einer tiefgrünen Schwelle. Die vertikalen Linien der Zypressen werden von den grazilen Statuen zwischen den Buchswindungen wiederaufgenommen. Den unteren Teil des Gartens durchzieht eine großartige Zypressenallee. Die schmaleren Wege zergliedern diesen Abschnitt weiter in eine Reihe von quadratischen grünen Räumen. Nördlich davon entdeckt der Besucher einen steilen Felsen; dort wurde ein riesiges Gesicht aus dem Felsen gehauen. Ein Stück den Hang hinauf führt eine Wendeltreppe

in eine Grotte, deren einstige Verzierungen die Elemente symbolisierten: Korallen als Feuer, Perlmutt und Muscheln als Wasser und kleine gemalte Alpenblumen als Luft. Spiegel sorgten zudem für optische Täuschungen. Das für die Renaissancegärten der Toskana so typische Gefühl der Harmonie und Ausgewogenheit findet sich in Luigi Trezzas Entwurf wieder, obwohl der Giardino Giusti streng genommen ein Garten des Veneto ist.

☞ **Bomarzo, Monasterio de San Lorenzo, Mozzoni, Orsini**

Tribolo Niccolò · Boboli-Gärten

Die Boboli-Gärten, an deren Gestaltung viele Gartenarchitekten mitgewirkt haben, liegen hinter dem Palazzo Pitti in Florenz. Der abgebildete Delfin-Muschel-Brunnen, der den Rand eines prächtigen, halbrunden Kanals schmückt, wurde von Giovanni da Bologna erschaffen. Er ist Teil eines ausgeklügelten Wasserleitungssystems, das den Ozeanbrunnen ergänzt, der im Hintergrund zu sehen ist. Bernardo Buontalentis außergewöhnliche Grotte, die eigentlich aus drei Grotten besteht, wetteifert mit dieser Anlage um den Ruf der berühmtesten Attraktion des Gartens. Die Gesamtanlage des Gartens trat vor diesen späteren Wunderwerken jedoch häufig in den Hintergrund. Sie wurde 1549 von Niccolò Tribolo für Cosimo I. de' Medici fertig gestellt. Der Grundriss ähnelt Tribolos früherem Entwurf für die Villa Medici in Castello: eine sich den Hang hinaufziehende Folge von grünen Gartenräumen, die symmetrisch beiderseits einer starken Mittelachse angeordnet sind. Tribolo nutzte dabei geschickt die natürliche Amphitheaterform des Geländes.

☛ **Bramante, Buontalenti, Garzoni, Ligorio, Mardel, Vignola**

Niccolò Tribolo (Niccolò di Raffaello de' Pericoli detto Tribolo). Geb. (I), um 1500. Gest. (I), 1550.
Boboli-Gärten, Palazzo Pitti, Florenz (I), 1549.

Tschumi Bernard

Parc de la Villette

Die hellrote Metallstruktur ist eine der 25 *follies* in La Villettes Stadtpark. Sie entstand wie die restlichen Konstruktionen aus der systematischen „Dekonstruktion" und Neuanordnung eines Würfels mit zehn Metern Seitenlänge. In dem multifunktionalen Park sind sie auf einem exakten Gitter in 120-Meter-Abständen verteilt. Der aus der Schweiz stammende Architekt Bernard Tschumi ersann in den frühen 1980er-Jahren das Schema für die Neugestaltung des Geländes des alten Schlachthauses östlich von Paris. Nach einem langen, kontroversen Wettbewerb entschied man sich für seinen Entwurf und entfachte damit in der breiten Öffentlichkeit eine konstruktive Debatte über den Stand der Architektur, Städteplanung und Landschaft. Die Umsetzung von Jacques Derridas Konzept der Dekonstruktion in physische und funktionale Dimensionen war geradezu revolutionär. Dies ist eines der ersten radikal postmodernen Projekte, das sich zugleich kompromisslos mit der Idee einer „kultivierten" Natur auseinander setzte.

☛ **Arakawa & Gins, Clément & Provost, Jencks, Pepper**

Bernard Tschumi. Geb. Lausanne (CH), 1944. Tätig (USA), Anfang des 21. Jahrhunderts.
Parc de la Villette, Paris (F), um 1980.

Tunnard Christopher

Bentley Wood, Sussex

Der Garten in Halland (Sussex) war einer der wenigen Aufträge, die Christopher Tunnard, der Fackelträger des modernen Gartens in Großbritannien, in den 1930er-Jahren erhielt. In *Gardens in the Modern Landscape* (1938) wetterte er über Gärten voller bunter Stauden: „Der heutige Garten stellt abgesehen von Groschenheftromanzen den letzten verbleibenden Hort der Romantik dar." Halland bestand v. a. aus einer großen, gepflasterten Terrasse, die rund um das von Serge Chermayeff entworfene Haus verlief. An der Südseite zieht sich ein Ausläufer als schmaler Weg über das Grundstück und endet bei einer weiteren Terrasse mit rechteckigem Gitter, das die Landschaft einrahmt. Hier hatte Tunnard rechts von der Treppe eine Skulptur von Henry Moore vorgesehen. Tatsächlich war Moores *Liegende Figur* kurze Zeit dort aufgestellt. Man schenkte Tunnards Werk kaum Aufmerksamkeit. In den 1940er-Jahren zog er in die USA und unterrichtete in Harvard und Yale, wo er weiterhin Schriften zur modernen Bewegung veröffentlichte.

☛ Bradley-Hole, Crowe, Le Corbusier, Mies van der Rohe

Christopher Tunnard. Geb. (CDN), 1910. Gest. (USA), 1979. **Bentley Wood,** Halland, Sussex (GB), um 1938.

Tyers Jonathon   Vauxhall Pleasure Gardens

Diese Bühne entstand im Zentrum der New Spring Gardens in Vauxhall (London). Die Besucher der Lustgärten nahmen dort ihre Speisen und Getränke zu sich und beobachteten die Menschenmenge, die durch die Alleen vorbeizog. Die Gärten wurden Anfang bis Mitte des 17. Jahrhunderts entworfen und angelegt. Typisch waren v. a. die breiten Spazierwege und kleineren Alleen, die durch Wäldchen aus Ulmen und Sykomoren verliefen und sich im rechten Winkel kreuzten. Diese dicht bewaldete Wildnis, in der die Besucher sich verstecken oder zeigen konnten, stellte für das Publikum wohl die Hauptat-traktion der Pleasure Gardens dar. Von der in der Mitte gelegenen Bühne konnten die Besucher Mondscheinkonzerte, Festbankette unter freiem Himmel, Theater, Feuerwerke und jegliche Art von Spektakel genießen. In England gab es die Lustgärten bis zum Ende des 19. Jahrhunderts; allerdings blieb keiner davon erhalten. Die Tivoligärten in Kopenhagen waren von Vauxhall beeinflusst.

☞ Brandt, Catherine II., Hirschfeld, Piper, Stanislaus II.

Tyrwhitt Jacqueline

Sparoza

Jacqueline Tyrwhitt begann 1962 mit der Anlage des griechischen Gartens von Sparoza. Sie gestaltete ihn so, dass man den Eindruck gewann, er sei über Jahrhunderte hinweg von einer Familie attischer Bauern gepflegt worden. Die Gartenterrassen sollten wie traditionelle Oliven- und Weinanpflanzungen wirken. Tyrwhitt pflanzte Oliven, Zypressen und mediterrane Eichen, also Bäume, die traditionell in der näheren Umgebung wuchsen. Einheimische Kräuter, Stauden und Zwiebelpflanzen bestimmten die Unterpflanzung, aber Tyrwhitt verwendete auch viele exotische Pflanzen. Diese Art

der Gestaltung und Bepflanzung wird als neotraditioneller Stil bezeichnet und ist heute v. a. in der mediterranen Welt weit verbreitet. Man versteht darunter die Verwendung einheimischer, aus einer bestimmten Gegend stammender Pflanzen. Sparoza ist der Hauptsitz der Mediterranean Garden Society, die Gärtner aus allen mediterranen Klimazonen vereint – aus Kalifornien, Südafrika und Australien ebenso wie von der gesamten Mittelmeerküste.

☛ **Gildemeister, Hanbury, Manrique, van Riebeeck**

Jacqueline Tyrwhitt. Geb. (ZA), 1905. **Gest.** Sparoza, Attika (GR), 1983. **Sparoza,** Attika (GR), 1965.

Vanbrugh **Sir John**

Castle Howard

Vanbrughs „Temple of the Four Winds", der erst nach seinem Tod vollendet wurde, passt sich der Landschaft Yorkshires an. Im Hintergrund sieht man Nicholas Hawksmoors Mausoleum und die „Römische Brücke". Angeregt von Andrea Palladios Villa Capra bei Vicenza, kombiniert auch der Tempel Kreis und Quadrat zu einem harmonischen Ganzen. Vanbrugh kam 1699 nach Castle Howard, direkt von seinen Erfolgen als Dramatiker (und der davor wegen Spionageverdachts verbüßten Gefängnisstrafe in der Bastille). Mit seinem Freund und Gönner, dem 3. Grafen von Carlisle, und unterstützt von Hawksmoor, verlieh er der Landschaft mit seinen Gebäuden (u. a. Festungsmauern im pseudomittelalterlichen Stil) eine dramatische Note. Obwohl er nie selbst Gärten entwarf, besaß er großes Talent für malerische Kompositionen aus Landschaft und Gebäuden, was die Fantasie der Besitzer und auch der Landschaftsgärtner wie Viscount Cobham in Stowe und Charles Bridgeman in Claremont anregte.

☛ **Bridgeman, Brown, Hoare, Kent, Palladio**

Sir John Vanbrugh. Geb. London (GB), 1664. **Gest.** London (GB), 1726.
Castle Howard, bei York, Yorkshire (GB), 1699–1726.

Van Campen Jacob

Kleve

Das Projekt Kleve entstand zwischen 1647 und 1678 und war für die damalige Zeit ein innovatives städtebauliches Vorhaben. Johan Maurits war der führende Kopf des Unternehmens. Seine Vision war eine städtische Landschaft mit Parks, künstlich gestalteten Gärten, Fußwegen und Boulevards, die durch Alleen mit der Stadt Nassau-Siegen verbunden sein sollten. Die Landschaft ist in fünf Abschnitte unterteilt: Hier ist das Springenberg-Amphitheater zu sehen, das von Jacob van Campen entworfen wurde. Van Campen war ein Vertreter des klassischen holländischen Gartenstils und griff bei seinen Entwürfen gerne auf die Antike und die italienische Schule zurück. Sein Amphitheater im Neuen Wildpark wird von einer halbrunden Galerie im Stil Palladios gekrönt. Von dort aus sprudelt das Wasser über Kaskaden und terrassierte Teiche hinab, die mit Springbrunnen und klassischen Skulpturen geschmückt sind. Am Fuße des Amphitheaters beginnt ein langer Kanal, der von zwei rechteckigen Inselparterres (siehe vorne) gesäumt wird.

☞ **Colchester, Huygens, Olmsted, Palladio, Post**

Jacob van Campen. Geb. Haarlem (NL), 1595. **Gest.** Randenbroek (NL), 1657. **Kleve,** Nordrhein-Westfalen (D), 1647–1678.

Vanderbilt George W.

Biltmore House

Dieses wunderbare Orchideenhaus befindet sich in einem ein Hektar großen, ummauerten Garten auf Biltmore House. Es ist von Rosenparterres umgeben und auf einer Seite wurde ein englischer, ummauerter Garten mit Spalierbäumen angelegt. Auf der anderen Seite spiegeln Bassins eine kunstvoll ausgearbeitete, italienische Spalierlaube mit immergrünen Pflanzen wider. Frederick Law Olmsted, der Schöpfer des Central Park und führender amerikanischer Landschaftsarchitekt, arbeitete von 1891 bis 1895 im Auftrag von George Vanderbilt, einem der reichsten Amerikaner seiner Zeit, auf

Biltmore. Das Haus ist von 4 100 Hektar der spektakulären Appalachen-Gebirgslandschaft umgeben. Olmsted wurde ursprünglich angestellt, um beim Erwerb des Landes behilflich zu sein. Während er schließlich die Gärten entwarf, wuchs vor allem sein Interesse an der Forstwirtschaft, einer neuen Wissenschaft, mit der George Vanderbilt auf Biltmore experimentierte.

☛ Downing & Vaux, Hearst, Olmsted, Roper, Washington

Van Hoey Smith Familie

Arboretum Trompenburg

„Der Ort, an dem sich die Elite der Bäume der Welt trifft" – das Arboretum Trompenburg wird seit 1859 von der Familie van Hoey Smith gestaltet. Es liegt im Zentrum von Rotterdam und stellt ein herausragendes Museum lebender Pflanzen dar, die einzeln ausgewählt, geschmackvoll angepflanzt und von erfahrener Hand gepflegt werden. Einige der beliebtesten Zierbäume der heutigen Gartenwelt wurden hier gezüchtet. Die goldenen und purpurnen Formen der Dawyckbuche stammen von hier, die sibirische Konifere *Microbiota decussata* wurde 1968 nach Trompenburg eingeführt. Sie ist heute im Landschaftsbau weit verbreitet. Den Schwerpunkt der Sammlung bilden Eichen, Ahornbäume, Stechpalmen und Zedern. Die Gartenanlage wurde zum Teil um 1870 von J. D. Zocker gestaltet. Er stammt aus einer holländischen Familie von Gartenarchitekten und legte ein vier Meter unter dem Meeresspiegel gelegenes, eingedeichtes Grundstück im englischen Gartenstil an.

☛ de Belder, Holford, Mackenzie, Veitch, Vilmorin

Van Hoey Smith Familie. Seit 1859. **Arboretum Trompenburg,** Rotterdam (NL), 1859.

Van Riebeeck Jan

Company's Gardens

Als Jan van Riebeeck von der Holländischen Ostindien-Kompanie 1652 an der Südspitze des afrikanischen Kontinents landete, war die Anlage eines Gemüsegartens einer seiner ersten Pläne. Mit diesem wollte er nicht nur die neuen Siedler ernähren, sondern auch die Schiffe versorgen, die auf dem Weg nach Osten waren. Für die neuen Obst- und Gemüsebeete wählte er einen Landstrich in dramatischer Lage am Fuß des Tafelsbergs, der von einem Fluss mit Wasser versorgt wurde. In rechteckigen, von Hecken gesäumten Beeten wurde Getreide gepflanzt. 1679 machte Gouverneur Simon van der Stel den Garten zu einem Ort für all die botanischen Reichtümer, die von den Antipoden und aus dem Osten nach Kapstadt kamen. Die Schönheit des Gartens wurde noch durch Bassins, Wäldchen und eine Eichenallee unterstrichen, die entlang des Hauptweges durch den Garten verläuft. Heute bieten die schattigen Haine mit ihren Farnen und den hochragenden Aloen eine willkommene Rückzugsmöglichkeit vor der Hitze der Stadt.

☛ **Phillips, Raffles, Rhodes, Sargent, Smit**

Jan van Riebeeck. **Geb.** Culemborg (NL), 1619. **Gest.** Batana (heute Vakorta, Indonesien), 1677.
Company's Gardens, Kapstadt (ZA), 1652.

Vanvitelli Carlo

Königsschloss von Caserta

Die Größe des Gartens im Königsschloss von Caserta ist höchst beeindruckend. Diese Wirkung war durchaus beabsichtigt. Das Schloss selbst besitzt ebenfalls beachtliche Ausmaße: Seine Größe lässt sich noch aus einer Entfernung von drei Kilometern erahnen, wenn man am Ende der drei zentralen Kanäle und Wassertreppen steht. Die Anlage verkündet die Macht des Königreiches von Neapel und seiner spanisch-bourbonischen Herrscher, Karl III. und Ferdinand II. Carlo Vanvitelli begann 1777 die Arbeit an den Kanälen. Die Endstücke wurden mit Springbrunnen und Statuen geschmückt, die Szenen aus Ovids *Metamorphosen* nachempfunden sind. Das Wasser spielt als Symbol des Überflusses im trockenen Klima Kampaniens eine herausragende Rolle. Am Hügel hinter den Kanälen wurde eine steile, gerade Kaskade angelegt, die aus einem Aquädukt mit Wasser gespeist wird, das aus den 30 Kilometer entfernten Bergen stammt. Die Gärten dienten auch der Demonstration der Ingenieurskunst und der militärischen Macht.

☞ **Gallard, Le Blond, Ligne, Tessin, Vignola**

Carlo Vanvitelli. Geb. Neapel (I), 1739. **Gest.** Caserta (I), 1821. **Königsschloss von Caserta,** bei Neapel (I), 1777.

Veitch Sir Harry

Ascott

Die komplizierten Beetmuster um diesen verzierten Brunnen sorgen für Farbtupfer auf dem geschützten Madeira Walk. Er ist Teil des Gartens, der 1874 von Sir Harry Veitch, dem Oberhaupt der berühmten Züchterdynastie, für Lionel de Rothschild gestaltet wurde. Von etwa 1840 bis 1914 galt die Firma Veitch als Großbritanniens berühmteste Züchterei: Sie entsandte 22 Pflanzenkundler in die hintersten Winkel der Erde und züchtete 1856 die erste Orchideenhybride. Die Rothschilds verbrachten den Winter meist in Ascott. Deshalb verwendete Veitch überwiegend immergrüne Pflanzen – be-

reits in den 1890er-Jahren wies der Garten eine unübertroffene Sammlung von Formschnittfiguren (u. a. aus Eibe) auf: Man konnte „Tiere und Vögel jeglicher Art, Tische, Stühle, Kirchen und andere Objekte" bewundern. Das prächtigste Stück war eine Sonnenuhr aus Buchsbaum. Einen Gegensatz dazu bildete die naturnahe Landschaft, in der Veitch viele Strauch- und Baumarten mit farbigem und panaschiertem Laub anpflanzte.

☞ Lainé, Nesfield, Paxton, B. von Rothschild, Vilmorin

Vera André und Paul

La Thébaïde

Der buchsgesäumte Blumengarten, der von den Gebrüdern Vera für ihr Landhaus in Saint-Germain-en-Laye entworfen wurde, stellt vielleicht den aufrichtigsten Versuch aller Zeiten dar, Klassik und Moderne im Landschaftsbau miteinander zu versöhnen. André Vera folgte der Ansicht des 17. Jahrhunderts, wonach ein Garten „ein verfeinertes Abbild der Natur" sein sollte, sozusagen „Natur in verständlicher Form".
Doch er trat für einen modernisierten Formalismus ein, der einen malerischen Einsatz heller Farben und moderner Materialien, wie z. B. Beton, erlaubte. Dies entsprach auch dem patriotischen Optimismus im Frankreich der Nachkriegszeit. Vera schlug vor, einheimische französische Pflanzen anstelle von exotischen Importen zu verwenden. Bei ihren Entwürfen, z. B. einem öffentlichen Garten in Honfleur oder dem modernen Parterregarten im Pariser Haus der de Noailles, waren die Gebrüder Vera bemüht, der französischen Gartenbautradition zu huldigen und sie zugleich modernen Bedürfnissen anzupassen.

☞ Duchêne, Guevrékian, Legrain, Le Nôtre, Noailles

André Vera. Geb. (F) 1881. Gest. (F) 1971. Paul Vera. Geb. (F) 1882. Gest. (F) 1957.
La Thébaïde, Saint-Germain-en-Laye (F), um 1920.

Verey Rosemary

Barnsley House

Dieser moderne Knotengarten aus verschlungenen Buchs-baumhecken stellt eines der wunderbaren Elemente auf dem Grundstück von Barnsley House dar, dem Cotswold-Haus von Rosemary Verey, einer führenden Vertreterin des klassi-schen englischen Arts-and-Crafts-Landhausgartens in den letzten Jahrzehnten des 20. Jahrhunderts. Auf 1,6 Hektar verkörpert diese makellose Anlage den Stil in perfekter Weise: Gemischte Rabatten, ein *potager* (Ziergemüsegarten), ein kleiner klassischer Tempel, eine Wildnis aus Sträuchern, ein Goldregen-Tunnel, Eiben in Formschnitt und dezente

Ausblicke. Das Haus aus dem Jahr 1697 steht in der Mitte der Anlage. Verley hielt Vorträge in aller Welt; ihre Bücher wurden in viele Sprachen übersetzt. Immer noch werden in vielen Ländern „englische" Gärten angelegt – unabhängig von Klima, einheimischer Flora oder lokalen Bautraditionen. Verey beriet den Prinzen von Wales bei der Gestaltung ein es Teiles seines Gartens in Highgrove, das nicht allzu weit von Barnsley House entfernt liegt.

☞ **Fish, Johnston, Peto, Sackville-West, Salisbury**

Vesian Nicole de

Bonnieux-Garten

Gestutzte Kugeln aus Buchsbaum kontrastieren mit der Üppigkeit wuchernden Lavendels und den vertikalen Linien der vier Zypressen im Hintergrund. Dies ist Nicole de Vesians Garten im Lubéron in Südfrankreich. Im ganzen Garten sind weitere skulpturartige Kompositionen verteilt. De Vesian, die lange Jahre Leiterin der Modeabteilung von Hermès war, begann mit der Anlage des Gartens im Alter von 70 Jahren. Verwitterte Steinkugeln, -platten und -brocken sowie bäuerliche Objekte wie Mühlsteine, Schiefertafeln und ein Brunnen bilden einen Ausgleich zu den geschnittenen immergrünen Formen. Letzere spiegeln die natürliche Topografie der Landschaft jenseits des Gartens wider. Die gleiche Wirkung erzielen die Pflanzen – einheimische aromatische Kräuter (Lavendel, Thymian, Rosmarin, Heiligenkraut, Buchs, Salbei), die in steiniger Erde und rauem Klima gedeihen. Abgesehen von wenigen bunten Tupfern, ist die Farbpalette v. a. auf Grüntöne beschränkt, die von leuchtendem Grün bis zu silbrigen Tönen reichen.

☛ **Baron Ash, Gildemeister, L'Orme, Page, Tyrwhitt**

Nicole de Vesian. Tätig (F), Ende des 20. Jahrhunderts. **Bonnieux-Garten,** Le Lubéron (F), Ende des 20. Jahrhunderts.

Vignola Giacomo Barozzi da Villa Lante

Die Wassertreppe bzw. -kette der Villa Lante ist auf beiden Seiten von Hecken gesäumt. Dies ist einer der perfektesten und verführerischsten Gärten der italienischen Renaissance. Wasser wird als elementares philosophisches Mittel eingesetzt, um die Geschichte vom Aufstieg des Menschengeschlechts zu erzählen, wie sie Ovid in seinen *Metamorphosen* darstellte. Aus der mit Moos und Farnen bedeckten Grotte am höchsten Punkt des Gartens fließt das Wasser durch eine Reihe außergewöhnlicher Brunnen, Bächlein und Becken in das sich plötzlich öffnende untere *parterre*. Dieses Meisterwerk schuf der Architekt Vignola, der von dem reichen und kultivierten jungen Kardinal Gambara damit beauftragt wurde, als er 1568 gerade an der nahe gelegenen Villa Caprarola arbeitete. Die Villa selbst besteht ungewöhnlicherweise aus zwei getrennten Gebäuden. Dies geschah allein aus gestalterischen Gründen. Diese Geste zeugt erneut davon, wie sehr der Architekt und der Kardinal dem Ideal des Renaissancegartens verpflichtet waren.

☞ **Buontalenti, Ligorio, Mardel, Shipman, Steele**

Giacomo Barozzi da Vignola. Geb. Vignola (I), 1507. Gest. (I), 1573. **Villa Lante,** Bagnaia (I), 1568.

Vilmorin Familie

Arboretum des Barres

Das Arboretum des Barres stellt zweifellos das schönste Baumensemble in Frankreich dar. Es besteht aus einem Landschaftspark, der sich über 34 Hektar erstreckt. Mehr als 8 500 Pflanzen (2 700 Gattungen) wachsen in den bewaldeten Tälern und auf den Hügeln. Das Arboretum wurde 1804 von Philippe André de Vilmorin angelegt. Sein Vater war ein großer Gärtner und Gartenbauexperte und zugleich der Geschäftspartner des Botanikers von Ludwig XVI. Gemeinsam gründeten sie eine kommerzielle Züchterei. Philippe André bevorzugte Bäume, v. a. Kiefern, die er auf seinem erst kurz zuvor erworbenen Grundstück des Barres sammelte und anpflanzte. Ein großer Teil des Arboretums wurde im 19. Jahrhundert an den Staat verkauft und in eine Forstwirtschaftsschule verwandelt. Doch die Familie Vilmorin blieb mit des Barres bis 1935 eng verbunden. Maurice de Vilmorin vergrößerte, dank seiner Beziehungen zu französischen Missionaren im Fernen Osten, und besonders in China, die Sammlung in den 1850er-Jahren beträchtlich.

☞ Holford, Spath, Thwaites, Veitch, van Hoey Smith

Familie Vilmorin. Tätig (F), Anfang des 19. bis Mitte des 20. Jahrhunderts. **Arboretum des Barres** (F), 1804.

Vogue Graf & Gräfin von

Château de Miromesnil

Der Graf und die Gräfin von Vogue kauften Miromesnil im Jahre 1938. Kurz darauf begann die Gräfin mit der Anlage des Küchengartens. Obwohl sie ursprünglich vorhatte, mit den Erträgen ihre Familie zu ernähren, kombinierte sie das Gemüse nach französischer Art doch immer mit Blumen. Heute ist Miromesnil berühmt für seinen klassischen *potager*, in dem Obstbäume, Päonienbüsche, Dahlien und Rittersporn neben einer Vielfalt von Obst- und Gemüsesorten wachsen, die auf traditionelle Weise angebaut werden. Die geometrischen Beete werden durch Wege mit Zierpflasterung getrennt. Grüne Bohnen, Erbsen und Karotten wachsen in schnurgeraden Reihen. Eine Reihe ist auch aromatischen Kräutern gewidmet. Die altmodischen Stockmalven stehen nicht weit davon entfernt. Diesen Küchengarten, der von Wäldern und großen Buchen umgeben ist, fasst eine 640 Meter lange Backsteinmauer ein. Sie stützt die Obstbäume und dient den vielen Blumen als perfekte Kulisse.

☞ Blanc, Carvallo, Jefferson, Landsberg, La Quintinie

Graf & Gräfin von Vogue. Château de Miromesnil, bei Dieppe, Normandie (F), 1938.

Waldner Baronin von

Jas Crema

Die klassische Kombination aus sanften Blumenfarben und silbrigem Blattwerk mildert die geometrische Struktur dieser Anlage in provenzalischem Stil. Er war der erste von vielen regionalen Gartentypen. Baronin von Waldner verwendete als seine Erfinderin erstmals die einheimischen Kräuter und andere duftende oder aromatische Gewächse der Provence als Grundlage für die Bepflanzung. Lavendel-, Salbei- und Heiligenkrautparterres, Rosmarinhecken, Irisfelder, formale Kirschbaumgärten, Zypressenalleen und Olivenhaine, die von Kletterrosen überwachsen waren, nahmen im Garten von Jas Crema, der 1979 begonnen wurde und seither viele Nachahmer fand, eine herausragende Stellung ein. Die kreative Energie der Besitzerin sorgt für eine ständige Erneuerung des Gartens. Die dekorative Verwendung von einheimischen Pflanzen sowie von Lavendel und Kirschen, die als Nutzpflanzen auf den umliegenden Bauernhöfen angebaut werden, ließen den Garten und seine Umgebung zu einer visuellen Einheit verschmelzen.

☞ Hanbury, Sturdza, Vesian, Wolkonsky

Lulu, Baronin von Waldner. Geb. (F) 1914. Tätig (F), 20. Jahrhundert. **Jas Crema** (F), 1979.

Walker Peter

IBM Solana

Eine Pappelallee säumt den geraden Kanal bei diesem bedeutenden Auftrag Peter Walkers: einem Bürokomplex, Hotel und „Dorf" von IBM in Texas. Walker ist ein führender zeitgenössischer Vertreter geometrischer Anlagen in großem Maßstab und arbeitet, wie Le Nôtre vor ihm, mit dem Raum wie ein Bildhauer. Eine Vielzahl geometrischer, moderner Effekte schmücken IBM Solana: Alleen, *parterres*, bildhauerische Elemente wie ein kreisförmiger Hügel aus Stein, von dem Nebel aufsteigt, und innerhalb des Komplexes intime Hofgärten. Die Ausläufer der 340 Hektar großen Anlage sind mit Präriegewächsen, Wiesen aus Wildblumen und Eichenwäldern bepflanzt. Walker wendet im großen Maßstab Motive an, die sich wiederholen oder leicht variieren. Er besitzt die Fähigkeit, überraschende neue Elemente als Fokus zu verwenden. All das trug zu einer Aufwertung öffentlicher Plätze in den USA und Japan bei. Exemplarisch hierfür stehen das Zentrum für Wissenschaft und Technologie in Hiogo und die Plaza an der Costa Mesa, Kalifornien.

☛ **Barragán, Colchester, Le Nôtre, Schwartz, Wirtz**

Peter Walker. Geb. 1932. Tätig (USA), 20. Jahrhundert. **IBM Solana,** Solana, Texas (USA), 1984–1993.

Walling Edna

Cruden Farm

Diese romantische Komposition aus mehrjährigen Stauden schmückt den Garten der Cruden Farm. Er ist ein frühes Werk der britischstämmigen Edna Walling, Australiens führender Gartengestalterin des 20. Jahrhunderts. Dieser Garten ist typisch für Wallings unverwechselbaren Arts-and-Crafts-Stil: Ihre Anlagen basieren immer auf einer starken architektonischen Struktur, sind dabei jedoch ländlicher und bewaldeter als die Gärten von Gertrude Jekyll, ihrem großen Vorbild. Bereits zu Beginn ihrer Laufbahn verwendete Walling einheimische australische Pflanzen, wie hier die Euka-lyptusbäume mit Zitronenduft entlang der Auffahrt, um Haus, Garten und Landschaft in Einklang zu bringen. In den 1950er-Jahren entwarf Walling Gärten, die ausschließlich mit einheimischen Pflanzen in natürlicher Anordnung gestaltet waren. Ihren Sitz hatte Walling in Melbourne. Dennoch nahm sie hunderte von Aufträgen in ganz Australien an, vom großen Landhausgarten bis zum kleinen Stadtgarten.

☞ Farrand, Jekyll, Jellicoe, Robinson, Shipman

Edna Walling. Geb. Yorkshire (GB), 1895. **Gest.** Queensland (AUS), 1973. **Cruden Farm,** Victoria (AUS), 1931.

Walpole Horace

Strawberry Hill

1747 kaufte Horace Walpole eine kleine Villa bei Strawberry Hill in Twickenham, bei London, die er in den darauf folgenden Jahren in ein „Gothic Castle" – eine Burg im gotischen Stil – verwandelte. Ausschlaggebend für den Kauf des Hauses war u. a. der Ausblick auf die Themse und die Uferlandschaft. Das vorliegende Bild zeigt, wie geschickt er das Haus in die von ihm selbst erschaffene „natürliche" Landschaft integrierte. Er pflanzte auf den Weiden kleine Baumgruppen. Das Land war von den Nachbargrundstücken durch mehrere ha has abgegrenzt. Es gab auch eine gepflasterte Terrasse mit Kübelpflanzen, die Walpole in seiner eigenen Pflanzschule zog, die sich ebenfalls auf dem Anwesen befand. In seinem Essay *On Modern Gardening*, das zwischen 1750 und 1770 entstand, feiert er William Kent als den Begründer des englischen pittoresken Gartenstils. Walpoles Ansichten weichen jedoch etwas von Kents Ideen ab, da er in der unmittelbaren Umgebung des Hauses Alleen und künstlich gestaltete Elemente bevorzugte.

☛ **Gilpin, Kent, Nash, Repton**

Walska Ganna

Lotusland

Riesige Venusmuscheln aus dem Südpazifik zieren den Abalone Shell Pond, einen umfunktionierten Swimmingpool auf Lotusland in Kalifornien. Die Anlage wurde 1941 umgestaltet, als sie von dem exzentrischen, in Polen geborenen Opernstar Ganna Walska erworben wurde. Die aufregende Gestaltung, in der italienische und spanische Stilrichtungen vermischt sind, wird von einer reichen Kakteensammlung vor dem Haus sowie Bromelien, Aloen und einer großen Auswahl botanischer Seltenheiten überlagert. Madame Walska engagierte eine Schar von Gartengestaltern und Botanikern und strebte energisch eine Reihe höchst individueller, theatralischer Entwürfe an, die von einem Gartentheater mit antiken Steingrotesken bis zu einer Blumenuhr, umgeben von *topiari* in Tierform reichen. Während ihres 43-jährigen Aufenthalts auf Lotusland führte Madame Walska den Vorsitz über gefeierte Kostümbälle und Konzerte in ihren Gärten, die heute für ihre botanischen Vorzüge und die ausgefallene Gestaltung gerühmt werden.

☞ **Bushell, Hertrich, Manrique, Washington-Smith**

Ganna Walska. Geb. (PL), 1887. **Gest.** Santa Barbara, Kalifornien (USA), 1984.
Lotusland, Santa Barbara, Kalifornien (USA), 1941–1984.

Wang Xian Chen

Zhou Zheng Yuan

Durch das offene Buntglasfenster blickt man auf einen Gartenpavillon. Dieser steht, umgeben von Bambus und Ahorn, über
dem stillen Wasser in einer Bucht. Das Netz aus Wegen, versteckten Höfen und kunstvollen Gebäuden bietet viele solcher
Blicke. Der Garten aus der Mingdynastie wirkt auch wie ein
Wasserlabyrinth. Er umfasst ebenso viel Wasser wie Land:
Inseln sind mit Brücken oder Pavillons auf Pfählen verbunden,
Buchten verlieren sich aus dem Blick und Seen erscheinen
unendlich. Nach seiner Entlassung aus den Amtsgeschäften
nutzte Wang den Reichtum aus seiner Tätigkeit am Obersten
Gericht, um den Garten zwischen 1506 und 1521 anlegen zu
lassen. Der chinesischen Tradition zufolge erwirbt der Garten
seine Qualität ebenso durch das Ansehen seiner Besucher wie
durch seine Schönheit; daher lud Wang den Maler und Dichter
Wen Cheng-ming ein, sein Gast zu sein. Als Wang starb, verspielte sein Sohn den Garten in einer Nacht. Der Garten wurde
geteilt, verkauft und in den folgenden Jahrhunderten verändert; heute ist er wiederhergestellt.

☛ Kang Xi, Pan En, Qian Long, Tien Mu, Xu Shi-tai

Wang Xian Chen. Tätig (TJ), 16. Jahrhundert.
Zhou Zheng Yuan (Chuo Yeng Yuan oder Der Garten des bescheidenen Politikers), Dong Bei Jie (TJ), 1506–1521.

Washington George

Mount Vernon

Der Gemüsegarten mit seinen eleganten Kiespfaden und den von Buchsbaum gesäumten Beeten, die unterschiedslos mit Gemüse, Kräutern und Blumen bepflanzt sind, wurde 1936 restauriert. Hierbei halfen die Tagebücher, die Washington zwischen 1748 und 1799 führte sowie andere Korrespondenzen und Bücher aus seiner Bibliothek. Er hegte eine Leidenschaft für Obstbäume, die in engem Zusammenhang mit seinem Interesse an der Landwirtschaft stand. Er durchkämmte das Land auf der Suche nach noch unentdeckten einheimischen Bäumen und Sträuchern und pflanzte sie in seinem Garten an. Mount Vernon besitzt auch einen Bowlingrasen, da dieser Sport bis zum Bürgerkrieg in Amerika so populär war wie im Elisabethanischen England. Der Landbesitz hatte jedoch auch seine Sklavenquartiere. Washington war ein meisterhafter Gärtner, wie auch Thomas Jefferson auf dem nahen Monticello. Zusammengenommen enthalten ihre Schriften die ausführlichsten Informationen über das Gärtnern in den Südstaaten in der Zeit nach der Revolution.

☛ Jefferson, Landsberg, La Quintinie, Shurcliff, Vogue

George Washington. Geb. Westmoreland County, Virginia (USA), 1732. Gest. Vernon, Virginia (USA), 1799. Mount Vernon, Virginia (USA), 1761.

Washington Smith George — Casa del Herrero

Die Casa del Herrero (Haus des Hufschmieds) nahm den spanisch-maurischen Stil wieder auf; die Einflüsse der maurischen Palastgärten von Granada in Andalusien sind unverkennbar. Von den 1880er-Jahren bis in die 1920er-Jahre gaben amerikanische Tycoons ein Vermögen für ihre Anwesen und Gärten aus, wobei sie sich oft an europäischen und mediterranen Gartentraditionen orientierten. Das Klima und die Landschaft Südkaliforniens ähneln den Verhältnissen in Andalusien, sodass sich Washington Smith für islamisch geprägte Gestaltungselemente entschied: ein *chahar-bagh* (in vier Viertel aufgeteilter Garten), Springbrunnen in der Mitte der Höfe sowie Pflanzen, die typisch sind für maurische Gärten, v. a. Dattelpalmen und Myrtenhecken. Originell sind die unbearbeiteten, rauen Pflastersteine (siehe Bild) in einem völlig symmetrischen Hof mit Terrasse sowie die einfallsreichen Springbrunnendüsen und Beckenformen. Die geschwungenen Linien der Rabatten und Wege unterscheiden sich ebenfalls von der strengen islamischen Symmetrie.

☛ Gill, Mizner, Muhammad V., Peto, Vanderbilt, Walska

George Washington Smith. Tätig in Santa Barbara, Kalifornien (USA), Anfang des 20. Jahrhunderts.
Casa Del Herrero, Los Angeles, Kalifornien (USA), 1922–1925.

Watson Patrick

Privatanwesen

Massive Felsblöcke aus einheimischem rotem Granit prägen den Garten, der von Patrick Watson in einem Vorort von Johannesburg gestaltet wurde. Sein Auftraggeber bevorzugte eine japanische Gartengestaltung: Teich, Koi-Karpfen, Bambus und die sorgfältige Platzierung der Felsen schaffen eine meditative Atmosphäre. Wasser umgibt das Haus und fließt, den Konturen des Geländes folgend, durch einen grottenartigen Tunnel. Die Felsenfeige (*Ficus ingens*) und die kleine immergrüne *Euclea crispa* klettern über die Steine der Terrassen, die vom Haus hinabführen. Wie andere zukunftsorientierte

Gestalter vermeidet Watson das offensichtliche Sissinghurst-Pastiche, das traditionell in den englischsprachigen Ländern bevorzugt wird. Stattdessen nutzt er die einheimische Flora für dramatische Effekte. Seine Pflanzungen bestehen unter anderem aus einheimischen Arten wie *Zephyranthes*, *Schizostylis* und *Crinum*-Lilien.

☞ **Church, Gildemeister, Jungles, Smyth**

Patrick Watson. Tätig (ZA), Ende des 20. Jahrhunderts. **Privatanwesen,** Sandton, Johannesburg (ZA), um 1980.

Wilhelm von Hessen-Kassel Prinz

Pyramiden verleihen einem Garten eine eigenartige, exotische Atmosphäre. Ursprünglich jedoch hatten sie als Symbole des Rationalismus und des Freidenkertums auch politische Aussagekraft. Dies ist eines der ersten Beispiele dieser Art: Die Pyramide steht auf einer Insel in einem künstlich angelegten See, der Teil eines der ersten englischen Landschaftsparks in Deutschland ist. Wilhelm von Hessen-Kassel begann im Jahre 1777 mit der Anlage von Wilhelmsbad als Heilbad. Er ließ einen See ausheben und baute ein „Gothic Castle". Obwohl es von außen wie eine Ruine wirkte, waren innen bequeme Wohnräume für den Prinzen eingerichtet. In der Nähe steht ein befestigtes, jedoch ebenfalls als Ruine errichtetes Torwächterhaus, in dem der Küchentrakt untergebracht ist. Durch umfangreiche Erdarbeiten entstanden im umliegenden Landschaftspark interessante Konturen. Prinz Wilhelm setzte die Arbeit an Wilhelmsbad nach 1785, als er die Nachfolge seines Vaters als Landgraf Wilhelm IX. antrat, nicht weiter fort.

☛ **W. Aislabie, Girardin, Pückler-Muskau, Vanbrugh**

Prinz Wilhelm von Hessen-Kassel. Regierungszeit 1785–1803 (Landgraf Wilhelm IX.).
Wilhelmsbad, Hanau (D), 1777–1785.

483

Wilhelmine von Bayreuth **Markgräfin** Sanspareil

Dieses Felsentor markiert den Eingang zum bemerkenswerten Garten von Sanspareil am nördlichen Rand der Fränkischen Schweiz. Sanspareil wird manchmal als typisches Produkt der deutschen Romantik angesehen, verdankt seine Entstehung aber eher literarischen Vorbildern: Die Gestaltung basiert auf Zitaten aus Fénelons *Les Aventures de Télémaque*, worin die Geschichte des jungen Telemachos und seines Lehrers Mentor erzählt wird, die auf der Insel der Kalypso Schiffbruch erleiden. Die natürlichen Felsen und Steinbrocken in Sanspareil tragen Namen wie Grotte der Kalypso,

Sitz des Pan, Aeolstempel und Höhle des Vulkan. Daran angebrachte Namenstafeln lenken die Aufmerksamkeit auf diese Symbolik. Die Felsen sind ansonsten unbearbeitet. „Die Natur war hier selbst am Werk", schrieb Wilhelmine 1745 an ihren Bruder, Friedrich den Großen von Preußen. Es gibt keine Bodenbepflanzungen in Sanspareil, sondern nur den ursprünglichen Bewuchs alter Buchenwälder mit u. a. Efeu und Walderdbeeren.

☛ **Bomarzo, Friedrich II., Powerscourt, Pückler-Muskau**

Prinzessin Wilhelmine von Preußen, Markgräfin von Bayreuth. Regierungszeit 1735–1763.
Sanspareil, bei Bayreuth (D), um 1745.

Wilkie Kim

Heveningham Hall

Diese Rasenterrassen hinter dem Herrenhaus von Heveningham Hall bilden ein natürliches grünes Amphitheater. Die landschaftliche Gestaltung des Grundstücks übernahm im 18. Jahrhundert Capability Brown. Kim Wilkie wurde die Aufgabe übertragen, die weiträumige Brown'sche Landschaft bis ins kleinste Detail zu rekonstruieren. Doch bei der Gestaltung des viktorianischen Gartens hinter dem Haus (siehe Abbildung) hatte er freie Hand. Wilkies neuer Entwurf enthält Reminiszenzen an seine Vorgänger aus dem 18. Jahrhundert, so z. B. an das Rasen-Amphitheater von Charles Bridgeman

in Claremont. Gleichzeitig handelt es sich aber unverkennbar um eine moderne Anlage. Wilkies Spezialität ist die Verbindung von modernem Design und praktischen Anforderungen mit historischen Landschaften. Diese Ziele werden in seinen derzeitigen Projekten deutlich, die einen langfristigen Renovierungsplan für The Thames Landscape Strategy sowie eine Neugestaltung der Außenanlagen von Beiruts altem Hafengebiet umfassen.

☛ **Bridgeman, Brown, Gustafson, Hall, Jencks, Kent**

William III.

Der Privy Garden wurde erst kürzlich in seiner barocken Pracht neu erschaffen; den Besucher bezaubert die Eleganz des Werkes von William III. und seiner Gemahlin Maria II. Stuart. Erhöhte Wege mit pyramidenförmigen Eiben bieten Ausblicke über Rasenflächen, *plates-bandes* (schmale Gartenbeete) mit Formsträuchern, Büschen und Zwiebelpflanzen sowie in den Rasen geschnittene *Fleur-de-lis*-Muster. Den Hintergrund bilden Wrens Prunkanlagen, ein Springbrunnen, weiße Marmorstatuen sowie die Laube von Maria Stuart. Die jetzige Rekonstruktion des Gartens ist die letzte in einer Reihe von Neugestaltungen: In der Tudorzeit war der Garten z. B. mit vergoldeten Wappentieren auf Säulen geschmückt, und in der viktorianischen Epoche wurde er als öffentlicher Garten genutzt. Obwohl das Design des Privy Garden dem Stil von Daniel Marot folgt, dem Schöpfer des Gartens von William III. in Het Loo, kann man die Arbeit auch Henry Wise und George London zuschreiben, die gemeinsam viele Landhäuser jener Epoche gestaltet haben.

☛ **London, Marot & Roman, Sophie, Wise**

William III. **(König von England). Geb.** (GB), 1650. **Gest.** (GB), 1702.
Hampton Court Palace Privy Garden, East Molesey, Surrey (GB), um 1689.

Williams John Charles   Caerhays Castle

Geschützt vor den südwestlichen Winden, die an der Südküste Cornwalls meist heftig wehen, bietet sich dem Besucher dieses Gartens nicht nur eine fantastische Aussicht; in
der Anlage kann man auch eine riesige Sammlung seltener
Bäume und Sträucher bewundern, wobei Rhododendren,
Magnolien und Kamelien vorherrschen. Mit der Anlage des
Gartens begann man in den 1890er-Jahren. Zu Beginn des
20. Jahrhunderts war Williams Mitglied verschiedener Ver-
bände, die Pflanzenkundler wie George Forrest dafür bezahl-
ten, aus entlegenen Gebieten Chinas neue Pflanzen nach
England zu bringen. Williams stand auch in engem Kontakt
mit der Zuchtstätte Veitch in Exeter; seine Gärten können
sich vieler früher Einführungen von Veitchs Pflanzenkundler
Ernest Wilson rühmen. Die Gärten sind am bekanntesten als
der Geburtsort der *Williamsii*-Kamelienhybriden, die 1925 gezüchtet wurden, als man *C. japonica* mit *C. saluenensis* kreuzte.
Die *Williamsii* sind wahrscheinlich die für Großbritannien am
besten geeigneten Kamelien.

☞ **Mackenzie, Middleton, Veitch**

Williams-Ellis Clough   Plas Brondanw

Das wundervolle Tor zwischen walisischen Schiefermauern rahmt die finsteren Berggipfel von Snowdonia ein, die eine spektakuläre Kulisse für den Hanggarten von Williams-Ellis bilden. Das Lebenswerk nahm 1908 seinen Anfang. Dieser Garten besteht aus einer Gruppe künstlich gestalteter Gartenabschnitte, die durch hohe Eibenhecken getrennt sind. Besonderes Merkmal sind die zahlreichen Formsträucher und Statuen. Das Blau des Tors wiederholt sich im Garten vielerorts. Das Hauptthema sind sorgfältig gestaltete Ausblicke über die „geborgte" Landschaft. Zusammen mit seinem

englischen Gegenstück, dem von Harold Peto gestalteten Iford Manor, stellt Plas Brondanw den bestgelungenen Versuch aus der Zeit Eduards VII. dar, die britische Landschaft und Pflanzenliebe mit dem Geist Italiens im 16. Jahrhundert zu vereinen. Williams-Ellis bezeichnete sich selbst als „fahrenden Architekten". Er war u. a. ein glühender Umweltschutzaktivist und kämpfte in den 1920er- und 1930er-Jahren für die Bewahrung der Natur.

☛ Acton, Hamilton Finlay, Peto, Sitwell, Strong & Oman

Sir Clough Williams-Ellis. Geb. (GB), 1883. Gest. (GB), 1978. Plas Brondanw, Gwynedd, North Wales (GB), 1908.

Willmott Ellen Ann

Warley Place

Die Bepflanzung aus Fingerhut und Salomonssiegel ist Teil der bunten Sammlung häufiger, seltener und exotischer Pflanzen, die in Warley Place wuchsen. Ellen Willmott war eine talentierte Gärtnerin; viele Arten tragen den Namen „Willmott" oder „Warley". Mit Gertrude Jekyll erhielt sie als erste die Viktoria-Ehrenmedaille der Royal Horticultural Society. Sie beauftragte auch mehrere Pflanzenkundler wie etwa Ernest Wilson. Charles Sargent benutzte sie als Druckmittel, um Wilson zur Mitarbeit am Arnold Arboretum zu bewegen. Auch wenn *The Genus Rosa* (1910) als ihr Hauptwerk gilt, war sie aufgrund ihres beliebten *Warley Gardens in Spring and Summer* (1909) besser bekannt. Willmott war eine der ersten Frauen, die 1904 in die Linnésche Gesellschaft aufgenommen wurde. Die Bezeichnung „Miss Willmott's Ghost" (Miss Willmotts Geist), ein häufig verwendeter Name für die Elfenbeindistel *(Eryngium giganteum)* bezieht sich entweder auf ihre Angewohnheit, die Samen „heimlich" in anderen Gärten zu verteilen, oder auf ihre etwas stachelige Art.

☞ **Jekyll, Parsons, Robinson, Sargent**

Wilton & Cockayne — Otari New Zealand Botanical Gardens

Otaris tropische und subtropische Farne sind nur ein Teil der größten Einzelsammlung einheimischer Flora in Neuseeland. Otari liegt auf einem Stück Land, das zuvor Job Wilton, einem frühen Siedler, gehörte. Er bewahrte ein großes Gebiet des ursprünglichen Buschlandes, das nach seinem Tod für die Öffentlichkeit zugänglich gemacht wurde. In den 1920er-Jahren entwarf der neuseeländische Botaniker Dr. Leonard Cockayne in Wellington (Nordinsel Neuseelands) das Otari Plant Museum. Er verfolgte das Ziel, eine neue Art des botanischen Gartens zu schaffen, der sich auf die Sammlung, Vermehrung und Kultivierung einheimischer Pflanzen konzentrieren sollte. Das Gelände in Otari wies bereits eine Vielzahl einheimischer Pflanzen des Buschlandes auf. Zu den bemerkenswertesten Teilen der Sammlung gehören der Steingarten, die Pflanzung tropischer und subtropischer Farne und der alpine Garten. Ein Aussichtspunkt bietet einen spektakulären Blick über das Buschland und die naturbelassene Landschaft.

☛ Burley Griffin, Manrique, Rhodes

Job Wilton. Tätig Ende des 19. Jahrhunderts. **Dr. Leonard Cockayne.** Tätig (NZ), 20. Jahrhundert.
Otari New Zealand Botanical Gardens, Wilton, Wellington (NZ), gegründet um 1920.

Winkler Tori

Private Garden

Die Lebensdauer aller Gärten ist zeitlich begrenzt – oder zumindest ist ihr Erscheinungsbild in einem ständigen Wandel begriffen. Einige Gärten, wie z.B. die außergewöhnliche Vision von Tori Winkler, nutzen diesen Wesenszug und schaffen eine vorübergehende Freiluftanlage, die vor allem durch Fotos überlebt. Richard Longs Skulpturen und Chris Parsons Taugärten arbeiten auf ähnliche Weise wie die Unterhaltungen in den Boskets von Versailles während der nächtlichen fêtes champêtres Ludwigs XIV. Hier verwandelte Farbe die Pflanzen in lebende Skulpturen, und das weiße Pferd macht die Szenerie zu einem surrealen Erlebnis. Die Allee ist der Auftakt zu einem Tor, das den Besucher in die wunderbare Welt eines von Menschenhand gestalteten, natürlich bepflanzten Waldes eintreten lässt. Herbstblätter bilden einen vergänglichen Pfad, der kunstvoll beide Aspekte des Designs verknüpft. Die Verwendung auffälliger Farben und ungewöhnlicher Formen verleiht der scheinbar ewigen Landschaft einen Hauch von Vergänglichkeit.

☛ **Goldsworthy, Hardouin-Mansart, C. Parsons, Schwartz**

Tori Winkler. Tätig (USA), Ende des 20. Jahrhunderts. **Private Garden,** Alexandria, Virginia (USA), um 1998.

Wirtz Jacques, Peter und Martin

Die wolkenförmige Gestalt der Hecke ist dem japanischen Gartendesign entlehnt; sie bildet ein abstrakt gewelltes Relief aus Buchsbaum im Garten von Jacques Wirtz in Belgien. Mit seinen Söhnen Peter und Martin gestaltet Wirtz Gärten in einer organischen Formensprache, in denen viele geeignete Pflanzen, wie Buche, Hainbuche, Eibe und Buchsbaum gestutzt und in Form geschnitten werden, sodass Mauern und Stützpfeiler entstehen. Sie ergänzen die Skulpturen, den glatten grünen Rasen und die spiegelnden Wasserflächen. In diesem Garten ließ Wirtz den immergrünen Rahmen beina-

he ohne menschliches Zutun wachsen, was die angenehm zufällig wirkende Gestalt bewirkte. Wirtz gilt auch als eifriger Gärtner: Üppige Rabatten mit mehrjährigen Pflanzen sowie Obstbäume sind ein wiederkehrendes Merkmal seiner Werke. 1998 beauftragte die Herzogin von Northumberland die Familie Wirtz, Entwürfe für einen Wassergarten im alten, ummauerten Garten von Alnwick Castle anzufertigen.

☛ Bradley-Hole, Jellicoe, Rochford

Jacques Wirtz. Geb. (B). Tätig (B), 20. Jahrhundert. **Garten Schoten** (B), seit 1970.

Wise Henry

Hampton Court

Diese Abbildung zeigt Hampton Court Palace kurz nachdem Henry Wise sein Amt als königlicher Gärtner von König Wilhelm III. von Oranien 1699 antrat. Der Great Fountain Garden im Vordergrund mit 13 Springbrunnen und aufwändigen *parterres de broderie* war von Daniel Marot angelegt worden. Auch der Privy Garden links oben war gerade fertig gestellt, wobei der Entwurf wahrscheinlich von Wise und George London stammte. Wise nahm in Hampton Court mehrere Verbesserungen vor, darunter den berühmten Irrgarten. Die radikalste Veränderung fand 1702 nach der Thronbesteigung von Königin Anna Stuart statt, die alle Buchsbaumhecken, *parterres* und die meisten Brunnen entfernen ließ. Im späten 17. Jahrhundert war Wise der führende Gartengestalter Englands und verantwortlich für große Aufträge in Blenheim, Castle Howard und Longleat. Beinahe alle seine Gärten wurden vernichtet, als Mitte des 18. Jahrhunderts die Mode der Landschaftsgärten im Stile Capability Browns ausgedehnte Rasenflächen anstelle von *parterres* forderte.

☛ **Brown, London, Marot & Roman, William III.**

Henry Wise. Geb. Oxford (GB), 1653. **Gest.** Warwick (GB), 1738. **Hampton Court,** Surrey (GB), 1699–1728.   493

Wolkonsky **Prinz Peter**   Kerdalo

Eine auffällige Kombination seltener Pflanzen ist dort möglich, wo die Lage des Gartens gut gewählt ist. Die meisten Gärten entstehen jedoch dort, wo sich der Besitzer des Gartens niederlässt. Im Falle von Kerdalo ist das Gegenteil der Fall: Prinz Peter Wolkonsky wollte dort leben, wo man seiner Ansicht nach einen schönen Garten anlegen konnte. Die Gegend um Kerdalo ist von natürlicher Schönheit, reich an Wasser und wird vom milden Meeresklima der Bretagne bestimmt. 1965 begann man dort mit der Anlage eines archetypischen, postmodernen Gartens des späten 20. Jahr-

hunderts. Auffällig sind die architektonischen „Zitate": Verweise auf historische Stile und Pflanzschemata, die charakteristisch für viele gemäßigte Vegetations- und Klimazonen der Erde sind. Das Ergebnis ist jedoch keineswegs eine simple Ansammlung unterschiedlicher Elemente. Stattdessen wurden alle Bestandteile durch die Kunstfertigkeit ihres Schöpfers Prinz Peter Wolkonsky zu einem harmonischen Ganzen vereint.

☞ **Fairhaven, Gibberd, Sturdza, Tyrwhitt**

Prinz Peter Wolkonsky. Geb. St. Petersburg (RUS). **Gest.** Kerdalo, Bretagne (F), 1997. **Kerdalo,** Bretagne (F), 1965.

Wordsworth William

Rydal Mount

Aus einheimischem Schiefer erbaut und innen mit rustikalen Panelen verkleidet, öffnet sich das Sommerhaus von Wordsworth dem Blick auf Rydal Water. Dies bestimmte die Erweiterung der Terrassen, die seiner aus der Bewegung entstehenden Dichtung entgegenkam. Nach dezenten Eingriffen am Dove Cottage, wo William und Schwester Dorothy einheimische Blumen und Moose pflanzten, bot dieses Anwesen Raum für Wordsworths Leidenschaft: Gärten, die sich perfekt in die Landschaft einfügten. Ab 1813 integrierte er den Küchengarten in die Gesamtgestaltung und verband das Haus durch Terrassen, Rasenflächen, Büsche, Felder und Wälder mit dem Lake District. Er pflanzte immergrüne Pflanzen, u. a. eine neu eingeführte japanische rote Zeder (*Cryptomeria japonica*). Wordsworth war Naturschützer: Er klagte über die Anpflanzung fremdländischer Lärchen und Tannen und pries den einfachen Cottage-Garten. Sein romantischer, größtenteils traditioneller Stil wies voraus auf William Morris, John Ruskin und William Robinson.

☞ **Morris, Robinson, Ruskin**

William Wordsworth. Geb. Cockermouth (GB), 1770. **Gest.** Cowmere (GB), 1850.
Rydal Mount, Cumbria (GB), 1813–1850.

495

Wright Frank Lloyd

Fallingwater

Tief in den Wäldern Pennsylvanias schwebt über einem mächtigen Wasserfall ein Haus, das sich völlig natürlich aus der Landschaft zu erheben scheint. Fallingwater ist das vielleicht bekannteste moderne Privathaus der Welt, und ganz sicher gehört es zu Wrights besten Arbeiten. 1935 wurde er beauftragt, ein Wochenendhaus für E. J. Kaufman, einen Kaufhausbesitzer aus Philadelphia, zu entwerfen. Es sollte zum Wendepunkt in der Karriere des Architekten werden und selbst das Vorgängerobjekt, Prairie House, noch übertreffen. Das Gebäude ist so sehr eins mit den Elementen und der Landschaft, dass es die geistige Wahrnehmung eines Gartens als physischen Raum kaum mehr möglich macht. In seiner bahnbrechenden Neuheit ist Fallingwater eine urzeitliche Referenz an das Wesen von Mensch und Natur. Es weist zurück auf eine Zeit, als der kulturelle Raum eines Gartens noch keinen Sinn hatte, als kein Übergang zwischen menschlicher Behausung und der Wildnis nötig war. Die Wildnis selbst war der Garten des Menschen.

☛ Aalto, Barragán, Burley Griffin, Le Corbusier

Frank Lloyd Wright. Geb. Richland Center, Wisconsin (USA), 1867. **Gest.** Phoenix, Arizona (USA), 1959. **Fallingwater,** Bear Run, Pennsylvania (USA), 1935.

Wright Thomas

Shugborough

An einem typisch englischen Flussufer thronen die Überreste der Skulptur eines Druiden aus künstlichem Coade-Stein auf einer Gebäuderuine, die zumindest teilweise dem exzentrischen Astronomen, Architekten und Landschaftsgärtner Thomas Wright aus Derby zu verdanken ist. Die Rokokolandschaft von Thomas Ansons in Shugborough überlebte als eine Ansammlung verstreuter neoklassizistischer Gebäude und einem Chinesischen Haus, das die Porzellansammlung seines jüngeren Bruders beherbergen sollte. Zwei mysteriöse Denkmäler für eine Katze und einen Schäfer werden ebenfalls Wright zugeschrieben. Das rustikale Mauerwerk Wrights erinnert an sein Musterbuch für Laubengestaltung, das 1755 erschien. Als wahrer Individualist entwarf Wright Blumen- und Rosengärten mit mathematischen Berechnungen und wurde so zu einer komischen Berühmtheit.

☛ **Bushell, Goldney, Hamilton, Robins**

Thomas Wright. Geb. Byers Green, Durham (GB), 1711. **Gest.** 1786.
Shugborough, Milford, Staffordshire (GB), um 1750.

Xu Shi-tai

Liu Yuan

Das Gitterwerk des *lou-chang*-Fensters gibt einen ausschnitthaften Blick auf die Natur frei. In diesem Garten lassen sich viele solcher Fenster finden – jedes für sich ist einzigartig. Auf dem Weg durch die Hallen und Innenhöfe entdeckt man viele Durchblicke entlang der zu allen Seiten hin offenen Korridore, die über 700 Meter Länge zu einem zentralen Wasserbecken führen. Der Garten entfaltet sich wie ein wertvolles Rollbild. Er ist so komplex, dass das relativ kleine Gelände von 0,8 Hektar viel größer erscheint. Ursprünglich war der Garten in der Mingdynastie von Xu Shi-tai, einem pensionier-

ten Beamten, angelegt worden. Wie viele andere Gärten hält Liu Yuan im modernen Suzhou auch eine Sammlung von Kalligrafietafeln mit Gedichten berühmter Besucher bereit. Die florierende Stadt Suzhou in der Region Jiansu westlich von Shanghai zog seit der Songdynastie Edelleute und pensionierte Beamte an. Sie strebten den Lehren des Konfuzius nach, erbauten Gärten und widmeten sich der „Erholung durch die Künste".

☛ **Pan En, Su Zimei, Tien Mu**

Xu Shi-tai. Tätig (TJ), 15. Jahrhundert. **Liu Yuan,** Suzhou (TJ), erbaut in der Mingdynastie (1368–1644).

Yi Song Gye

Geheimer Garten von Changdokkung

Unter der dichten Decke einheimischer Bäume liegt einer der zahlreichen Pavillons im Huwon, dem „geheimen" oder hinteren Garten des königlichen Palastes von Changdokkung in Seoul. Der Park von 32 Hektar Größe enthält alle Merkmale des traditionellen koreanischen Gartens: Kanäle und Wasserfälle, Brücken und Treppen, Steinarrangements und Lotusteiche. Die Gesamtgestaltung fügt sich in die natürliche Umgebung dieses dicht bewaldeten Ortes ein. Das Prinzip der Harmonie mit der Natur ist typisch für die meisten koreanischen Gärten. Der Palast und sein Geheimer Garten wurden

1405 von König Ta Jong erbaut. Während der japanischen Invasion unter dem großen Shogun Hideyoshi, dem Erbauer des Shambo, wurden Palast und Garten 1592 zerstört. Auf geniale Weise rekonstruierte König Song Gye die Hauptstrukturen und erneuerte die Gärten. Trotz politischen Aufruhrs und Feuersbrünsten blieb Chandokkung die Residenz der Yikings, bis 1989 das letzte Mitglied der königlichen Familie starb.

☞ Egerton, Hideyoshi, Wang Xian Chen

Yturbe José de

Miguel-Gomez-Anwesen

In die leuchtenden Wände dieses spektakulären Hofes sind große, lang gezogene Öffnungen in die Wände eingelassen, die als Fenster fungieren und den Blick über die tropischen Hügel definieren. Sie lassen das natürliche Sonnenlicht herein und bilden einen Kontrast zu dem eindrucksvollen Patio aus *recinto* (schwarze Vulkansplitter) und Marmor sowie dem Springbrunnen aus gemeißeltem Vulkangestein. Diese Anlage ist typisch für Yturbes Arbeiten, in denen er die mexikanische Architektur neu interpretiert. Auch wurde er stark von den Werken des mexikanischen Architekten Luis Barragán beeinflusst. Seine Höfe zeugen deutlich von diesen beiden Inspirationsquellen. In seinem Entwurf spiegeln sich Intimität, Privatheit und Stille, die durch den Klang fließenden Wassers noch verstärkt werden. Die Anwendung von Wassereffekten erzählt vom islamischen Einfluss auf der Iberischen Halbinsel, ein Vermächtnis der maurischen Eroberung. Yturbes Verwendung leuchtender Farben ist ein Echo der Arbeiten des Malers Jesús Reyes Ferreria.

☛ **Barragán, Herman, Pawson & Silvestrin, Schwarts**

José de Yturbe. Tätig (MEX), Ende des 20. Jahrhunderts. **Miguel-Gomez-Anwesen,** San José (CR), um 1990.

Zhang Shi

Ji Chang Yuan

Ein rundes *lou-chang*-Fenster gibt den Blick auf den Aus-schnitt eines Steingartens frei, der in einem Innenhof liegt. Im Hintergrund wird eine unverwechselbare wellenförmige Mauerkrone sichtbar. Es ist der „Garten zur Erfrischung des Geistes" oder „Garten der Ekstase". Trotz seiner geringen Größe ist er berühmt für seine Umsetzung des *chie ching*, was für das „Borgen" eines Charakteristikums der Landschaft oder eines weiter entfernt liegenden Wahrzeichens steht. In diesem Fall wurden der Zinn-Berg und die Drachen-Licht-Pagode in die Gestaltung einbezogen, die sich beide im

Gartenteich spiegeln. Sorgfältig ausgewählte Steinarrangements, wie z. B. hoch aufgetürmte, an eine natürliche Felsna-del erinnernde Steine in der Nähe des Teiches oder die beson-ders bizarre Gesteinsform der „Dame, die ihr Haar kämmt", waren die Spezialität des Gartengestalters Zhang Shi. Von Kaiser Qian Long, dem großartigen Gartenerbauer, wird er-zählt, dass er Ji Chang Yuan sieben Mal besucht hat.

☛ **Qian Long, Tien Mu, Xu Shi-tai**

Zhang Shi. Tätig (TJ), 16. Jahrhundert. **Ji Chang Yuan,** Wuxi (TJ), 1506–1520, wieder aufgebaut 1860.

Zuccalli Enrico

Schloss Lustheim

Schloss Lustheim ist von Wasser umgeben. Unter den Brücken, die auf diesem Druck aus dem späten 18. Jahrhundert zu sehen sind, zieht sich ein breiter Kanal hindurch. Er umschließt das Schloss gänzlich, sodass es auf einer Insel zu stehen scheint. 1684 begann Kurfürst Maximilian II. Emanuel von Bayern, der auch den Garten von Nymphenburg anlegen ließ, mit dem Bau von Lustheim. Der Architekt Enrico Zuccalli entwarf den Kanal im damals modernen niederländischen Stil. Auch Dominique Girard war teilweise für die Gestaltung des Gartens verantwortlich. Der breite Kanal im Vordergrund führt bis zu dem etwas größeren Schloss Schleißheim, das 1701 errichtet wurde. Die beiden fürstlichen Gärten liegen einander gegenüber und werden nur durch den beinahe einen Kilometer langen Garten getrennt. Schleißheim und Lustheim sind die bedeutendsten frühbarocken Gärten in Süddeutschland. Die beiden Schlösser entstanden gleichzeitig mit Herrenhausen im Norden Deutschlands.

☛ **Girard, Marot & Roman, Philipp II., Sophie**

Enrico Zuccalli. **Geb.** Roveredo (I), 1642. **Gest.** München (D), 1724.
Schloss Lustheim, Park Schloss Schleißheim, Oberscheißheim, Bayern (D), seit 1684.

Zug Szymon Bogumil   Nieborów

Michal Hieronim Radziwill hatte Zug beauftragt, den Neubau des Schlosses und die Modernisierung der älteren Gärten zu leiten. Der Entwurf (1775) des ausgezeichneten Architekten ist von der französischen Tradition beeinflusst. Charakteristisch sind die Alleen und komplizierten geometrischen *parterres*, die von einer breiten auf das Haus zuführenden Allee getrennt werden. Der erste, im 17. Jahrhundert von Tylman van Gameren angelegte Garten spiegelte die niederländische Herkunft des Architekten wider. Hinter dem L-förmigen Kanal rechts des Gartens schuf Zug einen Landschaftspark mit sich dahinschlängelnden Bächen und einem großen, unregelmäßig geformten Wasserbecken mit einer Insel. Es gab auch einen Küchengarten und eine Orangerie. Gerard Ciolek restaurierte den Garten zwischen 1948 und 1951. Radziwills Gemahlin Helena beauftragte Zug, nahe Nieborów den berühmten Landschaftspark in Arkadia anzulegen.

☛ **Girardin, Le Nôtre, Radziwill, Switzer**

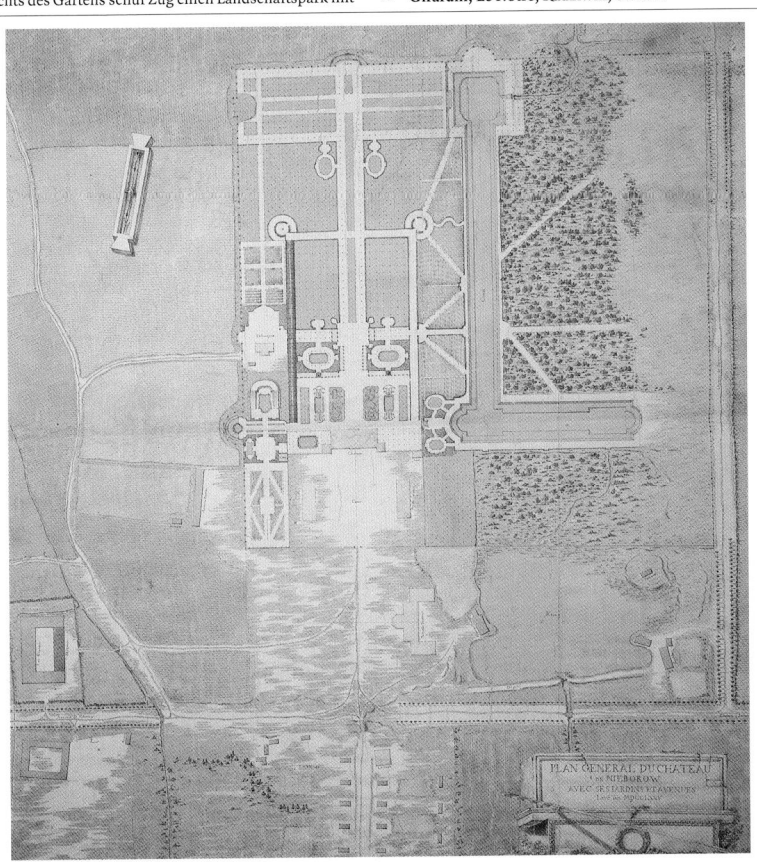

PLAN GENERAL DU CHÂTEAU
DE NIEBOROW
AVEC SES JARDINS ET AVENUES

Szymon Bogumil Zug. Geb. Merseburg, Sachsen, 1733. **Gest.** 1807. **Nieborów,** bei Lowicz (PL), 1775.

Glossar der Fachbegriffe

Agdal

Marokkanischer Begriff für den Garten auf einem Landgut; auch *arsa* genannt. Dieser bestand aus Terrassengärten, die in quadratischen Beeten angelegt waren, um die Bewässerung zu erleichtern. Der traditionelle *agdal* war vorrangig ein Vergnügungsgarten, lieferte aber auch Obst und Gemüse. Ernteüberschuss wurde verkauft.

Allee

Ein gerader, langer Spazier- oder Reitweg, der von Bäumen oder geschnittenen Hecken gesäumt wird. Alleereihen formen meist ein geordnetes geometrisches Muster.

Alpenpflanzen siehe Wintergarten

Arboretum

Botanischer Garten für Bäume und Sträucher vom Aussterben bedrohter, einheimischer Arten oder exotischer Besonderheiten.

Arts-and-Crafts-Bewegung

Eine britische Bewegung des späten 19. Jahrhunderts, begründet von William Morris, John Ruskin und anderen. Sie rühmte sich, Werte mittelalterlicher Handwerkskunst neu zu beleben und verstand sich als Gegenreaktion auf die zunehmende Industrialisierung. Im Gartenkontext geht es speziell um die Arbeiten von Jekyll, Lutyens und ihren Anhängern aus den ersten beiden Jahrzehnten des 20. Jahrhunderts. Dieser im 20. Jahrhundert sehr einflussreiche Ansatz wurde erst gegen Ende des Jahrhunderts von so genannten Native-Plant-Movement zurückgedrängt. Er dominierte in den USA, in Australien, Südafrika, im Mittleren Osten und anderswo.

Azulejo

Wandfliesen aus Keramik, oft in Blau- und Gelbtönen bemalt; bekannt aus spanischen und portugiesischen Gärten.

Barock

Europäischer Stil des 17. und 18. Jahrhunderts, in dem überschwänglich von Ornamentierungen Gebrauch gemacht wird. Im Gartenkontext sind die aus Stein gemeißelten, reich verzierten Wasserspiele, Fontänen, Nymphäen, Grotten und Statuen markant.

Bassin

Wasserbecken, oft mit Steinen eingefasst und mit einer Fontäne im Zentrum. Bassins sind meist Teil einer geometrischen Gestaltung.

Belvedere

Reich verziertes Gebäude auf einer Anhöhe oder ein erhöht liegender Aussichtspunkt, der eine weite Sicht auf die Umgebung erlaubt.

Blickfang

Eine Struktur in der Weite der Landschaft, die den Blick „einfangen" und auf ein Zentrum fokussieren soll. Blickfänge sind meist Gebäude, oft Türme, mit romantischen Merkmalen.

Bosco

Natürlich gewachsener oder angelegter Hain, oft integriert in einen italienischen Renaissancegarten. Wirkt im Vergleich zum Boskett (siehe unten) verwildert und liegt häufig auf einem Hügel.

Boskett

Kleine Baumgruppe oder dekorative Lichtung mit einer Statue, die von Hecken oder einem Zaun umschlossen wird; Teil geometrisch gestalteter Landschaften des 17. oder 18. Jahrhunderts in Frankreich.

Chadar (Chaddar)

Dieses persische Wort bedeutet Schal oder Tuch. Es wird verwendet, um die gestuften, dekorativen Wasserrutschen der persischen und indischen Gärten der Mogul-Ära zu beschreiben. *Chadars* sind im 45-Grad-Winkel gemauerte Tafeln, die Wasser von einer Gartenterrasse zur anderen leiten. Das Wasser ergießt sich über das *chadar* als ununterbrochenes Tuch oder es weist strukturierte, gekräuselte Effekte auf, die durch Veränderung der Steinoberfläche erzielt werden, wodurch ein Glitzern und Rauschen entsteht. Solche Effekte finden sich in den Gärten Achabal und Shalamar in Lahore; am spektakulärsten sind sie aber in Nishat Bagh in Kashmir.

Chahar-Bagh

Der Begriff bedeutet „Vier-Teile-Garten". Das Wort *bagh*, oder Garten, kam im 13. und 14. Jahrhundert in Zentralasien unter den türkisch sprechenden Herrschern in der Gegend von Samarkand und Bukhara in den Sprachgebrauch. Die Etymologie dieses Wortes ist unklar; es taucht im Mittelpersischen auf und war schon den Achaimeniden und Sassaniden als altes persisches Wort bekannt. Die Vorsilbe *chahar* bedeutet vier. *Chahar-bagh* bezieht sich üblicherweise auf umschlossene Gartenviertel, die durch Wasserkanäle unterteilt sind. Das Schema findet sich in Gärten der muslimischen Welt, die nach persischer Tradition entworfen sind.

Chinoiserie

Chinesischer Dekorationsstil, wie ihn europäische Gestalter ab dem 17. Jahrhundert nachempfanden. Ihre Inspiration bezogen sie hauptsächlich aus Reisebeschreibungen. Im 18. Jahrhundert favorisierte der Architekt William Chambers diesen Stil, der überall in Europa, besonders auch in Deutschland, an Einfluss gewann.

Einheimische Pflanzen

Pflanzen, die natürlich in einer bestimmten Gegend wachsen. Im Gartenbau des 19. Jahrhunderts lag die Betonung auf exotischen Pflanzen; Ende des 20. Jahrhunderts wuchs dagegen das Interesse an der einheimischen Flora, was die Gartengestaltung deutlich prägte.

Einjährige Pflanzen

Pflanzen mit nur einer Vegetationsperiode. Im Gartenkontext meist leuchtend bunte Blumen, die im Frühjahr aus Samen keimen, im Sommer als Setzlinge zum Blühen ausgepflanzt werden, neue Samenkörner ansetzen und im Spätherbst absterben. Sie sind am häufigsten in geometrisch angelegten Teppichbeeten zu finden.

Englischer Landschaftsstil

Ein Gestaltungsstil, der zu Beginn des 18. Jahrhunderts analog zur Literatur formuliert wurde. Charakteristisch sind die komplexen symbolischen und politischen Bedeutungen, die sich in Gebäuden und Landschaften wieder finden. Später wurde daraus ein rein visuelles oder malerisches Medium, um eine ländliche Idylle heraufzubeschwören – wie etwa in den Arbeiten von Capability Brown. Der Stil wurde im 18. und 19. Jahrhundert in ganz Europa kopiert.

Ferme ornée

Vorläufer des englischen Landschaftsstils: meist ein Landgut, das mit Ruheplätzen, Tempeln, Aussichtspunkten und Gehwegen ausgestattet war. Im Allgemeinen waren die *fermes ornées* von bescheidener Größe und relativ günstig realisiert. William Shenstone und Philip Southcote schufen die berühmtesten Beispiele ihrer Zeit.

Fête champêtre

Ein großes Hoffest im Freien. Die maskierten Gäste zeigten sich in besonders ausgefallener Kleidung und man vergnügte sich in den Anlagen eines großen Landgutes an der verschwenderischen Vielfalt der Unterhaltungen. Der Inbegriff der Verschwendung waren die *fêtes champêtres* in Versailles am Hof Ludwigs XIV.

Folly

Ein Gebäude, das weniger praktischen Zwecken dient als vielmehr rein dekorativ-exzentrischer oder manieristisch-verspielter Natur ist. So versteht man unter diesem Begriff etwa ein Nutzgebäude mit ruinenhaftem, historischem oder fantastischem Anschein. Ein Beispiel ist das Pineapple House in Dunmoore Park, Schottland.

Gartenfriedhöfe

Im Landschaftsstil des 19. Jahrhunderts wurden Friedhöfe mit ebenso viel Sorgfalt wie rustikale Parks gestaltet. Später wurde in den USA und auch anderswo daraus der Waldfriedhof entwickelt.

Gazon coupé

Formen, die aus dem Rasen geschnitten und mit bunter Erde oder Kies gefüllt wurden. Diese Technik wurde im England des 17. Jahrhunderts für die Gestaltung geometrisch angelegter *parterres* genutzt.

Giardino segreto

Wörtlich, ein „geheimer Garten"; oft durch Absenken im Boden verborgen; charakteristisch für die meisten italienischen Gärten.

Grotte

Höhlenartiger, meist künstlich geschaffener Raum, dekoriert mit Muscheln, Mineralien und Fossilien. Italienische Renaissancegrotten waren halboffene Anlagen im Gartengelände. Später, im England des 18. Jahrhunderts, errichtete man Grotten als diskrete – teils unterirdische – Gebäude, ausgekleidet mit Muscheln und Mineralien.

Ha-ha

Versenkter „Zaun", ähnlich einem trockenen Graben oder Wassergraben mit einer vertikalen Steinmauer. So konnte das Vieh nahe am Haus auf der Weide grasen, was die Illusion ländlich-friedvoller Unbeschwertheit im Landschaftsgarten des 18. Jahrhunderts verstärkte.

Heempark, Heemtuin

Holländischer Park oder Garten, der mit einheimischen Pflanzen angelegt ist und auf die 1920er-Jahre zurückgeht.

Hortus Conclusus

Ein geschlossener, geschützter, mittelalterlicher Garten, im Allgemeinen mit niedrigen Hecken, Blumen und Kräutern bepflanzt.

Ivan (auch Liwan oder Iwan)

Persischer Begriff für einen Raum oder Korridor mit hohem Tonnengewölbe, der an einem Ende offen ist. Dieses Merkmal ist in der islamischen Architektur der Moscheen, Paläste und Gartenpavillons weit verbreitet. Die Höhlengrotten von Taq-e Bostan stellen eines der frühesten Beispiele für die sassanidischen *ivans* des alten Persiens dar.

Jardin Anglais, Giardino Inglese

Begriffe, mit denen man in Frankreich und Italien einen Garten oder eine Landschaft im naturalistischen Stil (meist des 19. Jahrhunderts) beschrieb. Hügelige, augenscheinlich wenig von Menschenhand geprägte, bewaldete Parklandschaften mit Lichtungen und Seen.

Knotengarten

Ein geschlossener Garten nach Tudor-Vorbildern mit niedrigen immergrünen Hecken (meist Buchsbaum, Thymian oder Eiben). Diese ergaben ein kompliziertes, symmetrisches Muster, das manchmal durch leuchtend bunte Blumen oder Kies ergänzt wurde.

Kontextuell

Gestaltung, die sich auf den Zusammenhang oder die Umgebung bezieht oder diese imitiert.

Landschaftsstil *siehe* Englischer Landschaftsstil

Linné

Der schwedische Botaniker Linné führte im 18. Jahrhundert das aus zwei lateinischen Wörtern bestehende Klassifizierungssystem für Pflanzen ein. Das erste Wort bezieht sich auf die Gattung, das zweite auf die Art. Dieses präzise System hat sich weltweit durchgesetzt.

Mehrjährige Pflanzen *siehe* Staudenrabatten

Moderne

Der in den 1920er-Jahren formulierte Begriff charakterisiert u. a. eine Architektur, die der Massenproduktion entgegen kam und moderne Materialien wie etwa Beton einsetzte. So entspricht beispielsweise das „Whitecube"-Gebäude dem Archetyp des modernen Stils. Eine Vielfalt von Gartenstilen wurde benutzt, um diesen Baustil zu komplementieren.

Mogulgärten

Ein indo-persisches Stilgemisch, das die Gartengestaltung Indiens vom 16. bis zum 19. Jahrhundert charakterisiert. Die persische Garten-tradition kam erstmals nach der Eroberung Nordindiens durch den Herrscher Babur 1526 von Kabul aus nach Indien. Umschlossene symmetrische und axiale Parterreanlagen sowie die islamische Gartenarchitektur des *chahar-bagh*, kombiniert mit Merkmalen wie Stein-terrassen, geometrischen und blattförmigen Bassins, Fontänen, Wasserrutschen, Rinnen und Pavillons kennzeichnen diesen Stil.

Mosaikkultur

Verfeinerte französische oder italienische Version des britischen Tep-pichgartens, jedoch mit stärkerer Betonung figürlicher Motive.

Nymphäum

Halbkreisförmige Anlage, oft halb offen, in der sich Statuen aus dem Themenkreis von Nymphen und Wasser befinden.

Objet trouvé

Französisch für „gefundenes Objekt". Bereits in der Renaissance ver-wendete man Objekte des täglichen Lebens für die Anlage von Gärten, wie z. B. Spiegel, Geschirr, Muscheln oder Steine. Diese Art der Gestal-tung kam in Barock- und Rokoko-Gärten zur vollen Blüte. In jüngerer Zeit wurde das *objet trouvé* zum Aushängeschild spektakulär gestalteter Environments und Gärten, entweder von so genannten Exzentrikern oder (selbst ernannten) „Outsider"-Künstlern.

Pairideaza

Ein altpersisches Wort für einen ummauerten Raum. Der griechische Historiker Xenophon hörte das Wort während seines Aufenthalts in Persien 401 v. Chr., als er dort zusammen mit griechischen Söldnern kämpfte. In seinem sokratischen Diskurs *Oeconomicus* bemerkt Sokra-tes: „In welchem Land auch immer ein König residiert (…) er wird dafür sorgen, dass es Gärten gibt, die man Lustgärten nennt, die mit all den feinen und guten Dingen gefüllt sind, die die Erde hervorzu-bringen vermag und in denen man die meiste Zeit verbringt, es sei denn, die Jahreszeiten lassen dies nicht zu." Das Wort Paradies ist eine Übersetzung des Griechischen *paradeisos*, das Xenophon verwendete, um den persischen Garten zu beschreiben.

Palisade

Eine entlang einer Allee geschnittene Hecke, oft aus Weißbuche, dicht gewachsen wie eine grüne Wand.

Parterre

Geometrisch angelegte Terrasse, dekoriert in einer von zahlreichen Stilrichtungen. Diese können von einfachen Mustern aus geschnitte-nem Rasen und Kies (*gazon coupé*) bis hin zu komplizierten Entwürfen, bestehend aus Hecken, Gras, Kies, Rasen und Blumen (*parterre de brode-rie*) reichen.

Patio

Traditionell ein kleiner, gepflasterter spanischer Innenhof, umschlos-sen von einer Arkade, meist von Topfpflanzen dekoriert.

Pergola

Eine Struktur aus Holz und / oder Stein, die einen überdachten Fußweg bildet und meist von rankenden Pflanzen wie Rosen, Wein oder Glyzi-nien bedeckt wird.

Piano Nobile

Die Hauptetage eines großen Hauses; gewöhnlich die erhöht liegende Wohnebene über einem Keller oder dem Erdgeschoss.

Pittoresker Stil

Ein fast ausnahmslos auf England beschränkter Landschaftsstil des späten 18. Jahrhunderts, der die Rückkehr zur Natur feierte. Man fin-det ihn häufig in Umgebungen, die von extremem Gelände geprägt sind. Lose gebraucht, beschreibt dieser Begriff den englischen Land-schaftsstil in Europa. Der Ausdruck leitet sich von der Idee her, Land-schaften in der Art von Bildern zu erschaffen.

Potager

Dekorativer französischer Gemüsegarten, der von Buchsbäumen ge-rahmt wird. Die Gemüse in einem solchen Küchengarten werden teil-weise rein wegen ihres Aussehens gezogen. Eines der Paradebeispiele ist Villandry in Frankreich.

Putti

Plural des italienischen Wortes *putto* mit der Bedeutung von Knabe, junger Bursche, Bürschchen oder Junge. Man findet Putti in der euro-päischen Kunst und Architektur des 15. – 19. Jahrhunderts, besonders aber in italienischen Werken. Sie schmücken Gartenverzierungen wie beispielsweise Vasen, gemeißelte Wände und Brunnenreliefs, sind auf klassischen Bodenmosaiken abgebildet und erscheinen als frei ste-hende Gartenstatuen. Man nennt sie auch Cherubs oder Cherubime.

Qanat

Ein im alten Persien entwickeltes Kanalsystem zur Bewässerung, das von unterirdischen Wasserquellen gespeist wird. Ein Hauptschacht wird gebohrt, um an die Wasserquelle zu gelangen. Dann gräbt man einen Tunnel bis zu den Stellen, an denen bewässert werden soll. Dort taucht der *qanat* dann an der Oberfläche auf. Um das Wasser voranzu-treiben, erhält der Tunnel eine leichte Neigung. Unter Miteinbezie-hung der Schwerkraft erzeugt man auf diese Weise ein Drucksystem. In Abständen von etwa 20 Metern wird der Tunnel von Schächten un-terbrochen, die an die Oberfläche führen. Sie ermöglichen es, Schmutz zu entfernen, dienen als Zugang für die Pflege des Systems und versorgen die Arbeiter mit Sauerstoff. Der Tunnel ist mit Kera-mikringen ausgekleidet. Die iranische Wüste ist durchzogen von die-sen Systemen, die noch heute einen Großteil der Wasserversorgung übernehmen.

Rehant (oder Persisches Rad)

Mit diesem Begriff wird eine indische Methode des Wässerns und der Bewässerung von Gärten aus der Prä-Mogul-Zeit bezeichnet, die auch unter dem Namen *arghatt* bekannt ist. Man wandte sie an, um Wasser aus Flüssen und Seen für die Paläste und großen Landgüter zu beschaffen. Es bestand aus einer Kette von Seilen, an denen Tonkrüge hingen. Man setzte diese durch ein Treibrad in Bewegung, das wieder-um mit der Hilfe von Vieh angetrieben wurde. Aus den Krügen ergoss sich das Wasser in ein Aquädukt, das dann die Gartenbrunnen, Wasserläufe und Teiche speiste. Das Wasser floss von einem höheren Punkt herab und bewirkte, dass das System genügend Druck erzeugte, um die Fontänen in Gang zu halten. Der Herrscher Babur entdeckte um das Jahr 1530 in Lahore, Indien, dieses hier verwendete System und vermerkte es in seinen persönlichen Memoiren, den *Baburnama*.

Rill

Die Ursprünge des *rill* finden sich in den frühen persischen Gärten. Man versteht darunter ein künstlich angelegtes enges und flaches Bächlein oder Flüsschen, das meist von Steinen gesäumt wird. Sein leichtes Gefälle wird genutzt, um Wasser von einer Seite des Gartens zur anderen zu befördern. Die Bächlein können in Serpentinen verlaufen – ein berühmtes Beispiel hierfür ist William Kents Flüsschen bei Rousham – oder aber geradlinig angelegt sein, wie etwa in den islamischen *chahar-bagh* sowie in den Arts-and-Crafts-Gärten von Sir Edwin Lutyens und Gertrude Jekyll.

Rokoko

Der Begriff bezeichnet einen dekorativen Kunststil, dessen Name sich von dem italienischen Wort *rocaille* für Muschel ableitet. In Rokoko-Gärten ist die Dekoration mindestens ebenso wichtig wie die Form.

Romantischer Stil

Landschaftsstil, der aus der englischen Landschaftsbewegung hervorging. Er entsprach der romantischen Bewegung in der europäischen Literatur und Philosophie. Im 19. Jahrhundert verbreitete sich dieser Stil mit seinen ausgedehnten Rasenlandschaften, Wäldchen und Hainen, Teichen oder Seen sowie exzentrischen, fantasievollen Prachtbauten, auch *follies* genannt, oft auf Kosten der älteren geometrisch gestalteten Gärten über ganz Europa.

Saut de loup

Tiefer Graben am Ende einer Allee, der ein Betreten des Anwesens durch Unbefugte verhindert.

Serpentinenwege

Kurvenreiche oder gewundene Pfade durch Gebüsch und Baumpflanzungen. Serpentinenwege verleihen ansonsten symmetrisch geplanten Anlagen oft eine natürliche Note.

Shakkei/Chie ching

Sowohl in der japanischen (*shakkei*) wie auch in der chinesischen (*chie ching*) Gartentradition ist die Technik der „geborgten" Landschaft ein Gestaltungsmittel, das bewusst eine bestimmte Landschaft ganz oder teilweise in die Gartenkomposition mit einbezieht. Es handelt sich um eine Anwendung der Maltechnik auf Wandbildrollen oder Wandbildschirmen; das „Borgen" wird hier erzielt, indem man mit den verschiedenen Ebenen einer Ansicht (Vorder-, Mittel- und Hintergrund) experimentiert. Diese Gestaltung unterscheidet sich vom westlichen Gebrauch von Ausblicken und der umgebenen Landschaft in ähnlicher Weise, wie in Landschaftsgemälde von der japanischen oder chinesischen Landschaft auf einer Bildrolle.

Staudenrabatte

Anpflanzung mehrjähriger Pflanzen, die im Winter bis auf die Wurzeln absterben, um im Frühling erneut zu wachsen. In der Praxis findet man allerdings meist gemischte Rabatten, die auch Knollen, immergrüne und einjährige Pflanzen enthalten.

Tapis vert

Wörtlich übersetzt, ein grüner Teppich: eine geschlossene, kurz gehaltene Grasfläche – oft Teil einer geometrisch gestalteten Anlage.

Teppichbeet

Ein im 19. Jahrhundert eingeführtes Verfahren, große Mengen junger Sämlinge von einjährigen Pflanzen zu setzen, um durch die Vielzahl von Farben abstrakte Effekte zu erzielen. Die Technik wird noch heute in vielen städtischen Parks weltweit angewendet. Siehe auch Mosaikkultur.

Topiary

Formschnitt oder die Kunst des Trimmens immergrüner Pflanzen wie Buchsbaum und Eibe zu abstrakten oder figürlichen Formen.

Trompe-l'œil

Französisch für „das Auge täuschen". Ein Effekt, der die normale Wahrnehmung täuschen soll. In Gärten oft dazu eingesetzt, um Entfernungen zu vergrößern und Perspektiven zu verändern. Tritt in Form von Bepflanzungen mit außergewöhnlichen Maßen, Spalieren, Spiegeln oder sogar bemalten Oberflächen auf.

Tudor-Garten

Gärten im Großbritannien der Tudor-Zeit (1485–1603). Knotengärten waren ein Hauptmotiv dieser Anlagen.

Wandelgarten

Ein japanischer Gartenstil, der ab dem 13. Jahrhundert populär wurde. Während der Besucher einem bestimmten Pfad folgt, kann er den Garten betrachten. Nach und nach enthüllt sich die Anlage in wechselnden Perspektiven und unterschiedlichen Szenerien, ähnlich der Betrachtung eines Landschaftsgemäldes auf einer langen orientalischen Bildrolle. Meist gibt es in solchen Gärten einen Rundweg um einen See mit verschiedenen Teehäusern, Brücken und Inseln.

Wildnis

Umschlossene, in natürlichem Stil angelegte Bereiche in Landschaftsgärten. Sie sind mit Bäumen und Büschen bepflanzt und von gewundenen Wegen durchzogen.

Wintergarten / Treibhaus

Alpiner Garten, Steingarten oder ein beheiztes Glashaus zur Ausstellung exotischer Pflanzen.

Verzeichnis der Gärten

Sanssouci
Potsdam
Geöffnet: tägl. Sonnenauf- bis
Sonnenuntergang
Friedrich II., König von Preußen

Schloss Branitz
Cottbus-Branitz
Der Öffentlichkeit zugänglich
Pückler-Muskau, Fürst Hermann von

Schloss Groß-Sedlitz
Barockpark Groß-Sedlitz
Geöffnet: Apr.– Sept. tägl.
7.00–20.00; Okt.– März tägl.
8.00–18.00
August der Starke, Kurfürst

Schloss Lustheim
Oberschleißheim, München
Geöffnet: tägl. Sonnenauf- bis
Sonnenuntergang
Zuccalli, Enrico

Schloss Nymphenburg
Nymphenburg, München
Geöffnet: tägl. 8.00–Sonnen-
untergang
Girard, Dominique

Schloss Schwetzingen
Schwetzingen
Geöffnet: tägl. 8.00–20.00 oder
bis Sonnenuntergang
Carl Theodor, Kurfürst

Veitshöchheim Hofgarten
Veitshöchheim
Geöffnet: tägl. Sonnenauf- bis
Sonnenuntergang
Seinsheim, Adam Friedrich von

Villa Moser-Liebfried
Stuttgart
Geöffnet: tägl.
Schaal, Hans Dieter

Wilhelmsbad
Hanau
Geöffnet: tägl. Sonnenauf- bis
Sonnenuntergang
Wilhelm von Hessen-Kassel, Prinz

Wilhelmshöhe
Kassel
Geöffnet: tägl. Sonnenauf- bis
Sonnenuntergang
Guerniero, Gianfrancesco

Wörlitz
Dessau
Geöffnet: tägl. Sonnenauf- bis
Sonnenuntergang
*Anhalt-Dessau, Leopold Friedrich
Franz von*

Ecuador

Tulcan-Gärten
Tulcan
Der Öffentlichkeit zugänglich
Franco Guerrero, José

Finnland

Villa Mairea
Noormarkku
Privat, kein öffentlicher Zutritt
Aalto, Alvar

Frankreich

Ancy-le-Franc
Burgund
Geöffnet: Apr.– Mitte Nov. tägl.
Serlio

Arboretum des Barres
Nogent-sur-Vernisson
Geöffnet: Mitte März– Mitte
Nov. tägl. 10.00–12.00 &
14.00–18.00.
Gruppen nach Vereinbarung
Vilmorin, Familie

Blois
Loire-Tal, Loir-et-Cher
Geöffnet: tägl. (nicht am
25. Dez. & 1. Jan.)
Mercogliano, Pacello di

Bonnieux-Garten
Bonnieux
Privat, kein öffentlicher Zutritt
Vesian, Nicole de

Château d'Anet
bei Dreux, Île-de-France
Geöffnet: das ganze Jahr über an
bestimmten Tagen
L'Orme, Nicole de

Château de Brécy
Saint-Gabriel-Brécy, Caen
Geöffnet: Ostern– Okt. Di., Do.
& So. 14.30–18.30; sonst nach
Vereinbarung
Le Bas, Jacques

Château de Chantilly
Chantilly
Geöffnet: März–Okt. tägl.
10.00–18.00 (geschlossen: Di.
12.45–14.00). Nov.– Febr. tägl.
10.30–12.45 & 14.00–17.00
Bullant, Jean

**Château de Chaumont, Mur
Végétal**
Loire-Tal, Chaumont
Geöffnet: tägl., nicht am 1. Jan.
Blanc, Patrick

Château de Chenonceau
Chenonceau
Geöffnet: Mitte März– Mitte
Sept. 9.00–19.00; Mitte
Sept.– Mitte März 9.00–16.30
Poitiers, Diane de

Château de Courances
Courances, Île de France
Geöffnet: Apr.– Okt. Sa., So. &
gesetzliche Feiertage 14.00–
18.30. Gruppen nach Vereinbarung an Wochenenden
Gallard, Claude

Château de Fontainebleau
Fontainebleau, Île-de-France
Geöffnet: Frühling & Sommer
tägl. 8.00–19.45; Herbst &
Winter tägl. 9.00–16.45
Mollet, Claude

Château de Malmaison
Avenue du Château, Rueil-
Malmaison, Hauts-de-Seine
Geöffnet: wochentags (außer
Di.) 9.30–12.00 & 13.30–17.30;
Apr.– Sept. Sa. & So. 10.00–
18.30; Okt.– März Sa. & So.
10.00–18.00
Joséphine, Kaiserin von Frankreich

Château de Méréville
Méréville
Geöffnet: Ostern– Okt., So.,
Mo., gesetzliche Feiertage &
Himmelfahrtstag 14.00–19.00.
Gruppen nach Vereinbarung das
ganze Jahr über
Laborde, Marquis de

Château de Miromesnil
Tourville-sur-Arques
Geöffnet: Apr.– Mitte Okt. tägl.
(außer Di.) 14.00–18.00
Vogue, Graf und Gräfin von

Château de Rambouillet
Rambouillet
Geöffnet: tägl. Öffnungszeiten
variieren das ganze Jahr über
Robert, Hubert

Château de Versailles
Versailles
Geöffnet: Mai–Sept. tägl. (außer
Mo.) 9.00–18.30; Okt.– Apr.
9.00–17.30
Le Nôtre, André

Château de Villandry
Villandry
Geöffnet: tägl. Öffnungszeiten
variieren das ganze Jahr über
Carvallo, Dr. Joachim

Das Labyrinth
Saint-Paul-de-Vence
Geöffnet: Okt.–Juni

10.00–12.30 & 14.30–18.00;
Juli–Sept. 10.00–19.00
Miró, Joan

Désert de Retz
Allée Frédéric Passy, Chambourcy
Geöffnet: März– Okt., Führun-
gen jeden vierten Sa. im Monat
um 14.30 & 16.00. Gruppen nach
Vereinbarung auch zu anderen
Zeiten
Monville, Baron von

Ermenonville
Ermenonville
Geöffnet: tägl. (außer Di.)
14.00–18.15
Geschlossen: 20. Dez.– 10. Jan.
Girardin, Marquis de

Garten mit Betonbäumen
Paris
Garten existiert nicht mehr
Mallet-Stevens, Robert

Gemusegarten des Konigs
4, Rue Hardy, Versailles
Der Öffentlichkeit zugänglich
La Quintinie, Jean-Baptiste de

Giverny, Musée Claude Monet
Fondation Claude Monet
Giverny, Haute-Normandie
Geöffnet: Apr.– Okt. tägl.
(außer Mo.) 10.00–18.00
Monet, Claude

Jardin du Luxembourg
Boulevard Saint-Michel, Paris
Geöffnet: tägl. 7.00–1 Stunde
vor Sonnenuntergang; (8.00 im
Winter)
Boyceau, Jacques

Jas Crema
Privat, kein öffentlicher Zutritt
Waldner, Baronin von

Kerdalo
Trédarzec
Geöffnet: März– Nov. jeden ers-
ten Sa. im Monat 14.00–18.00,
sonst nach Vereinbarung
Wolkonsky, Prinz Peter

La Roseraie du Val-de-Marne
l'Haÿ-les-Roses
Geöffnet: Mitte Mai–Sept.
tägl. 10.00–18.30
André, Édouard

La Thébaïde
Garten existiert nicht mehr
Vera, André & Paul

Le Vasterival
Sainte-Marguerite
Geöffnet: nur nach Vereinbarung
Sturdza, Prinzessin Greta

Les Bois des Moutiers
Varengeville-sur-Mer, bei Dieppe,
Geöffnet: Mitte März–Mitte
Nov. tägl 10.00–19.30
Mallet Familie

Les Buissons Optiques
Garten existiert nicht mehr
Lassus, Bernard

Les Colombières
Menton
Geöffnet: nur nach Vereinbarung
Bac, Ferdinand

Marly
Marly-le-Roi
Geöffnet: tägl. Sonnenauf- bis
Sonnenuntergang
Hardouin-Mansart, Jules

Palais Idéal
Hauterives
Geöffnet: Apr.–Sept. tägl.
9.00–19.00; Okt.–Nov. tägl.
9.30–17.30; Dez.–Jan. tägl.
10.00–16.30; Febr.–März tägl.
9.30–17.30
Cheval, Joseph Ferdinand

Parc André Citroën
Paris
Geöffnet: tägl.
Clément, Gilles & Provost, Alain

Parc de Bagatelle
Bois de Boulogne, Paris
Geöffnet: tägl. 8.30–20.00
(9.00–17.30 im Winter)
*Bélanger, François Joseph & Blaikie,
Thomas*

Parc de la Villette
Paris
Geöffnet: tägl.
Tschumi, Bernard

Parc des Buttes-Chaumont
Rue Manin, Paris
Geöffnet: tägl. 9.00–Sonnen-
untergang
Barillet-Deschamps, Jean-Pierre

Parc Monceau
Boulevard de Courcelles, Paris
Geöffnet: tägl. 9.00–Sonnen-
untergang
Carmontelle, Louis Carrogis de

Père-Lachaise
Paris
Geöffnet: März–Nov. tägl.
7.30–18.00. Dez.–Febr. tägl.
8.00–17.30.
Öffnet an Wochenenden & ge-
setzlichen Feiertagen um 8.30
Brongniart, Alexandre-Théodore

Saint-Germain-en-Laye
Rue Maurice Denis,
Saint-Germain-en-Laye

Geöffnet: Mi.–So. 10.00–17.30
Francini, Tommaso & Alessandro

Skulpturengarten der UNESCO
Place de Fontenoy, Paris
Geöffnet: Mo.–Fr. 9.30–12.30 &
14.30–18.00. Geschlossen: ge-
setzliche Feiertage
Noguchi, Isamu

Tachard-Garten
Garten existiert nicht mehr
Legrain, Pierre-Émile

Terrasson
Place du Fiorail, Terrasson-
Lavilledieu
Geöffnet: Apr., Mai, Juni,
Sept.–Mitte Okt. tägl. (außer
Di.) 9.50–11.20 & 13.50–17.20;
Juli & Aug. Schließung 18.00
Gustafson, Kathryn

Verneuil
Garten existiert nicht mehr
Du Cerceau, Jacques Androuet

Villa Bomsel
Garten existiert nicht mehr
Lurçat, André

Villa Ephrussi-Rothschild
Avenue E. de Rothschild
Saint-Jean-Cap-Ferrat, Nizza
Geöffnet: Febr.–Nov.
10.00–18.00; Nov.–Febr. an
Wochenenden & gesetzlichen
Feiertagen 10.00–18.00 &
wochentags 14.00–18.00
Rothschild, Béatrix von

Villa Noailles
Avenue Guy de Maupassant,
Grasse
Geöffnet: im Frühling nach
Vereinbarung. Kontakt: Frem-
denverkehrsbüro in Grasse
Noailles, Charles de

Villa Noailles
Hyères
Geöffnet: tägl. 8.00–18.00
Guevrékian, Gabriel

Villa Savoye
Rue de Villiers, Poissy
Geöffnet: Apr.–Okt. tägl.
(außer Di.) 9.30–12.30 &
13.30–18.00; Nov.– März tägl.
9.30–12.30 & 13.30–16.30.
Geschlossen: 1. Jan., 1. Mai, 1. &
11. Nov., 25. Dez.
Le Corbusier

Griechenland

Sparoza
Attica
Der Öffentlichkeit zugänglich
Tyrwhitt, Jacqueline

Großbritannien

48 Storey's Way
Cambridge
Privat, kein öffentlicher Zutritt
Baillie Scott, M. H.

Alton Towers
Alton, Staffordshire
Geöffnet: tägl. 9.30–18.00
Allason, Thomas & Abraham, Robert

Anglesey Abbey
Lode, Cambridgeshire
Geöffnet: März–Juli Mi.–So. &
Feiertage. Juli–Sept. tägl.
11.00–17.30
*Fairhaven, Huttleston Broughton,
1. Baron*

Arley Hall
bei Northwich Cheshire
Geöffnet: Apr.–Okt. Di.–So.
& Feiertage 11.00–17.00
Egerton-Warburton, R.-E.

Arundel House
London
Garten existiert nicht mehr
Jones, Inigo

Ascott
Ascott, Wing, Leighton Buzzard
Buckinghamshire
Geöffnet: Mai–Aug. Mi. & jeden
letzten So. im Monat; Apr. &
Sept. tägl. (außer Mo.)
14.00–18.00
Veitch, Sir Harry

Ashton Wold
Ashton, Northants
Privat, kein öffentlicher Zutritt
Rothschild, Miriam

Athelhampton Manor
Athelhampton, Dorset
Geöffnet: März–Okt. tägl.
(außer Sa.); Nov.–Febr. So.
10.30–17.00
Thomas, Inigo

Barbara-Hepworth-
Skulpturengarten
Barnoon Hill, St. Ives, Cornwall
Geöffnet: ganzjährig Di.–So;
Juli & Aug. tägl. 10.30–17.30
Hepworth, Barbara

Barnsley House
Barnsley, Gloucestershire
Geöffnet: Febr.–Mitte Dez. Mo.,
Mi., Do. & Sa. 10.00–17.30
Verey, Rosemary

Bayleaf Farmhouse
Weald & Downland Open Air
Museum
Singleton, Chichester, West
Sussex

Geöffnet: März–Okt. tägl.
10.30–18.00; Nov.–Febr. Mi., Sa.
& So. 10.30–16.00; 26. Dez.–1.
Jan. tägl. 10.30–16.00
Landsberg, Sylvia

Beckford's Ride
Lansdown Friedhof, bei Bath
Garten existiert nicht mehr
Beckford, William

Belsay Hall
Belsay, bei Ponteland,
Northumberland
Geöffnet: tägl. (außer 24.–
26. Dez. & 1. Jan.) 10.00–18.00
oder bis Sonnenuntergang
Middleton, Sir Arthur

Bentley Wood, Sussex
Sussex
Privat, kein öffentlicher Zutritt
Tunnard, Christopher

Biddulph Grange
Biddulph, Staffordshire
Geöffnet: 25. März–29. Okt.
Mi., Do. & Fr. 12.00–18.00; Sa.,
So. & Feiertage 11.00–18.00.
Geschlossen: 21. Apr.
Bateman, James & Cooke, Edward

Blenheim Palace
Woodstock, Oxfordshire
Park tägl. geöffnet (außer
25. Dez.) 9.00–Sonnenunter-
gang
Brown, Capability

Bodnant
Gwynedd, Wales
Geöffnet: Mitte März–Okt.
tägl. 10.00–17.00
Aberconway, 2. Baron

Bramham Park
Wetherby, West Yorkshire
Geöffnet: Febr.–Sept.
tägl. 10.30–17.30
Bingley, Robert Benson, Lord

Brantwood
Coniston, Cumbria
Geöffnet: Mitte März–Mitte
Nov. 11.00–17.30
Ruskin, John

Broughton House
Kirkcudbright, Dumfries
& Galloway
Geöffnet: Apr.–Okt., tägl.
13.00–17.30;
Juli & Aug. ab 11.00
Hornel, Edward Atkinson

Caerhays Castle
St. Austell, Cornwall
Geöffnet: März–Mai
Mo.–Fr. 11.00–16.00
Williams, John Charles

Castle Howard
bei York, Yorkshire
Geöffnet: Mitte März–Okt.
tägl. 10.00–16.30
Vanbrugh, Sir John

Castle Tor
Devon, Torquay
Privat, kein öffentlicher Zutritt
Harrild, Frederick

Chatsworth
Bakewell, Derbyshire
Geöffnet: Mitte März–Okt.
tägl. 11.00–17.00
Paxton, Sir Joseph

Chelsea-Blumenschau-Garten
Temporärer Garten
Bradley-Hole, Christopher

Chelsea Physic Garden
Royal Hospital Road, London
Geöffnet: Apr.–Okt. Mi.
12.00–17.00; So. 14.00–18.00
Sloane, Sir Hans

Chiswick House
Chiswick, London
Geöffnet: tägl.
8.30–Sonnenuntergang
Burlington, Richard Boyle, Lord

Claremont-Landschaftsgarten
Esher, Surrey
Geöffnet: Nov.–Mai tägl.
(außer Mo.) 10.00–17.00
(im Sommer wochentags bis
18.00, an Wochenenden bis 19.00)
Bridgeman, Charles

Coleton Fishacre
Kingswear, Dartington, Devon
Geöffnet: Apr.–Okt. Mi., So. &
Feiertage 10.30–17.30;
März auch So. 14.00–17.00
Milne, Oswald

Cottesbrooke Hall
Creaton, Northamptonshire
Geöffnet: Ostern–Ende Sept.
Mo., Mi., Do., Fr. & Feiertage
(So. nachmittags im Sept.)
14.00–17.30
MacDonald-Buchanan Familie

Cowley Manor
Cowley, Gloucestershire
Geöffnet: Mai–Okt. tägl.
(außer Mo., Fr. & Feiertage)
10.00–18.00. Zu anderen Zeiten
nach Vereinbarung
Kingsbury, Noël

Cragside
Rothbury, Morpeth, North-
umberland
Geöffnet: Apr.–Okt. tägl.
(außer Mo.; Feiertage geöffnet)
10.30–19.00; Nov.–Dez. an

Wochenenden 10.30–19.00
Armstrong, Lord

Dartington Hall
Dartington, Devon
Geöffnet: tägl. Sonnenauf- bis
Sonnenuntergang
Cane, Percy

Denmans
Fontwell, West Sussex
Geöffnet: März–Okt. tägl.
9.00–17.00
Brookes, John

Derby Arboretum
Derby, Elvaston, Derbyshire
Geöffnet: tägl.
Loudon, John Claudius

Derry & Toms Dachgarten
Kensington High Street, London
Geöffnet: nach Vereinbarung,
tägl. 9.00 & 17.00
Hancock, Ralph

Dew Garden
Aylesbury, Buckinghamshire
Temporäre Gärten
Parsons, Chris

Down House
Downe, Kent
Geöffnet: Apr.–Okt. Mi.–So.
10.00–18.00; März, Nov.–Jan.
Mi.–So. 10.00–16.00
Darwin, Charles

Downton Castle
bei Ludlow, Herefordshire
Privat, kein öffentlicher Zutritt
Knight, Richard Payne

Drummond Castle
Crieff, Tayside, Schottland
Geöffnet: Mai–Okt. tägl.,
Ostern 14.00–18.00
Kennedy, Lewis & George

Eagles' Nest
Zennor, Cornwall
Privat, kein öffentlicher Zutritt
Heron, Patrick

East Lambrook Manor
South Petherton, Somerset
Geöffnet: Mo.–Sa. 10.00–17.00
Fish, Margery

Eden Project
Bodelva, Cornwall
Geöffnet: tägl. 9.30–18.00
Grimshaw, Nicholas, & Partners

Elvaston Castle
Derby, Derbyshire
Geöffnet: tägl.
Barron, William

Enstone
Oxfordshire
Garten existiert nicht mehr
Bushell, Thomas

Erddig
Clwyd, Wales
Geöffnet: März–Nov. Sa.–Mi.
11.00–18.00 oder bis Sonnen-
untergang
Emes, William

Folly Farm
Reading, Berkshire
Geöffnet: gelegentlich
Lutyens, Sir Edwin

Forsters Garden
London
Privat, kein öffentlicher Zutritt
Silva, Roberto

Friar Park
Henley on Thames, Oxfordshire
Privat, kein öffentlicher Zutritt
Crisp, Sir Frank

Fulham Garden
London
Privat, kein öffentlicher Zutritt
Noel, Anthony

Garden of Cosmic Speculation
Portrack, Schottland
Privat, kein öffentlicher Zutritt
Jencks, Charles

Golders Green Garden
London
Privat, kein öffentlicher Zutritt
Cooper, Paul

Gravel Garden
Colchester, Essex
Geöffnet: März–Okt.
Mo.–Sa. 9.00–17.00
Chatto, Beth

Gravetye Manor
East Grinstead, West Sussex
Für Hotelgäste geöffnet
Robinson, William

Great Dixter
Northiam, Rye, East Sussex
Geöffnet: Apr.–Okt.tägl. (außer
Mo.; Feiertage geöffnet)
14.00–17.00
Lloyd, Christopher

Grotte in Goldney Hall
Lower Clifton Hill, Bristol
Privat, kein öffentlicher Zutritt
Goldney, Thomas

Hackfall
Grewelthorp, North Yorkshire
Geöffnet: tägl.
Aislabie, William

Hafod
Dyfed, Wales
Geöffnet: tägl.
Johnes, Thomas

Hampton Court Palace Privy Garden
East Mosely, Surrey
Geöffnet: tägl. Sonnenauf- bis
Sonnenuntergang
William III.

Hanbury Hall
Droitwich, Worcestershire
Geöffnet: Mitte März–Mitte Okt.
So.–Mi. 14.00–18.00
London, George

Harewood House
Harewood, Leeds, West Yorkshire
Geöffnet: Apr.–Okt. tägl.;
Nov.–Mitte Dez. an
Wochenenden 10.00–18.00 oder
bis Sonnenuntergang
Barry, Sir Charles

Hatfield House
Hatfield, Hertfordshire
Geöffnet: Mitte März–Mitte
Sept. tägl. (außer Mo.; Feiertage
geöffnet) 10.30–20.00; West
Gardens tägl. (außer Mo. & Fr.)
11.00–18.00
Salisbury, Marquise von

Hawkstone Park
Shrewsbury, Shropshire
Geöffnet: Juli–Aug. tägl.;
Apr.–Juni & Sept.–Okt. Mi.–So.;
Jan.–März an Wochenenden
10.30–18.00 oder bis
Sonnenuntergang
Hill, Sir Rowland & Sir Richard

Heveningham Hall
Privat, kein öffentlicher Zutritt
Wilkie, Kim

Hever Castle
Edenbridge, Kent
Geöffnet: März–Nov. tägl.
11.00–18.00
*Pearson, Frank Loughborough &
Cheal, Joseph*

Hidcote Manor
Chipping Campden, Glou-
cestershire
Geöffnet: Apr.–Nov. tägl. (außer
Di. & Fr.); Juni & Juli auch Di.
11.00–19.00 oder bis
Sonnenuntergang
Johnston, Lawrence

Higham Court
Higham, Gloucestershire
Geöffnet: Apr.–Okt. am ersten
So. im Monat 11.00–17.00
Pulham, James

Hill Top
bei Sawrey, Ambleside
Geöffnet: tägl. (außer Do. & Fr.)
& Karfreitag 11.00–17.00
Potter, Beatrix

Holkham Hall
Thakenham, Norfolk
Geöffnet: Ende Mai–Ende Sept.
tägl. (außer Fr. & Sa.)
13.00–17.00
Nesfield, William Andrews

Iford Manor
Bradford-on-Avon, Wiltshire
Geöffnet: Mai–Sept. tägl. (außer
Mo., Feiertage geöffnet); Apr. &
Okt. So. 14.00–17.00
Peto, Harold

Inverewe
Poolewe, Ross & Cromarty
Geöffnet: tägl.
Mackenzie, Osgood

Kellie Castle
Pittenweem, Fife, Schottland
Geöffnet: tägl.
Lorimer, Sir Robert Stodart

Kelmscott Manor
Kelmscott, Gloucestershire
Geöffnet: Apr.–Sept. Mi. &
dritter Sa. im Monat 11.00–13.00
& 14.00–17.00
Morris, William

Kew Palm House
Kew, Richmond, London
Geöffnet: Gärten tägl. (außer
25. Dez. & 1. Jan) 9.30–19.30
oder bis Sonnenuntergang.
Palm House zu unterschied-
lichen Zeiten im Jahr geöffnet
Burton, Decimus & Turner, Richard

Lamport Hall
Lamport, Northamptonshire
Geöffnet: Ostern–Okt. So. &
Bankfeiertage 14.15–17.15
Isham, Sir Charles

Levens Hall
Kendal, Cumbria
Geöffnet: Apr.–Okt. tägl.
(außer Fr. & Sa.) 10.00–17.00
Beaumont, Guillaume

Little Peacocks
Filkins, Lechlade, Gloucester-
shire
Geöffnet: gelegentlich
Colvin, Brenda

Little Sparta
Lanarkshire, Schottland
Privat, kein öffentlicher Zutritt
Hamilton Finlay, Ian

Mellerstain
Gordon, Berwickshire,
Schottland
Geöffnet: Apr.–Sept. tägl. (au-
ßer Sa.) & Ostern 12.30–17.00
Blomfield, Sir Reginald

Millennium Dome Landscape
North Greenwich, London
Geöffnet: tägl. 9.00–20.00
Pearson, Dan

Montacute House
Montacute, Yeovil, Somerset
Geöffnet: Apr.–Okt. tägl.
(außer Di.) 11.00–17.30;
Nov.–März Mi.–So. 11.30–16.00
oder bis Sonnenuntergang
Phelips, Sir Edward

Moonhill
Garten existiert nicht mehr
Mawson, Thomas

Moorhouse
London
Garten existiert nicht mehr
More, Thomas

Mottisfont Abbey
Mottisfont, Hampshire
Geöffnet: Mitte März–Okt.
Sa.–Mi. 12.00–18.00 oder
bis Sonnenuntergang
Thomas, Graham Stuart

Mount Stewart
Newtownards, County Down
Geöffnet: Apr.–Sept. tägl.; März
So.; Okt. Sa. & So. 11.00–18.00
Londonderry, 7. Marquise von

Munstead Wood
Godalming, Surrey
Geöffnet: an bestimmten Tagen
14.00–18.00
Jekyll, Gertrude

Myddelton House
Bulls Cross, Enfield, London
Geöffnet: wochentags
10.00–16.30; Apr.–Okt. auch So.
& Feiertage 14.00–17.30
Bowles, EA

Nonsuch Palace
Surrey
Garten existiert nicht mehr
Lumley, Lord

Nymans
Handcross, bei Haywards Heath,
West Sussex
Geöffnet: März–Okt. Mi.–So. &
Feiertage; Nov.–Febr. an
Wochen-enden 11.00–18.00 oder
bis Sonnenuntergang
Messel, Ludwig & Leonard

Old Vicarage
East Ruston Old Vicarage
bei Stalham, Norfolk
Geöffnet: Ende Apr.–Ende Okt.
Mi., So. & Feiertage 14.00–17.00
Robeson, Graham & Gray, Alan

Packwood House
Solihull, Warwickshire
Geöffnet: März–Okt. Mi.–So.
& Feiertage 10.00–17.30 oder
bis Sonnenuntergang
Baron Ash, Graham

Painshill
Cobham, Surrey
Geöffnet: Apr.–Okt. tägl. (außer
Mo., Feiertage geöffnet)
10.30–18.00; Nov.–März tägl.
(außer Mo. & Fr.) 11.00–16.00
oder bis Sonnenuntergang
Hamilton, Charles

Painswick Rococo Garden
Painswick, Gloucestershire
Geöffnet: Jan–Nov. Mi.–So;
Juli–Aug. tägl. 11.00–17.00
Robins, Thomas

Penicuik
bei Edinburgh, Schottland
Privat, kein öffentlicher Zutritt
Clerk, Sir John

Perry Green
Much Hadham, Hertfordshire
Geöffnet: Nach Vereinbarung,
Apr.–Mitte Okt.: tägl. Führung
14.30
Moore, Henry

Plas Brondanw
North Wales
Geöffnet: tägl. 9.30–17.30
Williams-Ellis, Clough

Port Lympne
Lympne, bei Hyde, Kent
Geöffnet: tägl.
Tilden, Philip Armstrong

Powis Castle
Powys, Wales
Geöffnet: Apr.–Okt. tägl. (außer
Mo. & Di.; Feiertage geöffnet)
11.00–18.00. Aug. auch Di.
geöffnet
Rochford, Graf von

Prior Park
Bath, Somerset
Geöffnet: Ende Apr.–Sept.
tägl. (außer Di.) 11.00–17.30
Allen, Ralph

Privatgarten
Wing, Leighton Buzzard,
Buckinghamshire
Privat, kein öffentlicher Zutritt
Lennox-Boyd, Arabella

Prospect Cottage
Dungeness, Kent
Privat, kein öffentlicher Zutritt
Jarman, Derek

Renishaw Hall
Eckington, Derbyshire
Geöffnet: Apr.–Sept. Fr., Sa.,
So. & Feiertage 10.30–16.30
Sitwell, Sir George

Rievaulx Terrace
Rievaulx, Yorkshire
Geöffnet: Apr.–Sept. tägl. 10.30–
18.00 (oder 17.00 im Apr. & Okt.)
Duncombe, Thomas

Rodmarton Manor
Rodmarton, Gloucestershire
Geöffnet: Mai–Aug., Mi., Sa. &
Feiertage 14.00–17.00
Barnsley, Ernest

Rousham
Steeple Aston, Oxfordshire
Geöffnet: tägl. 10.00–16.30
Kent, William

Royal Pavilion
Brighton, East Sussex
Geöffnet: tägl.
Nash, John

Rydal Mount
Ambleside, Cumbria
Geöffnet: März–Okt. tägl.
9.30–16.00; Nov.–Febr. tägl.
(außer Di.) 10.00–16.00
Wordsworth, William

Savill Garden
Windsor Great Park
Windsor, Berkshire, Surrey
Geöffnet: März–Okt. tägl.
10.00–18.00 (Nov.–Febr. 16.00)
Savill, Eric

Scotney Castle
Lamberhurst, Kent
Geöffnet: März, an
Wochenenden 12.00–16.00;
Apr.–Okt. Mi., Do. & Fr. 11.00–
18.00; Sa. & So. 14.00–18.00;
Feiertage 12.00–18.00
Gilpin, William Sawrey

Sezincote
Moreton-in-Marsh, Gloucester-
shire
Geöffnet: Jan–Nov. Do., Fr. &
Feiertage 14.00–18.00 oder bis
Sonnenuntergang
Cockerell, Samuel Pepys

Sheringham Park
Upper Sheringham, Norfolk
Geöffnet: tägl. Sonnenauf- bis
Sonnenuntergang
Repton, Humphry

Shugborough
Great Haywood, Staffordshire
Geöffnet: Ende März–Sept.
tägl. außer Mo.); Okt. So. 11.00–
17.00
Wright, Thomas

Silverstone Farm
Privat, kein öffentlicher Zutritt
Carter, George

Sissinghurst Castle Garden
Sissinghurst, Kent
Geöffnet: Apr.–Mitte Okt.
Di.–Fr. 13.00–18.30; an
Wochenenden 10.00–17.30
Sackville-West, Vita

St. Paul's Waldenbury
Whitwell, Hertfordshire
Geöffnet: an bestimmten Tagen
14.00–19.00
Bowes-Lyon, Sir David

Steingarten im Royal Botanic Garden
Inverleith Row, Edinburgh
Geöffnet: tägl. (außer 25. Dez.
& 1. Jan)
McNab, James

Stourhead
bei Warminster, Wiltshire
Geöffnet: tägl.
Hoare, Henry

Stowe Landscape Garden
Buckingham, Buckinghamshire
Geöffnet: Apr.–Okt.
Mi.–So. & Feiertage
Temple, William

Strawberry Hill
St. Mary's University College
Twickenham, London
Geöffnet: Ostern–Okt. So.
Walpole, Horace

Studley Royal
Ripon, North Yorkshire
Geöffnet: tägl. (außer 24. Dez.,
25. Dez. & Fr., Nov.–Jan)
Aislabie, John

Sutton Courtenay
Sutton Park, Sutton-on-the-
Forest, North Yorkshire
Geöffnet: Apr.–Sept. So. & Mi.;
Ostern 13.30–17.00
Lindsay, Norah

Sutton Place
Guildford, Surrey
Geöffnet: nach Vereinbarung für
gebuchte Feiern
Jellicoe, Sir Geoffrey

Swiss Garden
Old Warden, Bedford, Bedfordshire

Geöffnet: März–Sept. tägl.
Ongley, Lord

Syon House
Syon Park, Brentford, London
Geöffnet: tägl. (außer 25.–26.
Dez.) 10.00–17.30 oder bis
Sonnenuntergang
Fowler, Charles

„Taking a Wall for a Walk"
Grizedale Forest, Hawkshead
Ambleside, Cumbria
Geöffnet: tägl. Sonnenauf- bis
Sonnenuntergang
Goldsworthy, Andy

Tatton Park Japanese Garden
Knutsford, Cheshire
Geöffnet: Apr.–Okt. Di.–So.
& Feiertage 10.30–18.00
(11.00–16.00 im Winter)
Egerton, 3. Baron

The Bone House, Caledon
County Tyrone
Privat, kein öffentlicher Zutritt
Orrery, John 5. Graf von

The Garden in Mind
Stanstead Park, Rowlands
Castle, Hampshire
Geöffnet: März–Okt.
13.00–17.00
Hicks, Ivan

The Gibberd Garden
Harlow, Essex
Geöffnet: Apr.–Sept.
Sa. & So. 14.00–18.00
Gibberd, Sir Frederick

The Grove
Oxfordshire
Privat, kein öffentlicher Zutritt
Hicks, David

The Laskett
Herefordshire
Geöffnet: nur nach Vereinbarung
*Strong, Sir Roy & Oman, Dr. Julia
Trevelyan*

The Leasowes
Halesowen, Warwickshire
Geöffnet: tägl.
Shenstone, William

The Lost Gardens of Heligan
Pentewan, St. Austell, Cornwall
Geöffnet: tägl. (außer 24. &
25. Dez.) 10.00–18.00 (Winter
17.00)
Smit, Tim

The Pineapple at Dunmore Park
North of Airth, Schottland
Geöffnet: tägl. 9.30–Sonnenuntergang. Eine Unterkunft kann
über den Landmark Trust

reserviert werden.
Dunmore, Lord

The Secret Garden (Great Maytham Hall)
bei Ashford, Kent
Geöffnet: Mai–Sept.
Mi. & Do. 14.00–17.00
Burnett, Frances Hodgson

Tresco Abbey Gardens
Isles of Scilly, Cornwall
Geöffnet: tägl. 10.00–16.00
Smith, Augustus

Turn End
Townside, Haddenham,
Buckinghamshire
Geöffnet: an bestimmten Tagen
Aldington, Peter

Twickenham Garden
Twickenham, London
Geöffnet: nur nach Vereinbarung
Pope, Alexander

Vauxhall Pleasure Garden
Garten existiert nicht mehr
Tyers, Jonathon

Waddesdon Manor
Waddesdon, Buckinghamshire
Geöffnet: März–Dez. Mi., So.
& Feiertage 10.00–17.00
Lainé, Elie

Warley Place
Brentwood, Essex
Geöffnet: einmal im Jahr nach
Vereinbarung
Willmott, Ellen Ann

West Wycombe Park
High Wycombe, Buckingham-
shire
Geöffnet: Apr.–Mai So. & Mi.;
Juni–Aug. So.–Do.; Feiertage
14.00–18.00
Dashwood, Sir Francis

Westbury Court
Westbury-on-Severn,
Gloucestershire
Geöffnet: Apr.–Okt. Mi.–So.
& Feiertage 11.00–18.00
Colchester, Manyard

Westonbirt Arboretum
Gloucestershire
Geöffnet: tägl.
Holford, Robert Stayner

Wexham Springs
Garten existiert nicht mehr
Crowe, Sylvia

Wightwick Manor
Wightwick Bank, Wolver-
hampton
West Midlands

Geöffnet: März–Dez. Mi., Do.,
Sa. & Feiertage; So. & Mo.
14.00–18.00
Parsons, Alfred

Wilton House
Wilton, Wiltshire
Geöffnet: Apr.–Okt. tägl.
10.30–17.30
Pembroke, Philip Herbert, 4. Graf von

Woburn Abbey
Woburn, Bedfordshire
Geöffnet: März–Sept. tägl.
Caus, Isaac de

Woburn Farm
Surrey
Privat, kein öffentlicher Zutritt
Southcote, Philip

Indien

Die Mondlichtgärten und der Palast in Deeg
bei Agra
Geöffnet: Sonnenauf- bis Son-
nenuntergang
*Suraj Mal, Maharadscha von
Bharatpur*

Fatehpur Sikri
bei Agra
Der Öffentlichkeit zugänglich
Akbar, Großmogul

Nishat Bagh
Srinagar
Der Öffentlichkeit zugänglich
Asaf Khan IV.

Ram Bagh
Agra
Geöffnet: 10.00–16.30
Babur, Kaiser Mohammed

**Saheliyon Ki Bari oder „Braut-
jungferngarten"**
Geöffnet: tägl. 9.00–18.00
*Sangram Singh, Maharani von
Udaipur*

Seegarten des Palastes von Amber
Jaipur
Geöffnet: 9.00–17.30
Bai, Jodh

Steingarten, Chandigarh
Chandigarh
Geöffnet: tägl. (außer Do. & an
Feier-tagen) 10.00–19.00
Chand Saini, Nek

Taj Mahal
Agra
Geöffnet: tägl. (außer Mo.)
6.00–19.00
Shah Jahan

Iran (Persien)

Apadana-Palast
Persepolis
Der Öffentlichkeit zugänglich
Darius der Große

Bagh-e Takht
Shiraz
Der Öffentlichkeit zugänglich
Atabak Qaracheh, Gouverneur von Schiras

Bagh-e-Shahzadeh
Mahann
Der Öffentlichkeit zugänglich
Musgrave (Gouverneur von Kerman)

Golestan-Palast
Teheran
Der Öffentlichkeit zugänglich
Fath Ali Schah

Palast von Ninive
Der Öffentlichkeit zugänglich
Assurbanipal, König

Pasargadae-Palast
Der Öffentlichkeit zugänglich
Cyrus der Große

Taq-e Bostan
Kermanshah
Der Öffentlichkeit zugänglich
Khosrow II. Parviz

Irland

Carton
County Kildare
Privat, kein öffentlicher Zutritt
Leinster, Herzog und Herzogin von

Castle Coole
County Fermanagh
Geöffnet: tägl. (außer Do.)
13.00–18.00
Fraser, James

Glasnevin
National Botanic Gardens
Glasnevin, Dublin
Geöffnet: tägl. (außer 25. Dez.)
im Sommer 9.00–18.00,
im Winter 10.00–16.30;
So. ab 11.00 geöffnet.
Niven, Ninian

Glenveagh Castle
Churchill, Letterkenny,
County Donegal
Geöffnet: Mitte Apr.–Nov.
tägl. 10.00–18.30
Roper, Lanning

Kilruddery
Bray, County Wicklow
Geöffnet: Apr.–Sept.
tägl. 13.00–17.00
Meath, William, 2. Graf von

Powerscourt
Enniskerry, County Wicklow
Geöffnet: tägl. (außer 25. & 26.
Dez.) 9.30–17.30 oder
Sonnenuntergang
Powerscourt, 7. Vicomte

Italien

Belvederehof
Vatikanische Gärten, Vatikan-
stadt, Rom
Geöffnet: nur nach Vereinbarung
Bramante, Donato

Boboli-Gärten
Palazzo Pitti, Florenz
Geöffnet: tägl. (außer erster &
letzter Mo. im Monat) 9.00;
Schließung ist von der Jahreszeit
abhängig.
Tribolo, Niccolò

Castello Ruspoli
Viterbo
Geöffnet: So. 10.00–14.00
Orsini, Ottavia

Garten zur ewigen Ruhe
Brion
Der Öffentlichkeit zugänglich
Scarpa, Carlo

Giardini Giusti
Via Giusti 2, Verona
Geöffnet: tägl. 8.00–20.00 im
Sommer, bis Sonnenuntergang
im Winter
Trezza, Luigi

Hadriansvilla
Tivoli
Geöffnet: tägl. 9.00–18.30
Hadrian, Kaiser

Haus des Loreius Tibernitus
Pompeii
Der Öffentlichkeit zugänglich
Tibernitus, Loreius

Isola Bella
Lago Maggiore
Geöffnet: März–Sept.
tägl. 9.00–12.00 & 13.30–7.00;
Okt.: tägl. 13.30–17.00
Borromeo, Graf Carlo III.

Königsschloss von Caserta
Caserta, Neapel
Geöffnet: tägl. (außer 25. Dez.,
1. Jan & 1. März)
9.00–Sonnenuntergang
Vanvitelli, Carlo

La Mortella
Via Calise, Fofia, Ischia
Geöffnet: Apr.–Okt. Di., Do., Sa.
& So. 9.00–19.00
Page, Russell

La Mortola
Corso Montecarlo, Latte, loc. La
Mortola, bei Ventimiglia
Geöffnet: Nov.–März tägl.
(außer Mi.) 10.00–16.00;
Apr.–Mitte Juni & Okt. 10.00–
17.00; Mitte Juni–Sept. 9.00–
18.00
Hanbury, Sir Thomas

La Pietra
Via Bolognese, Florenz
Geöffnet: nur nach Vereinbarung
Acton, Arthur

Ninfa
Rom
Geöffnet: Apr.–Nov. erster Sa. &
So. im Monat; Apr.–Juni dritter
So. im Monat; am 1. Mai Besuch
nur mit Führung
Caetani Familie

Orto Botanico
Via Orto Botanico, Padua
Geöffnet: Apr.–Okt. tägl.
8.30–Sonnenuntergang
Moroni, Andrea

Praeneste
Garten existiert nicht mehr
Sulla

Sacro Bosco, Bomarzo
Parco dei Mostri, Bomarzo
Geöffnet: tägl.
Bomarzo, Orsini, Herzog von

Der Tarot-Garten
Pescia Fiorentina, Capalbio
Gruppen können den Garten am
ersten Sa. im Monat nach
Vereinbarung besuchen.
Saint-Phalle, Niki de

Toskanische Villa
Altes Rom
Garten existiert nicht mehr
Plinius der Jüngere

Villa Aldobrandini
Via G. Massaia, Tivoli, Latium
Geöffnet: nur nach Vereinba-
rung, Mo.–Sa. (außer an gesetz-
lichen Feiertagen) 9.00–13.00
Maderno, Carlo

Villa Barbaro
Maser, Treviso
Geöffnet: März–Sept. Di., Sa. &
So. 15.00–18.00; Okt.–Febr.
14.30–17.00
Palladio, Andrea

Villa Borghese
Rom
Geöffnet: tägl. (außer die gehei-
men Gärten) Sonnenauf- bis
Sonnen-untergang
Borghese, Kardinal Scipione

Villa Cetinale
Sovicille, Siena
Geöffnet: nur nach Vereinbarung
Fontana, Carlo

Villa Cicogna Mozzoni
Comer See, Piazza Cicogna,
Bisuchio
Geöffnet: Ende März–Sept. So.
& gesetzliche Feiertage 9.30–
12.00 & 14.30–19.00; Aug. tägl.
14.30–19.00
Mozzoni, Ascanio, Graf

Villa Cimbrone
Via Santa Chiara
Ravello
Geöffnet: tägl.
9.00–Sonnenuntergang
Mansi, Nicola

Villa d'Este
Piazza Trento, Tivoli, Latium
Geöffnet: tägl. (außer 25. Dez.,
1. Jan.), bis 1 Stunde
vor Sonnenuntergang
Ligorio, Pirro

Villa Gamberaia
Via del Rossellino, Florenz
Geöffnet: nur nach Vereinbarung
Capponi Familie

Villa Garzoni
Via di Castello, Collodi, Toskana
Geöffnet: Febr.–Nov. tägl.
9.00–Sonnenuntergang
Garzoni, Romano

Villa I Tatti
Fiesole, Toskana
Geöffnet: nur nach Vereinbarung
Pinsent, Cecil

Villa Il Roseto
Via Beato Angelico, bei Arcetri,
Toskana
Geöffnet: wochentags 9.00–13.00
Porcinai, Pietro

Villa Lante
Via J. Barozzi, Bagnaia
Geöffnet: tägl. (außer an gesetz-
lichen Feiertagen) 9.00–1 Stun-
de vor Sonnenuntergang
Vignola, Giacomo Barozzi da

Villa Madama
Garten existiert nicht mehr
Raphael

Villa Medici
Via Mantellini, Fiesole, Toskana
Geöffnet: nur nach Vereinbarung
Michelozzi, Michelozzo

Villa Pisani
bei Padua, Veneto
Geöffnet: tägl. (außer Mo.)
Frigimelica, Girolamo

Villa Pratolino
Parco Demidoff, Via Bolognese,
Florenz
Geöffnet: nur So.
Buontalenti, Bernardo

Villa Reale
Via Villa Reale, Marlia, Lucca
Geöffnet: März–Nov.
tägl. (außer Mo.)
Bacciocchi, Elisa

Villa Taranto
Lago Maggiore, Via Nazionale
del Sempione Sud, Stresa
Geöffnet: Mitte März–Ende Okt.
tägl. 9.00–18.00
McEarcharn, Neil

Japan

Entsu-ji
Kioto
Gyokuen

Garten der schönen Künste
Kioto National Museum
Geöffnet: tägl. 9.00–16.30.
Geschlossen: Mo. & 26. Dez.–
3. Jan.
Ando, Tadao

Ginkaku-Ji (Der Silberne Pavillon)
Kioto
Geöffnet: Mitte März–Ende Nov.
8.30–17.00; Dez.–Mitte März
9.00–16.30
Ashikaga Yoshimasa

Katsura, der abgelegene Palastgarten
Kioto
Nur nach Reservierung im
Voraus.
Toshihito, Prinz

Kinkaku-ji (Der Goldene Pavillon)
Kioto
Geöffnet: Apr.–Sept.
8.30–17.30; Okt.–März
8.30–17.00
Ashikaga, Yoshimitsu

Kodai-ji
Kioto
Geöffnet: Dez.–März
9.00–16.00; Apr.–Nov.
9.00–16.30
Mandokora, Kita no

Nanzen-Ji
Kioto
Geöffnet: Dez.–Febr.
8.40–16.30; März–Nov.
8.40–17.00
Enshu, Kobori

Omote-Senke-Schule
Kioto
Nur nach Reservierung im
Voraus
Rikkyu, Sen no

Ort der umkehrbaren Schicksale
Kioto
Geöffnet: 9.00–17.00.
Geschlossen: Mo., 25. Dez. & 1.
Jan.
Arakawa & Gins

Park Joju-en
Kumamoto
Geöffnet: tägl. 9.00–17.00
(außer Mo.)
Hosogawa, Tadayoshi

Privatgarten, Chichibu
Tokio
Privat, kein öffentlicher Zutritt
Suzuki, Shodo

Ryoan-ji
Kioto
Geöffnet: Dez.–Febr. 8.30–
16.30; März–Nov. 8.40–17.00
Soami

Saiho-ji
Kioto
Geöffnet: Besuche müssen im
Voraus im Tempel genehmigt
werden
Kokushi, Muso

Sambo-in
Fushimi, bei Kioto
Geöffnet: März–Okt. 9.00–
17.00. Schließt Nov.–Febr.
1 Stunde früher
Hideyoshi, Toyotomi

Shoden-ji
Kioto
Geöffnet: 9.00–17.00
Shoden-ji, Sensai von

Shugaku-in
Kioto
Besuche bedürfen der Genehmi-
gung durch den kaiserlichen
Hof
Gomizunoō, Kaiser

Tenryuji
Kioto
Geöffnet: Apr.–Okt.
8.30–17.30; Nov.–März
8.30–17.00
Ashikaga Takau-ji

Tofuku-ji
Kioto
Shigemori, Mirei

Villa Murin-an
Kioto
Ogawa, Jigei

Kanada

Les Quatre Vents
Quebec
Nach Vereinbarung der Öffent-
lichkeit zugänglich
Cabot, Frank

Kanarische Inseln

Jardín Canario
Las Palmas de Gran Canaria
Geöffnet: tägl. 9.00–18.00.
Geschlossen: 25. Dez. & 1. Jan.
Sventenius, Eric

Kakteengarten
Guatiza, Lanzarote
Geöffnet: tägl. 10.00–18.00
Manrique, César

Marokko

La Majorelle
Marrakesch
Geöffnet: tägl.
Majorelle, Jacques

Menara-Gärten
Marrakesch
Der Öffentlichkeit zugänglich
Almohadenreich

Mexiko

Las Pozas
Las Pozas, San Luis Potosí
Der Öffentlichkeit zugänglich
James, Edward

San Cristobal
Geöffnet: nach Vereinbarung
Barragán, Luis

Neuseeland

Otari New Zealand Botanical Gardens
Wellington
Informationszentrum wochen-
tags geöffnet 9.00–16.00, an
Wochenenden 10.00–16.00
Wilton, Job & Cockayne, Dr. Leonard

Rhododendrongarten Pukeiti
Carrington Road
New Plymouth, Taranaki
Geöffnet: tägl.
Cook, William Douglas

Sanders' Garden
Auckland
Privat, kein öffentlicher Zutritt
Smyth, Ted

Niederlande

Arboretum Trompenburg
Rotterdam
Geöffnet: Apr.–Sept. Mo.–Fr.
9.00–17.00; Okt.–März
9.00–17.00 (So. geschlossen)
Van Hoey Smith Familie

Botanischer Garten Leiden
Universität von Leiden
Der Öffentlichkeit zugänglich
Clusius, Carolus (Charles de L'Écluse)

Het Loo
Koninklijk Park, Apeldoorn
Geöffnet: Di.–So. 10.00–17.00;
Ost- & Westflügel 13.00.
Geschlossen: Mo. & 1. Jan.
Marot, Daniel & Roman, Jacob

Hofwijck
Garten existiert nicht mehr
Huygens, Constantijn

Honselaarsdijk
Garten existiert nicht mehr
Friedrich Heinrich, Prinz von Oranien

Huis ten Bosch
Garten existiert nicht mehr
Post, Pieter

Kröller-Müller- Skulpturenpark
Houtkampweg, Otterlo
Geöffnet: tägl. (außer Mo.)
10.00–16.30
Bijhouwer, Jan

Hummelo
Arnhem
Privat, kein öffentlicher Zutritt
Oudolf, Piet

Mien Ruys Tuinen
Dememsvaart
Geöffnet: Apr.–Okt. Mo.–Sa.
10.00–17.00, So. 13.00–17.00
Ruys, Mien

Thijsse-Park
Amstelveen
Der Öffentlichkeit zugänglich
Thijsse, Jacob P.

Tuinen Ton ter Linden
Achterma, Ruinen
Der Öffentlichkeit zugänglich
Linden, Ton ter

VSB Bank
Utrecht
Der Öffentlichkeit zugänglich
Geuze, Adriaan

Österreich

Praterpark
Prater, Wien
Der Öffentlichkeit zugänglich
Hirschfeld, C. C. L.

Schloss Belvedere
Prinz-Eugen-Straße, Wien
Geöffnet: Apr. – Sept. (außer
Mo.) 10.00–18.00 & 17.00 im
Winter
Hildebrandt, Johann Lukas von

Schönbrunn
Garten Schönbrunn, Wien
Der Öffentlichkeit zugänglich
Fischer von Erlach, Johann Bernhardt

Pakistan

Shalamar Bagh
Lahore
Der Öffentlichkeit zugänglich
Jahangir

Polen

Arkadia
Nieborow
Der Öffentlichkeit zugänglich
Radziwill, Prinzessin Helena

Lancut
Lancut, Rzeszow
Der Öffentlichkeit zugänglich
Czartoryska, Isabelle

Lazienki-Park
Warschau
Der Öffentlichkeit zugänglich
Stanislaus II., König von Polen

Nieborów
Nieborów, bei Lowicz
Der Öffentlichkeit zugänglich
Zug, Szymon Bogumil

Wilanów
Warschau
Geöffnet: tägl.
9.00–Sonnenuntergang
Boy, Adolf

Portugal

**Palácio dos Marqueses de
Fronteira**
Lissabon
Geöffnet: tägl. (außer So. & an
gesetz-lichen Feiertagen)
Fronteira, Marquis de

Palast von Queluz
Queluz, Lissabon
Geöffnet: tägl. (außer Di. & an
gesetz-lichen Feiertagen);
Mai–Okt. 10.00–18.30;

Nov.–Apr. 10.00–17.00
*Oliveira, Mateus de & Robillon,
Jean-Baptiste*

Quinta de Regaleira
Fundação Cultursintra, Sintra
Geöffnet: tägl.
Geschlossen: Febr.
Monteiro, Antonio & Manini, Luigi

Quinta da Aveleda
Penafiel
Geöffnet: tägl. 9.00–17.30
Guedes, Manoel Pedro

Quinta do Palheiro Ferreiro
Madeira
Geöffnet: Mo. – Fr. 9.30–12.30.
Geschlossen: 25. Dez., 1. Jan.,
1. Mai & Ostern
Blandy, Familie

Schloss des Marquis de Pombal
Oeiras, bei Lissabon
Der Öffentlichkeit zugänglich
Mardel, Carlos

Casa de Mateus
Vila Real
Geöffnet: tägl. 9.00–19.00 im
Sommer, 10.00–17.00 im Winter
Nasoni, Niccolo

Republik Korea

Chollipo-Arboretum
Namdo
Geöffnet: nur für Mitglieder &
und Studenten nach Vereinba-
rung
Miller, Carl Ferris

**Geheimer Garten von Chang-
dokkung**
Seoul
Geöffnet: tägl. (außer Mo.)
9.15–17.30
Yi Song Gye

Rumänien

Tirgu-Jiu-Skulpturenpark
Der Öffentlichkeit zugänglich
Brancusi, Constantin

Russland

Alupka
Jalta
Der Öffentlichkeit zugänglich
Kebach, Karl

Botanischer Garten von Nikitsky
bei Jalta
Der Öffentlichkeit zugänglich
Steven, Christian

Der Sommergarten
St. Petersburg

Geöffnet: 10.30–17.00
Geschlossen: Di.
Peter I., Zar von Russland

**Katharinenpark in Tsarskoye
Selo**
Puschkin, bei St. Petersburg
Geöffnet: tägl. (außer Di. &
jeden letzten Mo. im Monat)
10.00–17.00
*Catherine II. (Katharina die Große),
Zarin von Russland*

Pavlovsk
bei St. Petersburg
Geöffnet: tägl. 14.00–18.00.
Geschlossen: Fr.
Cameron, Charles

Peterhof
bei St. Petersburg
Geöffnet: 10.30–17.00.
Geschlossen: Di.
Le Blond, Jean-Baptiste Alexandre

Schloss Oranienbaum
Jalta
Privat, kein öffentlicher Zutritt
Rinaldi, Antonio

Schweiz

Uetliberg-Garten
Zürich
Der Öffentlichkeit zugänglich
Kienast, Dieter

Villa Smithers
Vico Morcote
Besuche nur nach Vereinbarung
Smithers, Sir Peter

Singapur

Singapore Botanic Gardens
Holland and Cluny Roads
Geöffnet: tägl. 5.00–Mitter-
nacht
Raffles, Sir Stamford

Spanien

Alfabia
Mallorca
Geöffnet: Sept.–Mai 9.30–
17.30; Juni–Aug. 9.30–18.30,
Sa. 9.30–13.00.
Geschlossen: So.
Moorish (Maurische Herrscher)

Aranjuez
Aranjuez
Der Öffentlichkeit zugänglich
Philipp II., König von Spanien

Buen Retiro
Paseo del Prado, Madrid
Geöffnet: Di.–Sa. 9.00–19.00,

So. & Feiertage 9.00–14.00.
Geschlossen: Mo.
Lotti, Cosimo

Casa de Pilatos
Plaza de Pilatos, Sevilla
Geöffnet: Erdgeschoss
9.00–20.00, Erster Stock
10.00–14.00 & 16.00–18.00
Tortella, Benevenuto

Deutscher Pavillon
Montjuïc, Barcelona
Geöffnet: tägl. 10.00–20.00
Mies van der Rohe

Garten auf Mallorca
Mallorca
Privat, kein öffentlicher Zutritt
Gildemeister, Heidi

Haus Neuendorf
Mallorca
Privat, kein öffentlicher Zutritt
Pawson, John & Silvestrin, Claudio

Jennat al-Arif (Generalife)
Granada
Geöffnet: tägl. 9.00–20.00 im
Sommer, 9.00–18.00 im Winter
Nasriden, Hofarchitekt der

La Granja
Segovia
Geöffnet: Di.–So. 10.00–19.00
im Sommer, 10.00–18.30 im
Winter
Philipp V., König von Spanien

Löwenhof, Alhambra
Alhambra, Granada
Geöffnet: März–Okt. tägl.
8.30–18.00; Nov.–Febr. tägl.
(außer 25. Dez. & 1. Jan.)
8.30–18.00. Besuche auch
nachts möglich
Muhammad V.

Medinat al-Zahrã
Córdoba
Geöffnet: Di.–So.
*Abd al-Rahman III., Kalif von
Córdoba*

Monasterio de San Lorenzo
Santiago de Compostela
Geöffnet: Mo. & Do.
11.00–13.00
& 16.30–18.30
Monasterio de San Lorenzo

Parc Güell
Carrer d'Lot, Barcelona
Geöffnet: Mai–Aug. tägl.
10.00–21.00. Schließungszeiten
variieren in anderen Monaten
Gaudí, Antoni

Pazo de Oca
Santiago de Compostela

Geöffnet: tägl. 9.00–13.00 &
16.00–20.00 im Sommer
Medinacelli Familie

Sol y Ombra
Barcelona
Der Öffentlichkeit zugänglich
Pepper, Beverly

Weizengarten
Palma de Mallorca
Privat, kein öffentlicher Zutritt
Caruncho, Fernando

Sri Lanka

**Botanischer Garten von
Peradeniya**
Kandy
Der Öffentlichkeit zugänglich
Thwaites, G. H. K.

Lunuganga
bei Bentota
Privat, kein öffentlicher Zutritt
Bawa, Geoffrey

Südafrika

Amanzimnyama
Durban
Privat, kein öffentlicher Zutritt
Saunders, Douglas

Company's Gardens
Government Avenue, Kapstadt
Der Öffentlichkeit zugänglich
Van Riebeeck, Jan

**Kirstenbosch National Botanical
Garden**
Rhodes Drive, Newlands
Geöffnet: Sept.–März 8.00–
19.00, Apr.–Aug. 8.00–18.00
Rhodes, Cecil

Privatanwesen
Sandhurst, Johannesburg
Privat, kein öffentlicher Zutritt
Watson, Patrick

Rustenberg Farm Gardens
Stellenbosch
Der Öffentlichkeit zugänglich
Barlow, Pamela

Vergelegen
Lourensford Road, Somerset
West
Geöffnet: tägl. 9.30–16.00
Phillips, Lady Florence

Schweden

Anwesen in Stockholm
Privat, kein öffentlicher Zutritt
Nordfjell, Ulf

Drottningholm
Mälarsee, Stockholm
Geöffnet: Mai–Sept.
11.00–16.30.
Geschlossen: 20. Juni
Tessin, Nicodemus, der Jüngere

Haga
Haga Norra, Stockholm
Geöffnet: Apr.–Sept. Di.–Fr.
10.00–16.00, Sa. & So. 11.00–
17.30; Okt.–März Di.–Fr. 10.00–
15.00, Sa. & So. 11.00–16.00
Piper, Fredrik

‚Puffing Mosses'
Temporäre Installation
Toll, Julie

Sundborn
Carl Larsson-gården
Geöffnet: Mai–Sept. tägl.
10.00–17.00
Larsson, Carl

Waldfriedhof
Stockholm
Der Öffentlichkeit zugänglich
Asplund, Gunnar

Tschechien

**Botanische Gärten der
Universität**
Mendel University of Agriculture
& Forestry. Zem d lská, Brünn
Geöffnet: Mo.– Fr. 7.00–15.00
Otruba, Ivar

Buchlovice
Buchlovice, Zamek, Südmähren
Geöffnet: Di.– So. 8.00–16.00.
Geschlossen: 1. Nov.–31. März
Martinelli, Domenico

Haus Müller
Prag 6, Stresovice
Der Öffentlichkeit zugänglich
Loos, Adolf

Lednice
Südmähren, Brünn
Geöffnet: tägl. (außer Mo.)
Apr.–Aug. 8.00–18.00;
Sept.–Okt. 9.00–16.00
Hardtmuth, Joseph

Lysice
Blansko, bei Brünn
Geöffnet: Mai, Juni & Sept.
9.00–17.00; Juli & Aug.
8.00–18.00.
Geschlossen: 12.00–13.00
Dubsky, Emanuel

Türkei

Kiraç Villa
Tarabya

Privat, kein öffentlicher Zutritt
Eldem, Sedad

Topkapi-Palast
Istanbul
Geöffnet: tägl. (außer Di.)
9.30–17.00
Mehmed II.

Ungarn

Esterháza
Fertöd, Eisenstadt
Der Öffentlichkeit zugänglich
Esterházy, Fürst Nikolaus

USA

ALCOA Forecast Garden
Los Angeles, CA
Garten existiert nicht mehr
Eckbo, Garrett

Arnold Arboretum
Boston, MA
Geöffnet: tagl. Sonnenauf- bis
Sonnenuntergang
Sargent, Charles Sprague

Bank of America (Windsocks)
Privat, kein öffentlicher Zutritt
Delaney, Topher

Bartram's Garden
Philadelphia, PA
Geöffnet: tägl. 10.00–17.00.
Geschlossen an gesetzlichen
Feiertagen
Bartram, John

Biltmore House
Asheville, NC
Geöffnet: tägl. (außer Thanksgiving & 25. Dez.) Jan–März
9.00–17.00; Apr.–Dez.
8.30–17.00
Vanderbilt, George W.

Bloedel Reserve
Bainbridge Island, WA
Geöffnet: nur nach Vereinbarung
Haag, Richard

Capitol
Washington, DC
Geöffnet: März–Aug. tägl. 9.00–
18.00; Sept.–Febr. 9.00–16.30
*Downing, Andrew Jackson & Vaux,
Calvert*

Casa Bienvenita
Los Angeles, CA
Privat, kein öffentlicher Zutritt
Mizner, Addison

Casa del Herrero
Santa Barbara, CA
Privat, kein öffentlicher Zutritt
Washington Smith, George

Central Park
New York, NY
Geöffnet: tägl.
Olmsted, Frederick Law

Colonial Williamsburg
Williamsburg, VA
Geöffnet: Juni–Aug.
Shurcliff, Arthur A.

Cranbrook Academy of Art
North Woodward Avenue
Bloomfield Hills, MI
Der Öffentlichkeit zugänglich
Saarinen, Eliel

Dawnridge
Los Angeles, CA
Garten existiert nicht mehr
Duquette, Tony

**Desert Garden, Huntington
Library**
San Marino, CA
Geöffnet: Di.–Fr. 12.00–16.30,
an Wochenenden 10.30–16.30
(geschlossen: Mo. & gesetzliche
Feiertage);

Juni–Aug. 10.30–16.30
Hertrich, William

Dickensen Garden
Santa Fe, NM
Privat, kein öffentlicher Zutritt
Schwartz, Martha

Douglas Garden
Phoenix, AZ
Privat, kein öffentlicher Zutritt
Martino, Steve

Dumbarton Oaks
Washington, DC
Geöffnet: Apr.–Okt. tägl. 14.00–
18.00; Nov.–März 14.00–17.00.
Geschlossen: gesetzliche Feier-
tage
Farrand, Beatrix

El Novillero
Dewey Donnell Garden, Sonoma
Sonoma County, CA
Church, Thomas

Ellison Residence
San Francisco, CA
Privat, kein öffentlicher Zutritt
Herman, Ron

Falling Water
Bear Run, PA
Führungen nach Vereinbarung
Wright, Frank Lloyd

Forest Lawn Memorial Park
Glendale, CA
Geöffnet: tägl.
Eaton, Dr. Hubert

Glass Garden
Los Angeles, CA
Privat, kein öffentlicher Zutritt
Cao, Andy

Grand Isle Pathway
Grand Isle, VT
Privat, kein öffentlicher Zutritt
Child, Susan

Hearst Castle
San Simeon, CA
Tägl. Führungen (außer Thanksgiving, 25. Dez. & 1. Jan.).
Vorausbuchung empfohlen
Hearst, William Randolph

IBM Solana
Solana, TX
Privat, kein öffentlicher Zutritt
Walker, Peter

Innisfree
Tyrell Rd, Millbrook, NY
Geöffnet: Mai–Okt. Mi.–Fr.
10.00–16.00, an Wochenenden
11.00–17.00
Beck, Marion & Walter & Collins, Lester

Irwin Gardens
Columbus, IA
Geöffnet: Di.–Fr. 9.00–16.00
Phillips, Henry Alexander

J. Irwin Miller Residence
Columbus, IA
Privat, kein öffentlicher Zutritt
Kiley, Dan

Jungles/Yates Residence
Coconut Grove, FL
Privat, kein öffentlicher Zutritt
Jungles, Raymond

Kykuit
Pocantico Hills, NY
Ende Apr.–Okt. Führungen
tägl. möglich (außer Di.)
Bosworth, William Welles

Laughlin House
Santa Monica, CA
Garten existiert nicht mehr
Gill, Irving

Leitzsch Residence
CT
Privat, kein öffentlicher Zutritt
Bye, A. E.

Lincoln Memorial Garden
East Lake Drive, Springfield, IL
Geöffnet: tägl. Sonnenauf- bis
Sonnenuntergang
(geschlossen: gesetzliche Feiertage)
Jensen, Jens

Linda Taubman Garden
Bloomfield Hills, MI
Privat, kein öffentlicher Zutritt
Pfeiffer, Andrew

Lawai Kai (Allerton Gardens)
National Tropical Botanical
Garden, Kaua'i, Hawaii
Führungen nach Vereinbarung
Di.–Sa. 9.00, 10.00, 13.00, 14.00
Emma, Königin

Longue Vue House
New Orleans, LA
Geöffnet: Mo.–Sa. 10.00–16.30,
So. 13.00–17.00. Geschlossen:
gesetzliche Feiertage
Shipman, Ellen Biddle

Longwood
Pennsylvania, PA
Geöffnet: Nov.–Thanksgiving
tägl. 9.00–17.00; Juni–Aug.
Mo., Mi., Fr. & So. 9.00–18.00;
Apr.–Mai & Sept.–Okt. 9.00–
18.00; Thanksgiving–1. Jan
9.00–21.00
Dupont, Pierre S.

Loring House
Los Angeles, CA
Privat, kein öffentlicher Zutritt
Neutra, Richard

Lotusland
Santa Barbara, CA
Führungen nach Vorausbuchung
möglich. Reservierungsbüro wochentags geöffnet 9.00–12.00
Walska, Ganna

**Lower Central Garden, J. Paul
Getty Museum**
Malibu, CA
Geöffnet: Di. & Mi. 11.00–19.00,
Do. & Fr. 11.00–21.00, an
Wochenenden 10.00–18.00.
Geschlossen: Mo. & gesetzliche
Feiertage
Irwin, Robert

McIntyre Garden
Bay Area, CA
Privat, kein öffentlicher Zutritt
Halprin, Lawrence

Meister Garden
Palm Beach, FL
Privat, kein öffentlicher Zutritt
Sanchez, Jorge & Maddux, Philip

Meyer Garden
Harbert, MI
Privat, kein öffentlicher Zutritt
*Oehme, Wolfgang & Van Sweden,
James*

Missouri Botanical Garden
Missouri, MO
Geöffnet: Memorial Day–Labor

Day tägl. 9.00–20.00; restliches
Jahr tägl. 9.00–17.00.
Raven, Peter

**MoMA-Courtyard-
Skulpturengarten**
New York, NY
Geöffnet: Sa., So., Mo., Di. &
Do. 10.30–17.45, Fr. 10.30–
20.15. Geschlossen: Mi.,
Thanksgiving & 25. Dez.
Johnson, Philip

Monticello
Thomas Jefferson Memorial
Foundation, Charlottesville, VA
Geöffnet: März–Okt. 8.00–
17.00; Nov.–Jan 9.00–16.30
Jefferson, Thomas

Mount-Auburn-Friedhof
Boston, MA
Geöffnet: tägl. 8.00–17.00;
im Sommer 8.00–19.00
Bigelow, Jacob

Mount Cuba Residence
Wilmington, DE
Copeland, Pamela & Lighty, Richard

Mount Vernon
Geöffnet: tägl. Apr.–Aug. 8.00–
17.00; März, Sept., Okt. 9.00–
17.00; Nov.–Febr. 9.00–16.00
Washington, George

Naumkeag
Prospect Hill, Stockbridge, MA
Geöffnet: Memorial Day–Columbus Day 10.00–17.00
Steele, Fletcher

Plastic Garden
Northampton, MA
Privat, kein öffentlicher Zutritt
Cardasis, Dean

Private Garden
Virginia
Privat, kein öffentlicher Zutritt
Winkler, Tori

Rockefeller Center, Dachgärten
New York, NY
Privat, kein öffentlicher Zutritt
Hosack, David

Schnabel House
Brentwood, CA
Privat, kein öffentlicher Zutritt
Gehry, Frank O.

Show Case House
New York, NY
Garten existiert nicht mehr
Cox, Madison

Stan Hywet Hall und Garten
N. Portage Path, Akron, OH
Geöffnet: Ende Jan–März

Di.–Sa. 10.00–16.00, So.
13.00–16.00; Apr.–Anfang Jan.
tägl. 9.00–18.00
Manning, Warren Henry

Stoney Hill Ranch
San Francisco, CA
Privat, kein öffentlicher Zutritt
Lutsko, Ron

The Dow Gardens
Midland, MI
Geöffnet: tägl. (außer Thanksgiving, 25. Dez. & 1. Jan)
10.00–Sonnenuntergang
Dow, Herbert

The Gamble House
Westmoreland Place, Pasadena
Führungen Do.–So. 12.00–16.00
(letzte Führung 15.00). Geschlossen: gesetzliche Feiertage
Greene & Greene

The James Rose Center
Ridgewood, NJ
Der Öffentlichkeit zugänglich
Rose, James

**The Red Garden at the Long
House**
East Hampton, NY
Geöffnet: Ende Apr.–Sept. Mi. &
erster und dritter Sa. im Monat
14.00–17.00
Larsen, Jack Lenor

The Valentine House
Santa Barbara, CA
Privat, kein öffentlicher Zutritt
Greene, Isabelle

Villa Zapu
Napa Valley, CA
Privat, kein öffentlicher Zutritt
Hargreaves, George

Vizcaya
Biscayne Bay, Miami, FL
Geöffnet: tägl. 9.30–16.30
Suarez, Diego

Waterland
CT
Privat, kein öffentlicher Zutritt
Hall, Janis

Je nach Jahreszeit können sich
die Öffnungszeiten der Anlagen
ändern, manche Gärten können
wegen Restaurierung vorübergehend geschlossen sein. Um
sicherzugehen, sollten Sie die
Öffnungszeiten telefonisch
erfragen.

Danksagung

Beratung: Tim Richardson

Texte von Barbara Abbs, David Askham, Iona Baird, Sonya Bjerman, Patrick Bowe, Kathryn Bradley-Hole, Anne de Charmant, Guy Cooper, Stuart Cooper, Jo Haire, Peter Hayden, Emma Mahony, Aulani Mulford, Toby Musgrave, Jennifer Potter, Charles Quest-Ritson, Tim Richardson, Barbara Segal, Barbara Simms, Gordon Taylor

Die Verleger möchten Tim Richardson für seinen unschätzbaren Rat danken. Dank auch an – Patrick Bowe, Anne de Charmant, Michel Conan, Brent Elliott, David Lambert, Leonard Mirin, Aulani Mulford, Toby Musgrave und Jess Walton – für ihre wichtigen Beiträge.

Dank an Alan Fletcher für die Umschlaggestaltung.

Die dekorativen Buchstaben (auf dem Umschlag) stammen aus einer Sammlung von 23 Alphabeten, die um 1820 für den Londoner Schriftsetzer Louis John Pouchée in Holz geschnitzt wurden. Sie waren für die Verwendung auf zeitgenössischen Plakaten entworfen worden. Die originalen Alphabete, die 1990 in *Ornamented Types* veröffentlicht wurden, befinden sich in der Sammlung der St. Bride Printing Library, London. Sie wurden mit der Erlaubnis der St. Bride Printing Library und I M Imprimit reproduziert.

Bildnachweis